"十三五"全国高等院校民航服务专业规划教材

民航服务法律实务与案例教程

主编 ◎ 崔祥建 黄春新

Legal Practice and Cases
of Civil Aviation Service

清华大学出版社
北京

内 容 简 介

本书以《中华人民共和国民用航空法》为基本框架，以重要的民用航空国际公约为核心内容，从民用航空法的角度，解释学生在学习过程中经常遇到的法律问题，特别是从民航服务角度归纳总结有关的法律问题。全书共15章内容，主要介绍了民航服务法律实务概述与法律基础、空气空间的法律地位与领空主权、民用航空器国籍法律制度、民用航空器权利法律制度、民用航空器租赁管理、民用航空器搜寻援救与事故调查、国际民用航空组织与公约、民航服务消费者权益保护——以民航安全为视角、民航运输责任与赔偿法律制度、民航航班延误法律制度、民用机场秩序法律制度、民航航班"超售"法律制度、航空器对地（水）面第三人损害赔偿法律制度、机组人员流动与招聘法律问题、民航"黑名单"法律问题。

本书既可用于高等院校民航服务、空乘服务等相关专业教学，也可用于其他成人教育的教学，还可供民航系统在培训干部、管理人员和从业人员普法教育时使用。

本书封面贴有清华大学出版社防伪标签，无标签者不得销售。
版权所有，侵权必究。举报：010-62782989，beiqinquan@tup.tsinghua.edu.cn。

图书在版编目（CIP）数据

民航服务法律实务与案例教程 / 崔祥建，黄春新主编. —北京：清华大学出版社，2018（2023.7重印）
（"十三五"全国高等院校民航服务专业规划教材）
ISBN 978-7-302-50863-2

Ⅰ.①民… Ⅱ.①崔… ②黄… Ⅲ.①民用航空-航空法-中国-高等学校-教材 Ⅳ.①D922.296

中国版本图书馆CIP数据核字（2018）第173259号

责任编辑：杜春杰
封面设计：刘　超
版式设计：楠竹文化
责任校对：杨　姝
责任印制：丛怀宇

出版发行：清华大学出版社
网　　址：http://www.tup.com.cn，http://www.wqbook.com
地　　址：北京清华大学学研大厦A座　　邮　编：100084
社 总 机：010-83470000　　邮　购：010-62786544
投稿与读者服务：010-62776969，c-service@tup.tsinghua.edu.cn
质量反馈：010-62772015，zhiliang@tup.tsinghua.edu.cn

印 装 者：三河市龙大印装有限公司
经　　销：全国新华书店
开　　本：185mm×260mm　　印　张：21　　字　数：492千字
版　　次：2018年8月第1版　　印　次：2023年7月第7次印刷
定　　价：59.80元

产品编号：074735-01

"十三五"全国高等院校民航服务专业规划教材
丛书主编及专家指导委员会

丛 书 总 主 编　　刘永（北京中航未来科技集团有限公司董事长兼总裁）
丛 书 副 总 主 编　　马晓伟（北京中航未来科技集团有限公司常务副总裁）
丛 书 副 总 主 编　　郑大地（北京中航未来科技集团有限公司教学副总裁）
丛 书 总 主 审　　朱益民（原海南航空公司总裁、原中国货运航空公司总裁、原上海航空公司总裁）
丛 书 英 语 总 主 审　　王朔（美国雪城大学、纽约市立大学巴鲁克学院双硕士）
丛 书 总 顾 问　　沈泽江（原中国民用航空华东管理局局长）
丛 书 总 执 行 主 编　　王益友［江苏民航职业技术学院（筹）院长、教授］
丛 书 艺 术 总 顾 问　　万峻池（美术评论家、著名美术品收藏家）
丛书总航空法律顾问　　程颖（荷兰莱顿大学国际法研究生、全国高职高专"十二五"规划教材《航空法规》主审、中国东方航空股份有限公司法律顾问）

丛书专家指导委员会主任

　　　　　　关云飞（长沙航空职业技术学院教授）
　　　　　　张树生（国务院津贴获得者，山东交通学院教授）
　　　　　　刘岩松（沈阳航空航天大学教授）
　　　　　　宋兆宽（河北传媒学院教授）
　　　　　　姚宝（上海外国语大学教授）
　　　　　　李剑峰（山东大学教授）
　　　　　　孙福万（国家开放大学教授）
　　　　　　张威（沈阳师范大学教授）
　　　　　　成积春（曲阜师范大学教授）

"十三五"全国高等院校民航服务专业规划教材编委会

主　任　高宏（沈阳航空航天大学教授）　　杨静（中原工学院教授）
　　　　　李勤（南昌航空大学教授）　　　　李广春（郑州航空工业管理学院教授）
　　　　　安萍（沈阳师范大学）　　　　　　彭圣文（长沙航空职业技术学院）

副主任　陈文华（上海民航职业技术学院）　郑越（长沙航空职业技术学院）
　　　　　郑大莉（中原工学院信息商务学院）　徐爱梅（山东大学）
　　　　　黄敏（南昌航空大学）　　　　　　兰琳（长沙航空职业技术学院）
　　　　　韩黎［江苏民航职业技术学院（筹）］　曹娅丽（南京旅游职业学院）
　　　　　胡明良（江南影视艺术职业学院）　　李楠楠（江南影视艺术职业学院）
　　　　　王昌沛（曲阜师范大学）　　　　　何蔓莉（湖南艺术职业学院）
　　　　　孙东海（江苏新东方艺先锋传媒学校）

委　员（排名不分先后）
　　　　　于海亮（沈阳师范大学）　　　　　王玉娟（南昌航空大学）
　　　　　王丽蓉（南昌航空大学）　　　　　王建惠（陕西职业技术学院）
　　　　　王莹（沈阳师范大学）　　　　　　王晶（沈阳航空航天大学）
　　　　　王姝（北京外航服务公司）　　　　车树国（沈阳师范大学）
　　　　　邓丽君（西安航空职业技术学院）　石慧（南昌航空大学）
　　　　　龙美华（岳阳市湘北女子职业学校）　田宇（沈阳航空航天大学）
　　　　　付砚然（湖北襄阳汽车职业技术学院，原海南航空公司乘务员）
　　　　　朱茫茫（潍坊职业学院）　　　　　刘超（华侨大学）
　　　　　刘洋（濮阳工学院）　　　　　　　刘舒（江西青年职业学院）
　　　　　许赟（南京旅游职业学院）　　　　吴立杰（沈阳航空航天大学）
　　　　　杨志慧（长沙航空职业技术学院）　杨莲（马鞍山职业技术学院）
　　　　　李长亮（张家界航空工业职业技术学院）　李芙蓉（长沙航空职业技术学院）
　　　　　李雯艳（沈阳师范大学）　　　　　李姝（沈阳师范大学）
　　　　　李仟（天津中德应用技术大学，原中国南方航空公司乘务员）
　　　　　李霏雨（原中国国际航空公司乘务员）　狄娟（上海民航职业技术学院）
　　　　　邹昊（南昌航空大学）　　　　　　邹莎（湖南信息学院）
　　　　　宋晓宇（湖南艺术职业学院）　　　张驰（沈阳航空航天大学）
　　　　　张进（三峡旅游职业技术学院）　　张利（北京中航未来科技集团有限公司）
　　　　　张琳（北京中航未来科技集团有限公司）　张程垚（湖南民族职业学院）
　　　　　张媛媛（山东信息职业技术学院）　陈卓（长沙航空职业技术学院）
　　　　　陈垣华（上海民航职业技术学院）　金恒（西安航空职业技术学院）
　　　　　周佳楠（上海应用技术大学）　　　周茗慧（山东外事翻译职业学院）
　　　　　郑菲菲（南京旅游职业学院）　　　赵红倩（上饶职业技术学院）
　　　　　胥佳明（大连海事大学）　　　　　胡妮（南昌航空大学）
　　　　　柳武（湖南流通创软科技有限公司）　钟科（长沙航空职业技术学院）
　　　　　柴郁（江西航空职业技术学院）　　倪欣雨（斯里兰卡航空公司空中翻译，原印度尼西亚鹰航乘务员）
　　　　　唐珉（桂林航天工业学院）　　　　高熔（原沈阳航空航天大学继续教育学院）
　　　　　高青（山西旅游职业学院）　　　　高琳（济宁职业技术学院）
　　　　　郭雅萌（江西青年职业学院）　　　黄春新（沈阳航空航天大学）
　　　　　黄晨（天津交通职业学院）　　　　黄婵芸（原中国东方航空公司乘务员）
　　　　　黄紫葳（抚州职业技术学院）　　　曹璐璐（中原工学院）
　　　　　崔祥建（沈阳航空航天大学）　　　崔媛（张家界航空工业职业技术学院）
　　　　　梁向兵（上海民航职业技术学院）　梁燕（郴州技师学院）
　　　　　彭志雄（湖南艺术职业学院）　　　蒋焕新（长沙航空职业技术学院）
　　　　　操小霞（重庆财经职业学院）

出 版 说 明

随着经济的稳步发展，我国已经进入经济新常态的阶段，特别是十九大指出：中国社会主要矛盾已经转化为人民日益增长的美好生活需要和不平衡不充分的发展之间的矛盾，这客观上要求社会服务系统要完善升级。作为公共交通运输的主要组成部分，民航运输在满足人们对美好生活追求和促进国民经济发展中扮演着重要的角色，具有广阔的发展空间。特别是"十三五"期间，国家高度重视民航业的发展，将民航业作为推动我国经济社会发展的重要战略产业，预示着我国民航业将会有更好、更快的发展。从国产化飞机C919 的试飞，到宽体飞机规划的出台，以及民航发展战略的实施，标志着我国民航业已经步入崭新的发展阶段，这一阶段的特点是以人才为核心，而这一发展模式必将进一步对民航人才质量提出更高的要求。面对民航业发展对人才培养提出的挑战，培养服务于民航业发展的高质量人才，不仅需要转变人才培养观念，创新教育模式，更需要加强人才培养过程中基本环节的建设，而教材建设就是其首要的任务。

我国民航服务专业的学历教育经过 18 年的探索与发展，其办学水平、办学结构、办学规模、办学条件和师资队伍等方面都发生了巨大的变化，专业建设水平稳步提高，适应民航发展的人才培养体系初步形成。但我们应该清醒地看到，目前我国民航服务类专业的人才培养仍存在着诸多问题，特别是专业人才培养质量仍不能适应民航发展对人才的需求，人才培养的规模与高质量人才短缺的矛盾仍很突出。而目前相关专业教材的开发还处于探索阶段，缺乏系统性与规范性。已出版的民航服务类专业教材，在吸收民航服务类专业研究成果方面做出了有益的尝试，涌现出不同层次的系列教材，推动了民航服务的专业建设与人才培养，但从总体来看，民航服务类教材的建设仍落后于民航业对专业人才培养的实践要求，教材建设已成为相关人才培养的瓶颈。这就需要以引领和服务专业发展为宗旨，系统总结民航服务实践经验与教学研究成果，开发全面反映民航服务职业特点、符合人才培养规律和满足教学需要的系统性专业教材，以积极、有效地推进民航服务专业人才的培养工作。

基于上述思考，编委会经过两年多的实际调研与反复论证，在广泛征询民航业内专家的意见与建议，总结我国民航服务类专业教育的研究成果后，结合我国民航服务业的发展趋势，致力于编写出一套系统的、具有一定权威性和实用性的民航服务类系列教材，为推进我国民航服务人才的培养尽微薄之力。

本系列教材由沈阳航空航天大学、南昌航空大学、郑州航空工业管理学院、上海民航职业技术学院、长沙航空职业技术学院、西安航空职业技术学院、中原工学院、上海外国语大学、山东大学、大连外国语大学、沈阳师范大学、曲阜师范大学、湖南艺术职业学院、陕西师范大学、兰州大学、云南大学、四川大学、湖南民族职业学院、江西青年职业学院、天津交通职业学院、潍坊职业学院、南京旅游职业学院等多所高校的众多资深专家和学者共同打造，还邀请了多名原中国东方航空公司、原中国南方航空公司、原中国国际航空公司和原海南航空公司中从事多年乘务工作的乘务长和乘务员参与教材的编写。

目前，我国民航服务类的专业教育呈现着多元化、多层次的办学格局，各类学校的办学模式也呈现出个性化的特点，在人才培养体系、课程设置以及课程内容等方面，各学校之间存在着一定的差异，对教材也有不同的需求。为了能够更好地满足不同办学层次、教学模式对教材的需要，本套教材主要突出以下特点。

第一，兼顾本、专科不同培养层次的教学需要。鉴于近些年我国本科层次民航服务专业办学规模的不断扩大，在教材需求方面显得十分迫切，同时，专科层面的办学已经到了规模化的阶段，完善与更新教材体系和内容迫在眉睫，本套教材充分考虑了各类办学层次的需要，本着"求同存异、个性单列、内容升级"的原则，通过教材体系的科学架构和教材内容的层次化，以达到兼顾民航服务类本、专科不同层次教学之需要。

第二，将最新实践经验和专业研究成果融入教材。服务类人才培养是系统性问题，具有很强的内在规定性，民航服务的实践经验和专业建设成果是教材的基础，本套教材以丰富理论、培养技能为主，力求夯实服务基础、培养服务职业素质，将实践层面行之有效的经验与民航服务类人才培养规律的研究成果有效融合，以提高教材对人才培养的有效性。

第三，落实素质教育理念，注重服务人才培养。习近平总书记在党的十九大报告中强调，"要全面贯彻党的教育方针，落实立德树人根本任务，发展素质教育，推进教育公平，培养德智体美全面发展的社会主义建设者和接班人"，人才以德为先，以社会主义价值观铸就人的灵魂，才能使人才担当重任，也是高校人才培养的基本任务。教育实践表明，素质是人才培养的基础，也是人才职业发展的基石，人才的能力与技能以精神与灵魂为附着，但在传统的民航服务教材体系中，包含素质教育板块的教材较为少见。根据党的教育方针，本套教材的编写考虑到素质教育与专业能力培养的关系，以及素质对职业生涯的潜在影响，首次在我国民航服务专业教学中提出专业教育与人文素质并重，素质决定能力的培养理念，以独特的视野精心打造素质教育教材板块，使教材体系更加系统，强化了教材特色。

第四，必要的服务理论与专业能力培养并重。调研分析表明，忽视服务理论与人文素质所培养出的人才很难有宽阔的职业胸怀与职业精神，其未来的职业生涯发展就会乏力。因此，教材不应仅是对单纯技能的阐述与训练指导，更应该是不淡化专业能力培养的同时，强化行业知识、职业情感、服务机理、职业道德等关系到职业发展潜力的要素的培养，以期培养出高层次和高质量的民航服务人才。

第五，架构适合未来发展需要的课程体系与内容。民航服务具有很强的国际化特点，而我国民航服务的思想、模式与方法也正处于不断创新的阶段，紧紧把握未来民航服务的发展趋势，提出面向未来的解决问题的方案，是本套教材的基本出发点和应该承担的责任。我们力图将未来民航服务的发展趋势、服务思想、服务模式创新、服务理论体系以及服务管理等内容进行重新架构，以期能对我国民航服务人才培养，乃至整个民航服务业的发展起到引领作用。

第六，扩大教材的种类，使教材的选择更加宽泛。鉴于我国目前尚缺乏民航服务专业更高层次办学模式的规范，各学校的人才培养方案各具特点，差异明显，为了使教材更适合于办学的需要，本套教材打破了传统教材的格局，通过课程分割、内容优化和课外外延化等方式，增加了教材体系的课程覆盖面，使不同办学层次、关联专业，可以通过教材合理组合获得完整的专业教材选择机会。

本套教材规划出版品种大约为四十种，分为：①人文素养类教材，包括《大学语文》《应用文写作》《艺术素养》《跨文化沟通》《民航职业修养》《中国传统文化》等。②语言类教材，包括《民航客舱服务英语教程》《民航客舱实用英语口语教程》《民航实用英语听力教程》《民航播音训练》《机上广播英语》《民航服务沟通技巧》等。③专业类教材，包括《民航概论》《民航服务概论》《中国民航常飞客源国概况》《民航危险品运输》《客舱安全管理与应急处置》《民航安全检查技术》《民航服务心理学》《航空运输地理》《民航服务法律实务与案例教程》等。④职业形象类教材，包括《空乘人员形体与仪态》《空乘人员职业形象设计与化妆》《民航体能训练》等。⑤专业特色类教材，包括《民航服务手语训练》《空乘服务专业导论》《空乘人员求职应聘面试指南》《民航面试英语教程》等。

为了开发职业能力，编者联合有关 VR 开发公司开发了一些与教材配套的手机移动端 VR 互动资源，学生可以利用这些资源体验真实场景。

本套教材是迄今为止民航服务类专业较为完整的教材系列之一，希望能借此为我国民航服务人才的培养，乃至我国民航服务水平的提高贡献力量。民航发展方兴未艾，民航教育任重道远，为民航服务事业发展培养高质量的人才是各类人才培养部门的共同责任，相信集民航教育的业内学者、专家之共同智慧，凝聚有识之士心血的这套教材的出版，对加速我国民航服务专业建设、完善人才培养模式、优化课程体系、丰富教学内容，以及加强师资队伍建设能起到一定的推动作用。在教材使用的过程中，我们真诚地希望听到业内专家、学者批评的声音，收到广大师生的反馈意见，以利于进一步提高教材的水平。

丛 书 序

《礼记·学记》曰:"古之王者,建国君民,教学为先。"教育是兴国安邦之本,决定着人类的今天,也决定着人类的未来,企业发展也大同小异,重视人才是企业的成功之道,别无二选。航空经济是现代经济发展的新趋势,是当今世界经济发展的新引擎,民航是经济全球化的主流形态和主导模式,是区域经济发展和产业升级的驱动力。作为发展中的中国民航业,有巨大的发展潜力,其民航发展战略的实施必将成为我国未来经济发展的增长点。

"十三五"期间正值实现我国民航强国战略构想的关键时期,"一带一路"倡议方兴未艾,"空中丝路"越来越宽阔。面对高速发展的民航运输,需要推动持续的创新与变革;同时,基于民航运输的安全性和规范性的特点,其对人才有着近乎苛刻的要求,只有人才培养先行,夯实人才基础,才能抓住国家战略转型与产业升级的巨大机遇,实现民航运输发展的战略目标。经过多年民航服务人才发展的积累,我国建立了较为完善的民航服务人才培养体系,培养了大量服务民航发展的各类人才,保证了我国民航运输业的高速持续发展。与此同时,我国民航人才培养正面临新的挑战,既要通过教育创新,提升人才品质,又需要在人才培养过程中精细化,把人才培养目标落实到人才培养的过程中,而教材作为专业人才培养的基础,需要先行,从而发挥引领作用。教材建设发挥的作用并不局限于专业教育本身,其对行业发展的引领,专业人才的培养方向,人才素质、知识、能力结构的塑造以及职业发展潜力的培养具有不可替代的作用。

我国民航运输发展的实践表明,人才培养决定着民航发展的水平,而民航人才的培养需要社会各方面的共同努力。我们惊喜地看到,清华大学出版社秉承"自强不息,厚德载物"的人文精神,发挥强势的品牌优势,投身到民航服务专业系列教材的开发行列,改变了民航服务教材研发的格局,体现了其对社会责任的担当。

本套教材体系组织严谨,精心策划,高屋建瓴,深入浅出,具有突出的特色。第一,从民航服务人才培养的全局出发,关注了民航服务产业的未来发展趋势,架构了以培养目标为导向的教材体系与内容结构,比较全面地反映了服务人才培养趋势,具有良好的统领性;第二,很好地回归了教材的本质——适用性,体现在每本教材均有独特的视角和编写立意,既有高度的提升、理论的升华,也注重教育要素在课程体系中的细化,具有较强的可用性;第三,引入了职业素质教育的理念,补齐了服务人才素质教育缺少教材的短板,可谓是对传统服务人才培养理念的一次冲击;第四,教材编写人员参与面非常广泛。这反映出本套教材充分体现了当今民航服务专业教育的教学成果和编写者的思考,形成了相互交流的良性机制,势必对全国民航服务类专业的发展起到推动作用。

教材建设是专业人才培养的基础,与其服务的行业的发展交互作用,共同实现人才培养—社会检验的良性循环是助推民航服务人才的动力。希望这套教材能够在民航服务类专业人才培养的实践中,发挥更广泛的积极作用。相信通过不断总结与完善,这套教材一定会成为具有自身特色的、适应我国民航业发展要求的,以及深受读者喜欢的规范教材。

此为序。

原海南航空公司总裁、原中国货运航空公司总裁、原上海航空公司总裁

朱益民

2017年9月

前　　言

改革开放以来，特别是经过近十多年的持续快速发展后，我国已经成为世界航空运输大国，民用航空业已成为我国国民经济中的一个重要产业。

据统计，"十二五"以来，我国民航发展质量稳步提升：安全水平世界领先，航空运输百万小时重大事故率五年滚动值为0.032，保持世界领先水平；民航保障能力不断增强，机场运输数量达到207个（不含3个通勤机场），87.2%的地级城市100千米的范围内都有运输机场，通用机场310个，运输飞机2 650架。

与此同时，民航战略地位日益凸显，航空运输在综合交通运输体系中的地位不断提升，民航业与区域经济融合发展进程加快，民航国际影响力逐步扩大，民航行业管理能力不断提升。在全球航空运输业和国内综合交通运输体系中，我国民航业继续保持较快增长速度。民航业的快速发展，追切要求加速对民航法律的研究和民航法制的建设，利用法律的手段来保护民航业的健康发展。

经过几十年的法制建设，我国初步形成了相互配套的民航法律体系，为在市场经济条件下民航业的健康发展提供了坚实的法律依据。同时，大量民航法律、法规的出台和修订，也为民航法学的研究和教学工作奠定了基础，并提出了新的要求。

为了适应空中乘务和空中保卫相关专业方向的教学需要，同时也为了提高广大民航从业人员的法律知识水平和运用法律手段分析解决问题的能力，我们编写了《民航服务法律实务与案例教程》一书。

在本书编写的过程中，我们一方面注意教材的知识性，对基础知识和基本概念进行介绍；另一方面着重加强教材的实务性，主要针对当前发生的焦点和热点案例进行介绍。我们同时注意教材的新颖性，力求依据最新出台和修订的民航法律、法规，反映我国民航法制建设的最新成果。

本书由崔祥建、黄春新编写。在编写和出版过程中，得到了很多老师的支持和帮助，在此我们表示衷心的感谢。在编写过程中，一些相关的教材和著作给了我们很大的帮助和启示，我们已在参考文献中尽量列出，并在此对相关作者和编者表示诚挚的谢意。

由于水平有限，书中若有不足之处，敬请读者和专家批评指正。

编　者
2018年4月

CONTENTS 目录

第一章 民航服务法律实务概述与法律基础 ... 1

第一节 法律基础 ... 2
一、法的概念和特征 ... 2
二、法的渊源和分类 ... 7
三、法律部门与法律体系 ... 12
四、法的效力 ... 14
五、法律关系 ... 16
六、法律责任 ... 21

第二节 民航法的含义及其调整对象 ... 25
一、民航法的含义 ... 25
二、民航法的调整对象 ... 25
三、民航法的特征 ... 26
四、民航法的渊源 ... 28

第三节 民航服务法律的基本含义与特点 ... 31
一、民航服务工作的特点、存在的问题及管理思路 ... 31
二、民航服务法律的界定和主要内容与特点 ... 35

第二章 空气空间的法律地位与领空主权 ... 39

第一节 空气空间的法律界定 ... 40
第二节 领空与领空主权 ... 41
一、领空与领空主权 ... 41
二、领空主权的相关国际法规定 ... 42
三、空中交通规则 ... 43
四、国家民用航空权利 ... 43
五、禁飞区 ... 44
六、防空识别区 ... 44

第三章 民用航空器国籍法律制度 ········ 53

第一节 民用航空器国籍的概念界定及意义 ········ 54
一、民用航空器国籍的概念界定 ········ 54
二、民用航空器国籍的意义 ········ 54

第二节 民用航空器国籍的法律规定 ········ 56
一、有关法律规定 ········ 56
二、登记条件 ········ 57
三、登记机关 ········ 57
四、飞行的规定 ········ 57
五、国籍登记 ········ 57
六、国籍标志和登记标志 ········ 59
七、民用航空器的标识 ········ 59
八、临时登记 ········ 60
九、法律责任 ········ 60

第三节 民用航空器国籍原则的发展 ········ 61
一、航空器国籍与所有人、经营人国籍 ········ 61
二、联合经营的登记问题 ········ 62
三、航空器国籍国职权转移 ········ 62
四、航空联盟对国籍原则的影响 ········ 63

第四节 航空器登记国的权利和义务 ········ 63
一、航空器登记国的权利 ········ 63
二、航空器登记国的义务 ········ 65

第四章 民用航空器权利法律制度 ········ 67

第一节 民用航空器权利的概念基础 ········ 68
第二节 民用航空器权利 ········ 69
一、民用航空器所有权 ········ 69
二、民用航空器抵押权 ········ 72
三、民用航空器优先权 ········ 73

第三节 民用航空器权利登记制度 ········ 75

第五章 民用航空器租赁管理 ········ 77

第一节 航空器租赁的相关概念 ········ 78

一、经营性租赁相关概念 78
　　二、融资租赁概念 78
第二节　中国航空运营人租赁引进航空器的原则与相关要求 79
　　一、中国航空运营人租赁引进航空器的原则 79
　　二、中国航空运营人干租引进航空器的要求 79
　　三、中国航空运营人湿租引进航空器的要求 80
　　四、航空器租赁协议 80
　　五、租赁引进航空器的申请和批准 81
　　六、租赁引进航空器的适航性检查 81
　　七、航空运营人临时租用航空器 81
　　八、航空运营人湿租出租航空器给外国航空承运人 82
第三节　民用航空器融资租赁的发展 82
　　一、融资租赁国际立法情况 82
　　二、我国融资租赁相关法律法规 83
　　三、融资租赁内容 83

第六章　民用航空器搜寻援救与事故调查 87

第一节　民用航空器搜寻援救的界定及原则 88
　　一、航空器搜寻援救的界定 88
　　二、航空器搜寻援救的原则 89
第二节　民用航空器搜寻援救的执行 89
　　一、实施搜寻援救的区域、对象及条件 89
　　二、搜寻援救的组织机构 90
　　三、搜寻援救的准备 90
　　四、搜寻援救的实施 91
　　五、搜寻援救的国际合作 91
第三节　民用航空器事故调查的界定 92
　　一、航空器事故相关定义 92
　　二、航空器事故等级 93
　　三、事故调查的目的 94
　　四、事故调查的原则 95
第四节　我国民用航空器事故调查的组织 95
第五节　民用航空器事故调查组和调查报告 96
第六节　搜寻援救人员、事故当事人、有关人员的义务 99

第七章 国际民用航空组织与公约 … 103

第一节 国际民用航空组织 … 104
一、国际民用航空组织 … 104
二、国际航空运输协会 … 110
三、国际机场理事会 … 113

第二节 国际民用航空公约 … 116
一、华沙公约体制 … 116
二、国际民用航空公约 … 117
三、民用航空安全保卫公约 … 117

第八章 民航服务消费者权益保护——以民航安全为视角 … 121

第一节 案例导入 … 122
第二节 民航消费者的含义及其权利 … 124
一、消费者含义的界定 … 124
二、民航消费者的界定 … 125
三、民航消费者保护问题的产生 … 125
四、民航消费者的基本权利 … 126

第三节 民航安全与消费者权益保护的理论与实践 … 126
一、民航安全的理论与实践 … 126
二、消费者权益保护的理论与实践 … 129
三、民航安全与消费者权益保护之间协调的理论与实践 … 131

第四节 民航消费者权益保护中存在的主要问题、外国借鉴及其完善 … 132
一、民航消费者权益保护中存在的主要问题 … 132
二、国外航空消费者权益保护法律体系借鉴 … 134
三、民航消费者权益保护完善 … 135

第九章 民航运输责任与赔偿法律制度 … 141

第一节 案例导入 … 142
第二节 民用航空运输概述 … 146
一、民用航空运输的含义及特点 … 146
二、民用航空运输的主要形式 … 147

第三节 民用航空运输合同 … 148
一、民用航空运输合同的概念及分类 … 148
二、民用航空运输合同的特征 … 149

第四节　我国航空旅客人身损害赔偿的承运人责任制度 ……………… 151
　　一、我国航空旅客人身损害赔偿承运人的责任、免责与赔偿限额 ……… 152
　　二、我国航空旅客人身损害赔偿责任制度规定的缺陷 ………………… 154
　　三、对责任限额制度的质疑 …………………………………………… 158
　　四、我国关于航空承运人责任限额制度的变革思路 …………………… 160
第五节　相关主要案例及其分析 ……………………………………… 161
　　一、《蒙特利尔公约》中限额制度在马航事件中的应用 ………………… 161
　　二、洛克比空难 ………………………………………………………… 164
　　三、台湾复兴航空空难 ………………………………………………… 165

第十章　民航航班延误法律制度 …………………………………… 169

第一节　案例导入 ……………………………………………………… 171
　　一、原告因航班延误造成的损失可否得到赔偿 ………………………… 176
　　二、原告对其火车票因航班延误而作废是否具有过错 ………………… 176
第二节　航班延误的原因 ……………………………………………… 179
第三节　《航班正常管理规定》解读 …………………………………… 187
　　一、《规定》的意义和作用 ……………………………………………… 187
　　二、《规定》起草的法律依据和基础 …………………………………… 188
　　三、《规定》的起草过程中，遵循的最重要原则 ………………………… 188
　　四、如何界定航班延误 ………………………………………………… 188
　　五、《规定》进一步明晰主体职责和法律责任 …………………………… 190
　　六、《规定》对消费者的权益保护 ……………………………………… 190
　　七、《规定》承运人的免责 ……………………………………………… 191
　　八、有关航班正常保障的规定要点 …………………………………… 192
　　九、有关航班延误处置的规定要点 …………………………………… 192
　　十、《航班正常管理规定》提出的服务要求 …………………………… 193

第十一章　民用机场秩序法律制度 ………………………………… 197

第一节　案例导入 ……………………………………………………… 198
第二节　机　　场 ……………………………………………………… 202
　　一、机场的定义 ………………………………………………………… 202
　　二、民用机场分类 ……………………………………………………… 203
　　三、民用机场法律地位 ………………………………………………… 204
第三节　机场的建设与使用 …………………………………………… 205
　　一、民用机场建设审批制度 …………………………………………… 205

二、民用机场使用许可证制度 ··· 207
第四节　机场安全保卫法律制度 ··· 209
　　一、民用机场安全保卫制度 ··· 210
　　二、民用机场安全检查制度 ··· 211
　　三、民用机场治安管理 ··· 212
第五节　机场环保法律制度 ··· 213
　　一、机场环境保护 ··· 213
　　二、机场环境保护法律制度 ··· 215

第十二章　民航航班"超售"法律制度 ··· 221

第一节　案例导入 ··· 222
第二节　民航航班超售概述 ··· 226
　　一、航班超售的含义、本质与产生 ··· 227
　　二、航班超售的原因、合理性及其意义 ······································· 230
第三节　航空公司处理机票超售的方式 ··· 231
　　一、"非自愿被强行拒载者"的权利 ··· 232
　　二、登机优先权 ··· 233
第四节　航班超售的法律责任及我国航班超售的法律完善 ··························· 233
　　一、航班超售的法律责任 ··· 233
　　二、我国航班超售的法律完善 ··· 234
第五节　航班超售对旅客和航空公司的影响分析 ··································· 236
　　一、航班超售对旅客的影响分析 ··· 236
　　二、超售对航空公司的隐性影响分析 ··· 237

第十三章　航空器对地（水）面第三人损害赔偿法律制度 ··························· 243

第一节　案例导入 ··· 244
第二节　航空器对地（水）面第三人损害的界定 ··································· 247
　　一、地（水）面第三人 ··· 247
　　二、致第三人损害责任性质 ··· 247
　　三、强制保险的运用 ··· 248
第三节　《罗马公约》中的规定 ··· 250
　　一、适用范围 ··· 250
　　二、责任体制 ··· 252
　　三、责任担保 ··· 255
　　四、诉讼程序规则 ··· 257

五、对《罗马公约》的评论 ……………………………………… 258

第四节　我国的有关规定 ……………………………………… 259
　　一、责任制度 ……………………………………………………… 259
　　二、责任主体 ……………………………………………………… 261
　　三、保险与担保 …………………………………………………… 262
　　四、诉讼规则 ……………………………………………………… 262
　　五、境内赔偿数额 ………………………………………………… 264

第十四章　机组人员流动与招聘法律问题 …… 267

第一节　案例导入 ……………………………………………… 268
　　一、飞行员：提出辞职被公司索赔700多万 …………………… 269
　　二、郭岳炳律师："零赔付"鼓舞在辞职路上挣扎的飞行员 …… 270
　　三、航空公司："天价"赔偿和"零赔付"都极端 ……………… 270

第二节　航空人员的界定 ……………………………………… 273
　　一、航空人员的定义 ……………………………………………… 273
　　二、航空人员的地位与作用 ……………………………………… 273
　　三、航空人员的法律责任 ………………………………………… 274

第三节　航空人员的管理制度 ………………………………… 274
　　一、航空人员的准入管理制度 …………………………………… 274
　　二、航空人员执照的管理 ………………………………………… 275
　　三、工作时限的管理 ……………………………………………… 277
　　四、航空人员的日常行为规范 …………………………………… 278
　　五、航空人员的退出制度 ………………………………………… 278

第四节　机长的法律地位与职责 ……………………………… 279
　　一、机组与机长 …………………………………………………… 279
　　二、机长的法律地位 ……………………………………………… 280
　　三、机长的法律责任 ……………………………………………… 280
　　四、机长的职责权限 ……………………………………………… 280
　　五、机长的任职资格 ……………………………………………… 281

第五节　空中乘务员 …………………………………………… 282
　　一、岗位职责 ……………………………………………………… 282
　　二、入职前训练 …………………………………………………… 282
　　三、语言要求 ……………………………………………………… 282
　　四、制服 …………………………………………………………… 283
　　五、体检标准 ……………………………………………………… 283

第六节　航空安全员 …………………………………………… 283

一、航空安全员职责 283
二、航空安全员的权力 284
三、体检标准 284

第十五章 民航"黑名单"法律问题 291

第一节 案例导入 293
第二节 航空旅客"黑名单"法律制度 295
　一、"黑名单"的由来、含义 295
　二、我国航空"黑名单"的主要规范性文件 296
　三、我国航空旅客"黑名单"法律制度完善建议 304
第三节 案例主要问题分析 307
　一、春秋航空是否有强制缔约义务 307
　二、主要观点评述 310

参考文献 314

第一章

民航服务法律实务概述与法律基础

学习目的

1. 掌握法律的基本概念和本质；
2. 掌握空乘服务法律基本含义和特点；
3. 了解我国民航有关法律法规的基本含义和发展历程；
4. 介绍法律、民航法律法规和空乘服务法律之间的关系。

 学习内容

1. 相关的国际、国内法律法规和规范性文件；
2. 空乘服务工作的特点；
3. 空乘服务法律的特点；
4. 本章相关案例的分析总结。

社会主义市场经济的确立和发展，对我国民航业的法制化建设提出了新的要求和更高的标准。随着我国民航业的蓬勃发展，越来越多的法律问题需要我们去研究和解决。本书所讲的空乘服务法律实务主要以我国民航法律为基础，着重介绍空乘服务中面临的主要法律问题。因此，了解一些法律基础知识，掌握一定法的基本原理，以科学的法律思维去认识、分析、解决空乘服务中的法律问题，尤其是一些实务和焦点问题具有重要意义。

第一节 法 律 基 础

一、法的概念和特征

（一）法的语源

在汉语中，据我国历史上第一部字典《说文解字》考证，"法"字的古体是"灋"。"灋，刑也。平之如水。从水，廌所以触不直者去之，从去，会意。"这一解释主要有三个方面的含义：第一，在商周时代，法和刑是通用的。第二，"水"不仅有"公平的"象征性含义，而且有"裁判的"功能性的含义，把罪者置于水上，随流飘去，有驱逐的意思。第三，"法"字中的"廌"，传说是一种独角神兽，性中正，辨是非，在审判时被触者即被认为败诉或有罪，所以"击之，从去"。故而"古者决讼，令触不直"。这反映了上古时代既盛行神明裁判，又相信法是正直、正义的准则。因此，"法"就词义而言，是"公平"地判断行为的是非、制裁违法行为的依据。

（二）法的起源

"法"作为一种社会现象，产生和发展有其深刻的经济根源。也就是说，法不是从来就有的，而是人类社会发展到一定历史阶段的产物，它同私有制有着直接的联系。

法的产生经历了从不成文的习惯法到成文法两个阶段。原始社会后期，生产力日益发展起来，与此相适应，私有制、交换、使用他人劳动力等现象也逐渐出现。新的社会关系与原始社会制度之间的矛盾日益不可调和，最后导致了社会的彻底变革：私有制代替了原始公有制，奴隶社会代替了原始社会。随着原始社会的解体，与这种社会制度相适应的社会组织和社会规范就失去了它存在的意义。处于剥削地位的奴隶主阶级与处于被剥削地位的奴隶阶级之间的矛盾冲突日益尖锐，奴隶主阶级为了维护自己的统治地位和经济利益，不仅建立了新的社会组织——国家，而且通过国家创制了强迫全社会普遍遵守的、维护奴隶主阶级统治秩序的行为规范体系，这就是法律。

由此可见，"法"是人类社会发展到一定历史阶段的产物，是在原始社会生产力的发展引起生产关系变革的情况下，随着私有制、阶级和国家的产生而产生的。

（三）法的定义

法的定义比较复杂，而且也没有统一的理解。从以往的法律理论和方法论的角度看，可以分为三类：第一类是从法本身理解法律，认为法律产生、发展、变化的根源在于法的自身。这种观点的特点是囿于法的现象来讨论法的问题；第二类虽然是从法的外部解释法律的根源，但都直接或间接地把这种根源归结为某种精神力量，将法视为人类精神文明发展的产物；第三类则是从社会现象的交互作用的角度把握法的定义。

从法的本质和特征理解法的定义，我们认为：法是由国家制定或认可并由国家强制力保证其实施的，反映统治阶级（即掌握国家政权的阶级）意志的规范系统，这一意志的内容是由统治阶级的物质生活条件决定的，它通过规定人们在相互关系中的权利和义务，确认、保护和发展对统治阶级有利的社会关系和社会秩序。

（四）法的基本特征

法的特征是由法的本质决定的，是法的本质的外部表现。法律既然是社会规范的一种，当然具有一般社会规范所共有的规范性、概括性、预测性等性质。而法律是特殊的社会规范，具有以下几方面的基本特征。

1. 法是调整人的行为的社会规范

规范的含义大体与标准、尺度、准则、规矩和规则等相似。社会规范是指人与人相处的准则。社会是由人与人的关系构成的，社会规范则是维系人们之间交往行为的基本准则，进而也是维系社会本身存在的制度和价值。所以，社会规范既具有社会性又具有个人性。法律就是社会规范之一。作为社会规范，法律不同于技术规范和自然法则。作为调整行为的社会规范，法律又不同于其他社会规范。法律是一种以公共权力为后盾的、具有特殊强制性的社会规范。而习惯、道德、宗教、政党政策等社会规范则建立在人们的信仰或确信的基础上，通过人们的内心发生作用。因此，它们不仅是人的行为的准则，也是人的意识、观念的基础。

2. 法是由公共权力机构制定或认可的具有特定形式的社会规范

社会规范大体上可以分为两类：一类是在长期的社会演变过程中自发形成的，如道德、习俗、礼仪等。这类规范内容上也在不断变化和丰富，但这一变化过程总体上是自然的、自发的；另一类社会规范则主要是人为形成的，如宗教规范、政治规范、政策规范、职业规范、纪律规范等。这类规范内容的产生往往是人为的、自觉的。法律就属于后者。

3. 法是具有普遍性的社会规范

法的普遍性具有三层含义。一是在国家权力所及的范围内，法具有普遍效力或约束力。二是近代以来，法的普遍性也是要求平等地对待一切人的普遍性，要求法律面前人人平等。三是近代以来的法律虽然与一定的国家紧密联系，具有民族性、地域性，但是，法律的内容始终具有与人类的普遍要求相一致的趋向。

4. 法是以权利义务为内容的社会规范

法是通过设定以权利、义务为内容的行为模式的方式，指引人的行为，将人的行为纳入统一的秩序之中，以调节社会关系。法所规定的权利义务，不仅是对公民而言的，而且也是针对一切社会组织、国家机构的。它不仅规定义务，而且赋予权利。法律的存在，意味着人们谋求自身利益的行为的正当性，意味着现实的有生命的个人追求现实利益的正当性。可见，这是法的一个重要特点和价值。这种调整社会关系的方式，使法律再一次与其他社会规范相区别。

5. 法律是以国家强制力为后盾，通过法律程序保证实现的社会规范

规范都具有保证自己实现的力量。不按照自然法则办事，就会招致自然界报复。不按照社会规范行事，也会受到相应的惩罚。原始人严重违反氏族习惯，会被逐出氏族；社会成员违反公认的道德准则，会受到人们的谴责；教会成员严重违反教规，要被赶出教门；工人违反厂规，要受厂规处分；党员破坏党章，要受党纪制裁。可见没有保证手段的社会规范是不存在的。

以国家强制力来保证法的实现，则是法律独具的重要特征。这是因为以下两点。首先，国家制定法律就是为了实现阶级的利益。在根本利益上对立的阶级矛盾必须靠国家的特殊强制力加以解决。其次，法律上权利义务的实现，没有强制力将失去保障。不使用强制手段不足以保护权利，没有强制后盾不足以推动义务的履行。法的实现靠国家政权作后盾，国家政权是法存在和运行的前提和基础。法的国家强制力的表现，常常是一种暴力，如武装力量、警察、法庭、监狱等。国家的司法活动或者执法活动离不开强制和制裁。强制措施或制裁措施有时是暴力形式的直接采用（如惩罚犯罪），有时是显示威慑力量，从而保证法律、法规的贯彻实施。法的强制性质是由法的国家意志性质决定的，所以，强制和制裁必须由专门机关依照法定程序进行。

（五）法的本质

法的现象是具体的。在具体的社会与历史条件下，在不断地发展运动中，各国各民族创造出了丰富多彩的法的表现形式。法的本质的认识应注意以下两点。首先，只有深入到法的现象领域，揭示法的现象之间的联系，才可能正确认识法的本质。其次，法学研究又不能仅仅停留在现象阶段，而是必须揭示法的本质。

1. 法的本质最初表现为法的正式性

法的正式性又称法的官方性、国家性，指法是由国家制定或认可的并由国家强制力保证实施的正式的官方确定的行为规范。法的正式性反映了法的现象的特征，是法的本质的表现。法的正式性体现在法总是公共权力机关按照一定的权限和程序制定或认可的。

2. 法的本质其次反映为法的阶级性

法的阶级性是指：在阶级对立的社会，法所体现的国家意志实际上是统治阶级的意志。法所体现的国家意志，首先，从表面上看，具有一定的公共性、中立性。这种意志由于形成于与社会相脱离的国家，因而具有统摄全体社会成员的"公共性"优势，任何个人或组织的意志一旦获得国家意志的表现形式，立即具有了由公共权力保证的全体社会成员一致遵循的效力；其次，按照马克思主义观点，由于国家形成于阶级矛盾不可调和的历史时期，因此，它必然反映阶级对立时期的阶级关系。法所体现的国家意志实际上只能是统治阶级意志，国家意志就是法律化的统治阶级意志。

3. 法的本质最终体现为法的社会性

法的社会性是指法的内容是受一定社会因素制约的，最终也是由一定社会物质生活条件决定的。马克思主义法律理论分析认为：法律是社会的组成部分，也是社会关系的反映；社会关系的核心是经济关系，经济关系的中心是生产关系；生产关系是由生产力决定的，而生产力则是不断发展变化的；因此，生产力的不断发展最终导致包括法律在内的整个社会的发展变化。这就提供了一个将法律置于物质的能动的社会发展过程中加以考察的唯物史观的分析框架。按照这种观点，国家不是在创造法律，而是在表述法律，是将社会生活中客观存在的包括生产关系、阶级关系、亲属关系等在内的各种社会关系以及相应的社会规范、社会需要上升为国家的法律，并运用国家权威予以保护。所以，法的本质存在于国家与社会的对立统一的关系之中。

总之，法是建立在一定经济基础之上的上层建筑的重要组成部分，归根结底是由其经济基础和通过其经济基础反映出来的生产力的发展水平来决定的。任何一个统治阶级都不能离开其物质生活条件而随心所欲地提出要求或制定法律。如果离开一定的物质生活条件，统治阶级的意志便无从产生，即使制定了违背经济规律的法律，也只能是一纸空文，在实际生活中无法实现。物质生活条件包括地理环境、生产方式、人口等方面，其中生产方式是决定社会面貌、性质和发展方向的主要因素，也是决定法律内容的主要因素。

根据前面的分析，我们至少可以从三个等级或层次上来认识法的本质。

法的第一级本质，是被奉为法律的统治阶级的意志。

法的第二级本质，是被一定历史条件所决定的人们的行为自由与纪律，这种自由和纪律表现为一种事实上的社会权利与义务。

法的第三级本质是社会生活，特别是经济发展的客观需要。

（六）法的作用

法的作用泛指法对社会发生的影响。理解法的作用必须首先注意：法的作用与法的本质及目的是密切联系、相互作用的。

1. 法的作用体现在法与社会的交互影响中

在社会发展的过程中，法作为上层建筑的组成部分，其产生、存在与发展变化都是由社会的生产方式决定的。法在由社会所决定的同时，也具有相对的独立性。这种独立性一定意义上就体现在法能够促进或延缓社会的发展。

2. 法的作用直接表现为国家权力的行使

无论是制定法还是习惯法、判例法，都是与国家权力相联系的。法律之所以能够调节人的行为，起到规范社会关系的作用，就在于它是以国家权力为后盾的，与官方权威相联系的。这是法与其他社会规范相区别的重要标志。同时，现代法律在社会生活中的作用的扩大，也是国家权力进一步扩大和加强的结果。所以，法律的作用与国家的地位和作用互为表里。可见法的作用本质上是社会自身力量的体现。法能否对社会发生作用，法对社会作用的程度，法对社会所发生作用的效果，不是法律自身能够决定的。

法的作用可以分为规范作用与社会作用。这是根据法在社会生活中发挥作用的形式和内容，对法的作用的分类。从法是一种社会规范看，法具有规范作用，规范作用是法作用于社会的特殊形式；从法的本质和目的看，法又具有社会作用，社会作用是法规范社会关系的目的。这种对法的作用的划分使法与其他社会现象相区别，突出了法律调整的特点，同时，又明确了各个时期法律目的的差异。

法的规范作用可以分为指引、评价、教育、预测与强制五种。法的这五种规范作用是法律必备的，任何社会的法律都具有。但是，在不同的社会制度下，在不同的法律制度中，由于法律的性质和价值的不同，法的规范作用的实现程度也会有所不同。

指引作用是指法对本人的行为具有引导作用。在这里，行为的主体是每个人自己。法对人的行为的指引有两种形式：一种是个别性指引，即通过一个具体的指示形成对具体的人的具体情况的指引；一种是规范性指引，是通过一般的规则对同类的人或行为的指引。个别指引尽管是非常重要的，但就建立和维护稳定的社会关系和社会秩序而言，规范性指引具有更大的意义。从立法技术上看，法律对人的行为的指引通常采用两种方式：一种是确定的指引，即通过设置法律义务，要求人们做出或抑制一定行为，使社会成员明确自己必须从事或不得从事的行为界限；一种是不确定的指引，又称选择的指引，是指通过宣告法律权利，给人们一定的选择范围。

评价作用是指法律作为一种行为标准，具有判断、衡量他人行为合法与否的评判作用。这里，行为的对象是他人。在现代社会，法律已经成为评价人的行为的基本标准。

教育作用是指通过法的实施使法律对一般人的行为产生影响。这种作用又具体表现为示警作用和示范作用。法的教育作用对于提高公民法律意识，促使公民自觉遵守法律具有重要作用。

预测作用是指凭借法律的存在，可以预先估计到人们相互之间会如何行为。法的预测作用的对象是人们相互之间的行为，包括公民之间、社会组织之间、企事业单位之间以及它们相互之间的行为的预测。社会是由人们的交往行为构成的，社会规范的存在就意味着行为预期的存在。而行为的预期是社会秩序的基础，也是社会能够存在下去的主要原因。

强制作用是指法可以通过制裁违法犯罪行为来强制人们遵守法律。这里，强制作用的对象是违法者的行为。制定法律的目的是让人们遵守，是希望法律的规定能够转化为社会现实。在此，法律必须具有一定的权威性。离开了强制性，法律就失去了权威；而加强法律的强制性，则有助于提高法律的权威。

法的社会作用是从法的本质和目的这一角度出发确定的法的作用，如果说法的规范作用取决于法的特征，那么，法的社会作用就是由法的内容决定的。法的社会作用主要涉及了三个领域和两个方向。三个领域即社会经济生活领域、政治生活领域、思想文化生活领域；两个方向即政治职能（即通常说的阶级统治的职能）和社会职能（即执行社会公共事务的职能）。

当然，尽管法在社会生活中具有重要作用，但是，法律不是万能的，原因在于：① 法律是以社会为基础的，因此，法律不可能超出社会发展需要"创造"社会；② 法律是社会规范之一，必然受到其他社会规范以及社会条件和环境的制约；③ 法律自身条件的制约，如语言表达力的局限。在实践活动中，法律必须结合自身特点发挥作用。

二、法的渊源和分类

（一）法的渊源的概念

法的渊源指法的源泉、来源、源头。在历史上，学者们通常将法的渊源分为历史渊源、本质渊源、思想理论渊源、效力渊源、文件渊源、形式渊源等来加以认识。

我国目前所讲的法的渊源一般有实质意义法的渊源和形式意义法的渊源两种不同的解释。在实质意义上，法的渊源指法的内容的来源，如法渊源于经济或经济关系。形式意义上的法的渊源，也就是法的效力渊源，指一定的国家机关依照法定职权和程序制定或认可的具有不同法的效力和地位的法的不同表现形式，即根据法的效力来源不同，而划分的法的不同形式，如制定法、判例法、习惯法、法理等。在我国，对法的渊源的理解，一般指效力意义上的渊源，主要是各种制定法。

由于社会制度、国家管理形式和结构形式的不同及受政治思想、道德、历史与文化传统、宗教、科技发展水平、国际交往等的影响，在不同国家或不同历史时期，有各种各样的法的渊源。而且，法的渊源是不断发展的。

（二）当代中国法的渊源

当代中国法的渊源主要是以宪法为核心的各种制定法，包括宪法、法律、行政法规、地方性法规、民族自治法规、经济特区的规范性文件、特别行政区的法律法规、规章、国际条约和国际惯例等。

1. 宪法

宪法是每一个民主国家最根本的法的渊源，其法律地位和效力是最高的。它是国家最高权力的象征或标志，宪法的权威直接来源于人民。

我国宪法规定了当代中国根本的社会、经济和政治制度，各种基本原则、方针、政策，公民的基本权利和义务，各主要国家机关的组成和职权、职责等，涉及社会生活各个领域的最根本、最重要的方面。宪法是由我国最高权力机关——全国人民代表大会（以下简称全国人大或人大）制定和修改的，宪法的地位决定了其制定和修改的程序极其严格。宪法具有最高的法的效力，一切法律、行政法规和地方性法规都不得同宪法抵触。在中国，全国人大监督宪法的实施，全国人民代表大会常务委员会（以下简称全国人大常委会）解释并监督宪法的实施，对违反宪法的行为予以追究。

2. 法律

在我国，法律有广义、狭义两种理解。广义上讲，法律泛指一切规范性文件；狭义上讲，仅指全国人大及其常委会制定的规范性文件。我们这里仅指狭义的理解。在当代中国法的渊源中，法律的地位和效力仅次于宪法。

由于制定机关的不同法律，可分为两大类：一类为基本法律，即由全国人大制定和修改的刑事、民事、国家机构和其他方面的规范性文件，如刑法、刑事诉讼法等；另一类为基本法律以外的其他法律，即由全国人大常委会制定和修改的规范性文件，如文物保护法、商标法等。在全国人大闭会期间，全国人大常委会也有权对全国人大制定的法律在不同该法律基本原则相抵触的条件下进行部分补充和修改。

3. 行政法规

行政法规是指国家最高行政机关即国务院所制定的规范性文件，其法律地位和效力仅次于宪法和法律。国务院所发布的决定和命令，凡属于规范性的，也属于法的渊源之列。目前我国行政法规的数量远远超过全国人大和全国人大常委会制定的法律的数量。

国务院制定的行政法规，不得与宪法和法律相抵触。因此，全国人大常委会有权撤销国务院制定的同宪法、法律相抵触的行政法规、决定和命令。

4. 地方性法规、民族自治法规、经济特区的规范性文件

这三类都是由地方国家机关制定的规范性文件。

地方性法规是一定的地方国家权力机关，根据本行政区域的具体情况和实际需要，依法制定的在本行政区域内具有法的效力的规范性文件。根据宪法和1986年修改后的地方各级人民代表大会和地方各级人民政府的组织法、立法法的规定，省、自治区、直辖市以

及省级人民政府所在地的市和经国务院批准的较大的市的人民代表大会及其常委会有权制定地方性法规。此外，地方各级国家权力机关及其常设机关、执行机关所制定的决定、命令、决议，凡属规范性者，在其行政区域内，也都属于法的渊源之列。地方性法规及其他规范性文件，在不同宪法、法律、行政法规相抵触的前提下才有效。

民族区域自治是我国的一项基本政治制度。根据宪法和民族区域自治法，民族自治地方的自治机关除行使宪法第三章第五节规定的地方国家机关的职权外，同时依照宪法和有关法律行使自治权。民族自治地方的人民代表大会有权依照当地民族的政治、经济和文化的特点，制定自治条例和单行条例，但应报上一级人民代表大会常委会批准之后才生效。自治条例是一种综合性法规，内容比较广泛。单行条例是有关某一方面事务的规范性文件，一般采用"条例""规定""变通规定""变通办法"等名称。民族自治法规只在本自治区域有效。

经济特区是指我国在改革开放中为发展对外经济贸易，特别是利用外资、引进先进技术而实行某些特殊政策的地区。1981年全国人大常委会授权广东省、福建省人大及其常委会制定所属经济特区的各项单行经济法规。1988年全国人大授权海南省人大及其常委会制定在海南经济特区实施的法规。1992年全国人大授权深圳市人大和深圳市政府分别制定法规和规章，在深圳经济特区实施。经济特区的这些规范性文件，是由全国人大及其常委会授权制定的，其法律地位和效力不同于一般的法规、规章，因而是当代中国法的渊源之一。

5. 特别行政区的法律法规

宪法规定，国家在必要时设立特别行政区，在特别行政区内实行的制度按照具体情况由全国人民代表大会以法律规定。这是"一个国家、两种制度"的构想在宪法上的体现。特别行政区实行不同于全国其他地区的经济、政治、法律制度，即在若干年内保持原有的资本主义制度和生活方式，因而在立法权限和法律形式上也有特殊性，特别行政区的法律、法规在当代中国法的渊源中成为单独的一类。全国人民代表大会已于1990年4月和1993年3月先后通过了《中华人民共和国香港特别行政区基本法》和《中华人民共和国澳门特别行政区基本法》。

6. 规章

规章是行政性法律规范文件，从其制定机关而言可分为两种：一种是由国务院组成部门及直属机构在它们的职权范围内制定的规范性文件；另一种是省、自治区、直辖市人民政府以及省、自治区人民政府所在地的市和经国务院批准的较大的市人民政府依照法定程序制定的规范性文件。

7. 国际条约、国际惯例

国际条约是指我国作为国际法主体同外国缔结的双边、多边协议和其他具有条约、协定性质的文件。条约生效后，根据"条约必遵守"的国际惯例，对缔约国的国家机关、团体和公民就具有法律上的约束力，因而国际条约也是当代中国法的渊源之一。

国际惯例是指以国际法院等各种国际裁决机构的判例所体现或确认的国际法规则和国

际交往中形成的共同遵守的不成文的习惯。国际惯例是国际条约的补充。

我国国内法中还规定了国际条约和国际惯例的法的效力,如《中华人民共和国民法通则》(以下简称《民法通则》)第一百四十二条规定:"中华人民共和国缔结或者参加的国际条约同中华人民共和国的民事法律有不同规定的,适用国际条约的规定,但中华人民共和国声明保留的条款除外。中华人民共和国法律和中华人民共和国缔结或者参加的国际条约没有规定的,可以适用国际惯例。"

需要指出的是,国家政策是当代中国法的非正式渊源之一。政策是国家或政党为完成一定时期任务而规定的活动准则。根据《民法通则》第六条的规定:"民事活动必须遵守法律,法律没有规定的,应当遵守国家政策。"因此国家政策就成为我国法的渊源。在当代中国社会转型时期,政策有其特殊意义。

此外,在法学上一般也认为,习惯应视为我国法的非正式渊源。习惯是指人们在长期的生产、生活中约定俗成的一种行为规范。我国幅员辽阔,历史悠久,各地均有许多良好的习惯和传统。各民族特别是少数民族的习惯与现行法律、法规和社会公共利益不相抵触的,经国家认可后,部分可具有正式法的渊源的意义,其他部分则为我国法的非正式渊源。在当代中国,不采用判例法制度,判例不具有拘束力,不是法的正式渊源之一。但我国应当重视判例的作用。

(三) 法的分类

法的分类是指从不同的角度,按照不同的标准,将法律规范分为若干不同的种类。事实上,法的渊源、法律部门等也是从一定角度对法所做的分类,法的历史类型也属于对法的一种分类。但通常所讲的法的分类是指法的一般分类和特殊分类。

1. 法的一般分类

法的一般分类是指世界各国都基本适用的法的分类,主要有以下几种。

(1) 国内法与国际法

按照法的创制与适用主体的不同,法可以分为国内法与国际法。国内法是由特定国家创制并适用于该国主权管辖范围内的法,包括宪法、民法、诉讼法等。国内法的主体一般为公民、社会组织和国家机关,国家只能在特定的法律关系中成为主体。国际法是指在国际交往中,由不同的主权国家通过协议制定或公认的、适用于国家之间的法。国际法的主体一般是国家,在一定条件下或一定范围内,类似国家的政治实体以及由一定国家参加和组成的国际组织也可以成为国际法的主体。

(2) 根本法与普通法

按照法的效力、内容和制定程序的不同,法可以分为根本法与普通法。根本法是宪法的别称,它规定了国家基本的政治制度和社会制度、公民的基本权利和义务、国家机关的设置、职权等内容,在一个国家中占据最高的法律地位。普通法是指除宪法以外的其他法,它规定国家的某项制度或调整某一方面的社会关系。在制定和修改程序上,根本法比普通法更为严格。

(3) 一般法与特别法

按照法的效力范围的不同，法可以分为一般法与特别法。一般法是指在一国范围内，对一般的人和事有效的法。特别法是指在一国的特定地区、特定期间或对特定事件、特定公民有效的法，如戒严法、兵役法、教师法等。一般情况下，在同一领域，法律遵循特别法优于一般法的原则。

(4) 实体法与程序法

按照法规定的具体内容的不同，法可以分为实体法与程序法。实体法是规定主要权利和义务（或职权和职责）的法。如民法、刑法、行政法等。程序法是指为保障权利和义务的实现而规定的程序的法。如民事诉讼法、刑事诉讼法等。当然，这种划分并不是绝对的，实体法中也可能有一些程序内容。实体法与程序法有着密切的关系，实体法是主要的，一般称为主法；程序法保障实体法的实现，称为辅助法。但这并不意味着程序法不重要，程序法表明决定的形成必须经过法律所设定的步骤，并且向所有参加者开放，当事人有表达意见的机会，并将参加者、实施者的不同意愿和要求组织、整合为一个结果，这是基本的人权保护机制。人们可以通过法律程序对法律现象给予评判，实现形式正义，因而程序法具有独立的价值。

(5) 成文法与不成文法

按照法的创制和表达形式的不同，法可以分为成文法与不成文法。成文法是指由特定国家机关制定和公布，以文字形式表现的法，故又称制定法。不成文法是指由国家认可的不具有文字表现形式的法。不成文法主要为习惯法。随着法的发展，成文法日益增多，已成为法的主要组成部分，而不成文法则逐渐减少。

2. 法的特殊分类

法的特殊分类则是仅适用于某一类和某一些国家的法律的分类。

(1) 公法和私法

这是以古罗马为来源，后来通行于大陆民法法系的一种法的分类。从利益保护的重心来看，公法以维护公共利益即"公益"为主要目的，私法则以保护个人或私人利益即"私益"为依归。从调整的社会关系，即对象来看，公法调整的是国家与公民之间、政府与社会之间的各种关系，主要体现为政治关系、行政关系及诉讼关系等。私法调整私人之间的民商事关系，即平等主体之间的财产关系和人身关系。

(2) 普通法和衡平法

这是普通法法系国家的一种法的分类方法。普通法指的是英国12世纪前后发展起来的、由普通法院创制的通行于全国的普遍适用的法律。它的形成是中央集权和司法统一的直接后果。由于普通法在传统令状制度下，存在着保护范围有限、内容僵化、救济方法较少的缺陷，随着社会经济的发展，已不能满足人们的需要。得不到普通法院公正保护的当事人，依照历史传统直接向国王提出的申诉越来越多，国王遂将其委托给大法官进行审理。15世纪正式形成了大法官法院（又称"衡平法院"）。根据大法官的审判实践，逐渐发展出一套与普通法不同的法律规则，即根据"公平""正义"的原则形成的"衡平法"，并逐渐成为一套有别于普通法的独立法律体系。

（3）联邦法和联邦成员法

这是实行联邦制国家的一种法的分类，单一制国家没有这一分类。联邦法是指整个联邦立法机关制定的和在整个联邦实施的法律，联邦成员法是指由联邦成员国的立法机关制定的仅在该成员国实施的法律。

三、法律部门与法律体系

（一）法律部门

1. 法律部门的含义

法律部门，也称部门法，是根据一定标准和原则所划定的调整同一类社会关系的法律规范的总称。实际上，由于社会关系复杂交错、彼此联系，法律部门之间往往很难截然分开。事实上，有的社会关系需要由几个法律部门来调整，如经济关系就需要由经济法、民法、行政法、劳动法等调整。

2. 划分法律部门的标准和原则

建立一国法律体系的关键问题是划分法律部门的根据，即标准和原则是什么。一般认为划分法律部门的主要标准是法律所调整的不同社会关系，即调整对象；其次是法律调整方法。

在划分法律部门时仅依靠调整对象和调整方法这两个客观标准是不够的，还应考虑一些原则，使法律部门的划分更加科学、合理。划分法律部门的原则主要有以下几方面。

第一，粗细恰当。划分法律部门时应注意在粗细之间保持适当平衡，既不应太粗，也不宜过细，以利于人们了解和掌握本国全部现行法。

第二，多寡合适。在划分法律部门时要考虑有关法律、法规的多寡。

第三，主题定类。实际生活中，有一些法律规范兼及不同领域，可以从不同角度归类为不同的法律部门，在这种情形下，就需要考虑这些规范的主题或主导精神来定其部类归属。

第四，逻辑与实用兼顾。划分法律部门，既要有一定的逻辑根据，又不必过于拘泥，从实用出发，还应该考虑正在制定或即将制定的法律，把握法律的发展趋势。

（二）法律体系

法律体系，也称为部门法体系，是指一国的全部现行法律规范，按照法定标准和原则，划分为不同的法律部门而形成的内部和谐一致、有机联系的整体。法律体系是一国国内法构成的体系，不包括完整意义的国际法即国际公法。法律体系，反映法律的现实状况，它不包括历史上废止的已经不再有效的法律，一般也不包括尚待制定、还没有生效的法律。法律体系是一种客观存在的社会生活现象，反映了法的统一性和系统性。研究法律体系，对于科学地进行立法预测、立法规划，正确地运用法律解决纠纷，全面地进行法律汇编和法典编纂，合理地划分法律学科、设置法学课程等都具有重要的意义。

（三）当代中国法律体系

当代中国的法律体系通常包括下列法的部门：宪法、行政法、民法、商法、经济法、劳动法与社会保障法、刑法、诉讼法。

1. 宪法

宪法作为一个法律部门，在当代中国的法律体系中具有特殊的地位，是整个法律体系的基础。宪法部门最基本的规范，主要反映在《中华人民共和国宪法》这样的规范性文件中。

除了宪法这一主要的、居于主导地位的规范性法律文件外，宪法部门还包括国家机关组织法、选举法、民族区域自治法、特别行政区基本法、授权法、立法法、国籍法等附属的较低层次的法律。

2. 行政法

行政法是调整国家行政管理活动中各种社会关系的法律规范的总和。它包括规定行政管理体制的规范，确定行政管理基本原则的规范，规定行政机关活动的方式、方法、程序的规范，规定国家公务员的规范等。

我国一般行政法方面的规范性文件较少，主要有行政复议法、行政处罚法、行政监察法、政府采购法等。特别行政法方面有食品卫生法、药品管理法、治安管理处罚条例等。

3. 民法

民法是调整作为平等主体的公民之间、法人之间、公民和法人之间的财产关系和人身关系的法律。我国民法部门的规范性法律文件主要由《中华人民共和国民法通则》和单行民事法律组成。民法通则是民法部门的基本法，单行民事法律主要有合同法、担保法、婚姻法、继承法、收养法、商标法、专利法、著作权法等。此外还包括一些单行的民事法规，如著作权法实施条例、商标法实施细则等。

4. 商法

在明确提出建立市场经济体制以后，商法作为法律部门的地位才为人们所认识。商法是调整平等主体之间的商事关系或商事行为的法律。从表现形式看，我国的商法包括公司法、证券法、票据法、保险法、企业破产法、海商法等。商法是一个法律部门，但民法规定的有关民事关系的很多概念、规则和原则也通用于商法。从这一意义讲，我国实行"民商合一"的原则。

5. 经济法

经济法是调整国家在经济管理中发生的经济关系的法律。作为法律部门的经济法是随着商品经济的发展和市场经济体制的逐步建立，适应国家宏观经济实行间接调控的需要而发展起来的一个法律部门。经济法这一法律部门的表现形式包括有关企业管理的法律，如全民所有制工业企业法、中外合资经营企业法、外资企业法、中外合作经营企业法、乡镇企业法等；有关财政、金融和税务方面的法律、法规，如中国人民银行法、商业银行法、个人所得税法、税收征收管理法等；有关宏观调控的法律、法规，如预算法、统计法、会计法、计量法等；有关市场主体、市场秩序的法律、法规，如产品质量法、反不正当竞争法、消费者权益保护法等。

6. 劳动法与社会保障法

劳动法是调整劳动关系的法律，社会保障法是调整有关社会保障、社会福利的法律。这一法律部门的法律包括有关用工制度和劳动合同方面的法律规范，有关职工参加企业管理、工作时间和劳动报酬等方面的法律规范，有关劳动卫生和劳动安全的法律规范，有关劳动保险和社会福利方面的法律规范，有关社会保障方面的法律规范，有关劳动争议的处理程序和办法的法律法规等。劳动法与社会保障法这一法律部门的主要规范性文件包括劳动法、工会法、矿山安全法、安全生产法等。

7. 刑法

刑法是规定犯罪和刑罚的法律，是当代中国法律体系中一个基本法律部门。在人们日常生活中，刑法也是最受人关注的一种法律。刑法这一法律部门中，占主导地位的规范性文件是刑法，一些单行法律、法规的有关条款也可能规定刑法规范（如文物保护法中有关文物犯罪的准用性条款的内容）。

8. 诉讼法

诉讼法，又称诉讼程序法，是有关各种诉讼活动的法律，它从诉讼程序方面保证实体法的正确实施，并保证实体权利、义务的实现。诉讼法这一法律部门中的主要规范性文件为刑事诉讼法、民事诉讼法和行政诉讼法。同时，律师法、法官法、检察官法、仲裁法、监狱法等法律的内容也大体属于这个法律部门。

四、法的效力

（一）法的效力的含义、分类和法的效力范围

法的效力，即法的约束力，指人们应当按照法律规定的那样行为，必须服从。一般而言，法的效力来自于制定它的合法程序和国家强制力。法律有效力，意味着人们应当遵守、执行和适用法律，不得违反。

通常，法的效力可以分为规范性法律文件的效力和非规范性法律文件的效力。规范性法律文件的效力，指法律的生效范围或适用范围，即法律对什么人、什么事，在什么地方和什么时间有约束力。非规范性法律文件的效力，指判决书、裁定书、逮捕证、许可证、合同等的法的效力。这些文件在经过法定程序之后也具有约束力，任何人不得违反。但是，非规范性法律文件是适用法律的结果而不是法律本身，因此不具有普遍约束力。

法的效力可以分为四种，或称四个效力范围：法对人的效力、法对事的效力、法的空间效力、法的时间效力。在这四个效力范围中，法对人和对事的效力范围先于法的空间与时间的效力范围。

（二）法对人的效力

法对人的效力，指法律对谁有效力，适用于哪些人。在世界各国的法律实践中先后采用过四种对人的效力的原则。① 属人主义，即法律只适用于本国公民，不论其身在国内还是国外；非本国公民即便身在该国领域内也不适用。② 属地主义，法律适用于该国管辖地区内的所有人，不论是否为本国公民，都受法律约束和法律保护；本国公民不在本国，则不受本国法律的约束和保护。③ 保护主义，即以维护本国利益作为是否适用本国法律的依据；任何侵害了本国利益的人，不论其国籍和所在地域，都要受该国法律的追究。④ 以属地主义为主，与属人主义、保护主义相结合。这是近代以来多数国家所采用的原则，我国也是如此。采用这种原则的原因是：既要维护本国利益，坚持本国主权，又要尊重他国主权，照顾法律适用中的实际可能性。

根据我国法律，对人的效力包括两个方面。

① 对中国公民的效力。中国公民在中国领域内一律适用中国法律。在中国境外的中国公民，也应遵守中国法律并受中国法律保护。但是，这里存在着适用中国法律与适用所在国法律的关系问题。对此，应当根据法律，区别情况，分别对待。

② 对外国人和无国籍人的效力。中国法律对外国人和无国籍人的适用问题，包括两种情况：一种是对在中国领域内的外国人和无国籍人的法律适用问题；另一种是对在中国领域外的外国人和无国籍人的法律适用问题。外国人和无国籍人在中国领域内，除法律另有规定外，适用中国法律。中国法律既保护他们在中国的法定权利与合法利益，又依法处理其违法问题。这是国家主权原则的必然要求。外国人在中国领域外对中国国家或者公民犯罪，应按《中华人民共和国刑法》规定的最低刑为3年以上有期徒刑的，可以适用中国刑法，但是按照犯罪地的法律不受处罚的除外。

（三）法对事的效力

法对事的效力，指法律对什么样的行为有效力，适用于哪些事项。这种效力范围的意义在于：① 告诉人们什么行为应当做，什么行为不应当做，什么行为可以做；② 指明法律对什么事项有效，确定不同法律之间调整范围的界限。

（四）法的空间效力

法的空间效力，指法在哪些地域有效力，适用于哪些地区。一般来说，一国法律适用于该国主权范围所及的全部领域，包括领土、领水及其底土和领空，以及作为领土延伸的本国驻外使馆、在外船舶及飞机。

(五)法的时间效力

法的时间效力,指法何时生效、何时终止效力以及法对其生效以前的事件和行为有无溯及力。

1. 法的生效时间

法律的生效时间主要有三种:① 自法律公布之日起生效;② 由该法律规定具体生效时间;③ 规定法律公布后符合一定条件时生效。例如,《中华人民共和国企业破产法(试行)》第四十三条规定:"本法自全民所有制工业企业法实施满三个月之日起试行,试行的具体部署和步骤由国务院规定。"

2. 法终止生效的时间

法终止生效,即法被废止,指法的效力的消灭。它一般分为明示的废止和默示的废止两类。

明示的废止,即在新法或其他法律文件中明文规定废止旧法。

默示的废止,即在适用法律中,出现新法与旧法冲突时,适用新法而使旧法实际上被废止。从理论上讲,立法机关有意废止某项法律时,应当是清楚而明确的。如果出现立法机关所立新法与旧法发生矛盾的情况,应当按照"新法优于旧法""后法优于前法"的办法解决矛盾,旧法因此被新法"默示地废止"。

3. 法的溯及力

法的溯及力,也称法溯及既往的效力,是指法对其生效以前的事件和行为是否适用。如果适用,就具有溯及力;如果不适用,就没有溯及力。

法是否具有溯及力,不同法律规范之间的情况是不同的。就有关侵权、违约的法律而言,一般以不溯及既往为原则。这是由于法律应当具有普遍性和可预测性,人们根据法律从事一定的行为,并为自己的行为承担责任。如果法律溯及既往,就是以今天的规则要求昨天的行为,就等于要求某人承担自己从未期望过的义务。败诉者将不是因为他违反了已有的某个义务,而是因为他违反了一个事后才创造出来的新义务而受到惩罚,这是不公正的。但是,法律不溯及既往并非绝对。目前各国采用的通例是"从旧兼从轻"的原则,即新法原则上不溯及既往,但是新法不认为犯罪或者处刑较轻的,适用新法。

而在某些有关民事权利的法律中,法律有溯及力。例如,《中华人民共和国著作权法》第六十条规定:"本法规定的著作权人和出版者、表演者、录音录像制作者、广播电台、电视台的权利,在本法施行之日尚未超过本法规定的保护期的,依照本法予以保护。"

五、法律关系

(一)法律关系的概念与种类

法律关系是在法律规范调整社会关系的过程中所形成的人们之间的权利和义务关系。

1. 法律关系的性质和特征

（1）法律关系是根据法律规范建立的一种社会关系，具有合法性

法律关系是根据法律规范建立的一种社会关系，这一命题至少说明三个问题。第一，法律规范是法律关系产生的前提。如果没有相应的法律规范的存在，就不可能产生法律关系。第二，法律关系不同于法律规范调整或保护的社会关系本身。第三，法律关系是法律规范的实现形式，使法律规范的内容（行为模式及其后果）在现实社会生活中得到具体地贯彻。在此意义上，法律关系是人与人之间的合法（符合法律规范的）关系。这是它与其他社会关系的根本区别。

（2）法律关系是体现意志性的特种社会关系

从实质上看，法律关系作为一定社会关系的特殊形式，正在于它体现国家的意志。这是因为，法律关系是根据法律规范有目的、有意识地建立的。所以，法律关系像法律规范一样必然体现国家的意志。在这个意义上，破坏了法律关系，其实也违背了国家意志。

（3）法律关系是特定法律关系主体之间的权利和义务关系

法律关系是以法律上的权利、义务为纽带而形成的社会关系，它是法律规范（规则）的规定在事实社会关系中的体现。没有特定法律关系主体的实际法律权利和法律义务，就不可能有法律关系的存在。

2. 法律关系的种类

（1）调整性法律关系和保护性法律关系

按照法律关系产生的依据、执行的职能和实现规范的内容不同，可以分为调整性法律关系和保护性法律关系。调整性法律关系是基于人们的合法行为而产生的、执行法的调整职能的法律关系，它所实现的是法律规范的行为规则的内容。调整性法律关系不需要适用法律制裁，法律主体之间就能够依法行使权利、履行义务，如各种依法建立的民事法律关系、行政合同关系，等等。保护性法律关系是由于违法行为而产生的、旨在恢复被破坏的权利和秩序的法律关系，它执行着法的保护职能，所实现的是法律规范的保护规则（否定性法律后果）的内容，是法的实现的非正常形式。它的典型特征是一方主体（国家）适用法律制裁，另一方主体（通常是违法者）必须接受这种制裁，如刑事法律关系。

（2）纵向（隶属）的法律关系和横向（平权）的法律关系

按照法律主体在法律关系中的地位不同，可以将法律关系分为纵向的法律关系和横向的法律关系。纵向的法律关系是指在不平等的法律主体之间建立的权力服从关系。其特点是：①法律主体处于不平等的地位。如亲权关系中的家长与子女，行政管理关系中的上级机关与下级机关，在法律地位上有管理与被管理、命令与服从、监督与被监督诸方面的差别。②法律主体之间的权利与义务具有强制性，既不能随意转让，也不能任意放弃。与此不同，横向法律关系是指平权法律主体之间的权利义务关系。其特点在于，法律主体的地位是平等的，权利和义务的内容具有一定程度的任意性，如民事财产关系、民事诉讼关系、被告关系等。

（3）单向（单务）法律关系、双向（双边）法律关系和多向（多边）法律关系

按照法律主体的多少及其权利义务是否一致为根据，可以将法律关系分为单向法律关

系、双向法律关系和多向法律关系。所谓单向法律关系，是指权利人仅享有权利，义务人仅履行义务，两者之间不存在相反的联系（如不附条件的赠予关系）。单向法律关系是法律关系体系中最基本的构成要素。其实，一切法律关系均可分解为单向的权利义务关系。双向法律关系，是指在特定的双方法律主体之间，存在着两个密不可分的单向权利义务关系，其中一方主体的权利对应另一方的义务，反之亦然。例如，买卖法律关系就包含着这样两个相互联系的单向法律关系。所谓多向法律关系，是三个或三个以上相关法律关系的复合体，其中既包括单向法律关系，也包括双向法律关系，例如，行政法中的人事调动关系，至少包含三方面的法律关系，即调出单位与调入单位之间的关系，调出单位与被调动者之间的关系，调入单位与被调动者之间的关系。这三种关系相互关联、互为条件，缺一不可。

（二）法律关系主体

1. 法律关系主体的含义和种类

法律关系主体是法律关系的参加者，即在法律关系中一定权利的享有者和一定义务的承担者。在每一具体的法律关系中，主体的多少各不相同，但大体上都归属于相对应的双方：一方是权利的享有者，称为权利人；另一方是义务的承担者，称为义务人。在中国，根据各种法律的规定，能够参与法律关系的主体包括以下几类。

（1）公民（自然人）

这里的公民既指中国公民，也指居住在中国境内或在境内活动的外国公民和无国籍人。

（2）法人（机构和组织）

法人主要包括三类：一是各种国家机关（立法机关、行政机关和司法机关等）；二是各种企事业组织和在中国领域内设立的中外合资经营企业、中外合作经营企业和外资企业；三是各政党和社会团体。

（3）国家

在特殊情况下，国家可以作为一个整体成为法律关系主体。例如，国家作为主权者是国际公法关系的主体，可以成为外贸关系中的债权人或债务人。在国内法中，国家作为法律关系主体的地位比较特殊，既不同于一般公民，也不同于法人。国家可以直接以自己的名义参与国内的法律关系（如发行国库券），但在多数情况下则由国家机关或授权的组织作为代表参加法律关系。

2. 权利能力和行为能力

公民和法人要能够成为法律关系的主体，享有权利和承担义务，就必须具有权利能力和行为能力，即具有法律关系主体构成的资格。

（1）权利能力

权利能力是指能够参与一定法律关系，依法享有一定权利和承担一定义务的法律资格。它是法律关系主体实际取得权利、承担义务的前提条件。

（2）行为能力

行为能力是指法律关系主体能够通过自己的行为实际取得权利和履行义务的能力。

公民的行为能力是由法律予以规定的。世界各国的法律，一般都把本国公民划分为完全行为能力人、限制行为能力人和无行为能力人。① 完全行为能力人。这是指达到一定法定年龄、智力健全、能够对自己的行为负完全责任的自然人（公民）。例如，在民法中，18周岁以上的公民是成年人，具有完全的民事行为能力，可以独立进行民事活动，是完全民事行为能力人。② 限制行为能力人。这是指行为能力受到一定限制，只具有部分行为能力的公民。例如，我国《民法总则》规定，8周岁以上的未成年人，不能完全辨认自己行为的精神病人，是限制行为能力人。中国刑法将已满14周岁不满16周岁的公民视为限制行为能力人（不完全的刑事责任能力人）。③ 无行为能力人。这是指完全不能以自己的行为行使权利、履行义务的公民。在民法上，不满8周岁的未成年人，完全的精神病人是无行为能力人。在刑法中，不满14周岁的未成年人和精神病人，也被视为无刑事责任能力人。

法人组织也具有行为能力，但与公民的行为能力不同。表现在：第一，公民的行为能力有完全与不完全之分，而法人的行为能力总是有限的，由其成立宗旨和业务范围所决定；第二，公民的行为能力和权利能力不一定是同时存在的。也就是说，公民具有权利能力却不一定同时具有行为能力，公民丧失行为能力也并不意味着丧失权利能力。与此不同，法人的行为能力和权利能力却是同时产生和同时消灭的。法人一经依法成立，就同时具有权利能力和行为能力，法人一经依法撤销，其权利能力和行为能力也就同时消灭。

（三）法律关系客体

1. 法律关系客体的概念

法律关系客体是指法律关系主体之间权利和义务所指向的对象。它是构成法律关系的要素之一。法律关系客体是具有一定利益的法律形式。

2. 法律关系客体的种类

法律关系客体归纳起来，有以下几类。

（1）物

法律意义上的物是指法律关系主体支配的、在生产上和生活上所需要的客观实体。它可以是天然物，也可以是生产物；可以是活动物，也可以是不活动物。作为法律关系客体的物与物理意义上的物既有联系，又有不同，它不仅具有物理属性，而且应具有法律属性。

（2）人身

人身是由各个生理器官组成的生理整体（有机体）。它是人的物质形态，也是人的精神利益的体现。在现代社会，随着现代科技和医学的发达，使得输血、植皮、器官移植、精子提取等现象大量出现；同时也产生了此类买卖交易活动及其契约，带来了一系列法律问题。这样，人身不仅是人作为法律关系主体的承载者，而且在一定范围内成为法律关系的客体。

（3）精神产品

精神产品是人通过某种物体（如书本、砖石、纸张、胶片、磁盘）或大脑记载下来并加以流传的思维成果。精神产品不同于有体（形）物，其价值和利益在于物中所承载的信息、知识、技术、标识（符号）和其他精神文化。同时它又不同于人的主观精神活动本身，是精神活动的物化、固定化。精神产品属于非物质财富。西方学者称之为"无体（形）物"。我国法学界常称为"智力成果"或"无体财产"。

（4）行为结果

在很多法律关系中，其主体的权利和义务所指向的对象是行为结果。作为法律关系客体的行为结果是特定的，即义务人完成其行为所产生的能够满足权利人利益要求的结果。这种结果一般分为两种：一种是物化结果，即义务人的行为（劳动）凝结于一定的物体，产生一定的物化产品或营建物（房屋、道路、桥梁等）；另一种是非物化结果，即义务人的行为没有转化为物化实体，而仅表现为一定的行为过程，直至终了，最后产生权利人所期望的结果（或效果）。例如，权利人在义务人完成一定行为后，得到了某种精神享受或物质享受，增长了知识和能力等。

（四）法律关系的内容

1. 法律关系主体的法律权利和法律义务

法律关系的内容就是法律关系主体之间的法律权利和法律义务。它是法律规范的指示内容（行为模式、法律权利与法律义务的一般规定）在实际的社会生活中的具体落实，是法律规范在社会关系中实现的一种状态。

2. 法律关系主体的权利和义务的实现

法律权利和法律义务在由法律的一般规定转化为法律关系主体的实有权利和义务以后，还存在着一个实现问题，权利不能实现就歪曲了它的本质，而义务不能实现就造成了对权利人利益的损害。当然，法律权利和法律义务的实现是一个复杂的问题，从大的方面讲，它取决于一个国家的物质生活条件和水平，取决于政治民主和法治（法制）发展的状况以及科学文化条件和道德人文环境的改善等。从主观方面讲，权利和义务能否实现还要看法律关系主体之间各种关系的发展，法律关系主体的行为能力的状况，以及是否有法律认识上的错误和不以人的意志为转移的事件的发生等。例如，权利人出于友情或同情而放弃权利，免除义务人的义务。再如，由于发生了不可抗力的事件，义务人不能履行义务。在这两种情况下，权利自身并没有实现。

权利和义务的实现最重要的是通过国家来保障。国家除了要不断创造和改善物质条件、政治条件和文化条件以外，还必须建立和健全法制，通过法律手段的完善来保证两者在社会生活和社会关系中的落实。仅就法律权利的实现而言，国家通过法律的保障具体表现在：①通过明确规定行使权利的步骤和程序，使权利具有可操作性；②通过限制国家机关（尤其是行政机关）的权力，建立"依法行政""依法司法"的制度来保障权利；③通过及时制裁侵权行为，督促义务人积极履行义务从而使权利得以实现。

（五）法律关系的产生、变更与消灭

1. 法律关系产生、变更与消灭的条件

法律关系处在不断地生成、变更和消灭的运动过程中。它的形成、变更和消灭，需要具备一定的条件。其中主要的条件有法律规范和法律事实。法律规范是法律关系形成、变更和消灭的法律依据，没有一定的法律规范就不会有相应的法律关系。但法律规范的规定只是主体权利和义务关系的一般模式，并不是现实的法律关系本身。法律关系的形成、变更和消灭还必须具备直接的前提条件，这就是法律事实。它是法律规范与法律关系联系的中介。

所谓法律事实，就是指法律规范所规定的、能够引起法律关系产生、变更和消灭的客观情况或现象。也就是说，法律事实首先是一种客观存在的外在现象，而不是人们的一种心理现象或心理活动。纯粹的心理现象不能看作是法律事实。其次，法律事实是由法律规定的、具有法律意义的事实，能够引起法律关系的产生、变更或消灭。在此意义上，与人类生活无直接关系的纯粹的客观现象（如宇宙天体的运行）就不是法律事实。

2. 法律事实的种类

以是否以人们的意志为转移作标准，可以将法律事实大体上分为两类：法律事件和法律行为。

（1）法律事件

法律事件是法律规范规定的、不以当事人的意志为转移而引起法律关系形成、变更或消灭的客观事实。法律事件又分成社会事件和自然事件两种。前者如社会革命、战争等；后者如人的生老病死、自然灾害等，这两种事件对于特定的法律关系主体（当事人）而言，都是不可避免、不以其意志为转移的。但由于这些事件的出现，法律关系主体之间的权利与义务关系就有可能产生，也有可能发生变更，甚至完全消灭。例如，由于人的出生产生了父母与子女间的抚养关系和监护关系；而人的死亡却又导致抚养关系、夫妻关系或赡养关系的消灭和继承关系的产生等。

（2）法律行为

法律行为可以作为法律事实而存在，能够引起法律关系形成、变更和消灭。因为人们的意志有善意与恶意、合法与违法之分，故其行为也可以分为善意行为、合法行为、恶意行为与违法行为。善意行为、合法行为能够引起法律关系的形成、变更和消灭。例如，依法登记结婚行为，导致婚姻关系的成立。同样，恶意行为、违法行为也能够引起法律关系的形成、变更和消灭。如犯罪行为产生刑事法律关系，也可能引起某些民事法律关系（损害赔偿、婚姻、继承等）的产生或变更。

六、法律责任

（一）法律责任的概念和种类

1. 法律责任的含义和特点

法律责任，是指行为人由于违法行为、违约行为或者由于法律规定而应承受的某种不

利的法律后果。与道义责任或其他社会责任相比,法律责任有两个特点。① 承担法律责任的最终依据是法律。承担法律责任的具体原因可能各有不同,但最终依据必须是法律。② 法律责任具有国家强制性。即法律责任的履行由国家强制力保证。当然,国家强制力只在必要时,即在责任人不能主动履行其法律责任时才会使用。

2. 法律责任的种类

根据不同的标准,对法律责任的种类,即法律责任的各种表现形式,可以做不同的划分。例如,以责任的内容为标准,可以分为财产责任与非财产责任;以责任的程度为标准,可以分为有限责任与无限责任;以责任的人数不同为标准,可以分为个人责任与集体责任;以行为人有无过错为标准,可以分为过错责任与无过错责任。下面,以引起责任的行为性质为标准,将法律责任划分如下。

（1）刑事责任

刑事责任是指行为人因其犯罪行为所必须承受的,由司法机关代表国家所确定的否定性法律后果。刑事责任的特点是：第一,产生刑事责任的原因在于行为人行为的严重社会危害性,只有行为人的行为具有严重的社会危害性即构成犯罪,才能追究行为人的刑事责任。第二,刑事责任是犯罪人向国家所负的一种法律责任。它与民事责任由违法者向被害人承担责任有明显区别,刑事责任的大小、有无都不以被害人的意志为转移。第三,刑事责任是一种惩罚性责任,是所有法律责任中最严厉的一种。第四,刑事责任基本上是一种个人责任。一般来说,只有实施犯罪行为者本人才能承担刑事责任。当然,刑事责任也包括集体责任,有些国家称为"法人犯罪"的刑事责任,在我国称为"单位犯罪"的刑事责任。不管是惩处个人,还是惩处单位,都是为了惩罚犯罪者,救济被侵害的权利,预防犯罪的再发生。第五,刑事法律是追究刑事责任的唯一法律依据,罪行法定。

（2）民事责任

民事责任是指由于违反民事法律、违约或者由于民法规定所应承担的一种法律责任。民事责任的特点是：第一,民事责任主要是一种救济责任。民事责任的功能主要在于救济当事人,赔偿或补偿当事人的损失。当然,民事责任也执行惩罚的功能,具有惩罚的内容。如违约金本身就含有惩罚的意思。第二,民事责任主要是一种财产责任。第三,民事责任主要是一方当事人对另一方的责任,在法律允许的条件下,多数民事责任可以由当事人协商解决。根据承担民事责任的原因,可将民事责任分为：由违约行为（或不履行其他义务）产生的违约责任;由民事违法行为,即侵权行为产生的一般侵权责任;由法律规定产生的特殊侵权责任。

（3）行政责任

行政责任是指因违反行政法或因行政法规定而应承担的法律责任。行政责任的特点是：第一,承担行政责任的主体是行政主体和行政相对人。第二,产生行政责任的原因是行为人的行政违法行为和法律规定的特定情况。第三,通常情况下,实行过错推定的方法。在法律规定的一些场合,实行严格责任。第四,行政责任的承担方式多样化。

（4）违宪责任

违宪责任是指由于有关国家机关制定的某种法律和法规、规章，或者有关国家机关、社会组织或公民从事的与宪法规定相抵触的活动而产生的法律责任。虽然广而言之，所有违法行为都是违宪行为，但是构成违宪责任的违宪行为与一般违法行为还是有所区别的。因为宪法规范不仅为普通法律提供了立法依据，而且它还有自己特定的调整对象，即国家机关之间的相互关系以及它们与广大公民之间的相互关系。对违反这类宪法规范的行为，是不能通过追究刑事责任、民事责任或行政责任来预防和制止的。在我国，监督宪法实施的权力属于全国人民代表大会及其常务委员会。

（5）国家赔偿责任

国家赔偿责任是指国家对于国家机关及其工作人员履行职务、行使公共权力损害公民、法人和其他组织的法定权利与合法利益所应承担的赔偿责任。国家赔偿责任的特点是：第一，产生国家赔偿责任的原因是国家机关及其工作人员在执行职务过程中的不法侵害行为；第二，国家赔偿责任的主体是国家；第三，国家赔偿责任的范围包括行政赔偿与刑事赔偿两部分。行政赔偿是指行政机关及其工作人员在行使职权时，侵犯人身权、财产权造成损害而给予的赔偿。刑事赔偿是指行使国家侦查、检察、审判、监狱管理职权的机关在刑事诉讼中，侵犯当事人人身权、财产权造成损害而给予的赔偿。

（二）归责与免责

1. 法律责任的归责原则

法律责任的归结，也叫归责，是指由特定国家机关或国家授权的机关依法对行为人的法律责任进行判断和确认。在我国，归责的原则可以概括为：责任法定原则、公正原则、效益原则和合理性原则。

责任法定原则是指法律责任作为一种否定的法律后果应当由法律规范预先规定，包括在法律规范的逻辑结构之中，当出现了违法行为或法定事由的时候，按照事先规定的责任性质、责任范围、责任方式追究行为人的责任。

公正原则要求在追究法律责任方面：第一，对任何违法、违约的行为都应依法追究相应的责任；第二，责任与违法或损害相均衡，即人们通常所说的"罚当其罪"；第三，公正要求综合考虑使行为人承担责任的多种因素，做到合理地区别对待；第四，公正要求在追究法律责任时依据法律程序追究法律责任，非依法律程序，不得追究法律责任；第五，坚持公民在法律面前一律平等，对任何公民的违法犯罪行为，都必须同样地追究法律责任，不允许有不受法律约束或凌驾于法律之上的特殊公民。

效益原则是指在追究行为人的法律责任时，应当进行成本收益分析，讲求法律责任的效益。

合理性原则是指在设定及归结法律责任时考虑人的心智与情感因素，以期真正发挥法律责任的功能。

上述四项归责的基本原则可以概括为合法、公正、有效、合理八个字。而合法、公正、有效、合理地归结法律责任，是正确、充分地发挥法律责任的功能，实现法的价值的必要条件，进而也是建设社会主义法治国家的重要保证。

2. 法律责任的免责条件

法律责任的免除，也称免责，指法律责任由于出现法定条件被部分或全部地免除。从我国的法律规定和法律实践看，主要存在以下几种免责形式。

（1）时效免责

时效免责是指法律责任经过了一定的期限后而免除。时效免责的意义在于：保障当事人的合法权益，督促法律关系的主体及时行使权利、结清权利义务关系，提高司法机关的工作效率，稳定社会生活秩序，促进社会经济的发展。

（2）不诉及协议免责

不诉及协议免责是指如果受害人或有关当事人不向法院起诉要求追究行为人的法律责任，行为人的法律责任就实际上被免除，或者受害人与加害人在法律允许的范围内协商同意的免责。在这些场合，责任人应当向或主要应当向受害人承担责任，法律将追究责任的决定权交给受害人和有关当事人。

（3）自首、立功免责

自首、立功免责是指对那些违法之后有立功表现的人，免除其部分和全部的法律责任。这是一种将功抵过的免责形式。

（4）因履行不能而免责

因履行不能而免责是指在财产责任中，在责任人确实没有能力履行或没有能力全部履行的情况下，有关的国家机关免除或部分免除其责任。

（三）法律制裁

法律制裁是指由特定国家机关对违法者依其法律责任而实施的强制性惩罚措施。法律制裁可依不同标准分为不同的种类。与上述法律责任的种类相对应，可以将法律制裁分为刑事制裁、民事制裁、行政制裁和违宪制裁。

① 刑事制裁是司法机关根据犯罪者的刑事责任所确定并实施的强制性惩罚措施。承担刑事责任的主体既可以是公民，也可以是法人或非法人组织。

② 民事制裁是由人民法院所确定并实施的，对民事责任主体给予的强制性惩罚措施。在现代社会，民事制裁与刑事制裁有三个区别：首先，制裁目的不同，刑事制裁旨在预防犯罪，民事制裁的目的，虽然也是要预防民事违法，但是主要还是补救被害人的损失；其次，程序不同，刑事制裁一般由检察机关以国家名义提起公诉，而民事制裁一般要由被侵害人主动向法院提起诉讼；最后，在方式上，刑事制裁以剥夺或限制自由为重要内容，并以剥夺生命为最严厉的惩罚措施，民事制裁则主要是对受害人的财产补偿，刑事制裁也有财产刑，但要上缴国库。民事责任主要是一种财产责任，所以民事制裁也是以财产关系为核心的一种制裁。

③ 行政制裁是指国家行政机关对行政违法者依其行政责任所实施的强制性惩罚措

施。行政制裁可以分为行政处罚、劳动教养、行政处分三种。

④ 违宪制裁，是根据宪法的特殊规定对违宪行为所实施的一种强制措施。承担违宪责任、承受违宪制裁的主体主要是国家机关及其领导人员。在我国，监督宪法实施的全国人民代表大会及其常务委员会是行使违宪制裁权的机关。制裁形式主要有：撤销或改变同宪法相抵触的法律、决定、行政法规、地方性法规，罢免违宪的国家机关领导成员和人大代表等。

第二节 民航法的含义及其调整对象

一、民航法的含义

一般来说，民航法是指调整民用航空活动所产生的各种社会关系的法律规范的总和。自古以来，人类就梦想飞行，但民航法是20世纪初的产物。它是在人类征服空气空间的基础上，随着飞机的发明和航空科学技术的发展，而逐渐形成的一门新兴法律学科。

二、民航法的调整对象

民航法的调整对象主要是指民用航空活动产生的各种社会关系。民航法同时应协调民用航空与非民用航空，特别是与军用航空的关系。民用航空是指除军用航空和公务航空以外的一切航空活动。军用航空是指军事部门以使用航空器为军事目的进行的航空活动。公务航空是指国家机关使用航空器执行公务的航空活动。例如，海关缉私、公安机关巡逻、追捕逃犯等使用航空器进行的航空活动。

民用航空划分为"公共航空运输"和"通用航空"两大类。公共航空运输是指向公众开放的，使用民用航空器在区域之间进行位置移动的活动，包括定期航空运输（定期航班）和不定期航空运输（主要形式是包机运输）。通用航空是指公共航空运输以外的一切民用航空活动。国际民用航空组织定义为：通用航空是指"定期航班是为取酬或者出租的不定期航空运输以外的一切民用航空活动"。通用航空包括航空作业、急救飞行、航空训练、航空体育和其他通用航空等。

民航法调整民用航空活动产生的社会关系，其范围是十分广泛的。凡与航空器、航空器的正常状态、航空器的操作、航空器所有权及其正常转移、机场、信标、商业航空运输及其国际通航、可能造成的损害责任、保险等有关的问题，都在民航法的范围之列，并受民航法的约束，内容极其丰富。概括起来主要有以下几个方面。

① 纵向关系指民航主管机构与民航经营部门之间或上下级主管机构之间的领导与被领导的关系。国家民航主管机构根据社会对民航消费的需求和预测，确定旅游业发展的规模和重点发展的方向，并在此基础上制定发展民航业的方针和措施。

② 横向关系指平等主体之间的关系，即民航企业之间的相互关系以及民航企业与消

费者之间的关系。

③ 民用航空与非民用航空的协调关系。民航法不仅要调整好民用航空活动产生的社会关系，而且要调整与民用航空相关的其他活动，协调好它们之间的关系。这是因为：第一，民航法关于领空主权的规定，是一切航空活动都须遵守的规则；第二，在同一空域中同时进行各种航空活动，不论是民用航空还是军用航空，为了保障飞行安全的需要，都必须接受统一的空中交通管制，遵守统一的空中交通规则；第三，非民用航空部门参与民用航空活动，都必须受民航法有关规定的约束。

④ 具有涉外因素的关系。民航法的国际性反映在国内法上，决定了国内民航法是一种涉外性很强的法律。因此，民航法也调整大量具有涉外因素的社会关系，如国家民航主管机构对外国民航公司在中国境内投资经营所形成的关系、国内民航公司与外国民航公司之间的关系以及国内消费者和国外消费者乘坐国际航班和国内航班所形成的各种关系等。

三、民航法的特征

（一）民航法的国际性

民用航空所具有的国际性决定了民航法具有国际性。因为航空运输的快速和长距离决定了航空运输从产生之日起就具有很强的国际性，所以航空法从产生之日起也较其他法律具有更大的国际性。航空活动的国际性主要由航空技术自身的特性、航空运输的特点和航空活动自身发展的需要所决定。

首先，航空运输中介——空气空间的无边界性决定了航空活动具有国际性。航空运输的中介与海运、铁路或公路运输的中介不同。由于地理、种族以及政治上的原因，海运、铁路或公路运输的中介是在人为划定边界的不同的国度里；而航空运输的中介是空气空间，空气空间是围绕地球的一个立体存在，并无有形的边界可言，不受高山峻岭之阻，不被江湖海洋所隔，航空器的起飞和降落就是一种界限。从这一点来讲，人类在空气空间的航空活动把世界上所有地理区域联结起来，既不受海洋的分隔，也无高山的阻挡，这恰恰是船舶、火车、汽车等交通工具所不具有的。航空运输的这种特殊性质，决定了民航法的国际性。如果不用国际统一的法律规则，而适用各国千差万别的国内法，航空活动势必寸步难行，进而干扰、阻碍航空活动的发展。

其次，从人类开展航空活动的历史和目的来看，主要是为了进行国际航空运输。对某些小国而言，航空器一起飞，往往就飞出了国界，使用高成本的航空器进行运输的意义不大。

再次，航空活动所使用的工具——飞机，具有速度快的特性和优势决定了航空活动具有国际性。航空器是一种高速交通工具，飞行的距离越远，就越能发挥它的优势，取得最佳效益。因此，过去对一些中小国家而言航空器主要用于国际航行。至今，就拿经济发达的欧洲大陆各国而言，国内交通主要依靠铁路和公路，国内航班虽较当初有了较大增加，但始终未超过陆地交通。因此，航空活动从一开始就具有国际性。

最后，就一些有着广阔疆域的美国、俄罗斯、印度、加拿大、中国来说，国内航空活动具有重要价值，国内航空运输有着广泛的发展前途。特别是在航空最发达的美国，航空在国内运输中已逐渐取代了铁路。然而，即使在这几个屈指可数的领土大国，航空活动的国际性仍然是不可忽视的。一个最明显的例证就是制止航空犯罪问题。劫持飞机的罪犯很容易把一国国内航班飞机劫往国外。一旦这种情况发生，国内航空活动就演变为国际航空活动。

（二）民航法的独立性和综合性

民航法是否具有独立性，是否能成为一个独立的法律部门或法律学科，历来就存在很大的争议，今后还将争论下去。从民航法的产生和发展的历史以及现今研究的成果来分析，民航法作为一个独立的法律部门未免牵强，而将民航法作为一个独立的法律学科却是现实的，是符合民航法研究和发展的需要的。

所谓民航法的综合性，是指调整民用航空及其在相关领域中产生的社会关系的各种法律手段纵横交错，法律调整的方法多样化。之所以说民航法具有综合性主要基于两个方面的原因：第一，在航空活动的历史和实践中，公法和私法往往交织在一起，在传统上将法律划分为公法和私法的界线被打破了；第二，民用航空部门是由多工种的人员组成的，开展民用航空活动是一项复杂的系统工程，所产生的社会关系也就呈现出多样性和复杂性。对这样的情况实施法律调整，必将形成多样性质的法律关系，自然需要多样的调整手段与之相适应。

（三）兼具公法与私法的特点

一般来说，民航法可以包括国际和国内两部分。从国际讲，民航法具有国际性，主要是具有公法的特点；从国内讲，因为其具有综合性的特点，它就兼具公法和私法两个方面的特点。

民航法作为国际法的组成部分，首先要解决的就是诸如主权、国籍、国家关系等公法问题。在民航法中，1919年《巴黎航空管理公约》和取代它的现行的1944年《芝加哥国际民用航空公约》（简称《芝加哥公约》），以及后来制定的为制止航空犯罪的1963年《东京公约》、1970年《海牙公约》和1971年《蒙特利尔公约》，都是公法。

在私法领域内，不论是财产权利、合同法还是侵权行为法，因为各个国家间的法律规则和法律传统存在巨大的差别与冲突，达到统一和相互协调特别困难。但是，采取统一的原则和规则又是国际航空运输的必要前提条件。1929年《华沙统一国际航空运输某些规则的公约》，正是对航空损害赔偿实行统一责任规则的成功之作，迄今为止一直是国际航空法的基本组成部分。然而，民航法对国际统一法律规则的需要，至今并未能圆满解决，仍有若干问题，例如，空中交通管制人员的责任、产品责任等仍待解决。

（四）民航法是平时法

民航法是平时法，是指民航法仅调整和平时期民用航空活动及其相关领域所产生的社会关系。如遇战争或国家处于紧急状态，民用航空要受战时法令或紧急状态下的非常法的约束。作为国际航空法宪章性文件的1944年的《芝加哥公约》第三条规定，"本公约仅适用于民用航空器"，而"不适用于国家航空器"，"用于军事、海关和警察部门的航空器，应认为是国家航空器"。第八十九条规定："如遇战争，本公约的规定不妨碍受战争影响的任一缔约国的行动自由，无论其为交战国或中立国。如遇任何缔约国宣布其处于紧急状态，并将此通知理事会，上述原则同样适用。"

民航法的平时法特点就是要求在和平时期，所有航空活动都必须遵守统一的空中规则，以维持空中交通的正常秩序，保障飞行安全。但在国防需要的紧急情况下，军用航空器有优先通过权，以保障军用航空保卫国家领空不受侵犯的需要。而且，民航法是平时法，在战时或在国家宣布处于紧急状态的时候，它并不妨碍受战争影响的交战国和中立国的行动自由，其可以不受约束地采取一切必要的行动。

民航法的平时法特点，说明航空法的规定应适合和平时期发展民用航空的客观规律。空域是航空活动的场所，是国家宝贵的航空资源，必须充分开发、合理利用；在和平时期，应当最大可能地让民用航空活动，以保证民用航空的发展。当然，民用航空是国防的后备力量，国家大力发展现代化的民用航空，有强大的机群，有布局合理的机场，有先进的导航系统，有足够合格的人员，平时可满足经济建设、人民生活和国际交往的需要；一到战时，民用航空即可转入战时需要，为反抗侵略，保卫祖国服务。

四、民航法的渊源

民航法的形式渊源较之一些其他法的渊源有其自身的特点，它主要是由制定法或成文法组成的。

（一）国际条约

国际条约是国家及其他国际法主体间所缔结而以国际法为准并确定国家在相互关系中的权利和义务的一种国际书面协议，也是国际法主体间相互交往的一种最普遍的法律形式。国际条约主要包括多边国际条约和双边协定两种形式。

（二）国际法的一般原则和习惯国际法

虽然国际条约是国际航空法最重要的渊源，但并不排除国际习惯作为国际民航法的渊源，当没有条约规定的时候，惯例就成了适用的规则。国际习惯有个形成的过程，一旦被国际社会所接受和承认，便成了国际习惯法规则，具有普遍的约束力。民航法作为国际法的一个组成部分或门类，它要受国际法一般原则和习惯法规则的制约，这是不言而喻的。在航空方面，国际公约的条款中除了已按航空特点引入的，如领空主权、国籍、管辖权等以外，联合国宪章以及国际法中有关条约法的规则对民航法同样适用，例如，条约的缔结、批准、生效、加入、修改、退出、解释等规则，以及修约的继承等问题，都具有约束作用。

（三）国内法及法院判例

世界各国都有自己的民航法，由于各国法律传统和法律制度不同，各国民航法内容千差万别。当然，各国的民航法既有与国际公约、条约相协调一致的方面，也有相矛盾或冲突而只适用于该国国内的具体规则。这是因为世界上还没有统一的调整国际航空法律关系的国际公约。但是，国际公约或条约在其拟定规则条款时，常常是以某种法系或某些国家的法律原则或规则为蓝图或基础而制定的。尤其在私法领域，这就需要对某个公约条款的解释与适用，参照该国国内法。例如，虽然1929年的《华沙公约》规定了在国际航空运输中限制承运人责任的原则，许多国家也将此原则引入国内法，但在美国国内却实行不限制责任的原则。

（四）其他

在航空法的形成和发展过程中，还有其他一些直接或间接的不十分规整的渊源。

国际组织的立法或准立法文件，是航空法的另一种渊源。最显著的是国际民用航空组织（International Civil Aviation Organization，简称ICAO）和国际航空运输协会（International Air Transport Association，简称IATA）的立法或准立法活动。1944年的《芝加哥公约》第五十四条"理事会必须履行的职能"的第十二款规定国际民航组织理事会有权"按照本公约第六章（国际标准及建议措施）的规定，通过国际标准及建议措施；并为便利起见，将此种标准和措施称为本公约的附件，并将已经采取的行动通知所有缔约国"。这就明文给予国际民航组织理事会准立法权力，因为作为公约附件的《国际标准及建议措施》具有准法律约束力，虽然这些标准及措施大多只涉及具体执行公约条款的技术性细则。后来的实践证明，这是一项相当重要的立法权，由理事会制定或修改的18个附件所包含的法律规则，有些是十分重大的法律问题。

国际民用航空界的另一个权威团体——国际航空运输协会（以下简称国际航协），虽是各国航空公司之间的行业组织，却具有半官方的地位。它的立法活动，如通过的决议，在程序或形式上需经有关国家批准始能生效，一旦生效就成为重要的法律文件。国际航协所制定的"运输共同条件"，具有补充《华沙公约》规则的价值；而它在协调国际航运价格上的作用尤其显著。它的另一项著名决议——1953年045号决议，是包机规则的最初文件，后来成为发展包机运输业的主要障碍，现在虽已被突破，却是研究包机规则的基础性文件。

有些区域性国际组织如"欧洲民航会议"（ECAC）在国际立法中也起过重要作用，经由它主持制定的区域性多边条约、决议、条例，都对国际航空法的发展做出过有益贡献。

国际上合同性协议有时也是航空法的渊源，其中著名的如1966年签订的《蒙特利尔协议》，它是以美国民航委员会为一方，以世界各国航空公司为另一方的民间协议，却可将进出、经停美国的国际客运航班的责任限额提高到7 500美元，并修改了《华沙公约》

责任基础。就其实际法律意义来说，相当于修订《华沙公约》的议定书，却采用了与其内容极不相称的民间协议形式。这应该说是国际航空法发展过程中，在某种特定历史条件下出现的一种怪胎或变种。

(五) 我国民航法的渊源

在我国，从层次上说，我国民航法的渊源以《中华人民共和国宪法》为依据，根据我国现行宪法的有关规定，民航法分为法律、行政法规和部门规章三个层次。鉴于民用航空的特殊性，须建立中央集中统一的领导体制。因此，除特别行政区的某些特殊具体事项外，不宜也不需要制定地方性航空法律规范。从构成上说，我国民航法以颁行的《中华人民共和国民用航空法》为核心，现已组成了一个内容齐全、层次分明、和谐协调的法律体系，使之成为一个独立的法律部门，主要由下列各部分组成。

1. 国家关于民用航空颁布的法律

1995年10月30日，第八届全国人民代表大会常务委员会第十六次会议通过了《中华人民共和国民用航空法》（简称《民用航空法》），由国家主席颁布，自1996年3月1日起施行。《中华人民共和国民用航空法》是中华人民共和国成立以来第一部关于民用航空的专项法律。该法的颁布施行，标志了我国民用航空法制建设进入一个崭新的历史时期。

2. 国家颁布的其他法律中关于民用航空的法律规范

鉴于民用航空是社会生活中不可缺少的一个组成部分，并占有重要的地位，在我国很多法律规定中，有不少关于民用航空的法律规范，涉及领空主权、空中航行和民用航空活动管理的法律规范，应编纂列入航空法遵照执行。关于特别行政区的民用航空活动，遵照特别行政区基本法的有关规定执行。在这里需要说明的是，并不是从事民用航空的单位或个人所遵守的法律规范都应该列入航空法的范围之内。例如，从事民用航空的单位或个人都应遵守宪法，但宪法显然就不应该列入航空法的范围之内。即使是民航主管部门所做的规定，也只是根据民航部门的具体情况予以的指示，都不应划入民用航空法律体系之中。

3. 全国人民代表大会常务委员会在需要时就民用航空事项做出的决议和决定

1992年12月28日，第七届全国人大常委会第二十九次会议通过了《关于惩治劫持航空器犯罪分子的决定》，规定凡以暴力、胁迫或者其他方法劫持航空器的，处十年以上有期徒刑或者无期徒刑；致人重伤、死亡或者使航空器遭受严重破坏或者情节特别严重的，处死刑；情节较轻的，处五年以上十年以下有期徒刑。全国人大常委会的这一决定，是对1979年《中华人民共和国刑法》的重要补充规定。这一重要决定经修改后已经并入1997年修订的《中华人民共和国刑法》之中。

4. 国务院的有关行政法规和民用航空主管机关的民用航空规章

国务院发布的（包括与中央军事委员会联合发布的）关于民用航空的行政法规，对依法管理我国民用航空活动具有重要意义，是民航法的重要组成部分。

中国民用航空总局是国务院直属的主管全国民用航空活动的行政机关。民用航空总局由局长签署的、以"中国民用航空总局令"的形式发布的规范性文件，总称为《中国民用航空规章》，属于执行法律或者国务院的行政法规、决定、命令的文件，是对在中华人民共和国境内进行各项民用航空活动的具体规定。

5. 关于民航法的立法、司法和行政解释

法律条文，即使是一部好的法律，都是在一定时期，根据客观情况和需要制定出来的，是对历史经验的总结，并对社会发展有一定的预见性。但是，客观事物是千变万化，不断发展的。由于主观与客观之间存在的差异性，静态和动态之间矛盾的绝对性，法律条文必然具有局限性。此外，对法律条文理解不同或不正确，必然影响法律实施的正确性。因此需要解释法律。

法律解释主要分为法定解释和法理解释两大类。法定解释又称为有权解释、正式解释，是指由特定的国家机关依照宪法和法律赋予的职权，对有关法律规定进行的解释。一般分为立法解释、司法解释和行政解释。法定解释具有法律效力，是广义上的法律的组成部分。

第三节 民航服务法律的基本含义与特点

一、民航服务工作的特点、存在的问题及管理思路

经济的发展和人民生活水平的提高必然带动人们对空乘服务的质量要求越来越高，这就促使我们对空乘服务理念有了新的认识。

现阶段，我国的民用航空业还处在发展阶段，服务质量与其他先进国家的航空业相比还存在一定的差距，所以要求服务人员和管理人员从实际工作和管理思路出发，改变现有的服务模式，强化航空服务意识，注重服务技能和服务语言的培养，以此推动我国空乘服务质量的提高。

（一）我国民航服务的工作特点

1. 灵活性

我国的民航服务岗位具有知识型和操作型的双重特点，这主要是因为服务人员所处的职责各有不同，在实施服务过程中，因服务地点、服务职能、服务对象、服务项目的不同，工作性质具备相应的灵活性。

民航服务属于非典型服务行业，其提供的产品具有服务产品的一般特点，同时也具有区别于其他服务产品的特性。保证航班正点率对于提升航空公司的服务满意度具有不可替代的作用，民航行业的系统性决定了民航运输要涉及各个协作单位，只有各协作单位充分配合，才能提高民航服务质量。

在空乘服务中会发生许多突发事件，以至于会带来诸多法律问题，这就需要服务人员在具备相应的服务意识和服务素质的基础上，依据相关法律，灵活地处理旅客所遇到的问题，确保旅客行程的顺利。

2. 安全性

安全性是指在民航服务过程中，旅客的生命、财产安全首先要得到保障，这是考察航空服务质量最首要的指标，当然也是其他运输行业首要考虑的因素。

民航公司的服务产品主要包括三项内容：一是核心服务。民航公司提供的核心服务就是将旅客从一个位置安全地运送至另外一个位置；二是便利性服务。便利性服务是为了旅客能够使用核心服务而附加的服务，便利性服务具有重要作用；三是支持性服务。当然，不管哪一种服务，安全性是首要目标。

3. 时间性

时间性是指服务在时间上满足旅客需要的程度，选择飞机出行，最大的考虑是节约时间，因此诸如航班能否正点、值机办理手续是否快捷都会影响到顾客对服务质量的评价。

4. 经济性

经济性是指旅客花费的费用要合理，如果飞机票价过高就会影响到经济性。

5. 舒适性

舒适性是指顾客对航空服务的整体感觉，其中包括硬件层面的因素。

6. 功能性

功能性是指旅客乘坐航空的最本质目的，这同时也是航空公司所有服务的最终服务指向。

7. 创造性

民航的服务岗位还应具备相应的创造性，以地面服务和空中服务为基础，服务过程中地勤人员和空乘人员都应具备创造性，创造性主要体现在服务内容和服务质量上。

我国民航服务的规程中不能包括所有的服务环节，这时就需要服务人员从服务细节入手，在提供服务的过程中发挥创造性，为顾客提供最满意的服务。

8. 主动性

空乘服务理念应体现主动性，这是服务人员必须具备的素质，服务中若真情实意，服务效果将大大提高。在民航服务中主动性要体现在服务的各个环节上，从停车、购票、行李托运、排队安检、海关、休息室、航班信息、手推车服务、摆渡车、候机口、转机等方面都要注重旅客的感受和所需要的服务内容，积极地参与到各项服务中去，确保服务的主动性。

9. 文明性

文明性是指服务是否体现出文明，包括亲切惬意的服务水平、友好的态度、良好的服务技巧等。

（二）我国民航服务中存在的主要问题

1. 服务质量意识淡薄

现阶段，我国民航整体的管理模式还没有彻底摆脱计划经济的"影子"，走向市场，民航高层领导对市场还没有充分的了解和认识，航空公司还主要是以传统的国有管理模式开展服务，造成服务质量和服务意识淡薄。

从长远经济发展和我国市场经济发展来看，航空业还有一个彻底改革开放的问题。随着民用航空业的开放，尤其是面对国际航空公司和民营航空公司的竞争，原有的国有民航企业将面临国外航空公司和民营航空公司的挤压，尤其是在国际航线上的竞争力要远远低于国外同行。因此，服务质量意识需要引起航空管理部门的关注。例如，亚洲服务质量最好的新加坡航空公司，以及一些后起之秀如韩亚航空公司、阿联酋航空公司等已经以良好的服务质量赢得了一批忠实拥趸，面对强大的竞争对手，中国民航的服务质量意识亟待加强。

2. 沟通问题

空乘服务质量的根本问题就是人与人的沟通问题，良好的沟通能力是每个服务人员应具备的基本素质。

从我国民航的服务人员来看，沟通技巧和语言能力相对薄弱，在服务时往往会因沟通不畅产生一些误会和矛盾，非常不利于机场的正常运转，因此需要加强服务人员沟通和语言能力的培养。

另外在沟通过程中肢体语言的运用也非常重要，往往是一些小的肢体语言能够消除乘客的矛盾心理，需要服务人员在工作中观察和总结。尤其是要加强沟通过程中的人性化。民航服务的过程就是相互进行沟通的过程，沟通能力是每一个员工必要的基本素质。但是目前国内空乘人员的沟通技巧普遍不高，这种沟通技巧不但体现在语言上，而且体现在身体上，各种细节的关注不够导致沟通缺乏人性化。因此要求服务人员除了要使用适当语言进行沟通之外，还要用心观察、揣摩和分析旅客的诉求和意见，这些沟通技巧的掌握将有利于服务质量的提升。

3. 综合素质差

民航对服务人员选拔较为严格，但这都只是对身体条件和面貌的筛选，在文化层次和知识内涵方面还存在很大的欠缺，具体表现在服务流程不够细化、服务意识不足、服务效果不理想等。很多服务人员因文化课程学习较少，在服务中不能与顾客进行很好的沟通，并且在遇到问题时没有克制情绪，导致问题无法解决，矛盾扩大，引发了非常不好的影响。另外很多空乘人员的微笑给人以不自然的感觉，存在职业化倾向，这些都与服务人员的综合素质有关。很多空乘人员都是从空乘学校毕业，他们接受文化课的教学较少，缺乏基本的人文素质和法律意识，不能与顾客进行有效交流。

根据 2009 年国际民航组织公布的一份调查数据显示，中国民航整体服务质量，在世界航空市场上处于第 50 位，一个比较靠后的位置。服务是由服务人员提供的，服务水平低下离不开服务人员素质低的因素影响，因此中国民航提高服务人员综合素质，增强国际竞争力任重道远。

4. 事后救济服务制度不健全

目前我国国内民航缺乏事后救济服务措施和制度，这与民航管理制度不健全有着密切的联系。乘客在接受民航服务时经常会遇到航班晚点、行李运输迟缓、飞机延误起飞、转机过频、没有摆渡车等多种服务问题，而民航企业不能对这些问题给予很好的解释和相应的赔偿，造成民航乘客投诉居高不下。调查显示，投诉服务和服务失败后的现场补救服务是目前国内民航服务存在的最大弱点，大概超过一般的投诉。民航管理机构应该加强对事后补救服务制度的建立，依照国家的相关法律和民航管理规定，合理地制定出科学的补救方法或赔偿措施，以此来保证消费者利益的合法性和公平性。

5. 缺乏明确的服务质量指标体系

服务质量还没有被国内的民航公司完全纳入其管理目标范畴，目前民航局对航空公司的年度考核依然侧重于对安全性的考核。安全重要性自不必说，但是在目前所有公司安全性基本一致的情况下，服务质量指标的重要性就被凸显了出来。目前航空公司服务质量指标要么缺乏诸如航班正点率、客舱服务、机上食品、售票对服务质量影响极大的指标，要么此类指标所占的权重系数较低，不能够充分体现出顾客至上的服务理念。因此，目前各航空公司对安全管理很重视，对服务质量管理不够重视的做法，影响了航空公司服务质量的提高，削弱了航空公司的竞争力。

（三）解决我国民航服务中存在的主要问题的管理思路

1. 改变民航管理理念

我国民用航空业的各个方面应从服务定位、服务群体、服务质量、服务模式入手，转变空乘服务的管理思路和管理理念，在强调安全性的基础上把强化服务意识贯穿于整个服务过程之中。尤其是在人才引进和培养上，突出管理理念的改革和更新，提倡更高质量的服务理念，并积极地探索适合我国民航发展的服务模式，促进管理经营的可持续化发展。

2. 促进民航企业文化的提升

企业文化的提升是空乘服务理念提升的重要指标和根本。在空乘服务管理中，要想提高企业的服务质量，就需要激励和培养员工的服务意识，从企业文化的角度入手，让企业文化与服务理念进行有机的结合，促进员工能够快乐积极地投入空乘服务中去，让员工感受到服务带来的愉悦和快乐。

3. 强化民航服务技能培养

空乘服务中的技能培养至关重要，它不仅可以体现服务人员的业务素质，同时还可以体现航空公司的服务质量，因此必须要加强员工服务技能的培养。

在实际操作中，航空企业要制定有计划、有质量、有针对性的服务培训内容，强化个人服务质量和团队服务质量的结合，并且在培训过程中要让员工理解技能培养的目的、作用和效果，使其能够充分地认识到技能培养对工作的益处，满足服务工作的各种需求。

二、民航服务法律的界定和主要内容与特点

（一）民航服务法律的界定和主要内容

民航服务法律以民航法律为基础，一方面民航法律的很多内容和规定具有比较强的专业性和理论性，另一方面由于民航法律综合性的特点决定了其还具有涉及面广的特点。因此，在具体民航法律教学过程中，普遍存在教与学两个方面的问题和矛盾。在教的方面，如果教师在教授课程的过程中过分拘泥于教材，必然脱离实际。在学的方面，由于民航法律课程专业性、理论性和内容的庞杂性，学生往往无所适从，抓不住重点。所以我们所确定的空乘服务法律，应该在保持民航法律一定专业性和理论性的特征基础上，重点考虑民航法律涉及面广的特点，着重介绍一些实务性的焦点和热点问题。其中以民航法律为基础的具有一定专业性和理论性的问题主要有以下几个。

① 空乘服务法律实务概述。
② 空气空间的法律地位与领空主权。
③ 天空开放。
④ 民用航空器国籍法律制度。
⑤ 民用航空器权利法律制度。
⑥ 国际民航组织与公约。

而以民航法律为基础的实务性的焦点和热点问题主要有以下几个。

① 空乘服务中的消费者权益保护。
② 航空运输责任法律制度。
③ 航班延误法律问题。
④ 民用机场秩序法律制度。
⑤ 航班"超售"法律问题。
⑥ 航空器对地（水）面第三人损害赔偿法律制度。
⑦ 机组人员流动与招聘法律问题。
⑧ 民航"黑名单"法律问题。

（二）民航服务法律的特点

1. 以民航法律为基础，具有一定专业性和理论性

民航法律既包括国内民用航空法律的内容，又包括国际民用航空法律的内容，是国际法和国内法的统一。从其涵盖的内容来看，是民航知识和法律知识的有机结合，是法律专业知识在民用航空领域的运用，它涉及民航和法律两个领域的很多专业性和理论性问题，

如适航、飞行签派、航权、法的渊源、损害赔偿、归责原则等。

2. 内容庞杂，涉及面广，主要是以民航法律为基础的实务性的焦点和热点问题

从民航法律课程研究的对象来看，既涉及公法领域，如领空主权、航空器的国籍等问题，又涉及私法领域，如航空器的买卖和租赁、航空运输中的损害赔偿责任的承担等问题，是公法和私法的统一。因此，我们应该抓住重点，充分利用网络，着重介绍当前最新发生的焦点和热点问题。

3. 不同于其他服务行业，主要特点是在保证服务的基础上，特别强调安全性

在民航服务过程中，旅客的生命、财产安全首先要得到保障，这是空乘服务质量最首要的指标。空乘服务的这一特点，决定了空乘服务法律法规的很多规定在保持法律基本原则的基础上有别于一般的法律规定。例如，有关空乘服务中消费者权益保护的问题，在安全性的要求下，消费者的知情权就要有所保留；还有在航空赔偿方面，最高赔偿限额的规定也是其他行业所没有的。

（三）民航服务法律教学中应该注意的问题

从目前我国各个院校和各种专业开设民航法律课程的情况来看，主要是在讲授民航法律法规理论的基础上，针对实际应用中的问题进行一定的实训来完成。从实际效果来看，按照以上方法，基本上能使学生比较系统地掌握民航法律法规的基本原理和各种具体的制度与规则，能够在一定程度上提高学生运用民航法律法规分析和解决实际问题的能力，从而具备较强的航空服务岗位从业能力和可持续发展能力。

但是，在实际教学过程中我们也发现了一些具体问题，主要有以下两个方面。

一是在民航法律教学中，过于强调理论性，而法律理论的晦涩难懂也使非法律专业的艺术类学生，尤其大部分专科学生难以接受。

民航法律是民航知识和法律知识的有机结合，是法律专业知识在民用航空领域的运用，涉及民航和法律两个领域的很多专业问题，如适航、飞行签派、航权、法的渊源、损害赔偿、归责原则等。所以，对民航法律课程的学习，既要有法律的基础，还要掌握民用航空方面的知识。法律的严谨性和普遍约束力特征，决定了民航法律中的许多规定都是原则性的、抽象的规定。同时，民航法律课程的内容对大部分学生来说，有一定的距离感，很多知识脱离学生的生活实践，理论难以与实践联系起来。

二是民航法律课程设置，尤其是学时限制，需要大量的学时教授基础法律问题，从而忽略了学生感兴趣、能接受的实务性法律问题。

因此，为达到民航法律课程的开设目的，针对民航法律课程的特点，本书主要从空乘服务法律实务和案例的角度，并以民航法律法规为基础介绍当前一些焦点和热点问题。

把握空乘服务法律的上述特点，在教学中应注意如下几点。

1. 构建开放型的教学体系，及时更新教学内容

主要是在课程的教学过程中，不应该只是拘泥于教材，而是应该在教材的基础上，充分接触实际，利用互联网的强大功能，及时更新教学内容，让实践来说明和展现理论。

2. 构建开放型的教学空间

教学空间开放是指教学内容的传授不仅仅依赖于老师的课堂教学，还应当积极拓展第二课堂和课外的实践活动。多年的教学实践已经证明，课堂教学不管如何生动、如何情景化，都不如亲临真实环境、亲自实践来得深刻。所以，要让学生真正掌握民航法律知识，必须让学生处于开放的教学空间里学习和实践，突破课堂的局限，融入广阔的社会实践中去。将机场、客舱、法庭当作学生的课堂，让学生在真实的环境或模拟的民航、法律环境中自己去领略理论知识，将理论和实践联系起来。同时，积极开辟第二课堂，邀请有民航实践经验的从业人员、法律专业人士到学校对学生进行民航法律的宣讲或作专题报告。

3. 运用开放型教学手段和教学方法

开放教学手段和方法是指教学内容需要通过不同的教学手段和方法来体现。民航法律课程涉及面广，知识点多，所以，教师应根据不同的教学内容和学生情况，在教学方法、教学手段上不断探索，运用现代多媒体技术来组织教学，把抽象的知识变得形象和生动，体现教学内容的直观性。改变单一的讲授式教学方法，灵活采用多种教学方法，如讨论式教学法、案例分析教学法、自主探究法、辩论式教学法等，以达到因材施教的效果。

4. 在教学过程中，以学生为主体，以培养学生的学习兴趣为主要目的

针对现在学生的特点，改变传统意义上的教师是知识的传授者、灌输者的身份，转变为学生学习的帮助者、促进者。着重培养学生自身的学习兴趣，在掌握正确的学习方法基础上，考虑民航法律课程具有专业性和理论性较强的特征，增强教师和学生之间的良性互动，教师的教学模式和方法的选择应以提高学生的学习兴趣和增强学生自主学习能力为目的。

 分析思考题

1. 简述法的定义、作用及其基本特征。
2. 试述当代中国法的体系、法的效力的含义与分类。
3. 简述民航法律的含义和特征。
4. 试述民航服务法律的含义和特点。

第二章

空气空间的法律地位与领空主权

学习目的

1. 了解空气空间的基本概念及特点；
2. 掌握领空主权的基本原则及法律性质；
3. 了解主权国家空气空间与国际公共空气空间运用上的区别与联系；
4. 掌握约束空气空间使用的基本规范。

 学习内容

1. 空气空间、领空的相关理论及实践要求；
2. 国内法及国际法中的相关法规条款；
3. 对本章相关案例的分析。

空气空间是航空器活动的主要场所，指在地球表面上空大气层以内，但不包括外层空间的部分。空气空间地位的法律争论，源于航空器的出现与运用。由于地球表面的空气空间是连续的，并没有物理界限的区分，因此，如何使用空气空间就成为一个现实而迫切的问题。

第一节 空气空间的法律界定

空气空间的法律地位在国际法上出现过多种不同的主张。根据罗马法，土地所有人的权利上至天空下至地心。1900年和1911年，国际法学会举行两次会议讨论空气空间的法律地位问题，概括起来有以下几种理论：空气空间完全自由论；空气空间有条件自由论；空气空间海洋比拟论；空气空间国家主权论；空气空间有限制的国家主权论。

理论上的这种争论在第一次世界大战前结束了，各国的实践彻底否定了空气空间自由的主张，空气空间主权原则得到正式确立。第一次世界大战结束后，1919年在巴黎签订了世界上第一个关于空中法律问题的国际条约，即《巴黎航空公约》。《巴黎航空公约》正式确认了空气空间的国家主权原则。

1944年12月7日，由国际民用航空组织通过的《国际民用航空公约》（亦称《芝加哥公约》），再次确认国家对其领土上空空气空间的主权原则。国家对在其上的空气空间享有主权，并不排斥国际航空事业的发展，国家可以在互惠和对等的基础上，通过达成协议的方式，相互允许对方国家的民用航空器进入或通过其领土上的空气空间。随着空间科技的飞速发展，人类的空中活动已穿越空气空间，开始探索和利用外层空间。第一颗人造卫星上天后，外层空间的法律地位逐渐为各国关注。一般认为，外层空间不能成为国家主权的对象。根据1967年的《外层空间条约》，外层空间应供各国自由探索和使用，不得为任何国家占有。但空气空间与外层空间的分界问题仍未得到妥善解决。我国于1974年承认了《国际民用航空公约》，并在同年当选为国际民用航空组织的理事国，同时还在平等互利的基础上同许多国家缔结了双边协定，促进了国际民用航空事业的发展。

第二节 领空与领空主权

一、领空与领空主权

领空，是指主权国家领陆和领海上空的空气空间，是国家领土的组成部分。领土主权是指一国对其领土享有最高权力，不容许任何国家和个人侵犯其领土，同时对其领土内的一切人和物享有排他的管辖权。国家领土由各种不同的部分组成，它包括陆地、水域、陆地及水域的底土、陆地及水域的上空。国际航空法对组成领土一部分的领空主权做了如下规定：每一国家对其领土之上的空气空间具有完全的排他的主权。《巴黎公约》最早确认这一基本原则，《国际民用航空公约》接受并认可了这个基本原则，使各国能够对外国航空器的飞行施加种种限制，从而为维护国家的领空主权提供了法律依据。实际上，这一原则在关系到人类生命安全时，仍然要受到国际惯例的约束和限制。

按照《巴黎航空公约》和《国际民用航空公约》的规定，国家对其领土上空的空气空间享有完全的排他的权利，即领空主权。领空主权主要体现在以下四个方面。

（一）自保权

自保权是国家为保卫自己的生存和安全，维护自己的主权或独立，而有权采取国际法允许的一切措施自我保全的权利。它包括防御权和自卫权。外国航空器没有得到地面国家许可，飞经或者飞入他国领空的行为叫入侵。国家基于领空主权对于入侵本国领空的外国民用航空器，有权采取追踪、拦截、告警等措施，对军用飞机可以是一切必要措施，明显或故意入侵的，可武力击落，以维护国家领空安全。《国际民用航空公约》中规定，不得对民用航空器使用武力。

（二）管辖权

管辖权是国家主权最直接的体现，是指国家对其领土内的一切人、物和所发生的事件，以及在其领域外的本国人行使管辖的权利。领空是领土不可分割的部分，国家对领空有管辖权。航空法在管辖权问题上，将本国领土上空、领海上空与公海上空空间加以区别。国家管辖权不仅约束领土上空的空气空间，而且还延伸至领海上空的空气空间。领海上空的空气空间不存在无害空中通行权，这点与领海上的船舶无害通行权是不同的。公海上空的管辖权，适用 1944 年《国际民用航空公约》第十二条的规定。航空器登记国的法律适用于公海上空飞行的该国航空器，但此类法律规定应当在最大可能范围内，与依据有关国际公约的规章相一致。

（三）管理权

领空就其利用价值而言是重要的，如同海洋和土地的资源。领空主权保证国家理所当然地拥有空域资源。航空法的目的之一是确认国家作为空域所有人享有的相应权利并维护国家的民用航空权利，地面国家有权制定航空法律以及涉及领空的海关、移民和卫生等的法律规章，要求外国航空器飞经或者是飞入时遵守。地面国家有权保留其领空内的国内运输权，即一国境内的城市之间的航空运输，这种运输专门留给本国的航空运输企业。

（四）支配权

国家行使对空域资源的统一支配权。这种支配权通常体现为空域的划分，也体现为不同空域的管理制度、管理形式。在划分空域时，应当兼顾民用航空和国防安全的需要以及公众的利益，使空域得到合理、充分、有效的利用。国家可以通过国内立法对空域实施支配权，设立空中禁区，禁止其他国家的飞机飞越。无人驾驶的航空器，不经特别许可，不得飞入他国领空。缔约国在发生战争或宣布紧急状态时，可自由决定不许外国航空器飞入其领空。

二、领空主权的相关国际法规定

（一）1944年《芝加哥公约》

《芝加哥公约》（以下简称《公约》）对国际民航活动制定了一系列原则和规定。《公约》首先规定，凡用于军事、海关和公安的航空器为国家航空器，以区别于民用航空器。国家航空器只有经特别协定或许可，才能飞越或降落于另一缔约国的领土。至于民用航空器则分为"不从事定期国际航空业务"和"从事定期国际航空业务"两种。前者在遵守本公约的条件下，有权飞越其他缔约国领土，而不须事先取得许可，并有权做非业务性停留（如加油或修理），但被飞越国家有权令其降落。这类航空器如为了取酬或出租，也有装卸客、货、邮件的特权，但装卸地所在国有权规定有关的条件或限制。至于定期航空业务则须经特许，方可在另一国领土上空做业务飞行。这种特许一般采取双边协定形式，以规定业务权利、飞行航线、航班运量（航班次数乘以航空器的运载量）、批准运价的手续等。通常一个国家内各点之间从事运输业务的权利，保留给本国的航空企业。

（二）国际航空两个协定

在1944年芝加哥会议上，除签订《芝加哥公约》外，还签订了两个协定。一是《国际航空运输协定》，规定了所谓"五大自由"：① 不降落地飞越一国领土的特权；② 非业务性降落的特权；③ 卸下自航空器所属国领土装来的客、货、邮件的特权；④ 装载前往航空器所属国领土的客、货、邮件的特权；⑤ 装卸前往或来自任何其他国家领土的客、货、邮件的特权。另一个协定为《国际航空过境协定》，仅包括前"两大自由"。多数与会国家签署了后一协定，签署前一协定的国家尚不及与会国家的半数，连竭力支持"五大自由"的美国也于1946年退出了《国际航空运输协定》。直到20世纪80年代初,缔结一项普遍被接受的关于民航业务权利的多边国际公约的努力尚未获得成功。一般都是通过双边协定形式来发展各国间的民航事业。

三、空中交通规则

空中交通规则是组织实施航空器飞行,维护空中交通秩序,保障飞行安全的依据,通常又称之为"飞行规则"。空中交通如同陆上交通、水上交通一样,如果不实行统一的规则,其后果将不堪设想。根据领空主权原则,一国在其领空范围内,完全有权根据本国的具体情况,制定自己认为适合的规则。但是,国内规则如不尽可能地与国际规则一致,势必给国际飞行带来不必要的障碍,而且会给飞行安全造成潜在的危险。当今,世界各国关于空中交通规则的规定,已基本上取得了一致。

在不属于任何国家的空间运行,遵守由国际民用航空组织统一制定的空中航行规则。在平时,任何航空器都必须遵守统一的空中交通规则,这对保障飞行安全是必要的;在特殊情况下,为了作战或者国防上的紧急需要,军用航空器除有优先通行权外,还应有不受平时空中交通规则约束的权利,这对保卫国家领空不受侵犯,保卫国防安全是必要的。

四、国家民用航空权利

《中华人民共和国民用航空法》第一章第一条规定:"为了维护国家的领空主权和民用航空权利,保障民用航空活动安全和有秩序地进行,保护民用航空活动当事人各方的合法权益,促进民用航空事业的发展,制定本法。"表明了我国航空立法的目的和意义。

我国现行民用航空法的规定中,关于国家的民用航空权利包括但不限于以下三条。

(一)国内载运权

我国作为一个地域辽阔、人口众多、经济发展迅速的大国,有着巨大的航空运输市场。而明确禁止外国民用航空运输企业进入我国国内市场,无疑是对我国民用航空运输企业的保护。这一规定,与国际法(1944年《芝加哥公约》第七条)的原则并不相悖。

(二)空域管理权

国家行使对空域资源的统一管理。这种管理通常体现为空域的划分,也体现为不同空域的管理制度和管理形式。在划分空域时,应当兼顾民用航空和国防安全的需要以及公众的利益,使空域得到合理、充分、有效的利用。提高空域的利用率,有利于促进民用航空事业的发展,进而促进经济发展和人民生活水平的提高。各航空大国对空域都实行统一管理体制。我国由于历史原因,实行的是统一管制、分别指挥的体制。

（三）空中航行管理权

陆上交通需要管理，空中交通更需要管理。鉴于航空器飞行速度快，空中交通管理难度更大、要求更高。为了保障飞行安全和空中畅通，在中华人民共和国境内飞行的航空器，必须遵守统一的飞行规则，民用航空器在管制空域内的飞行活动，应当取得空中交通管制单位的许可，在指定的航路和飞行高度飞行；因故确实需要偏离指定的航路或者改变飞行高度飞行的，应当取得空中交通管理单位的许可。在一个划定的管制空域内，由一个空中交通管制单位负责该空域内的航空器的空中交通管制，这是各国空中交通管制体制发展的大趋势。

五、禁飞区

禁飞区又称禁航区，指未经特别申请许可禁止航空器飞行的空间。为了安全和保密的需要，通常在要地或指定的海域上空划定，有固定禁区和临时禁区两种，一般划在政治经济中心、工业基地、军事要地和港口等重要的地区或海区上空。为保障这些地区、海区的安全，不准航空器在其上空飞行，特殊情况下需要通过空中禁区，需经划定机关批准。

国际民用航空公约规定：各缔约国由于军事需要或公共安全的理由，可以一律限制或禁止其他国家的航空器在其领土内的某些地区上空飞行，但对该领土所属国从事定期国际航班飞行的航空器和其他缔约国从事同样飞行的航空器，在这一点上不得有所区别。此种禁区的范围和位置应当合理，以免空中航行受到不必要的阻碍。一缔约国领土内此种禁区的说明及其随后的任何变更，应尽快通知其他各缔约国及国际民用航空组织。

在非常情况下，或在紧急时期内，或为了公共安全，各缔约国也保留暂时限制或禁止航空器在其全部或部分领土上空飞行的权利并立即生效，但此种限制或禁止应不分国籍，适用于所有其他国家的航空器。

禁飞区有两种形式：一种是主权国家在特殊情况下、在特殊时段对其领空范围内的特定空域采取的限制飞行的管制措施，这种禁飞区的建立是国家主权所赋予的权力；另一种是在发生冲突的情况下，某个或某些国家或组织在冲突地域划定的特殊限制空域，限制冲突相关方的飞行器在管制空域内的飞行活动，只有在国际组织授权的前提下建立这种禁飞区才具有合法性。

六、防空识别区

防空识别区指的是一国基于空中防御需要，单方面所划定的空域，作为空中预警范围，以利于军方迅速定位管制。具体是指从一个国家的陆地或者水域表面向上延伸的整个空域，在该空域内，为了国家安全，要求对航空器能够立即识别、定位和管制。20世纪50年代，军用作战飞机进入喷气时代，航速比螺旋桨飞机有质的提升，美国军方率先在阿拉斯加以北设立北美防空识别区，防范苏联战机的入侵，随后北约国家纷纷模仿。冷战期间，日本同样处于对抗苏联的第一线，驻日美军与日本政府一道也划出了日本防空识别区。通常情况下，以该国的战略预警机和预警雷达所能覆盖的最远端作为"防空识别区"的界限，它比领空和专属经济区的范围要大得多，根本不属于国际法中的主权范畴。二战后，随着空中作战力量的发展，特别是以高空高速为基本特征的二代战斗机的发展，各国传统的防空体系面临较大威胁。如果还按照对方目标逼近本国领空才出动战机拦截，时间不充裕，根本无法保证成功拦截。于是在本国领空之外的公共空域（简称公空）划定防空识别区，就成了扩大预警空间、保证拦截时间的通行做法。

2013年11月23日，中华人民共和国政府根据1997年3月14日《中华人民共和国国防法》、1995年10月30日《中华人民共和国民用航空法》和2001年7月27日《中华人民共和国飞行基本规则》，宣布划设东海防空识别区。

【案例2-1】

大韩航空902号班机空难

大韩航空902号班机（KAL902，KE902）是一架大韩航空的波音707民航客机，于1978年4月20日在苏联境内的摩尔曼斯克附近被苏联国土防空军机击中，109名乘客和机组人员中有2名乘客死亡，13人受伤，飞机最后迫降在卡累利阿-芬兰苏维埃社会主义共和国洛乌希以南已经冰冻的科皮亚维湖湖面上。

该架波音707客机（机身注册编号：HL7429）机长是金昌基，副机长是车颂栋，领航员是李承信。原计划4月20日下午3时由巴黎途经美国阿拉斯加的安克雷奇加油后，再前往汉城（今首尔）。飞机没有配备惯性导航系统，而飞行员在转换地磁方位和真实航向数据时参照了错误的磁偏角标记来设置他们的导航计算机，导致飞机实际航向以弧形航线大幅度偏转，最后该班机沿此航线飞过英国和冰岛，穿越斯堪的纳维亚半岛和巴伦支海进入了苏联领空。

4月20日晚，位于摩尔曼斯克的防空第10集团军指挥部作战值班员萨莫伊洛夫收到了由格卢布金中校所属雷达站的报告：一架不明飞机距苏联海岸线300千米，高度9 000米，时速900千米。指挥部立即命令所有地面防空雷达进入戒备状态，并要求对该飞机进行监视。21时19分，902号班机在摩尔曼斯克地区进入苏联领空，向科拉半岛飞去。防空第10集团军指挥部在向莫斯科国土防空军指挥部报告的同时，还分别命令第21防空军第5防空师所属的第265航空兵团和第365航空兵团出动苏-15战机升空拦截。第365航空兵团波索夫大尉驾驶的苏-15战斗机从坎达拉克沙附近的Afrikanda机场升空拦截。

按照苏联事后的说法，波索夫升空后不久即发现目标，其尾随目标一段航程后确定这是一架由波音707客机改装的美国RC-135电子侦察机（同美空军部分大型飞机一样，RC-135原是以波音707的机身改造而成）。摩尔曼斯克防空指挥部在收到波索夫大尉"发现一架美国RC-135电子侦察机"的报告后，命令波索夫"迫使飞机在最近的机场降落"。随后，波索夫连续向902号班机发出迫降信号，并一度近距离打开降落灯示意对方降落，但后者没有任何回应，仍继续向科拉半岛方向飞行。而后902号班机突然调整航向，朝与苏联接壤的芬兰方向飞去。摩尔曼斯克指挥部的萨莫伊洛夫向防空集团军司令德米特利耶夫中将报告了这一情况。后者听完汇报后随即下达了攻击命令。晚21时42分，波索夫驾机接近902号班机，向其发射了红外制导空对空导弹一枚，击中了902号航班的左边机翼，机翼外侧被严重损毁，且爆炸碎片卡住了左侧的一部引擎。同时弹片穿破了机身致使机舱瞬间失压，导致97名乘客中的2人死亡。随后902号班机下降高度进入云层，与苏联战斗机脱离联系。

按照美国事后的说法，苏联战斗机在发现902号航班后无任何迫其降落的警告或信号，902号航班副机长车颂栋发现了在他们附近苏方战斗机的灯光。美方监听到苏联飞行员向其上司报告称"根据标示显示这是一架波音707民航机"，并几次尝试取消先前的攻击命令。在接到苏联地面指挥部的第二次攻击命令后，苏联战斗机向902号航班发射了两枚导弹，一枚击中飞机的左翼，另一枚射失。弹片穿透了机舱，导致一名韩国商人和一名日本游客当场死亡，并造成机舱失压。902号航班被击中后从7 000米下降高度至1 500米左右又继续飞行了约40分钟，此时从第5防空师第265航空兵团起飞的4架苏-15战斗机分别由斯洛博奇科夫上尉、A. 克列福夫（Anatoly Kerefov）、A. 根别尔科和诺沃日罗夫驾驶编队升空拦截目标。随后902号航班在科皮亚维湖上空进行耗油盘旋。苏联的4架战斗机在空中对其跟踪和监视，但没有再进行攻击。23时05分，902号航班在苏联凯姆市以南的科皮亚维湖的冰面上用机腹迫降。降落时，飞机向前滑行了大约300米，并一度呈90度角度停靠在湖岸边。迫降地点位于摩尔曼斯克南约400千米处，距芬兰边境约32千米。两小时后苏方人员赶到现场，苏军直升机将死难者遗体、伤员以及儿童送往附近的凯姆市，其他乘客被安置在军营。两天后，在摩尔曼斯克机场苏方将机上的95名乘客转交给了美国驻列宁格勒总领事馆和美国泛美航空公司的代表。

所有乘客两天后获释，搭乘一架泛美航空的波音727客机离开莫曼斯克抵达芬兰首都赫尔辛基，在那里等待的另外一架波音707客机最终把这些乘客送到了汉城（今首尔）。机组人员则被留下接受调查，在调查过程中，韩国飞行员承认驾机误入苏联的领空。他们亦承认曾收到苏联战斗机发出的迫降信号，但是没有理会。此后苏联政府曾向韩国政府索要10万美元的"照顾费"用于补偿在这期间苏方为902号航班上的乘客所支付的各项开销。

1978年4月24日，苏联塔斯社公开报道了本次事件。报道称：苏联军方和地方政府对这次事件进行了10天的调查，结果没有发现此班机上装备无线电侦察设备。就在塔斯社报道这次事件的当天，苏联国土防空军总司令耶夫根尼·萨维茨基空军元帅视察了事件中波音707客机的座舱。随后，苏联飞机制造厂航空工程技术人员将飞机零部件拆卸下来，使用米-6直升机将其运往停泊在坎达拉克沙湾的拖船上。

（案例来源：https://baike.baidu.com/item/%E5%A4%A7%E9%9F%A9%E8%88%AA%E7%A9%BA902%E5%8F%B7%E7%8F%AD%E6%9C%BA%E7%A9%BA%E9%9A%BE/5199630?fr=aladdin，有改动。）

【案例2-2】

大韩航空007号班机空难

大韩航空007号班机遭击落事件（KAL 007，KE 007），发生于当地时间1983年9月1日清晨（UTC 时间8月31日傍晚）。大韩航空007号班机最后的航线由位于阿拉斯加的安克雷奇起飞，前往汉城（今首尔）。007号班机自安克雷奇起飞后即偏离航线，经过位于阿拉斯加和白令海以及西太平洋的多个导航点时航管均未提出警告，机长也在偏离导航点数百公里的情况下多次向航管通报自己正常通过导航点，随即两次分别侵入苏联位于堪察加半岛和库页岛的领空，遭苏联国土防空军 Su-15 拦截机拦截。由于是夜间，苏方误判其为 RC-135 侦察机，在联络不畅、四次空射炮击警告无效后，于库页岛苏联领空内，苏机向 007号班机发射两枚空对空导弹，命中一枚，此时 007号班机偏离原定航线竟达 600 余千米。13分钟后 007号班机不幸坠毁于库页岛西南方的公海，机上所有乘客死亡。因为机上载有含美国在内多达 16 个国家和地区的公民，此事件还引发外交上的反弹。

班机机型波音 747-230B，机身注册编号 HL7442，是波音公司制造的第 186 架 747，1972 年 3 月出厂并交付给德国神鹰航空，当时编号 D-ABYH，1979 年 2 月转予大韩航空，使用普惠 JT9D-7A 引擎。事发班机的机组人员为机长千炳寅、副机长孙东辉、飞航工程师金义东。8月31日，从美国纽约肯尼迪国际机场起飞，中途停阿拉斯加州安克雷奇加油，预计在9月1日当地时间06：00（即21：00（UTC））降落在韩国汉城（今首尔）的金浦国际机场。

机上搭载 246 名乘客、23 名机组人员，机上共计 269 人。美国众议员拉里·麦唐诺也搭乘这架班机预订前往汉城（今首尔）参加美韩共同防御条约签订 30 周年纪念仪式。

KAL007 原定用 R20 航线，但最终飞离航线。沿 R20 航线需通过位于阿拉斯加、白令海、西太平洋等的九个导航点。导航点设有无线电信标供飞行器定位。沿途还有数个雷达站，可直接监视飞行器飞行路线。通常情况下经过导航点时偏差在 2 海里内属正常通过，KAL007 却悉数飞离。机长在大幅偏离 R20 航线，且因超距无法与通信中继站进行通常的 VHF 频段联络后，仍数次请其后的 KAL015 航班代为向地面转达已通过导航点。按照正常的程序，机组在飞行过程中，仍要对实际所处位置进行多次检验，这不仅为应对导航设备的初始设定失误，更为察觉导航设备在飞行中发生的临时故障。而 KAL 007 在起飞后至被攻击前的 5 小时 40 分钟内如同盲飞一般。

1. 根据现有情况推测，KAL 007 起飞后未能及时将磁航向导航调整为惯性导航，导致航线偏北。

2. 起飞 28 分钟后，位于 Kenai 的民用雷达跟踪到 KAL007 偏离航线超过 6 英里（9.5 千米）。正常情况下 KAL007 应飞越它的第一个导航辅助点 NDB CRN。当晚雷达站值班员未按照要求记录 KAL007 和随它之后起飞并使用同一航线的 KAL015 位置，也未提醒 KAL007 偏航。

3. KAL007 没有用机载 ADF 检查自己相对 CRN 的方向。

4. UTC 13：50，KAL007 报告到达 BET 导航点。KAL 使用的 NOPAC 飞行手册要求在此利用 BET 的 VOR 校验 INS 精度。KAL007 并未执行，而是直接向安克雷奇空管报告到达 BET。

5. 位于 King Salmon 的军用雷达跟踪到 KAL007 在 BET 偏北超过 22 千米，但是没有通知航班或者空管部门。

6. KAL007 预定在 UTC14：30 到达导航点 NABIE。UTC14：32，安克雷奇空管呼叫

KAL007未果。此时KAL007偏离航线太多，无法使用VHF与安克雷奇联系。此事并未引起机组和空管疑问。

7. UTC14：35，15分钟后起飞的KAL015使用VHF向安克雷奇转达KAL007的报告，已于UTC14：32到达NABIE。空、地双方没有人对此提出疑问。

8. UTC14：44，KAL007使用HF频率联系安克雷奇空管，报告自己将延误4分钟到达下一个导航点NEEVA。但并未追究为什么无法使用VHF。

9. 导航点NABIE和NEEVA的中点上，KAL007进入北美防空缓冲区，这里民航禁入。但是无人理睬KAL007。

10. NOPAC航线要求美国航空公司飞机上的气象雷达必须具有昼夜地图绘制功能，该功能在起飞时必须工作正常。机组在飞行中必须持续使用雷达监控飞行进度。KAL007要么没有这方面的要求，要么没有执行，否则应提前发现堪察加半岛的海岸线。KAL有没有同样要求还没看到证据。

11. UTC16：00，KAL015用VHF向安克雷奇转述KAL007报告的当前位置。同样未引起任何疑问。

12. 美国空军位于阿拉斯加州Cape Newenham和CapeRomanzoff的雷达站负责跟踪所有向苏联防空缓冲区方向飞行的航空器，负责用紧急频率警告偏离航线的飞行器，并且负责向相应空管部门发出警报。这两个雷达站当晚未作出任何警告。

13. UTC18：04，KAL015询问KAL007是否在自己前方3分钟航程。KAL015在KAL007之后15分钟起飞，之前双方对话中没有提到各自位置。为什么KAL015会认为KAL007在前方3分钟？原因未知。

14. UTC18：08，KAL015表示自己顺风，飞行速度较快，打算爬升到FL370，超过KAL007，并且询问KAL007能不能爬到FL350。为什么KAL015要问KAL007能不能爬升到FL350？原因未知。这次爬升并不是KAL007计划当中的。随后，KAL015向东京空管请求从FL350爬升到FL370。UTC18：15，KAL007向东京空管请求从FL330爬升到FL350。

15. UTC18：12，位于日本北海道的军用雷达发现KAL007，但没有提醒KAL007偏航。

16. 苏军截击过程的空地对话被美日实时截获，但没有做出任何反应。

苏联国土防空军在KAL007进入苏联领空又离开的一个小时中一直监视着它，当它再次进入苏联领空时认定它是军事飞机。三架从Dolinsk-Sokol起飞的苏-15和一架从Smirnykh起飞的MiG-23成功地目视确认了这架飞机，后来击落KAL007的苏-15飞行员Genadi Osiporich在1991年回忆："我发射了四次，打了超过两百发炮弹，看在上帝的份上，我装的全是穿甲弹，不是能燃烧的曳光弹。我怀疑有没有人能在夜里看见它们……"

1991年接受采访时，Genadi Osipovich讲述了当时的情形，和苏联当时官方说法不同，他告知地面控制中心KAL007"有闪动的灯光"。他说"我看到了两排窗户，就知道那是一架波音飞机，我知道这是民用飞机（不是RC-135）。但是这对我无所谓，要知道把民用机改装为军事用途是很容易的……"他也没有向地面描述飞机的细节,"我没告诉地面人员那是一架波音,他们也没有问我"。

图 2-1　用于击落 KAL007 航班的 K-8 空对空导弹挂载在 Su-15 上

KAL007机长千炳寅,45岁。在韩国空军服役10年,1972年退役进入 KAL。总飞行时间 10 625 小时。曾三次被选为全斗焕出访专机后备驾驶员,在出事之前被选中为16名韩国政府高官出访缅甸专机的驾驶员。在 KAL007 的预定航线 NOPAC R20 上飞行过 27 次。千炳寅从未出过任何事故。他的遗孀说他"做事条理分明","任何东西都必须放在应该的位置上"。飞行员同事对他的评价是"我认识的最细心的人"。这条航线上的导航点有九个:BET(Bethel), NABIE, NEEVA, NIPPI, NOKKA, NOHO, IFH(Inkfish), MXT(Matsushima), GTC(Niigata)。

起飞前,安克雷奇 VOR 已经坏了一周,无法在离场时提供导航信息。在这种情况下,飞行员通常会更重视使用航线上的无线电导航点来校验自身位置。KAL-007号班机失事后,由于苏联方面的不配合,调查人员无法找到飞机的飞行记录仪。1983年年底,联合国的一个独立调查小组根据已有的证据进行调查,提出飞机严重偏离航向的原因可能是在阿拉斯加州安克雷奇起飞时副机长错误输入坐标导致飞机偏航;另外一个可能的原因是飞机起飞后机长忘记将 HDG(磁航向)模式更改为 INS 模式(惯性导航系统),但这是标准的飞行程序,经验丰富的机长理应不会出现如此低级的失误,所以调查人员认为出现第二种原因的可能性比较小。

苏联解体后,俄罗斯公开承认拥有 KAL007 号航班的飞行记录器,并于1992年将其归还韩国。国际民航组织经过新一轮的独立调查后在1993年给出最终报告。调查小组发现,KAL007号航班在安克雷奇起飞后一直到被击落,一直使用 HDG(磁航向)模式作为自动驾驶的导航,也就是说客机在起飞后机长并没有执行标准飞行模式,将 HDG(磁航向)模式更改为 INS 模式(惯性导航系统),这是导致KAL007号航班偏航进入苏联领空的原因。

KAL007号航班机长的大意,加上苏联战斗机驾驶员对形势的错误判断,直接导致空难的发生。

1992年俄罗斯总统叶利钦公布了事件后几周内的五项苏联最高机密备忘录。其中包括克格勃首脑切布里克夫和国防部长乌斯季诺夫的通信,表明他们已经知道 KAL007号的残骸位置,目前进行的搜救是做做样子,让美国海军分心。他们在事件50天后的10月20日得到了黑匣子,并决定将此事件保密。因为黑匣子记录的座舱通话与苏联坚称的这是一次精心策划的间谍飞行行动说法相矛盾。

这是1983年12月该份通信的具体内容:"我们的舰只正在日本海进行模拟搜救以误导美国和日本。等到我们具体的计划一完成就会停止这些活动……

"而如果飞行记录仪被转交给西方,对其中的数据进行分析,就会得出与(我们说的)飞行性质相反的结论,其结果必然又是一场歇斯底里的反苏风潮。考虑到这些事,不将记录仪转交给国际民用航空组织(ICAO)或任何有能力解读的第三方团体是很有必要的,苏联拥有这一仪器的事实必须保密……

"只要美国和日本一天对记录仪的事一无所知,我们就必须采取措施不泄漏消息。"

第三份备忘录表明了苏-15截击机飞行员没有尝试与KAL007进行无线电联系,截击机也没有发射警告的曳光弹。"如果西方得到了飞行记录仪,其数据可用于:证明截击机没有试图在121.5兆赫上与入侵机建立对话,也没有在最后阶段发射警告曳光弹。"

苏联海军的搜索只是佯动,同时心知肚明残骸在另一处的说法也得到了俄罗斯国家近代史档案馆副馆长 Mikhail Prozumentshchikov 纪念击落事件20周年的文章证明。他说:"正因为苏联自然而然地更清楚它落在哪儿……也就很难指望发现什么,因此苏联对这个行动并不是特别感兴趣。"

007班机所飞的 R20 航道,由于离苏联领空仅约144千米,因此此航道被停用,之后的班机改飞离苏联领空较远(堪察加半岛以南约288千米)的 R80 航道。但对于如 KAL 007 的 600 余千米的偏航仍似乎无济于事。美国政府因此事件,宣布开放部分全球定位系统功能给民间使用。

当时击落客机的苏军飞行员 Genadi Osipovich,至今仍然认为自己击落的是一架间谍飞机。北大西洋公约组织成员国以及澳大利亚、新西兰、日本等盟友国与以苏联为首的东欧社会主义阵营国家在该事件发生后处于剑拔弩张之势。1983年亦是冷战时期美国与苏联关系最为紧张的一年,而007班机被击落险些成为东西方世界开战的导火索。

多个西方国家纷纷谴责苏联空军明知道可能是民航机偏航,却蓄意击落民用客机的行为,还有对残骸证据的撒谎行为,苏联与多国的外交关系亦因此陷入了一个低谷状态。

(案例来源:https://baike.baidu.com/item/%E5%A4%A7%E9%9F%A9%E8%88%AA%E7%A9%BA%E6%B0%94007%E5%8F%B7%E7%8F%AD%E6%9C%BA%E7%A9%BA%E9%9A%BE/15561590,有改动。)

 案例分析

两起事件分别发生在1978年和1983年,令人唏嘘的是,出事的航空公司均是大韩航空,而对民航班机实施攻击的均是苏联空军。综合事件发生的信息能够发现,事件之所以发生,有多种因素的耦合。例如,民航导航等服务设施的不完备,设备设施的运转不畅,机组执行飞行任务的不规范,苏联对民航客机安全的藐视等。

随着民航技术的发展,原来存在的技术障碍早已被突破。但是民航运行与领空主权的矛盾依然存在。2014年7月17日,马来西亚航空MH17号班机遇袭发生空难。当时,马来西亚航空 MH17 班机从阿姆斯特丹史基浦机场飞往吉隆坡国际机场时，在靠近俄罗斯边界的乌克兰领空内 10 千米高空被俄制山毛榉导弹攻击以致在空中解体并坠毁，机上 283 名乘客和 15 名机组成员悉数罹难。飞机坠毁在乌克兰东部顿涅茨克州多列士附近，距俄罗斯边境 40 千米。两年多后，荷兰调查团队在 2016 年 9 月表示，已经确认击落 MH17 的山毛榉导弹是在事发当天从俄罗斯运到亲俄叛军控制地点并从该地点发射的。

对于航班运行来说，避免进入非授权国空域，避免进入存在争议和武装冲突的地区上空，是迫在眉睫的要求。稍有疏忽，一旦被攻击极可能酿成惨剧。

包括国际民航组织在内的国际组织与机构在民航客机安全的保护上，还有很多问题需要解决。当然，在这方面航空公司与机组无能为力。从航空公司与机组的角度来说，在现有的框架下，尽量做到规范运行，避免因偏离航线而飞越未授权国领空，是最佳的现实选择。

 分析思考题

1. 简述空气空间的定义及界限。
2. 简述领空主权的理论基础及实践选择。
3. 简述空域的开放使用效率、国家主权及国际航行间关系的平衡。

第三章

民用航空器国籍法律制度

学习目的

1. 了解民用航空器国籍的概念和意义；
2. 掌握民用航空器国籍的相关法律规定；
3. 掌握航空器国籍登记国的权利和义务。

 学习内容

1. 航空器国籍的概念、意义；
2. 国际法及国内法关于航空器国籍的相关条款。

国籍最早是用来识别某一自然人属于某一个国家的一种法律上的身份，它是指一个人作为某一国家的国民或公民而隶属于该国的一种法律上的身份。这种关系意味着个人效忠国家和国家保护个人的义务。在19世纪中叶以后，国籍概念开始拓展到法人、船舶、航空器上。因此，探讨民用航空器国籍的相关法律制度，就有其必要性和重要性。

第一节　民用航空器国籍的概念界定及意义

一、民用航空器国籍的概念界定

国籍是指一个人同某一特定国家的固定的法律联系，自然人接受该国管辖，享有和承担所属国规定的权利和义务，也是国家实行外交保护权利的法律依据。自然人的国籍因出生或者加入而取得，有的国家承认自然人的双重国籍，也有无国籍人的存在。

国籍是表示个人具有某个国家的公民或国民资格或身份，与该国保持着永久的法律联系，处于该国的属人管辖权之下。这样看来，只有个人才是各国国籍法的主体。但从19世纪中叶以后，随着国家之间交往的发展，国籍的概念逐渐延伸到法人、船舶、航空器上。航空器的国籍不同于自然人，航空器的国籍因航空器登记取得登记国国籍，航空器不得具有双重国籍，航空器的所有权转移也必须进行登记。航空器颁发国籍标志的国家有责任要求该航空器遵守该国的空中规则。对航空器来说，在国际航空运输中得到所属国的保护具有很重要的意义，同时也有利于航空器自身的管理，例如对航空器上发生的事件具有管辖权等。

二、民用航空器国籍的意义

民用航空器国籍的确定具有重要意义。

首先，民用航空器国籍表明民用航空器与登记国家之间在法律上的隶属关系，民用航空器因此获得国籍国在航空运输方面提供的各种优惠。如《芝加哥公约》第七条规定：

"缔约各国有权拒绝准许其他缔约国的航空器为取酬或出租在其领土内载运乘客、邮件和货物前往其领土内另一地点。缔约各国承允不缔结任何协议,在排他的基础上特准任何其他国家的空运企业享有任何此项特权,也不向任何其他国家取得任何此项排他的特权。"我国《民用航空法》第一百七十七条规定:"外国民用航空器的经营人,不得经营中华人民共和国境内两点之间的航空运输。"国籍国还要保护航空器所有人、经营人和民用航空器的合法权利,并加强对民用航空器的管理,对涂有本国国籍标志的民用航空器行使有效的行政、技术及社会事项的管辖和控制,以保证取得该国国籍的民用航空器与国家之间有真正的联系。取得我国国籍的民用航空器,不仅在航空运输政策、税收优惠等方面享有照顾,必要时可享受我国领事馆的保护与帮助,而且在公海或外国领空发生刑事、民事案件时,我国也享有管辖权。

其次,按照有关国际公约,民用航空器只要取得一国国籍,便受登记国法律保护。国籍国对在域外的本国航空器享有相关的权利,并承担相应职责,同时该民用航空器还享受登记国和参加或缔结的国际条约中所享有的权利。

最后,在航空运输中可能遇到适用法律的冲突问题。由于民用航空器兼具动产和不动产性,因此,处理这类法律纠纷通常考虑到民用航空器与登记国之间法律上的真正联系,以航空器的国籍为"连接点",代之以登记国法。如1948年《日内瓦公约》第一条规定的航空器所有权、占有权、租赁期限为6个月的航空器的使用权,为担保偿付债务而协议设定的航空器抵押权以及类似权利,必须符合"权利的设定符合该航空器进行国籍登记的缔约国在设定该权利时的法律","在不同缔约国中进行的连续登记的合法性,按照每次登记时该航空器进行国籍登记的缔约国的法律予以确定"。我国民航法在关于涉外关系的法律适用问题上,也以登记国法作为准据法,例如对民用航空器所有权和抵押权的问题,《民用航空法》第一百八十五条规定:"民用航空器所有权的取得、转让和消灭,适用民用航空器国籍登记国法律。"第一百八十六条还规定:"民用航空器抵押权适用民用航空器国籍登记国法律。"

航空器的国籍问题十分重要。1944年《芝加哥公约》第三章专门涉及航空器的国籍问题,规定航空器具有登记国的国籍,不承认航空器的双重国籍。但其登记可由一国转由另一国登记,亦是说,公约允许航空器因所有权转移等原因而变更其国籍,并且航空器国籍的登记和转移应按有关国家的法律和规定办理,这样登记国也就承担了相应的责任和义务。

1944年《芝加哥公约》还规定,公约不妨碍两个或两个以上的缔约国组成航空运输的合营组织或国际经营机构,以及任何航线或地区的联营航班,理事会应决定公约中关于航空器国籍的规定以何种方式适用于国际经营机构。国际上比较典型的合营组织是斯堪的纳维亚航空公司(SAS),它由瑞典、挪威和丹麦组成,各公司按一定比例出资,每个财务年度结束时依此比例分摊损失、分配收益,机群亦按各自国家所占比例分别在三国登记。1968年,国际民用航空组织理事会通过决议规定,为了符合公约的目的,航空器应当具有国际经营机构成员国的国籍,并应有共用标志。如斯堪的纳维亚航空公司的航空器上就标上了瑞典、挪威和丹麦的国旗。

第二节　民用航空器国籍的法律规定

一、有关法律规定

《芝加哥公约》的第十七条、第十八条和第十九条表述民用航空器国籍的基本原则。第十七条规定，航空器具有其登记国的国籍。第十八条规定，航空器不得具有双重国籍，航空器在一个以上国家登记不得认为有效，但其登记可以由一国转移至另一国。第十九条规定，航空器在任何缔约国登记或转移登记，应按该国的法律和规章办理。在这三个条文中，第十七条是基本原则，即登记确定国籍；第十八条和第十九条也是公约所制定的两项规则，即航空器只能有一个国籍，航空器国籍的取得应按缔约国国内法规定办理。

航空器具有其登记国的国籍，航空器国籍的取得或转移登记，依据该国的法律和规章办理，这已被各国国内航空法所采用。但在登记条件上，各国法律并不一定相同。《法国航空法》第 L121-3（3）规定："只有属于法国自然人或法人的航空器才能在法国注册。"同时还规定了合股公司、有限责任公司以及协会等法人必须具备的条件。《美国航空法》第五百零一条规定"合众国公民或经法律手续准许在合众国长期居住的外国个体公民所有"或者"为依法组织并按合众国或其所属任一州的法律从事营业的法人（只有一个合众国公民的法人除外）所有，并且该航空器的基地在合众国又主要在合众国内使用者"所拥有的航空器可以在美国注册。英国法律只允许英国臣民或受英国保护的人所有的或租用的航空器在英国登记。日本航空法规定了四种人员拥有的航空器不得进行登记：未取得国籍者；外国或外国的公共团体或类似的机构；根据外国法令或规章设立的法人或其他团体；任何法人，其代表为前三项所述人员时，其1/3以上的高级职员或1/3以上的表决权为此等人所有时。此外，日本航空法还规定，凡具有外国国籍的航空器，均不得登记。另外，俄罗斯、罗马尼亚等国的航空法对航空器的国籍登记问题都做出了类似的规定。

我国目前规范民用航空器国籍登记的法律、行政法规和规章主要有：《民用航空法》第三章；1997年10月21日国务院颁布的《中华人民共和国民用航空器国籍登记条例》；1998年6月10日中国国家民用航空局发布的《民用航空器国籍登记规定》。《中华人民共和国民用航空器国籍登记条例》和《民用航空器国籍登记规定》都在第一条对民用航空器国籍登记的目的做出了规定，即"为加强对民用航空器国籍的管理，保障民用航空活动安全，维护民用航空活动秩序。"

民用航空器不得具有双重国籍。我国《民用航空法》第九条规定："民用航空器不得具有双重国籍。未注销外国国籍的民用航空器不得在中华人民共和国申请国籍登记。"《中华人民共和国民用航空器国籍登记条例》第四条、《民用航空器国籍登记规定》第八条都规定："民用航空器不得具有双重国籍。未注销外国国籍的民用航空器，不得在中华人民共和国申请国籍登记；未注销中华人民共和国国籍的民用航空器，不得在外国办理国籍登记。"

二、登记条件

根据我国《民用航空法》第七条、《中华人民共和国民用航空器国籍登记条例》第二条以及《民用航空器国籍登记规定》第五条的规定，下列民用航空器应当在我国进行国籍登记：中华人民共和国国家机构的民用航空器；依照中华人民共和国法律设立的企业法人的民用航空器，企业法人的注册资本中有外商出资的，外商投资公共航空运输企业，中方应当控股，同时一家外商（包括其关联企业）不得超过25%；在我国境内有住所或者主要营业所的中国公民的民用航空器；依照我国法律设立的事业法人的民用航空器；国家民用航空局准予登记的其他民用航空器。

从境外租赁的民用航空器，承租人符合前述登记条件的规定，该民用航空器的机组人员由承租人配备的，也可以申请登记我国国籍。但是，必须先予注销该民用航空器原国籍登记。

三、登记机关

我国民用航空器国籍登记机关是国务院民用航空主管部门，即国家民用航空局。《民用航空法》第六条规定："经中华人民共和国国务院民用航空主管部门依法进行国籍登记的民用航空器，具有中华人民共和国国籍，由国务院民用航空主管部门发给国籍登记证书。国务院民用航空主管部门设立我国民用航空器国籍登记簿，统一记载民用航空器的国籍登记事项。"《中华人民共和国民用航空器国籍登记条例》第五条和《民用航空器国籍登记规定》第七条也作了同样的规定。

四、飞行的规定

在我国领域内飞行的民用航空器，应当具有规定的国籍标志和登记标志或临时登记标志，并携带国籍登记证书或临时登记证书。民用航空器没有或者未携带民用航空器国籍登记证书的，国务院民用航空主管部门或者其授权的地区民用航空管理机构可以禁止该民用航空器起飞。

五、国籍登记

民用航空器国籍登记，不得作为民用航空器所有权的证据。

民用航空器国籍登记是指符合法律规定的申请人，依照法律、行政法规和规章所规定的条件和程序向法定机构办理民用航空器国籍登记的活动。

（一）申请

符合规定的民用航空器所有人或者占有人（以下简称申请人）申请我国民用航空器国

籍登记的，应当按照国务院民用航空主管部门规定的格式如实填写民用航空器国籍登记申请书，并向国务院民用航空主管部门提交下列文件：证明申请人合法身份的文件；作为取得民用航空器所有权证明的购买合同和交接文书，或者作为占有民用航空器证明的租赁合同和交接文书；未在外国登记国籍或者已注销外国国籍的证明；国务院民用航空主管部门要求提交的其他有关文件。

国务院民用航空主管部门应当自收到民用航空器国籍登记申请之日起7个工作日内，对申请书及有关证明文件进行审查。经审查，符合规定的，即在我国民用航空器国籍登记簿上登记该民用航空器，并向申请人颁发我国民用航空器国籍登记证书。民用航空器依法登记后，取得我国国籍，受我国法律管辖和保护。

申请人办理民用航空器国籍登记时，应当缴纳登记费。登记费的收费标准由国务院民用航空主管部门会同国务院价格主管部门制定。

（二）民用航空器国籍证书

民用航空器国籍登记证书应当放置于民用航空器内显著位置，以备查验。民用航空器国籍登记证书的有效期自颁发之日起至变更登记或注销登记之日止。民用航空器国籍登记证书遗失或污损的，应当按照规定向国家民用航空局申请补发或者更换民用航空器国籍登记证书，并提交有关说明材料。国家民用航空局自收到申请之日起7个工作日内，对申请书及有关材料进行审查。经审查，符合规定的，即补发或者更换民用航空器国籍登记证书。民用航空器国籍登记证书不得涂改、伪造或转让。

（三）变更登记和注销登记

取得我国国籍的民用航空器，遇有下列情形之一时，应当向国家民用航空局申请办理变更登记：民用航空器所有人或其地址变更；民用航空器占有人或其地址变更；其他情形。申请人应当按照国家民用航空局规定的格式填写民用航空器变更登记申请书，并提交有关证明文件，交回原民用航空器国籍登记证书。

国家民用航空局自收到民用航空器国籍登记变更申请之日起7个工作日内，对申请书及有关证明文件进行审查。经审查，符合本规定的，即在我国民用航空器国籍登记簿上进行变更登记，并颁发变更后的民用航空器国籍登记证书。

取得我国国籍的民用航空器，遇有下列情形之一的，应当向国家民用航空局申请办理注销登记：民用航空器所有权依法转移境外并已办理出口适航证的；民用航空器退出使用或者报废的；民用航空器失事或者失踪并停止搜寻的；民用航空器租赁合同终止的；其他情形。申请人应当按照国家民用航空局规定的格式填写民用航空器注销登记申请书，并提交有关证明文件，交回原民用航空器国籍登记证书，但民用航空器所有权依法转移境外并已办理出口适航证的、民用航空器退出使用或者报废的以及民用航空器失事或者失踪并停止搜寻的情况除外。

国家民用航空局自收到申请书之日起7个工作日内，对申请书及有关证明文件进行审查。经审查，符合规定的，即注销该民用航空器的国籍登记。民用航空器注销国籍登记的，该航空器上的国籍标志和登记标志应当予以覆盖。

申请人办理变更登记、注销登记和临时登记，应当缴纳登记费。登记费的收费标准由国务院民用航空主管部门会同国务院价格主管部门制定。

六、国籍标志和登记标志

民用航空器的国籍标志是指识别民用航空器国籍的字母符号。民用航空器的登记标志是指民用航空器登记国在民用航空器登记后给定的数字、字母或它们的组合。我国民用航空器的国籍标志置于登记标志之前，国籍标志和登记标志之间加一条短横线。我国民用航空器的国籍标志为罗马体大写字母 B，登记标志为阿拉伯数字、罗马体大写字母或者两者的组合。国籍标志和登记标志在民用航空器上的位置、尺寸和字体，由国务院民用航空主管部门规定。取得我国国籍的民用航空器，应当将规定的国籍标志和登记标志用漆喷涂在该航空器上或者用其他能够保持同等耐久性的方法附着在该航空器上，并保持清晰可见。

七、民用航空器的标识

根据《民用航空器国籍登记规定》第二十四条至第三十条的规定，民用航空器上国籍标志和登记标志的位置应当符合下列规定：固定翼航空器位于机翼和尾翼之间的机身两侧或垂直尾翼两侧（如系多垂直尾翼，则应在两外侧）和右机翼的上表面、左机翼的下表面；旋翼航空器位于尾梁两侧或垂直尾翼两侧；飞艇位于右水平安定面上表面、左水平安定面下表面和垂直安定面下半部两侧；载人气球位于球体表面水平最大圆周直径两端对称部位上。航空器构形特别，其国籍标志和登记标志的位置应当位于易于识别该航空器的部位。

民用航空器上国籍标志和登记标志的字体和尺寸应当符合下列规定：字母、数字、短横线（以下均简称字）均由不加装饰的实线构成；除短横线外，机翼上每个字的字高不小于50厘米，机身、垂直尾翼、尾梁及飞艇、气球上每个字的字高不小于30厘米；除数字1和字母 I 外，每个字的字宽和短横线的长度为字高的2/3；每个字的笔画的宽度为字高的1/6；每两个字的间隔不小于字宽的1/4，不大于字宽的3/4。民用航空器上国籍标志和登记标志的字体或尺寸不符合前述规定的，应当经过国家民用航空局核准。

民用航空器两侧标志的位置应当对称，字体和尺寸应当相同。机翼或水平安定面上字母和数字的顶端应向前缘，其距前后缘的距离应相等。国籍标志和登记标志的颜色应与背底颜色成鲜明对照，并保持完整清晰。

任何单位或者个人不得在民用航空器上喷涂、粘贴易与国籍标志和登记标志混淆的图案、标记或者符号。未经国家民用航空局批准，不得在民用航空器上喷涂我国国旗、国家民用航空局局徽、"中国民航"字样或者广告。

民用航空器所有人或占有人的法定名称和标志，应当按下列规定在其每一航空器上标明：名称喷涂在航空器两侧，固定翼航空器还应当喷涂在右机翼下表面、左机翼上表面。民用航空器上喷涂民用航空器所有人或占有人法定名称简称的，其简称应当经过国家民用航空局核准。标志喷涂在航空器的垂尾上；航空器没有垂尾的，喷涂在国家民用航空局同意的适当位置。

民用航空器所有人或占有人的标志应当经过国家民用航空局核准，不得与其他机构的标志相混淆。民用航空器所有人或占有人向国家民用航空局申请核准其标志，应当说明该标志的含义及颜色，并附工程图和彩图各一份。民用航空器所有人或占有人应当将每一型号航空器外部喷涂方案的工程图（侧视、俯视、仰视图）一份及彩图或彩照一式五份报国家民用航空局备案。

取得我国国籍的民用航空器，应当载有一块刻有国籍标志和登记标志的识别牌。该识别牌应当用耐火金属或者其他具有合适物理性质的耐火材料制成，并且应当固定在航空器内主舱门附近的显著位置。

八、临时登记

《民用航空器国籍登记规定》第三十一条和《中华人民共和国民用航空器国籍登记条例》第二十条规定，对未取得民用航空器国籍登记证书的民用航空器，申请人应当按照规定，在进行飞行前30日内，按照国务院民用航空主管部门规定的格式如实填写申请书，并向国务院民用航空主管部门提交有关证明文件，办理临时登记。

（一）临时登记的适用范围

临时登记的适用范围有：验证试验飞行；生产试验飞行；表演飞行；为交付或者出口的调机飞行；其他必要的飞行。

（二）临时登记的申请人

申请人是指民用航空器制造人、销售人或者国务院民用航空主管部门认可的其他申请人。

（三）登记证书

国家民用航空局准予临时登记的，应当确定临时登记标志，颁发临时登记证书。临时登记证书在其载明的期限内有效。

（四）临时登记标志

临时登记标志应当按照规定在航空器上标明。取得临时登记标志的民用航空器出口的，可以使用易于去除的材料将临时登记标志附着在民用航空器上，并应当完全覆盖外方要求预先喷涂的外国国籍标志和登记标志。

九、法律责任

《民用航空器国籍登记规定》的第三十四条和第三十五条做出了相应规定。有下列情形之一的，国家民用航空局或者其授权的地区管理局可以禁止该民用航空器起飞，并可处以警告；利用该民用航空器从事经营活动，有违法所得的，可以处以违法所得3倍以下的罚款（最高不超过30 000元），没有违法所得的，可以处以10 000元以下的罚款；利用该民用航空器从事非经营活动的，可以处以1 000元以下罚款：① 民用航空器没有或者未携带民用航空器国籍登记证书或临时登记证书的；② 伪造、涂改或者转让民用航空器国籍登记证书的；③ 载有临时登记标志的民用航空器从事验证试验飞行、生产试验飞行、表演飞行、为交付或者出口的调机飞行和其他必要的飞行以外的飞行活动的。

有下列情形之一的，国家民用航空局或者其授权的地区管理局可以处以警告；利用该民用航空器从事经营活动，有违法所得的，可以处以违法所得3倍以下的罚款（最高不超过30 000元），没有违法所得的，可以处以10 000元以下的罚款；利用该民用航空器从事以下非经营活动的，可以处以1 000元以下罚款：① 航空器不申请办理变更登记或者注销登记的；② 违反规定，不按规定的位置、字体、尺寸在航空器上标明国籍标志和登记标志的；③ 违反规定，在民用航空器上喷涂、粘贴不符合规定或者未经国家民用航空局批准的图案、标记或者符号的；④ 违反规定，不按规定在每一个航空器上标明民用航空器所有人或者占有人的名称和标志的；⑤ 违反规定，不按规定制作或固定识别牌的。

第三节　民用航空器国籍原则的发展

一、航空器国籍与所有人、经营人国籍

登记确定航空器国籍制度已经被《芝加哥公约》和各国航空法所普遍采用，用登记制度来确定国籍也有它的缺陷和弊端，既有使得航空器国籍和所有人、经营人国籍分离的可能性，从而给管理带来困难，也会产生"方便旗"问题。从《芝加哥公约》的规定来看，并没有为堵塞类似海商法中的船舶"方便旗"这类漏洞提供有效的保障。根据《芝加哥公约》交换的权利，包括其第五条规定的不定期飞行的权利，都是针对在缔约各国登记的航空器，不提供航空器所有人或经营人的国籍。但是，定期国际航班的过境和运营权利一般是在缔约各国之间交换，不是对于具有其国籍的航空器，而是对各自的航空运输企业或航空公司。为此，在芝加哥所制定的另外两个多边协定《国际航班过境协定》和《国际航空运输协定》以及后来大量缔结的双边航空协定中，一般都规定有主要所有权和有效管理权条款，以确保有关航空公司完全为缔约国各自国民所有。我国与许多西方国家之间的双边航空协定中都订立有此类条款。从各国国内航空法对航空器登记的条件来看，所有权条款和有效控制条款基本上都存在。这样就可以从定期国际航空运输中容易地排除掉"方便旗"问题。

实际上，由于国际航空运输的发展，许多在本国登记的航空器，其经营人却是他国国民，再完全用航空器国籍作为试金石，而全然不顾航空器的经营人是不现实的，与法律责任的承担联系紧密的是航空器的经营人，而不是航空器。如1952年《罗马公约》明确规

定对地（水）面第三人的损害赔偿是航空器的经营人。后鉴于包租与互换飞机而发生的经营人并非航空器登记国国民或法人等情况，1978年《蒙特利尔议定书》做出的补充说，应将"经营人国"理解为："任何非登记国的经营人，其主要营业地或者如无这种主要营业地则其经常居住地在该国境内的任何缔约国。"面对不定期航班的竞争，1956年《巴黎公约》将航空器的范围延伸到所有"在欧洲民航会议一成员国登记"，而不论该国是否是协定的一个缔约方。但却对经营人严格限定为具有缔约国国民身份，后又进一步规定，为了利用协定赋予的权益，作为一缔约国国民的经营人必须首先"由该国家的主管当局正式授权"。随着欧盟航空运输自由化的进一步发展，原有航空器国籍和运输权利关联模式已打破，且欧盟也已放弃经营人国籍的概念。

二、联合经营的登记问题

《芝加哥公约》第七十七条规定："本公约不妨碍两个或两个以上缔约国组成航空运输的联营组织或国际性的经营机构，以及在任何航线或地区合营航班。但此项组织或机构的合营航班，应遵守本公约的一切规定，包括关于将协定向理事会登记的规定。理事会应决定本公约关于航空器国籍的规定以何种方式适合于国际经营机构所用的航空器。"公约制定时也已经看到航空器只有一个国籍可能出现的弊端，因此授权理事会来决定用何种方式进行登记。如1946年成立的北欧航空公司，这个航空公司的机群，就按照他们的出资比例分别在三国登记。1961年11个法语系的非洲国家组成了"非洲航空公司"，就该公司的航空器的登记问题进行请示，国际民航组织法律委员会和理事会在1967年讨论了这个问题，认为"只要在一国做联合登记，而将该公司在各国登记的航空器填入联合登记簿内，即可成立，但该公司所属机群只涂共同标志而不是某一个国家的标志，各国承担连带责任。"1983年约旦和伊拉克组成一家联营的"阿拉伯航空货运公司"，要求国际民航组织理事会解决国籍登记问题，理事会基本上参照1967年讨论的意见，做出了答复。

三、航空器国籍国职权转移

国际航空运输中，航空器国籍国享有对本国在域外的航空器功能也在逐渐的减弱；在国际航空业务中，各国航空企业之间租、包和互换航空器的现象逐渐增多，单纯地用《芝加哥公约》的国籍原则难以解决这些活动所产生的诸多问题。用航空器登记来捆绑航空器国籍国，令其承担所有责任，只会招致不满，同时会对其国内法造成冲击。为解决这一问题，1980年10月国际民用航空组织在第二十三届大会上专门通过了一项对芝加哥公约的修订，增设了第八十三分条的决议，规定"某些职能与责任的转移：（甲）虽有第十二条（空中规则）、第三十条（无线电设备）、第三十一条（适航证）、第三十二条（人员执照）的规定，但当在一缔约国登记的航空器依包、租与互换航空器协议或类似协议由经营者经营，而该经营人的主要营业地或无此种营业地时其常住地在另一缔约国时，登记国可以按照与该国的协议，将第十二条、第三十条、第三十一条、第三十二条（一）款中的全部或部分职能与责任转移。登记国由此解脱其已经转移的职能与责任的责任。"

四、航空联盟对国籍原则的影响

随着航空联盟的出现，航空器的国籍、航空公司国籍失去了与运输权利相关联的状况。由于一国航空资源是属于国家所有，航权的交换通过双边航空协定的方式进行，并授予航空公司经营，加上对国籍登记条件的主要所有权和有效控制条款的存在，航空器的国籍、航空公司国籍和运输权利之间联系更为紧密；但航空联盟的出现及代码的共享，使得航空公司轻而易举地绕过了双边政府协定，快速进入别国市场，经营它本来无权经营的国际航线。航空公司联盟、代码共享的出现以及航空运输全球化的趋势，使得航空器国籍的离心力大大增强，航空器国籍本以明确法律关系促进运输发展为初衷，却逐渐成为阻碍。

第四节 航空器登记国的权利和义务

航空器登记国对在本国登记的航空器享有相关权利并承担相应义务，用以保持航空器和航空器登记国之间的法律纽带。国际航空公约公法系列和各国国内法都对此做出了相应的规定。

一、航空器登记国的权利

航空器登记国对在本国登记的航空器所享有的权利主要有管辖权、保护权和管理权等。

（一）管辖权

航空器的国籍国对在本国登记的航空器具有管辖权，这没有争议。但对于在域外的本国航空器，本国享有管辖权的性质，却存在争议。在民事管辖领域，国际条约和国内立法都做出了比较完备的规定。因此，《芝加哥公约》并没有对在本国登记航空器的民事管辖权做出规定。但随着航空运输的发展，航空犯罪不断出现，对民用航空安全造成了威胁，这时对在航空器上犯罪的管辖权问题便凸现出来，这主要涉及一国刑法的域外效力问题。但由于大陆法系和英美法系国家法律的规定不同，在实践中造成了在航空器上的犯罪和行为出现了多重管辖或没有管辖的局面，从而对打击航空犯罪制造了障碍。

在刑事管辖领域，首先规定民用航空器登记国对在本国登记的航空器享有管辖权的国际公约是1963年的《东京公约》，规定航空器登记国对在飞行中或公海海面上，或在不属于任何国家领土的其他地区地（水）面的航空器内犯罪和某些行为行使管辖权，但"不排除（航空器非登记国）按照本国法行使任何刑事管辖权"。1970年的《海牙公约》对传统国际法管辖原则有较大突破。该公约第四条规定："一、在下列情况下，各缔约国应采取必要措施,对罪行和对被指称的罪犯对旅客或机组所犯的同该罪行有关的任何其他暴力行为,实施管辖权:(一)罪行是在该国登记的航空器内发生的;(二)在其内发生罪行的航空器在该国降落时被指称的罪犯仍在该航空器内;(三)罪行是在租来时不带机组的航空器内发生的,而承租人的主要营业地,或如承租人没有这种营业地,则其永久居所,是在该国。二、当被指称的罪犯在缔约国领土内,而该国未按第八条的规定将此人引渡给本条第一款所指的任一国家时,该缔约国应同样采取必要措施,对这种罪行实施管辖权。三、本公约不排斥根据本国法行使任何刑事管辖权。"以公约形式确立航空器登记国的管辖权,从而为航空器登记国对在航空器上的犯罪行为确立管辖权提供了法律依据。

许多国家都已经是1963年《东京公约》的成员国,各国国内法基本上按照《东京公约》的要求确立了航空器登记国的管辖权。如我国《刑法》第六条第二款规定:"凡在中华人民共和国船舶或者航空器内犯罪,也适用本法。"1998年6月最高人民法院的司法解释也规定,在中华人民共和国领域外的中国航空器内犯罪的,由犯罪发生后该航空器在中国最初降落地的人民法院管辖。

(二)保护权

在域外的具有本国国籍的民用航空器,本国享有保护的权利。这些权利主要有采取援救措施、参与事故调查、协助以及其他权利。

1. 采取援救措施

当具有本国国籍的航空器在域外遇险时,航空器的登记国有权采取情况所需的援助措施。《芝加哥公约》第二十五条规定:"缔约各国承允对在其领土内遇险的航空器,在其认为可行的情况下,采取援助措施,并在本国当局管制下准许该航空器所有人或该航空器登记国的当局采取情况所需的援助措施。缔约各国搜寻失踪的航空器时,应随时按照公约建议的各种协同措施进行合作。"

2. 参与事故调查

《芝加哥公约》第二十六条规定:"一缔约国的航空器如在另一缔约国的领土内发生事故,致有死亡或严重伤害或表明航空器或航行设施有重大技术缺陷时,事故所在地国家应在该国法律许可的范围内,依照国际民用航空器组织建议的程序,着手调查事故情形。航空器登记国应有机会指派观察员在调查时到场,而主持调查的国家,应将关于此事的报告及调查结果,通知航空器登记国。"我国《民用航空法》第一百八十三条规定:"外国民用航空器在中华人民共和国境内发生事故,其国籍登记国和其他有关国家可以指派观察员参加事故调查。事故调查报告和调查结果,由中华人民共和国国务院民用航空主管部门告知该外国民用航空器的国籍登记国和其他有关国家。"

3. 协助

民用航空器登记国的领事官员根据双边领事条约规定,在领事辖区内对停留在接受国机场或在空中飞行的本国民用航空器,提供一切必要的协助,可以同本国的机长和机组成员联系，并可要求接受国主管当局提供协助。

4. 通知

当本国的民用航空器或其机组人员被接受国采取任何强制措施或被进行正式调查时，本国的有关领事官员可以事先得到通知，以便本人或派代表到场，如遇紧急情况事先未得到通知，可以在接受国采取上述行动后立即得到通知，并可请求接受国提供所采取行动的一切资料。

（三）管理权

民用航空器的登记国对在域外的本国民用航空器享有管理权。这些权利主要包括适航管理以及航行管理。《芝加哥公约》第十二条、第二十九条至第三十五条，对此做出了具体规定。许多国家国内法也有对在本国登记的民用航空器进行管理和控制的详细规定。例如，对民用航空器的维修和放行，不论是在境内还是在境外，必须由该登记国主管当局发给执照或者证书的合格人员施行。还有一些国家规定了其他一些管理措施，如美国规定，租给外国经营人使用的民用航空器，必须每月两次飞回美国；苏联航空法规定，民用航空器的机组人员必须是该民用航空器登记国的公民。

二、航空器登记国的义务

根据国际航空公约和国内法的规定，航空器的国籍登记国对在域外的本国航空器所承担的义务主要有管辖义务、保证义务、保护义务以及协助义务。

（一）管辖义务

航空器登记国对本国在域外的航空器上的行为有管辖的义务，特别是对犯罪行为的管辖，以确保国际民用航空安全和有秩序地进行。航空器登记国应采取必要措施，来确立其作为航空器登记国对在本国登记的航空器上犯罪的管辖权。这是国际公约赋予缔约国的一项义务。1963年《东京公约》第三条规定：各缔约国都应采取必要措施，以确立其作为登记国对在该国登记的航空器上犯罪的管辖权。1970年《海牙公约》第四条规定：在该国登记的航空器上发生犯罪，缔约国应采取必要措施以确立其对犯罪以及与犯罪有联系的所称罪犯以暴力侵害旅客与机组人员的任何其他行为的管辖权。我国《刑法》第六条第二款和1998年6月最高人民法院的司法解释均对此做了规定。

（二）保证义务

航空器登记国对在域外的本国航空器应承担保证义务：首先，每一缔约国应采取适当措施，禁止将在该国登记的，或者在该国有主营业所或永久居所的经营人所使用的任何民用航空器肆意用于与本公约宗旨不相符的目的；其次，应当保证本国航空器在从事国际飞行时携带符合规定的文件；再次，保证为其航空器发放的或核准的适航证及执照的标准，不低于国际最低标准；最后，应当保证在本国登记的航空器无论在何地，都遵守当地的法律和规章。

（三）保护义务

从国籍制度的产生来看，国籍制度的设立，是国家为了保护其国民在国外的合法权利，当航空器在该国登记时，享有了"国民"的身份，因此国家对在域外的本国航空器的合法利益有保护的义务。

（四）协助义务

《芝加哥公约》第二十一条规定，缔约各国承允，如经要求，应将关于在该国登记的某一航空器的登记及所有权情况提供给任何另一缔约国或国际民用航空组织。此外，缔约各国应按照国际民用航空组织制定的规章，向该组织报告有关在该国登记的经常从事国际航行的航空器所有权和控制权的可提供的有关资料。如经要求，国际民用航空组织应将得到的资料提供给其他缔约国。

 分析思考题

1. 为民用航空器确立国籍制度的理由是什么？
2. 按照民用航空器国籍登记制度完成登记并取得国籍的飞机，一旦涉及诉讼，是否能完全避免管辖权争议？为什么？
3. "权利与义务相适应"，请对比分析航空器国籍登记国对登记该国国籍飞机享有的权利及应承担的义务。

第四章

民用航空器权利法律制度

学习目的

1. 了解民用航空器权利的概念与意义;
2. 掌握民用航空器权利的相关法律规定。

 学习内容

1. 航空器权利的相关概念(所有权、抵押权、优先权);
2. 航空器权利及划分、权利的实现途径;
3. 航空器权利登记制度。

民用航空器权利是指以民用航空器为客体而发生的相关民事权利。民用航空器是民法上重要的物,围绕民用航空器产生了各种法律关系,如民用航空器所有权、使用权、抵押权、优先权以及权利登记制度。民用航空器的权利主要包括对民用航空器的所有权、抵押权和优先权。这种权利是指权利人对作为"整体"的航空器所享有的权利,而不是对民用航空器的各个组成部分分别享有和设定的权利。

第一节 民用航空器权利的概念基础

为了国际民用航空的未来发展,1948年6月19日,国际民用航空组织大会在日内瓦通过了《关于国际承认航空器权利公约》,美国、法国、德国、意大利、荷兰、瑞典、巴西、阿根廷等国家都加入了该公约。公约的目的在于,通过为航空器权利人提供尽量多的担保权益和利益的保护,为航空运输企业争取到一种财务支持手段,摆脱无力购买航空器的财务困境,从而促进国际民用航空事业的发展。该公约共23条,其核心内容是解决各国有关航空权利的法律冲突,在各地区法律基础上发展和统一了有关民用航空器权利的规则。与航空领域的其他国际公约相比,其自成体系、独成一类。该公约于1953年9月17日起生效,在实践中显示出了广泛的适用性和普遍的影响力。

随着世界经济的不断发展,卫星、航天器、铁路运输车辆等移动设备在国际上的融资租赁活动已十分普遍。根据传统的冲突法规则,财产权适用财产所在地法律,但这类高价值移动设备在日常运营中经常穿越或跨越国界,从而使在其上设定的担保利益如何适用法律变得十分困难。存在的法律冲突降低了交易的预见性,增大了交易风险,融资人、出租人不能确信其担保物权可以得到法律有效的保护,因而设置资产担保之外的诸如政府担保或第三方商业担保等其他保证条件,导致了交易成本增高。一般情况下,投资者和金融机构不愿为航空公司提供大规模的贷款,原因是它们担心航空公司一旦破产,它们的贷款就打了水漂。因而从20世纪开始,航空业内就达成了一个共识:急需建立一套国际统一的调整物上担保、产权保留和租赁利益的法律制度,以给债权人提供必要的保障,同时也保护债务人的利益。基于以上理由,也为了自己的商业利益,空中客车和波音公司的管理人士共同牵头，组织成立了一个由飞机制造商、发动机制造商、租赁公司和金融界人士等22家成员组成的航空工作组联合国际统一私法协会。该协会于1992年开始起草移动设备国际利益公约，这项公约附带航空器设备、铁路车辆、空间资产三个方面特定问题的议定书。2001年国际统一私法协会和国际民航组织在南非开普敦召开外交会议，68个国家政府的代表和14个国际组织的代表参加了会议。在外交会议的最后一天会议上，共有26个国家签署了《移动设备国际利益公约》（简称《开普敦公约》）及《有关航空器设备特定问题议定书》（简称《开普敦议定书》，中国也是签署国之一）。这两个法律文件创设了航空器国际利益这一担保权利。该权利通过国际登记系统登记而生效，由各国依据公约来保护。《移动设备国际利益公约》于2004年4月1日生效，《有关航空器设备特定问题议定书》于2006年3月1日生效。

《开普敦公约》及《开普敦议定书》旨在促进高价值移动设备的融资租赁交易，通过强化债权人利益，减少债权人、出租人的交易风险来降低购买租赁航空器的国外融资利率和担保费用，同时为融资多样化创造条件。它们弥补了《关于国际承认航空器权利公约》的不足，和《关于国际承认航空器权利公约》一起为保护航空器权利人的利益提供了法律基础。

《中华人民共和国民用航空法》在总结实践经验的基础上，参考、借鉴《日内瓦公约》的原则和制度，从实际出发，在《民用航空法》中单设第三章"民用航空器权利"，确立了民用航空器权利制度在我国民用航空法中的地位和作用，除此之外还有较多航空行政法规和规章或全部或部分对航空器权利制度设定了规范。民用航空器权利客体是指民用航空器权利所指向的对象。《关于国际承认航空器权利公约》第十条规定，民用航空器的权利客体包括对民用航空器构架、发动机、螺旋桨、无线电设备和其他一切为了在民用航空器上使用的，无论安装于其上或者暂时拆离的物品。我国《民用航空法》第十条对民用航空器权利客体的规定和《关于国际承认航空器权利公约》第十条的规定完全一致。《开普敦议定书》第二条规定，其所适用的航空器的权利客体是指航空器的标的物，"航空器标的物"是指航空器机身、航空器发动机和直升机。"航空器"是指为《芝加哥公约》之目的所定义的航空器，即已安装航空器发动机的航空器机身或直升机。

第二节　民用航空器权利

一、民用航空器所有权

民用航空器所有权是指所有权人对自己的不动产或者动产，依照法律规定享有占有、使用、收益和处分的权利。民用航空器所有权是指民用航空器的所有权人在法律规定的范围内自由支配民用航空器并排除他人干涉的权利。所有权人依法对其民用航空器享有占有、使用、收益和处分的权利。民用航空器所有权的权利主体既可以是自然人，也可以是法人（包括企业法人和事业法人），还可以是国家。我国《民用航空法》第十五条规定：

"国家所有的民用航空器,由国家授予法人经营管理或者使用的,本法有关民用航空器所有人的规定适用于该法人。"

(一)民用航空器所有权的特征

民用航空器所有权是一种财产所有权,它具有一般财产所有权的特征,但和一般财产所有权相比,还存在一些其他特征。

民用航空器所有权具有合成性。与一般财产权相比,民用航空器所有权具有明显的合成性。包括民用航空器构架、发动机、螺旋桨、无线电设备和其他一切为了在民用航空器上使用的,无论安装于其上或者暂时拆离的物品。

民用航空器所有权主体所指向的对象是民用航空器,具有单一性。民用航空器经常处于非所有人的控制之下。民用航空器需要由具有航空执照的人员来进行空中航行活动。因此,当进行航行活动时,它常常处在航空人员的直接控制之下,而不是处于所有人的直接控制之下。

权利主体负有特殊的法定义务。这主要表现在民用航空器所有人或经营人应当按照法律规定,使民用航空器处于适航状态,确保航空器具有适航性,以保证机上人员和地面人员的生命财产安全。我国《民用航空法》第三十八条规定:"民用航空器的所有人或者承租人应当按照适航证书规定的使用范围使用民用航空器,做好民用航空器的维修保养工作,保证民用航空器处于适航状态。"在航行活动中,机长在遇到特殊情况时享有民用航空器的最后处分权。当航空器升空以后,形成了一个封闭的空间,在这个空间里,机长享有法律赋予的权力,包括在遇到特殊情况时对航空器的处分权。《国际民用航空公约·附件2》中有规定:"航空器机长在其负责期间,对航空器的处置有最后决定权。"我国《民用航空法》第四十六条也规定:"飞行中,对于任何破坏民用航空器、扰乱民用航空器内秩序、危害民用航空器所载人员或者财产安全以及其他危及飞行安全的行为,在保证安全的前提下,机长有权采取必要的适当措施。飞行中,遇到特殊情况时,在保证民用航空器及其所载人员安全的前提下,机长有权对民用航空器做出处置。"

(二)民用航空器所有权的权能

按法理要求及法律规定,民用航空器所有权的权能包括占有权、使用权、收益权和处分权四项权能。

占有权是指民用航空器所有人对其财产的实际控制和支配的权利。通常情况下,民用航空器占有权由所有人享有,但也可以由非所有人享有。例如,我国《民用航空法》第十五条规定国家所有的航空器,由国家授予法人经营管理或者使用的,该法人享有对民用航空器的占有权。再如包机中,民用航空器的占有权归包机人享有;民用航空器租赁中,承租人依法享有对该民用航空器的占有等。

使用权是指按照民用航空器的性能和用途加以利用的权利。民用航空器使用权属于用益物权的范畴,是民用航空器所有权派生的权利。它是民用航空器所有人将民用航空器所有权的部分权能分离出去,由使用权人享有,从而实现所有权人和使用权人的各自利益。

民用航空器使用权虽是民用航空器所有权派生的权利，但并不影响它作为一种独立权利的存在。民用航空器使用权一旦产生，其使用权人就在设定的范围内不仅可以排除一般人对于其权利行使的干涉，而且在其权利范围内可直接对抗所有人的非法妨害。民用航空器使用权以对民用航空器的使用、收益为主要内容，并以对民用航空器的占有为前提，即必须将民用航空器的占有转移给使用权人，由其在实体上支配航空器，否则，民用航空器使用权设立目的无法实现。在民用航空器租赁中，《民用航空法》第二十九条规定"租赁期间，出租人不得干扰承租人依法占有、使用民用航空器"。

收益权是指所有人通过民用航空器的占有、使用、经营、转让而取得的经济效益。民用航空器所有人无论采取何种方式，其根本目的是获得收益，使用不是目的，只是手段，使用民用航空器的最终目的是获得收益。民用航空器收益权既可以归民用航空器的所有权人享有，也可以是合法的非所有权人享有。

处分权是指民用航空器所有人依法对民用航空器进行处置的权利。处分权通常情况下由航空器所有人行使，但在法律规定或合同约定的情况下，非所有人对他人的财产也可以行使处分权。如抵押权人依法对抵押财产的处分权，机长享有法律上赋予的对航空器的处分权等。

（三）民用航空器所有权的取得、转让和消灭

民用航空器技术尖端、价值量高，法律中对其所有权的取得、转让和消灭都做出了严格规定。

《民用航空法》第十四条规定"民用航空器所有权的取得、转让和消灭，应当向国务院民用航空主管部门登记，未经登记的，不得对抗第三人"。民用航空器所有权的转让，应当签订书面合同。《开普敦议定书》第五条规定航空器的销售必须要以书面形式订立。但民用航空器所有权的取得在形式上须合法，否则极可能得不到法律的保护。民用航空器所有权的取得分为原始取得和继受取得，航空器制造商对自己建造的航空器所拥有的所有权属于原始取得，航空公司对自己直接购买的航空器所享有的所有权属于继受取得。

民用航空器所有人可以依法转让其民用航空器所有权。我国《民用航空法》第十四条规定，民用航空器所有权的转让，应当签订书面合同。《开普敦议定书》第五条规定："1. 为本议定书之目的，销售合同：（a）须以书面形式订立；（b）涉及卖方有权处置的航空器标的物；（c）使航空器标的物能够按照本议定书加以识别。2. 销售合同按其条件将航空器标的物卖方的利益转移给买方。3. 销售合同的登记长期有效。除非被撤销或登记中规定了期限且该期限届满，预期销售的登记有效。"

民用航空器所有权的消灭，是指因出现了某种法律事实，使民用航空器所有人的所有权丧失的一种法律现象。引起民用航空器所有权消灭的原因主要有：第一，因民用航空器灭失和失踪而消灭。民用航空器的灭失是指经损害的民用航空器已经不复存在，如航空器坠毁。民用航空器失踪是指在官方搜寻工作宣告结束时仍不能确定航空器或其残骸位置。这两种情况都导致民用航空器作为所有权的客体已经不复存在，从而导致航空器所有权消灭。第二，因民用航空器转让而消灭。有权转让民用航空器的所有权人依照法律的规定转

让其民用航空器所有权,从而导致原所有权消灭,产生新的所有权。这主要是指通过航空器买卖合同,将民用航空器所有权转让给他人而使原所有权消灭。第三,因民用航空器报废而消灭。民用航空器有一定的使用年限,超过了规定的使用年限而继续使用,航空安全就没有保障。民用航空器报废以后,其所有权消灭。第四,因债权人依法行使权利而消灭。这主要发生在民用航空器作为担保物权和民用航空器优先权中,权利人可以请求法院强制拍卖该民用航空器而获得赔偿,从而通过拍卖使民用航空器所有权丧失。

二、民用航空器抵押权

抵押权是指债权人对于债务人或第三人不转移占有而提供担保的财产,在债务人不履行债务时,债权人享有就抵押的财产变价并优先受偿的权利。根据《中华人民共和国担保法》第三十四条中规定"抵押人依法有权处分的国有的机器、交通运输工具和其他财产"可以用于抵押。同时根据该法的规定,以航空器抵押的,应当办理抵押物登记,抵押合同自登记之日起生效。民用航空器抵押权是指债权人对于债务人或第三人不转移占有而提供担保的民用航空器,在债务人不履行债务时,依法就担保的民用航空器享有变价并优先受偿的权利。民用航空器抵押权既是航空业融资的传统途径,又为债权人利益提供了可靠担保,它有利于民用航空业和金融业的发展。民用航空器抵押权的设立,应符合我国担保法中对抵押权的一般规定,同时按照特别法与普通法有不同规定时优先适用特别法的原则,我国《民用航空法》中对抵押权的设立规定和担保法的规定不同的,应优先适用《民用航空法》。如我国《民用航空法》第十六条对设立民用航空器抵押权的规定与担保法不同,设定民用航空器抵押权,由抵押权人和抵押人共同向国务院民用航空主管部门办理抵押权登记;未经登记的,不得对抗第三人。

航空器抵押权具有抵押权的一般法律特征,主要表现为以下几点。

① 附从性。民用航空器抵押权的附从性首先主要表现在民用航空器抵押权设定是以担保债权的存在为前提的,债权不存在,抵押权不成立。其次表现在民用航空器抵押权变化上的附从性,即民用航空器的抵押权将随着被担保债权的变化而变化。最后表现在消灭上的附从性,即民用航空器抵押权随着被担保债权的消灭而消灭。

② 特定性。民用航空器抵押权的特定性包括两个方面的含义:其一指抵押物特定;其二指所担保债权特定,一般情况下,以航空器抵押权人的特定债权来进行担保。

③ 优先受偿性。抵押权人就民用航空器受清偿时,有优先于对民用航空器享有的其他请求权的受偿权,不移转对民用航空器的占有。抵押人对民用航空器可继续进行使用、收益和处分,不影响航空器使用价值的发挥。

民用航空器抵押权在性质上为担保物权,其设定一般有存续期限,为有期物权,并不像所有权那样可一直存在。民用航空器抵押权得因一定法律事实而消灭,消灭原因有以下几点。

① 民用航空器灭失或失踪。抵押权标的物灭失为物权消灭的一般原因,民用航空器灭失或失踪,民用航空器抵押权随之消灭。但民用航空器抵押权对所抵押的民用航空器拍

卖价金有优先受偿权，其在本质上为价值权，具有物上代位性。因此，当民用航空器灭失或失踪时，如果有赔偿金、保险金或补偿金等代位物，由于价值仍存在，抵押权可存在于该赔偿金、保险金或补偿金上，民用航空器抵押权并不消灭。

② 主债权消灭。民用航空器抵押权是为担保主债权实现而存在的从权利，相对于被担保的主债权，民用航空器抵押权具有绝对的附从性，主债权消灭，民用航空器抵押权亦消灭。

③ 民用航空器抵押权实现，抵押担保法律关系消灭，抵押权自然消灭。民用航空器抵押权因实现而消灭，其所担保的债权是否得到全部清偿则不用追究，并且即使在同一民用航空器上有数个抵押权，其中一个抵押权实现的，该抵押权及其他抵押权均消灭。

④ 除斥期间届满。抵押权为担保物权，原则上既不得因所担保的债权罹于时效消灭而消灭，同时也不得因除斥期间的经过而消灭。但近现代民法从确定各种复杂法律关系的实际需要出发，也例外地规定抵押权得因一定期间的经过而消灭。民用航空器抵押权除斥期间届满，权利消灭。如最高人民法院在2000年12月公布的《关于适用〈中华人民共和国担保法〉若干问题的解释》第十二条规定："当事人约定的或者登记部门要求登记的担保期间，对担保物权的存续不具有法律约束力。担保物权所担保的债权的诉讼时效结束后，担保权人在诉讼时效结束后的二年内行使担保物权的，人民法院应予以支持。"

三、民用航空器优先权

民用航空器优先权是指债权人依照有关法律规定，向民用航空器所有人、承租人提出赔偿请求，对产生该赔偿请求的民用航空器享有优先受偿的权利。民用航空器优先权是以民用航空器为标的，以担保特定债权的实现为目的，通过司法程序对民用航空器扣押以至出卖民用航空器，使债权人从民用航空器变卖所得价款中依法定顺序优先受偿的一种法定担保物权。民用航空器优先权作为一项权利，它是民用航空法赋予某些法定的特殊债权人，对产生该债权的民用航空器所享有的一种以该民用航空器为标的的法定优先受偿。"法定"权利，是民用航空器优先权的显著特性，《民用航空法》第十九条规定的两项债权，援救民用航空器的报酬和保管维护该民用航空器的必需费用，均具有民用航空器优先权。这种法定权利，不能通过有关双方当事人合同约定产生，也不因民用航空器所有权的私下转让而消灭。

民用航空器优先权的法律特征主要表现为法定性、从属性、依附性、时间性和秘密性等几点。

法定性。民用航空器优先权的法定性主要表现在两个方面：一方面是指产生的法定性，并非一切债权都能产生民用航空器优先权，在航空法中对民用航空器优先权做出了严格的限制，只有法律规定范围内的债权才能得到航空器优先权的担保；另一方面是指消灭上的法定性，非经法定原因，不会消灭。

从属性。民用航空器优先权的从属性是指航空器优先权是伴随着法定债权的产生而产生，并随之而变更和消灭。民用航空器优先权是担保物权，以债权为主权利，优先权为从权利，没有债权，民用航空器优先权就不能独立存在。债权转移消灭，民用航空器优先权亦转移消灭。民用航空器优先权不得与债权分离而让与，也不得与债权分离而为其他债权担保。

依附性。民用航空器优先权的依附性是指航空器的优先权不因所有权的转移而消灭，只要债务人不履行债务，民用航空器的优先权就依附于民用航空器上，直至民用航空器灭失或被法院拍卖而消失。

时间性。虽然民用航空器优先权的产生是随着债务产生之时起自动产生而无须登记，但是为了督促权利人对权利的行使，并为保护第三人利益，法律中规定了民用航空器优先权的期限，在此期限届满时，民用航空器优先权将随之消灭。如《关于国际承认航空器权利公约》第四条规定，民用航空器优先权应当在援救或保管工作终了之日起三个月内进行登记，三个月的期限届满后，缔约各国即不再承认上述权利。我国《民用航空法》第二十五条规定民用航空器优先权期限为三个月。

秘密性。民用航空器优先权的产生和设立，不受物权公示性的约束，不以登记为要件，也不以占有为前提，更无须当事人进行约定，只要法定的债权产生，民用航空器优先权就随之产生。我国民用航空法对民用航空器所有权、抵押权规定不进行登记不得对抗第三人，但对民用航空器优先权则没有这样的规定。

民用航空器优先权的范围包括主体范围和债权范围。

主体范围，指享有民用航空器优先权的债权，必须是针对民用航空器所有人、承租人提出的赔偿请求。向民用航空器所有人、承租人以外的人提出的赔偿请求，不具有民用航空器优先权。这是因为民用航空器优先权最终要通过扣押并变卖民用航空器来实现，这必然引起民用航空器所有权、处分权状况的变化，而只有民用航空器所有人、承租人才对民用航空器享有所有权、处分权。

债权范围。《关于国际承认航空器权利公约》第四条规定，民用航空器优先权的范围是援救该民用航空器的报酬和保管维护该民用航空器的必需费用。优先权适用于担保的全部债款，但其中所包含的利息，不得超过执行程序开始前三年中和执行过程中所产生的利息。我国《民用航空法》第十九条将优先权的范围也规定为"援救该民用航空器的报酬和保管维护该民用航空器的必需费用"。

《关于国际承认航空器权利公约》第四条规定，优先权的受偿顺序为"按照产生该权利的事件发生日期逆向排列"。我国《民用航空法》第十九条也规定民用航空器优先权后发生的先受偿。民用航空器优先权债权的受偿顺序，采用"时间倒序"原则，或者称"时间在先，权利在后"的原则排列债权的受偿顺序，其出发点是坚持"为其他债权的受偿创造条件的债权优先于其他债权"的原则。因为这类债权虽然是发生在后，但它为发生在先的、已经存在的债权的受偿起到了保全作用。没有发生在后的债权，发生在前的债权可能也得不到清偿。假定某民用航空器在海上遇难，某海运公司对其成功施救之后，航空维修公司又对其进行必要的保管和维护，使其恢复适航状态。按照"时间倒序"原则，保管维护该民用航空器的费用应当优先于救助费用得到清偿。因为维修公司对航空器的保管、维护使航空器恢复了原有适航状态和功能，救助效果和价值才得以体现，否则，该航空器可能变现能力很弱，或更甚者可能因保管不善而报废。航空器报废，会导致以航空器为标的、担保发生在前的债权即救助报酬请求权的民用航空器优先权随之灭失。除此之外，《关于国际承认航空器权利公约》第四条还规定："航空器优先权优先于对该航空器的所有其他权利"。第七条规定："根据拍卖所在地缔约国的法律，为了各债权人的共同利益并在执行过程中产生的合法费用，优先于任何其他权利受偿，包括第四条规定的优先权，并应从拍卖的价金中支付。"我国《民用航空法》第二十一条和第二十二条规定了判决和拍卖所产生的费用以及民用航空器抵押权与民用航空器优先权的受偿顺序，即判决和拍卖过程中所产生的费用先行拨付，其次是民用航空器优先权，再次是民用航空器抵押权。民用航空器优先权作为一种担保物权，决定了它的产生必然以法律规定的债权存在为前提，一旦债权产生，民用航空器优先权同时产生，具有对抗其他权利的效力；其所担保的债权发生转移，优先权就随之移转。我国《民用航空法》第二十三条规定："本法第十九条规定的债权转移的，其民用航空器优先权随之转移。"但对于权利客体即民用航空器而言，该优先权仍依附在民用航空器上，不因民用航空器所有权的转让而消灭。《民用航空法》第二十五条规定："民用航空器优先权不因民用航空器所有权的转让而消灭。"这也是由于民用航空器优先权的从属性和依附性所决定的。民用航空器优先权的行使主要是通过法院扣押产生优先权的民用航空器行使。优先权人享有航空器优先权，但不能自行扣押和拍卖民用航空器，而必须通过向法院申请，由法院来执行。《民用航空法》第二十四条规定："民用航空器优先权应当通过人民法院扣押产生优先权的民用航空器行使。"《关于国际承认航空器权利公约》第六条规定："在扣押或者强制拍卖航空器或航空器权利的情况下，被诉人明知正在进行拍卖或执行程序，而设立或转让第一条第一款所列的权利，不论是有损于实行扣押的债权人或执行债权人，还是有损于买受人，缔约各国可以不予承认。"

民用航空器优先权消灭的原因主要有这样几点。第一，民用航空器优先权的期限已经终结。《关于国际承认航空器权利公约》和我国民航法均规定民用航空器优先权的期限是三个月，自援救或保管工作终了之日起三个月内权利人不去登记的，又没有法律规定的事由的，民用航空器优先权消灭。第二，民用航空器依法被强制拍卖。民用航空器优先权不因民用航空器所有权的转让而消灭，但是，民用航空器经依法强制拍卖的除外。如《关于国际承认航空器权利公约》第八条规定，拍卖航空器，产生转移该航空器所有权的效力，买受人不再受未由其负担的权利的影响。《民用航空法》第二十五条规定，民用航空器经依法强制拍卖的，民用航空器优先权消灭。民用航空器灭失或失踪，民用航空器优先权的客体不复存在，民用航空器优先权消灭。

第三节　民用航空器权利登记制度

1948年《关于国际承认航空器权利公约》规定："民用航空器的权利经国籍合法地登记在该航空器进行登记的缔约国的公共登记簿内。"民用航空器的权利登记和国籍登记紧密联系。只有在国籍登记之后，航空器的权利人才能在登记国进行权利登记。国籍登记是权利登记的前提,权利登记是国籍登记的推进。

《中华人民共和国民用航空法》第一次在法律上确立了我国的民用航空器权利登记制度。民用航空器权利登记是指权利登记机关即国务院民用航空主管部门,应权利登记申请人的申请,对民用航空器权利人、权利性质及种类、权利取得时间、民用航空器国籍等有关事项,专门进行记载的一种法律制度。航空运输企业常常以航空器作抵押,从银行筹借购机款项,企业占有、使用航空器,从而实现公司运营;而银行却担心企业任意处分航空器,其抵押权没有可靠保障。因此实行权利登记制度,可以消除银行的担心和疑虑,使航空器的权利状况全部公开化,债权人可以很方便地随时掌握航空器权利变化情况,保护债权人利益。为以航空器为核心开展的各种交易活动提供便利,从而促进航空事业的发展。

民用航空器登记制度在执行中需把握住以下三条原则。

① 统一管理。

② 同一民用航空器的权利登记事项应当记载于同一权利登记簿中,不能分散记载于多个权利登记簿中。

③ 登记事项透明化、公开化。

 分析思考题

1. 民用航空器所有权包含哪些内容?
2. 什么是抵押权?债权人要求抵押权有什么好处?
3. 为何设立民用航空器优先权制度?

第五章

民用航空器租赁管理

学习目的

1. 掌握民用航空器租赁、融资租赁等相关概念及内涵；
2. 掌握规范民用航空器租赁、融资租赁法律关系的国际公约、我国法律法规等；
3. 了解租赁、融资租赁协议应涵盖的内容；
4. 了解民用航空器融资租赁的优势与风险。

学习内容

1. 航空器租赁的相关概念；
2. 国内法及国际法中的相关法规条款；
3. 对本章相关案例的分析。

航空器租赁，是指按协议的方式将航空器的使用权由一方转移给另一方的行为。通过租赁，可以使得运营航空器的主体降低大额现金流支出，从而有更充足的财力维持日常运行，也可以使那些本来没有资金实力从事民航运输的企业进入民航运输产业中来。国际国内民航业的现实状况也正体现了这一点，航空器租赁在整个民航运输领域占有十分重要的地位。

第一节 航空器租赁的相关概念

一、经营性租赁相关概念

租赁是指任何通过协议将航空器由一个人转给另一个人进行商业使用（无论是否提供飞行机组）。干租是指任何通过协议，由出租人（可能是航空运营人、银行或租机公司）向承租人（航空运营人）仅提供航空器而不提供飞行机组的租赁。干租通常由承租人承担运行控制。湿租是指任何通过协议，由出租人（航空运营人）向承租人（航空运营人）提供航空器并且至少提供一名飞行机组的租赁。湿租通常由出租人承担运行控制。出租人是指租赁中提供航空器的一方。承租人是指租赁中使用航空器的一方。国家民航局2005年3月15日颁布的咨询通告《航空器租赁》（AC-121-62），主要用于规范航空器租赁行为，但其中不包括融资租赁，该咨询通告将飞机的融资租赁视同飞机购买行为。

二、融资租赁概念

民用航空器融资租赁是指出租人按照承租人对供货方和飞机的选择购得飞机，出租给承租人使用并由承租人定期交纳租金的一种方式。与传统租赁形式（经营性租赁）相比，融资租赁中的供货方和飞机都是由承租人选定的；融资租赁的期限较长，一般为十年到十五年，基本覆盖所租赁飞机的整个使用年限；双方也往往在合同中约定租赁期满飞机的所有权转归承租方所有或承租方有购买选择权。飞机的融资租赁又可以依内部结构的差别分为许多不同的形式，如杠杆型融资租赁、节税型融资租赁和财务型融资租赁等。每种交易形式涉及多方主体间复杂的法律关系，在每一融资租赁中都包含最基本的合同架构，即一项交易、两个合同、三方当事人。一项飞机的融资租赁交易包括飞机购买合同和飞机租赁合同，购买合同与融资租赁合同相互依存，共同构成了融资租赁的基本架构。三方当事人是指飞机供货方（生产商）、出租方（租赁公司）和承租人（航空公司）。在融资租赁交易中，出租方以其提供的资金购买了供货方的飞机并交给承租方使用，以资金纽带将二者联系起来。

第二节　中国航空运营人租赁引进航空器的原则与相关要求

一、中国航空运营人租赁引进航空器的原则

按《融资性租赁》第6段要求：航空器的承租人必须是已获得《大型飞机公共航空运输承运人运行合格审定规则》（简称 CCAR-121）批准的航空运营人。干租航空器的出租人必须是加入国际民航组织的原航空器注册国的法人；湿租航空器的出租人必须是 CCAR-121 批准的航空运营人或已建立等同或类似于 CCAR-121 法规管理体系的国际民航组织成员国已批准的商业航空运营人，且湿租航空器的注册国应当是批准出租人的民航当局所在国。出租的航空器应当是经过国家民用航空局适航审定部门的审定，并获得型号合格证或型号认可证（包括补充型号合格证）的航空器；装于航空器上的设备也应当获得国家民用航空局适航审定部门批准或认可。租赁使用过的航空器应当具有符合其主管民航当局有关法规要求的使用和维修记录，并且符合下列限制：

① 航空器没有经过破坏性试验飞行；
② 航空器没有发生过造成重大损伤的飞行事故；
③ 航空器没有经过长期的非控制停放；
④ 航空器没有非航空运营人运营的历史。

航空器租赁必须通过合法的协议进行，且租赁协议应当至少符合咨询通告第9段的要求。

二、中国航空运营人干租引进航空器的要求

干租航空器应当向具备符合国际民航组织公约规定的国籍登记。如向国家民用航空局

申请中国的国籍登记,并应当在原注册国注销其国籍登记。在中国进行国籍登记的干租航空器应当具有国家民用航空局颁发的标准适航证;没有在中国注册的干租航空器应当具有其注册国颁发的符合国际民航组织公约要求的标准适航证,并获得国家民用航空局颁发的外国航空器适航证认可书。承租人应当承担航空器的适航性和符合 CCAR-121 有关运行要求的责任。

三、中国航空运营人湿租引进航空器的要求

湿租航空器应当具有其所在国颁发的符合国际民航组织公约要求的国籍登记证和标准适航证;当湿租航空器不具有国家民用航空局颁发的标准适航证时还应当获得国家民用航空局颁发的外国航空器适航证认可书;湿租航空器应当具有其所在国颁发的无线电台执照。湿租航空器应当是列入出租人所在国批准的航空运营人运行规范中的航空器;湿租航空器的适航性责任和符合其所在国相应运行法规要求的责任由出租人承担,但承租人有责任确认其符合 CCAR-121 的有关运行要求;出租人对于湿租航空器的维修方案和最低设备清单应当等同或高于 CCAR-121 的要求,并有相应的管理和工作程序保证其执行维修和航空器放行的符合性。按照协议由承租人承担航空器的维修工作,在承租人的维修工程管理手册中必须包含如下内容。

① 确认出租人提供的有关文件、资料或手册包含必要的工作程序和说明。
② 按照出租人提供的维修方案安排和实施维修工作的程序。
③ 如适用,执行出租人提供的可靠性方案的程序。
④ 按照出租人提供的培训方案确保航空运营人维修系统的有关人员经过必要的培训的程序。
⑤ 出租人提供的 MEL 的使用说明。
⑥ 维修记录的填写和保存程序和要求。

当如上所述的湿租航空器的任何合格证件发生变化时,出租人应当及时提供给承租人。任何证件的失效都将视为湿租的终止。

四、航空器租赁协议

(一)航空器租赁协议的基本原则

航空器租赁协议的基本原则包括如下内容。
① 所有协议内容应当符合中国有关法律法规的要求。
② 必须包含明确航空器的适航性责任和维修要求的技术条款。
③ 上述技术条款的内容应符合咨询通告租赁协议内容要求。

(二)航空器租赁协议的内容

除有关商业条款外,航空器租赁协议中还应当明确如下内容。

① 协议双方和协议期限。
② 协议中每一航空器的制造厂家、型号和序号。
③ 协议限制的运行种类。
④ 租赁协议的失效日期。
⑤ 适航性责任的承担方和维修、放行要求，其内容应当符合咨询通告的有关规定和要求。
⑥ 双方的监督责任和方式。
⑦ 其他适用的有关条件、限制和管理内容。

但有一点需要特别注意，就是中国航空运营人干租引进航空器的退租问题。由于中国是国际民航组织的成员国，中国的持续适航管理法规一般应得到其他成员国的承认，但其他成员国亦有权提出任何特殊要求，那么航空运营人在签订协议前应注意了解，对于出租人提出的超出中国持续适航管理法规要求的内容，仅视为商业要求。

五、租赁引进航空器的申请和批准

航空器在租赁引进航空器时，应当至少在正式的租赁协议签署前15天向主管民航地区管理局提出书面申请，并同时提交拟签订航空器租赁协议的技术条款及其他相关部分。主管管理局在确认其航空器租赁协议后，将就协议技术条款的审核给予书面答复。对于干租引进的航空器，在认可租赁协议技术条款后，相应民航地区管理局将按照 AC-121-52 对引进的航空器进行检查，并批准引进和投入运行。对于湿租引进的航空器，在认可租赁协议技术条款后，相应民航地区管理局将对该航空器与咨询通告第8段的规定和要求的符合性进行检查，在确认其符合咨询通告第8段的规定和要求并满足其他的有关运行要求后，将以批准其加入运行规范的方式批准其投入运行。

六、租赁引进航空器的适航性检查

干租引进航空器投入运行后，相应民航地区管理局将按照 CCAR-121 的要求进行年度适航性检查。湿租引进航空器不进行上述年度适航性检查，但将结合对航空运营人的持续监督，对其与咨询通告第8段的规定与要求的符合性进行检查。

七、航空运营人临时租用航空器

当航空运营人由于紧急情况和不可预见原因急需租用航空器时，在符合下列条件可直接租用，但必须立即通知相应民航地区管理局：出租人是 CCAR-121 的合格证持有人；承租的期限不超过5个连续日历日。

八、航空运营人湿租出租航空器给外国航空承运人

航空运营人以湿租方式出租航空器给外国航空承运人的基本原则：以湿租方式租出的航空器应当是列入航空运营人经批准的运行规范的航空器；承租方计划的运行范围和种类符合航空运营人运行规范的限制和条件；航空器在承租方的计划运行地点的维修至少已获得 CCAR-145 的相应航线维修的批准。航空运营人在其维修工程管理手册中有相应的规定和程序保证出租航空器的维修符合 CCAR-121 的要求。航空运营人以湿租方式出租航空器给外国航空承运人应当通过签订正式的航空器租赁协议进行，租赁协议的技术条款应当满足咨询通告第 9.2 段的内容要求。

航空运营人以湿租方式出租航空器给外国航空承运人申请和批准：航空运营人应当在其计划以湿租方式出租航空器给外国航空承运人的航空器租赁协议正式签署前至少 15 天向主管民航地区管理局提出申请，并提交如下资料：

① 航空运营人维修副总经理签署的申请函件；
② 计划签订的航空器租赁协议的技术条款；
③ 承租方计划运行地点获得 CCAR-145 批准的复印件；
④ 航空运营人维修工程管理手册相应的规定和程序。

主管民航地区管理局在确认上述资料符合咨询通告的要求后，以批准修改其运行规范的方式予以批准。以湿租方式出租航空器给外国航空承运人的航空器，相应民航地区管理局将按照 CCAR-121 的要求进行年度适航性检查。

第三节　民用航空器融资租赁的发展

民用航空器融资租赁出现时间较短，但这种交易对于航空业发展的意义重大，且法律关系复杂，无论在国内还是国际层面都形成了相应的法律文件以便对融资租赁关系加以规范。

一、融资租赁国际立法情况

民用航空器融资租赁的出租人和承租人经常处于不同的国家，使得法律关系具有跨国性。国际立法因应跨国融资租赁的实际需要而出台，影响力较大的有以下三个国际公约。

（一）《关于国际承认航空器权利公约》

1948 年在国际民航大会上通过的《关于国际承认航空器权利公约》，是最早的在国际范围内承认飞机权利的公约。主要内容是为缔约国承认对飞机的权利提供了一套法律适用的原则。尽管该公约在制定时并没有考虑到后来大量出现的融资租赁交易，但其中一些法律适用规则依然为民用航空器融资租赁活动提供了基本指引。

（二）《国际融资租赁公约》

1988年由国际统一私法协会制定的《国际融资租赁公约》，是专门规范和调整国际性的融资租赁法律关系的公约。共有25个条款，其内容主要是对出租人与承租人之间的权利义务作出规定。《国际融资租赁公约》制定于1988年，当时世界上大多数国家国内还没有融资租赁的相关立法，所以其中的内容成为后来许多国家立法的主要参考内容。《国际融资租赁公约》的示范作用使其成为融资租赁领域普遍接受的国际惯例。

（三）《开普敦公约》

2001年由国际统一私法协会、国际民航组织牵头制定的《开普敦公约》及其航空器议定书。该公约以实体性的法律规则明确了对融资租赁出租人权利的跨境保护问题，对于飞机的融资活动具有极大的促进作用。根据该公约及议定书适用范围的规定，如果融资租赁交易中的承租人位于缔约国境内，或者作为交易标的的飞机在缔约国境内注册登记，那么公约的规定将得到强制适用。

二、我国融资租赁相关法律法规

我国还没有独立的专门民用航空器租赁立法。迄今为止很多国家基本上完善了关于融资租赁活动的法律规定，但在立法模式上有所区别。法国、韩国等国家制定了专门的租赁立法，对融资租赁法律关系进行了集中、全面地规定。大部分国家虽然没有专门立法，但是散见于民商事法律中的规定对租赁规定同样较为全面。其法律关系的结构和内容规定基本相同。

我国关于民用航空器融资租赁的相关法律规定主要体现在《合同法》与《民用航空法》中。《合同法》第十四章对融资租赁合同关系做了专门规定，《民用航空法》第三章第四节是民用航空器租赁的法律规范。我国是《关于国际承认航空器权利公约》和《开普敦公约》的缔约国，公约中的相关规定对我国航空公司参与的融资租赁交易可直接适用。根据我国民商法中关于涉外商事交易的法律适用规定，涉外性的民用航空器融资租赁交易应首先适用我国已加入的国际公约中的规定，对公约没有规定的适用我国法律，我国法律中没有规定的，可以适用国际惯例。

三、融资租赁内容

融资租赁是商事主体间合同关系，出租方与承租方的权利义务内容取决于合同约定。结合国际条约、国内法规定和融资实践，民用航空器融资租赁合同的内容主要体现为以下两个方面。

① 从出租方承担的主要义务来看，一是要提供资金按承租人的选择购买飞机；二是要保证合同期间承租人对飞机的平静占有和使用，确保自身和自己的债权人都不得侵犯承

租人的平静占有权。同时出租人作为飞机的所有人，在整个合同期间对飞机享有绝对的物权效力，并可以因此对抗承租人的其他债权人对飞机的权利请求，在承租人破产时还可以直接收回飞机。因为本质上在融资租赁交易中出租方仅是一个资金的提供方，所以出租人还可以对飞机的质量瑕疵、飞机运营给他人造成的直接或间接损失，享有免责权。

② 从承租方承担的主要义务来看，首先是按期交纳租金；其次是负责飞机的日常维护、保养和保险等事宜，在融资租赁中飞机的灭失、损毁等责任都由承租人承担。承租方的权利体现在对飞机的合理使用和运营，任何他人不得干涉，在出租人违约时有权拒付租金、中止合同。

【案例5-1】

东星航空破产案

东星航空是一家由兰世立于2005年创办的民营航空公司，2005年5月16日经民航总局批准筹建，由东星集团有限公司下属武汉东星国际旅行社有限公司、湖北东盛房地产有限公司、湖北美景旅游投资有限公司共同投资组建。以武汉为总部基地，广州为第二基地，主要经营国内航线，2007年11月6日开通武汉直飞香港、澳门，及与中华航空合作经营经香港转飞台湾的航线，每日一班；并获准开通新加坡、泰国直航航线。2009年3月15日，被民航中南地区管理局暂停航线航班经营许可。2009年8月，东星航空破产，成为我国历史上首家破产的航空公司。

2008年，国内航空业在受到油价上涨、雪灾、地震和国际金融危机等多重不利因素的影响后惨遭打击，作为民营企业的东星航空亦出现财务危机，国家民用航空局于2008年5月发出《关于暂停东星航空有限公司武汉-上海-武汉航线经营权的通知》，《通知》称东星航空因长期违规拖欠、挪用应缴国库财政性资金，且财务状况恶化、安全投入严重不足，决定从当年5月19日开始停止东星航空"武汉-上海-武汉"航线经营权。在公司已经补齐了欠款后，民航局再次发文宣布恢复东星航空在这条航线上的运营权。2009年3月14日武汉市政府以东星航空存在安全隐患和资不抵债为由向民航管理部门提交报告，申请暂停东星航空公司的航班运营，并得到民航中南管理局的许可，自2009年3月15日暂停其航班经营许可。东星航空反映的情况是，它在各项安全检测中合格率达94.6%，净资产为1.57亿元人民币，总资产为8.03亿元人民币。2011年2月，东星集团将民航中南局告上法庭。在诉讼中，东星集团指出，民航中南管理局下令东星航空停飞的行政行为既无事实依据，亦无法律依据。

继两次停飞事件后，2009年3月30日，与东星航空（债务人）有飞机融资租赁业务合作的美国通用电气商业航空服务有限公司（债权人）向武汉市中级人民法院（以下简称武汉市中院）提交了一份《破产申请书》。按照我国《破产法》规定，债权人提出破产申请时，人民法院在收到申请之日起需在五日内通知债务人。如果债务人对申请有异议，需向人民法院提出《异议书》，人民法院在收到《异议书》十日之内裁定受理与否。但武汉市中院当天就决定受理，这和其他提起重整申请的债权人一再被驳回申请，形成鲜明对比。2009年3月30日当天，东星航空向武汉市中院提交《异议书》，但武汉中院在收到此异议书后，既未驳回，也无回应。东星航空在《异议书》中指出，东星航空支付给通用电气等公司的保证金为2.4亿美元，这个数额已远大于通用电气提请破产申请时提及的不足1亿美元的租金，因此根本不足以启动破产程序。另外，东星航空与通用电气之间的协议约定只适用于苏格兰法律，但通用电气没有向苏格兰的法院提请申请，而是向武汉中院提出破产申请。

东星航空最大的债权人——中国航空油料有限公司，于2009年4月8日向武汉市中院提出对东星航空进行重整的申请，以对抗破产申请带来的灾难性后果。武汉中院认为债权人申请重整无法律依据，并不认可重整申请。中航油将案件上诉至湖北省高级人民法院。2009年8月25日，湖北省高院认定武汉中院受理东星航空破产应重审，8月26日，武汉市中院一审裁定东星航空破产，该裁定为终局裁定。

案例分析

市场经济是机遇与风险并存的经济，是高度自治的契约性经济。中南财经政法大学吕忠梅教授曾指出，"企业经营中最大的风险不是经营风险，而是法律风险，企业法律风险更是企业运行中最重要的商业风险。"企业的法律风险被很多企业家误解为仅仅是"违法风险"，其实这只是一种纯粹的法律风险，并不是企业法律风险的全部。而另一类则是企业的投机风险，投机手段是被很多企业家惯用的策略，可企业家们在企业经营和发展中忽略了防范，这也正是许多企业走向破产的致命伤。

航空业是高投入行业，高价值、高风险。在东星航空破产案中，当时国家对于这类企业的准入，法律规定的最低注册资本金为8 000万元，这笔资金甚至不足以支付一架大型客运飞机的购买费用。东星航空运营时间很短即破产，与其自身现金流严重不足有密切关系。东星航空急功近利，运营飞机全部为租赁获得，租金高昂。决策者不了解民航业运营，且人事管理混乱，员工劳动关系不清，管理层及很多员工甚至没签劳动合同，而且企业长期拖欠员工社会保险。东星航空、东星集团、东盛房地产和东星国旅资金混同，有连带担保、相互拆借资金等行为。

东星航空的行为投机、盲目扩大经营规模、以企业家个人意识为决策重心、缺乏法律风险控制意识、管理混乱等，都是东星航空破产的重要原因。其中，对于融资租赁存在的风险缺乏评估，在风险发生后，又没有恰当的应对措施，是造成其破产的一个重要方面。

分析思考题

1. 简述民用航空器经营性租赁、融资租赁的定义、特点及异同。
2. 约束我国民用航空器租赁的国际条约、国内法（法律、行政法规、部门规章）有哪些？
3. 民用航空器融资租赁的风险有哪些？

第六章

民用航空器搜寻援救与事故调查

学习目的

1. 了解民用航空器搜寻援救、事故的基本概念及含义;
2. 掌握民用航空器搜寻援救实施的过程;
3. 掌握民用航空器事故调查原则、调查过程与调查报告。

学习内容

1. 民用航空器搜寻援救、事故、事故调查的定义;
2. 国际法与我国法律、法规及部门规章中的相关条款;
3. 对本章相关案例的分析。

航空器搜寻援救是指按照国家法律规定,由担负搜寻援救民用航空器任务的组织,为及时有效地避免或者减少遇到紧急情况的民用航空器所造成的人员伤亡和财产损失,对遇到紧急情况的民用航空器及时进行寻找援助的一系列活动总称。在国际国内民航运输中,要完全避免事故的发生基本是不可能完成的任务。降低事故的发生率,一旦有航空事故发生,及时有效地施以救援,最大限度减少人员伤亡和财产损失,才是正确且行之有效的途径。

第一节 民用航空器搜寻援救的界定及原则

一、航空器搜寻援救的界定

《国际民用航空公约》第二十五条"航空器遇险","缔约各国承允对在其领土内遇险的航空器,在其认为可行的情况下,采取援助措施,并在本国当局管制下准许该航空器所有人或该航空器登记国的当局采取情况所需的援助措施。缔约各国搜寻失踪的航空器时,应在按照公约随时建议的各种协同措施方面进行合作。"对民用航空器进行搜寻援救提供了国际法依据,附件十二对第二十五条做了详细阐释,有利于在搜寻援救方面采用统一的国际标准。《中华人民共和国民用航空法》第十一章对搜寻援救做了明确具体的规定,《中华人民共和国搜寻援救民用航空器规定》《民用运输机场突发事件应急救援管理规则》也是航空器搜寻援救的重要国内法依据。

搜寻与援救是既有区别又有紧密联系的两个方面。搜寻是援救的前提,也是援救的基本环节,它是利用航空器寻找失事、遇险、遇难的民用航空器、幸存者和其他目的物的一种方法。援救是搜寻的目的,援救工作就是拯救空难事故中的幸存者的生命和尽量把财产损失减到最低限度的工作。为了在最短时间内把损失减少到最低限度,就必须进行援助。对失踪或遇险的航空器的搜寻救援以及对遇难航空器的事故调查不仅是出于人道主义的考虑需要,更是行业的责任要求和国际法的规定。

二、航空器搜寻援救的原则

搜寻援救的目的是尽最大可能保障遇险航空器及其人员和第三人的生命财产安全,其中人的生命安全是第一位的。搜寻援救的原则对搜寻救援活动具有指导意义。搜寻援救主要遵循以下原则。

(一)人道主义原则

在向遇险航空器提供搜寻援救时,最重要的原则是人道主义原则,应尽一切最大可能和最大努力向一切遇险航空器及其幸存者提供搜寻救援服务,不分国籍。

(二)及时、有效原则

"及时"是一切搜寻援救的基本原则,特别是对于遇险航空器及其幸存者来说,时间就是生命,及时就能使财产损失降到最低程度,达到最小损失。因此,我国民用航空法对搜寻援救的规定都有"立即"的要求:发现民用航空器遇到紧急情况或者收听到民用航空器遇到紧急情况的信号的单位和个人,应当立即通知有关的搜寻救援协调中心、海上搜寻援救组织或者当地人民政府(《中华人民共和国民用航空法》第一百五十二条);收到通知的搜寻援救协调中心、地方人民政府和海上搜寻援救组织,应当立即组织搜寻援救(《中华人民共和国民用航空法》第一百五十三条)等。搜寻援救不能盲目慌乱,要科学分析、准确判断才能做出正确决策,才能符合有效原则,收到切实效果。我国1992年12月发布的《中华人民共和国搜寻援救民用航空器规定》中要求"搜寻援救协调中心在收到民用航空器紧急情况的信息后,必须立即做出判断,采取搜寻援救措施。"

第二节 民用航空器搜寻援救的执行

一、实施搜寻援救的区域、对象及条件

根据国际民航公约及其附件、国内法规定,搜寻援救区域包括陆上搜救区域和海上搜救区域。搜寻援救的对象是在搜寻援救区域发生紧急情况的航空器。民用航空器的紧急情况分为不明、告警、遇险三个阶段,对处于不同阶段的民用航空器有不同的搜寻援救方法。

(一)情况不明阶段

指民用航空器的安全出现下列令人疑虑的情况。
① 空中交通管制部门在规定的时间内同民用航空器没有取得联络。
② 民用航空器在规定的时间内没有降落,并且没有其他信息。

(二)告警阶段

指民用航空器的安全出现下列令人担忧的情况。

① 对情况不明阶段的民用航空器，仍然不能同其沟通联络。
② 民用航空器的飞行能力受到损害，但是尚未达到迫降的程度。
③ 与已经允许迫降的民用航空器失去联络，并且该民用航空器在预计降落时间后五分钟内没有降落。

（三）遇险阶段

指确信民用航空器遇到下列紧急和严重危险，需要立即进行援救的情况。
① 根据油量计算，告警阶段的民用航空器难以继续飞行。
② 民用航空器的飞行能力受到严重损害，达到迫降的程度。
③ 民用航空器已经迫降或者坠毁。

二、搜寻援救的组织机构

航空器遇险和发生事故，一般情况复杂，且涉及人民生命和重大财产安全问题，为避免或者减少人员伤亡和财产损失，必须调动一切可以调动的力量，共同完成搜寻援救任务。为提高搜寻援救的效率，必须有一个具有权威的机关负责指挥和调动各援救部门和人员。《国际民用航空公约·附件12》规定，缔约国须在每一搜寻援救区中设立一个援救协调中心并设立援救分中心。我国作为该公约的缔约国，对此也做了明确规定。在我国搜寻援救区内，划分了若干个地区民用航空搜寻援救区。每个地区民用航空搜寻援救区，都设立了地区搜寻援救工作协调中心，承担向有关单位通报搜寻援救民用航空器的工作情况和担任搜寻援救民用航空器工作中的相互协调任务，并负责用民用航空器执行搜寻援救任务的组织指挥。

我国《民用航空器搜寻援救规定》中规定：搜寻援救协调中心承担陆上搜寻援救民用航空器的协调工作；国家海上搜寻援救组织负责海上搜寻援救民用航空器的工作，有关部门予以配合。全国搜寻援救民用航空器的协调工作，由我国国务院民用航空主管部门搜寻援救协调中心负责，各地区搜寻援救由地区民用航空器搜寻援救工作协调中心负责。基本分工为：国家民用航空局负责统一指导全国范围的搜寻援救民用航空器的工作；省、自治区、直辖市人民政府负责本行政区域内陆地搜寻援救民用航空器的工作，民用航空地区管理局予以协助。使用民用航空器执行搜寻援救任务时，由民用航空运输企业或者通用航空企业予以配合。在某些地区，民用航空搜寻援救力量不足时，军队会参照抢险救灾办法，及时派出航空器给予支援。

三、搜寻援救的准备

为保证搜寻援救工作快速、高效、有序地进行，负责搜寻援救的机构应未雨绸缪，随时做好搜寻援救准备。

根据《中华人民共和国搜寻援救民用航空器规定》，各地区管理局应事先拟定在陆上使用航空器搜寻援救民用航空器的方案，经民航局批准后，报有关省、自治区、直辖市人民政府备案。沿海省、自治区、直辖市海上搜寻援救组织，应当拟定在海上使用船舶、航空器搜寻援救民用航空器的方案，经国家海上搜寻援救组织批准后，报省、自治区、直辖市人民政府和民航局备案，同时抄送有关地区管理局。地区管理局和沿海省、自治区、直辖市海上搜寻援救组织应当按照批准的方案定期组织演习，以备实施。

对搜寻援救民用航空器方案应当包括的内容也有明确规定，具体如下：① 使用航空器、船舶执行搜寻援救任务的单位，航空器、船舶的类型，以及日常准备工作的规定；② 航空器使用的机场和船舶使用的港口，担任搜寻援救的区域和有关保障工作方面的规定；③ 执行海上搜寻援救任务的船舶、航空器协同配合方面的规定；④ 民用航空搜寻援救力量不足的，商请当地驻军派出航空器、舰艇支援的规定。

四、搜寻援救的实施

按《中华人民共和国搜寻援救民用航空器规定》，在我国搜寻援救区内，发现或者收听到民用航空器遇到紧急情况的单位或者个人，应当立即通知有关地区管理局搜寻援救协调中心；发现失事的民用航空器，其位置在陆地的，应当同时通知当地政府；其位置在海上的，应当同时通知当地海上搜寻援救组织。

地区管理局搜寻援救协调中心收到民用航空器紧急情况的信息后，必须立即作出判断，按照《中华人民共和国搜寻援救民用航空器规定》，对处于不同紧急情况下的民用航空器采取相应的搜寻援救措施，并及时向民航局搜寻援救协调中心以及有关单位报告或者通报。

在中国搜寻援救区内，搜寻援救要根据民用航空器所处的不同阶段采取不同的措施。省、自治区、直辖市人民政府或者沿海省、自治区、直辖市海上搜寻援救组织收到关于民用航空器迫降或者失事的报告或者通报后，应当立即组织有关方面和当地驻军进行搜寻援救，并指派现场负责人。现场负责人的主要职责是：组织抢救幸存人员；对民用航空器采取措施防火、灭火；保护好民用航空器失事现场；为抢救人员或者灭火必须变动现场时，应当进行拍照或者录像；保护好失事的民用航空器及机上人员的财物等。指派的现场负责人未到达现场时，由第一个到达现场的援救单位的有关人员担任现场临时负责人，并负责向到达后的现场负责人移交工作。

对处于紧急情况下的民用航空器，地区管理局搜寻援救协调中心应当设法将已经采取的援救措施通报该民用航空器机组。民用航空器的紧急情况已经不存在或者可以结束搜寻援救工作的，地区管理局搜寻援救协调中心应当按照规定程序及时向有关单位发出解除紧急情况的通知。

五、搜寻援救的国际合作

由于民用航空的国际性，出现紧急情况的民用航空器很可能是在航空器登记国以外的其他国家的领域内或公海、公空,在民用航空器搜寻援救方面的国际合作就有其必要性、重要性。

《国际民用航空公约》规定,当外国航空器在一缔约国领土内遇险后,该缔约国应"在本国当局管制下准许该航空器所有人或该航空器登记国的当局采取情况所需的援助措施"。这是对民用航空器进行搜寻援救的国际合作的国际法依据。《国际民用航空公约·附件12》中,关于"搜寻援救国际合作"有更细致具体的规定:"一缔约国在受其本国所规定的条件制约下,必须准许旨在搜寻失事航空器及其幸存人员的另一国援救单位立即进入其领土范围。这是援救本国遭遇紧急情况的民用航空器所必需的。但同时,一缔约国当局为了搜寻救援的目的,希望其援救单位进入另一缔约国领土时,必须向有关国家援救协调中心或由该国指定的此类其他当局提出申请,说明其计划任务及其进入该国的必要性。被申请的缔约国当局必须立即认收这种申请,并在需要时,尽快说明执行该计划任务的各种条件。"

实践中,一国进入另一国境内进行搜寻救援的途径和方式大致有这样几种:第一种是双方或各方之间签订了搜寻救援协定,以方便入境援救;第二种是通过援救协调中心或空中交通管制中心提出申请;第三种是通过外交途径申请入境。

我国《民用航空法》对外国民用航空器的搜寻援救做了相应明确规定:外国民用航空器在中华人民共和国搜寻援救区内遇险,其所有人或者国籍登记国参加搜寻救援工作,应当经中华人民共和国国务院民用航空主管部门批准或者按照两国政府协议进行。

随着国际上民航运输的运量大幅增加,搜寻援救的国际合作愈显其必要性、重要性。这需要各国之间的积极配合、密切合作,尽一切可能为出现紧急情况的外国民用航空器的搜寻救援提供所必需的各种方便和条件,以使航空器及其人员的损失降低到最低程度。

第三节　民用航空器事故调查的界定

民用航空器发生事故后,对事故的调查是非常重要的环节,因其不仅关系到检查航空设备和技术上的缺陷,改进航空安全的重大问题,而且也是通过取证以确定事故责任的重要依据。《国际民航公约》规定:"一缔约国的航空器如在另一缔约国的领土内失事,致有死亡或严重伤害或表明航空器或航行设施有重大技术缺陷时,着手调查实施情形。航空器登记国应尽可能派观察员在调查时在场,而主持调查的国家,应将关于此事的报告及调查结果,通知航空器登记国。"据此,对失事民用航空器进行调查是缔约国必须做的,是《国际民航公约》的强制性要求。

一、航空器事故相关定义

按《国际民航公约·附件13》的有关条文,航空器事故是指"发生在任何人为飞行从登机到机上所有人员下机这段时间内,与飞行运转有关的事情"。即指民用航空器在运行过程中发生的人员伤亡和航空器损坏的事件。具体包括：① 凡任何人在民用航空器上，或者与航空器或其部件（包括已脱离航空器的部分）直接接触时伤亡；② 民用航空器本身遭到重大损坏。所谓重大损坏是指对飞机的结构强度、性能或飞行特性造成了不利影响，通常需要大修或更换有关部件；③ 航空器失踪或处于完全不能接近的地方。

根据我国国家民用航空局颁布的部门规章《民用航空器事故和飞行事故征候调查规定》（CCAR-395-R1），民用航空器事故相关定义如下：民用航空器事故，是指民用航空器飞行事故和民用航空地面事故（规定中将二者统称事故）。民用航空器飞行事故，是指民用航空器在运行过程中发生的人员伤亡、航空器损坏的事件。民用航空地面事故，是指在机场活动区内发生航空器、车辆、设备、设施损坏，造成直接经济损失人民币30万元以上或导致人员重伤、死亡的事件。民用航空器飞行事故征候（规定中统称事故征候），是指航空器飞行实施过程中发生的未构成飞行事故或航空地面事故但与航空器运行有关，影响或者可能影响飞行安全的事件。严重飞行事故征候，是指航空器飞行实施过程中几乎发生事故情况的飞行事故征候。

二、航空器事故等级

按我国《民用航空器飞行事故等级》（GB 14648—1993）规定，航空器事故等级是根据人员伤亡情况及对航空器损坏程度确定的。

为了贯彻落实《深化标准化工作改革方案》和《强制性标准整合精简工作方案》的要求，2016年12月29日，国务院标准化协调推进部际联席会议第三次全体会议在北京召开，会议审议并通过了强制性标准整合精简结论。2017年3月17日，国家民用航空局发布了公告，民航领域涉及整合精简的标准包括《民用航空器飞行事故等级》（GB 14648—1993）、《民用航空地面事故等级》（GB 18432—2001）在内，从公告发布之日起，该两项强制性国家标准废止。

但由于该两项标准废止时间较近，涉及相关工作的过渡阶段，因此，本书在论及航空器事故时，部分保留原标准内容，供过渡时期参考，后续与国家对于事故调查与处理规定的对接，相信国家民用航空局还会出台新的指示。在没有新的指示前，原标准部分内容仅供参考。并引入现行有效的《生产安全事故报告和调查处理条例》，供对照使用。按照法理关系理解，在国家标准委暂未出台新的民航事故等级标准、国家民用航空局亦未有明确合乎法理依据的指示前，《生产安全事故报告和调查处理条例》是现行有效的针对民航事故等级划分的依据。

按已废止的《民用航空器飞行事故等级》（GB 14648—1993）规定，飞行事故可分为特别重大飞行事故、重大飞行事故和一般飞行事故三类。

（一）特别重大飞行事故

① 造成了人员死亡，且死亡人数在40人以上。这里的人员伤亡统计，不仅包括航空器内的人员伤亡，还应包括该次飞行事故直接造成的地面人员的伤亡。

② 航空器失踪，且机上人员在 40 人以上。

（二）重大飞行事故

① 造成了人员死亡，且死亡人数在 39 人及其以下者。
② 航空器严重损坏或迫降在无法运出的地方。
③ 航空器失踪，且机上人员在 39 人及其以下者。

（三）一般飞行事故

① 造成了人员重伤，且重伤人数在 10 人及其以上者。
② 最大起飞重量 5.7t 及其以下的航空器严重损坏或迫降在无法运出的地方。
③ 最大起飞重量 5.7～50t 及其以下的航空器造成了一般损坏，其修复费用（包括器材费、工时费和运输费等）超过了事故当时同型或同类可比新航空器价格的 10% 及其以上者。
④ 最大起飞重量 50t 以上的航空器造成了一般损坏，其修复费用超过事故当时同型或同类可比新航空器价格的 5% 及其以上者。

航空器运行过程中，发生相撞，不论损失架数多少，一律按一次飞行事故计算。事故等级按人员伤亡总数和航空器损坏最严重者确定。

按《生产安全事故报告和调查处理条例》第三条规定：

根据生产安全事故（以下简称事故）造成的人员伤亡或者直接经济损失，事故一般分为以下等级。

（一）特别重大事故，是指造成 30 人以上死亡，或者 100 人以上重伤（包括急性工业中毒，下同），或者 1 亿元以上直接经济损失的事故。

（二）重大事故，是指造成 10 人以上 30 人以下死亡，或者 50 人以上 100 人以下重伤，或者 5 000 万元以上 1 亿元以下直接经济损失的事故。

（三）较大事故，是指造成 3 人以上 10 人以下死亡，或者 10 人以上 50 人以下重伤，或者 1 000 万元以上 5 000 万元以下直接经济损失的事故。

（四）一般事故，是指造成 3 人以下死亡，或者 10 人以下重伤，或者 1 000 万元以下直接经济损失的事故。

国务院安全生产监督管理部门可以会同国务院有关部门，制定事故等级划分的补充性规定。

本条第一款所称的"以上"包括本数，所称的"以下"不包括本数。

三、事故调查的目的

在《国际民航公约》和我国《民用航空器事故和飞行事故征候调查规定》中明确指出：事故调查的目的不是为了追究责任和惩罚。事故和事故征候调查，关键在于查明原因，提出安全建议，防止事故和事故征候发生。

在一些国家，航空器事故调查与追究责任的刑事调查界限分明，为保障事故调查的顺利进行，法律甚至规定事故调查结论不能作为追究法律责任的证据，已确保航空人员不会因自身疏失担忧追责而刻意掩盖事实真相。

四、事故调查的原则

在我国《民用航空器事故和飞行事故征候调查规定》中，第五条对事故和事故征候调查应遵循的基本原则做了如下规定。

（一）独立原则。调查应当由事故调查组织独立进行，任何其他单位和个人不得干扰、阻碍调查工作。

（二）客观原则。调查应当坚持实事求是、客观公正、科学严谨，不得带有主观倾向性。

（三）深入原则。调查应当查明事故或事故征候发生的各种原因，并深入分析产生这些原因的因素，包括航空器设计、制造、运行、维修和人员训练，以及政府行政规章和企业管理制度及其实施方面的缺陷等。

（四）全面原则。调查不仅应当查明和研究与本次事故发生有关的各种原因和产生因素，还应当查明和研究与本次事故或事故征候发生无关，但在事故或事故征候中暴露出来的或者在调查中发现的可能影响飞行安全的问题。

第四节　我国民用航空器事故调查的组织

民用航空器事故调查是一项科技含量极高且异常复杂的工作，负责组织事故调查的机构必须是专门机构，需要有专门人员专司其职，对专门人员的个人品德、业务素质等都有很高的要求。按照《民用航空器事故和飞行事故征候调查规定》第二章的规定，根据我国批准的国际公约的有关规定，在民用航空器事故或事故征候的组织调查或者参与调查方面按照下列规定执行。

（一）在我国境内发生的民用航空器事故或事故征候由我国负责组织调查。负责组织调查的部门应当允许航空器的登记国、运营人所在国、设计国、制造国各派出一名授权代表和若干名顾问参加调查。事故中有外国公民死亡或重伤，负责组织调查的部门应当根据死亡或重伤公民所在国的要求，允许其指派一名专家参加调查。

如有关国家无意派遣国家授权代表，负责组织调查的部门可以允许航空器运营人、设计、制造单位的专家或其推荐的专家参与调查。

（二）在我国登记、运营或由我国设计、制造的民用航空器在境外某一国家或地区发生事故或事故征候，我国可以委派一名授权代表及其顾问参加他国或地区组织的调查工作。

（三）在我国登记的民用航空器在境外发生事故或事故征候，但事发地点不在某一国家或地区境内的，由我国负责组织调查，也可以部分或者全部委托他国进行调查。

（四）运营人所在国为我国或由我国设计、制造的航空器在境外发生事故或事故征候，但事发地点不在某一国家或地区境内的，如果登记国无意组织调查的，可以由我国负责组织调查。

中国民用航空局和地区管理局负责组织调查的事故范围如下。

（一）中国民用航空局负责组织的调查

1. 国务院授权组织调查的特别重大事故。
2. 运输飞行重大事故。
3. 外国民用航空器在我国境内发生的事故。

（二）地区管理局负责组织的调查

1. 运输飞行一般事故；
2. 通用航空事故；
3. 航空地面事故；
4. 事故征候；
5. 中国民用航空局授权地区管理局组织调查的事故。

由地区管理局负责组织的调查，中国民用航空局认为必要时，可以直接组织调查。

由中国民用航空局组织的调查，事发所在地和事发单位所在地的地区管理局，应当根据中国民用航空局的要求参与调查。

由事发所在地的地区管理局负责组织的调查，事发单位所在地的地区管理局应当给予协助。中国民用航空局可以根据需要指派调查员或者技术专家予以协助。

第五节 民用航空器事故调查组和调查报告

按照《民用航空器事故和飞行事故征候调查规定》中的相关规定：

调查组的组成应当符合下列规定：

（一）负责组织调查的部门应当委派一名调查组组长。调查组组长负责管理调查工作，并有权对调查组组成和调查工作做出决定。重大及重大以上事故的调查组组长由主任调查员担任。一般事故或事故征候的调查组组长由主任调查员或者调查员担任。

（二）调查组组长根据调查工作的需要，可以成立若干专业小组，分别负责飞行运行、航空器适航和维修、空中交通管理、航空气象、航空保安、机场保障、飞行记录器分析、失效分析、航空器配载、航空医学、生存因素、人为因素、安全管理等方面的调查工作。调查组组长应当指定一名主任调查员或者调查员担任专业小组组长，负责本小组的调查工作。

（三）调查组应当由调查员和临时聘请的专家组成。参加调查的人员在调查工作期间应当服从调查组组长的管理,其调查工作只对调查组组长负责。调查组成员在调查期间,应当脱离其日常工作,用全部精力投入调查工作,并不得带有本部门利益。

(四)与事故和事故征候有直接利害关系的人员不得参加调查工作。

调查组应当履行下列职责:

(一)查明事实情况;

(二)分析事故、事故征候原因;

(三)做出事故、事故征候结论;

(四)提出安全建议;

(五)完成调查报告。

调查组具有下列权力:

(一)决定封存、启封和使用与发生事故或事故征候的航空器运行和保障有关的文件、资料、记录、物品、设备和设施;

(二)要求发生事故或事故征候的航空器的运行、保障、设计、制造、维修等单位提供情况和资料;

(三)决定实施和解除事发现场的监管;

(四)对发生事故或事故征候的航空器及其残骸的移动、保存、检查、拆卸、组装、取样、验证等有决定权;

(五)对事故或事故征候有关人员及目击者进行询问、录音,并可以要求其写出书面材料;

(六)要求对现场进行过拍照和录像的单位和个人提供照片、胶卷、磁带等影像资料。

根据我国批准的国际公约,有关国家授权代表及其顾问应当在调查组组长的管理下进行调查工作,并有以下权利和义务:

(一)航空器登记国、运营人所在国、设计国、制造国的授权代表及其顾问有权参加所有的调查工作,包括:

1. 查看事发现场;

2. 检查残骸;

3. 获取目击信息和建议询问范围;

4. 获取有关证据信息;

5. 接收有关文件的副本;

6. 参加记录介质的判读;

7. 参加现场外调查活动以及专项实验;

8. 参加调查技术分析会,包括分析报告、调查结果、原因和安全建议的审议;

9. 对调查的各方面内容提出意见。

(二)蒙受公民死亡或重伤的国家指派参加调查的专家有权:

1. 查看事发现场;

2. 了解事实情况;

3. 参加辨认遇难者；

4. 协助询问本国幸存旅客；

5. 接收调查报告的副本。

（三）航空器登记国、运营人所在国、设计国、制造国以外国家的授权代表只限于参加与第十条内容有关的调查工作。

（四）授权代表及其顾问的义务：

1. 应当向调查组提供所掌握的所有相关资料；

2. 调查期间，未经调查组同意，不得泄露关于调查进展和结果的信息。

调查报告要求尽快完成。专业小组应向调查组组长提交专业小组报告。调查组组长应当组织审议专业小组报告。

调查组组长负责组织编写调查报告草案。调查报告草案完成后，由调查组组长提交给组织调查的部门。

调查报告草案应当包括下列基本内容：

（一）调查中查明的事实；

（二）原因分析及主要依据；

（三）结论；

（四）安全建议；

（五）必要的附件；

（六）调查中尚未解决的问题。

在调查的任何阶段，负责组织调查的部门应当及时向有关国家和部门以及国际民航组织，提交加强航空安全的建议。

收到安全建议的有关部门和单位，应当将安全建议的落实情况向负责组织调查的部门报告。

负责组织调查的部门应当将安全建议的落实情况告知提出建议的国家。

组织调查的部门可以就调查报告草案向下列有关单位和个人征询意见：

（一）参加调查的有关单位和个人；

（二）与事发有关的当事单位和当事人；

（三）其他必要的单位和个人。

被征询意见的单位和个人应当在收到征询意见通知后30天内，以书面形式将意见反馈组织调查的部门。对调查报告草案有不同意见的，应当写明观点，并提供相应的证据。

组织调查的部门应当将征询的意见交给调查组研究。调查组组长应当决定是否对调查报告草案进行修改。调查报告草案修正案及征询意见的采纳情况应当一并提交给组织调查的部门。

组织调查的部门负责审议调查报告草案，决定进行补充调查或者重新调查。

调查报告应当尽快完成。由地区管理局组织的事故调查，应当在事发后6个月内向国家民用航空局提交调查报告。由国家民用航空局组织的事故调查，应当在事发后12个月内向国务院提交调查报告。不能按期提交事故调查报告的，应当向接受报告的部门提交调查进展情况报告。

民航总局对地区管理局提交的调查报告审查后，可以要求组织调查的地区管理局进行补充调查，也可以由民航总局重新组织调查。

向航空器登记国、运营人所在国、设计国和制造国征询对调查报告草案的意见，应当遵守国际民用航空公约附件13《航空器事故和事故征候调查》或者国家间双边协议的规定。

调查报告经国务院或者国家民用航空局批准后调查即告结束。

第六节 搜寻援救人员、事故当事人、有关人员的义务

收到通知的搜寻援救协调中心、地方人民政府和海上搜寻援救组织，应当立即组织搜寻援救。执行搜寻援救任务的单位或者个人，应当尽力抢救民用航空器所在人员，按照规定对民用航空器采取抢救措施并保护现场，保存证据。

搜寻援救和事故调查是两个不同的阶段，但又是紧密相连的。前者不负责事故调查，但搜寻援救人员必须在事故调查人员到达现场后才能按规定的要求离开现场。

事故发生后，事故调查组人员有权向当事人（航空人员、航空器经营人、飞机维修人员、空中指挥人员、签派人员等，也包括航空器制造企业）和相关人员（目睹者或知情者）询问，被询问者不得拒绝，并如实提供情况，被询问者对所述情况的真实性负法律责任。航空器事故的当事人以及有关人员在接受调查时，应当如实提供现场情况和事故有关的情节。调查组在履行职责和行使权力时，有关单位、个人应当予以协助配合，如实反映情况，无正当理由，不得拒绝。

【案例6-1】
英国航空5390号班机事故

英国航空5390号班机是英国航空一条由伯明翰前往西班牙马拉加的定期航班。1990年6月10日，飞机驾驶室中的一块挡风玻璃突然飞脱，机长的上半身被吸出机外，失去意识。但凭借副机长等机组人员和地面指挥人员的努力，飞机安全降落于南安普敦，并且机长也奇迹般生还。当天的5390号航班由机长蒂姆·兰开斯特（Tim Lancaster）及副机长艾奇森（Alastair Atchison）负责。飞机机型是英国航太生产的 BAC-111，机身编号 G-BJRT。于当地时间早上7时20分起飞，载着81名乘客及6名机组人员。飞机起飞程序由艾奇森负责，直至飞机爬升至设定高度，才转由机长兰开斯特负责之后航段。飞机到达指定高度后，正、副机长都松开了肩部安全带，兰开斯特甚至松开了腰部的安全带。

7时33分，飞机爬升至5.27千米的高度，位于牛津郡迪考特市（Didcot）上空，机组人员准备用餐。这时驾驶室突然发出巨响，位于驾驶室左侧靠近正机长位置的挡风玻璃脱落，机长兰开斯特受气流冲击，上半身被卷出驾驶室，脚部卡在控制盘上，而且无意中停掉了自动驾驶系统。驾驶室在高空失压，驾驶室门也被压力冲开，砸在控制台和无线电

上,压迫控制杆,使飞机加速俯冲,客舱内的纸和杂物全涌进驾驶室中。这时,飞机的高度急剧下降,客舱内一片恐慌。空中服务员奥格登(Nigel Ogden)立即上前死死抓住兰开斯特的腰带。另一位空中服务员普莱丝(Susan Price)及其他空中服务员则安慰受惊的乘客,并收拾凌乱的机舱。此时,兰开斯特在机舱外冰冷、低温、稀薄的空气中及时速每小时500千米强风的冲击下,已明显失去意识。

艾奇森开始进行紧急迫降,重新开启了自动驾驶系统,控制飞机加速来到3.35千米的高度,这里氧气充足,而且不会与别的飞机相撞,然后减速到每小时300千米,并向塔台宣告进入紧急状态。但强风令艾奇森听不清楚塔台的回复,拖延了迫降的时间。而一直抓着兰开斯特的空中服务员奥格登,此时已经冻伤、擦伤,筋疲力尽,别的空中服务员接替了他,把兰开斯特的脚固定在椅背上,此时兰开斯特又被风往外卷了15~20厘米。从驾驶室透过飞机左前方的玻璃能看到他的头和胳膊在不停地撞击机身,眼睛睁得大大的,却眨也不眨,大家都认为他已经死了。艾奇森命令不能放开兰开斯特,不然兰开斯特的身体可能卷入发动机,导致发动机空中停车,飞机就会坠毁。艾奇森最后收到塔台给予优先降落的许可,降落于南安普敦机场。降落困难很大,因为艾奇森是机组里的新人,和大家不熟悉,而且紧急降落程序手册被风吹走了,他只能凭借记忆一个人完成这一切,然而他成功了。7时55分,飞机平稳降落于02跑道上,乘客立即撤离,机长兰开斯特立即被送往当地医院。

兰开斯特被送往南安普敦综合医院(Southampton General Hospital),他的身体多处受伤。包括冻伤、割伤,及撞击引致身体多处骨折。当时搂着兰开斯特的空中服务员奥格登的脸部和左眼冻伤,手臂脱臼。机上其他人没有受伤。事故发生后不足半年,兰开斯特恢复工作。后来他到了英航,55岁从英航退休。退休后又到另一家英国航空公司易捷航空(EasyJet)服务。

 案例分析

事故调查员发现,该飞机于出事前27小时曾更换挡风玻璃,而且由维修主管确认。但90颗固定挡风玻璃的螺丝钉中的84颗的直径比设计规格细0.66毫米,其余6颗的长度则比设计规格短2.5毫米。调查员发现维修者在更换挡风玻璃的时候也换了螺丝钉,旧的螺丝钉偏短,但仍然能够固定而且四年没有出问题。维修者没有参考飞机的维修手册使用标准的螺丝,而是按照"使用相同螺丝"的原则直接去材料室找螺丝,用肉眼和旧螺丝比较,黑暗中他找到了更细的错误的螺丝,而且维修的时候工作台不够高,使他未能察觉螺丝不合适。飞机升到高空时,机舱内外的气压差很大,螺丝承受不了这么大的压力,导致挡风玻璃脱落。这次事件也令人关注到飞机挡风玻璃的设计瑕疵:挡风玻璃是从飞机外安装,相对从飞机内固定而言,会使螺栓承受更大的力量。如果从机身内安装,大部分压力将作用于窗框而非螺栓。调查员批评了英航位于伯明翰国际机场的夜班维修部门,因他们没有按照英航的维修程序维修,并使用了不合规格的零件。同时,他们也发现英航的维修程序也存在缺点:飞机维修完毕后,他们没有一个独立部门负责检验及确认。最后,调查局也谴责伯明翰国际机场管理层没有好好监督维修部门的工作。

 分析思考题

1. 简述民用航空器搜寻援救的含义及意义。
2. 简述事故调查的依据与实施程序。
3. 简述事故调查人员的权限与责任。

第七章

国际民用航空组织与公约

学习目的

1. 掌握国际民用航空组织与公约的含义和法律性质；
2. 了解国际民用航空组织与公约的主要规定；
3. 了解主要国际民用航空组织与公约之间的关系；
4. 了解我国和主要国际民用航空组织与公约之间的关系。

 学习内容

1. 相关主要国际民用航空组织与公约的规范性文件；
2. 相关主要国际民用航空组织与公约规定的比较分析；
3. 对本章相关案例和资料的分析总结。

第一节　国际民用航空组织

一、国际民用航空组织

国际民用航空组织于1947年设立，我国是创始国、常任理事国之一。国际民用航空组织（简称国际民航组织）是联合国的一个专门机构，1944年为促进全世界民用航空安全、有序的发展而成立。国际民航组织总部设在加拿大蒙特利尔，其主要职能是制订国际空运标准和条例，现有191个缔约国（截止2011年），其标识如图7-1所示。

图7-1　国际民用航空组织标识

国际民航组织的前身为根据1919年《巴黎公约》成立的空中航行国际委员会。由于第二次世界大战对航空器技术发展起到了巨大的推动作用，世界上已经形成了一个包括客货运输在内的航线网络，但随之也引起了一系列急需国际社会协商解决的政治和技术问题。因此，在美国政府的邀请下，52个国家于1944年11月1日至12月7日参加了在芝加哥召开的国际会议，签订了《芝加哥公约》，按照公约规定成立了临时国际民航组织（ICAO）。1947年4月4日，《芝加哥公约》正式生效，国际民航组织也因此正式成立，并于5月6日召开了第一次大会。同年5月13日，国际民航组织正式成为联合国的一个专门机构。

1. 主要目标

国际民航组织的宗旨和目的在于发展国际航行的技术，促进国际航空运输的规划和发展，以便实现下列各项目标：① 确保国际民用航空安全和有秩序地发展；② 鼓励用于和平用途的航空器的设计和操作技术；③ 鼓励发展国际民用航空应用的航路、机场和航行设施；④ 满足世界人民对安全、正常、有效和经济的航空运输的需要；⑤ 防止因不合理的竞争而造成经济上的浪费；⑥ 保证缔约各国的权利充分受到尊重，每一缔约国均有经营国际空运企业的公平的机会；⑦ 避免缔约各国之间的差别待遇；⑧ 促进国际航行的飞行安全；⑨ 普遍促进国际民用航空在各方面的发展。

以上九项目标共涉及国际航行和国际航空运输两个方面问题。前者为技术问题，主要是安全；后者为经济和法律问题，主要是公平合理，尊重主权。两者的共同目的是保证国际民航安全、正常、有效和有序地发展。

2. 组织机构

国际民航组织的组织机构由大会、理事会和秘书处三级框架组成。

（1）大会

大会是国际民航组织的最高权力机构，由全体成员国组成。大会由理事会召集，一般情况下每三年举行一次，遇有特别情况时或经五分之一以上成员国向秘书长提出要求，可以召开特别会议。大会决议一般以超过半数通过。参加大会的每一个成员国只有一票表决权。但在某些情况下，如《芝加哥公约》的任何修正案，则需三分之二多数票通过。

大会的主要职能为：选举理事会成员国；审查理事会各项报告；提出未来三年的工作计划；表决年度财政预算；授权理事会必要的权力以履行职责，并可随时撤回或改变这种权力；审议关于修改《芝加哥公约》的提案，审议提交大会的其他提案；执行与国际组织签订的协议；处理其他事项等。

大会召开期间，一般分为大会、行政、技术、法律、经济五个委员会对各项事宜进行讨论和决定，然后交大会审议。

（2）理事会

理事会是向大会负责的常设机构，由大会选出的33个缔约国组成。理事国分为三类：第一类是在航空运输领域居特别重要地位的成员国；第二类是对提供国际航空运输的发展有突出贡献的成员国；第三类是区域代表成员国。比例分配为10：11：12。理事会设主席一名。主席由理事会选举产生，任期三年，可连选连任。

理事会每年召开三次会议，每次会议会期约为两个月。理事会下设财务、技术合作、非法干扰、航行、新航行系统、运输、联营导航、爱德华奖八个委员会。每次理事会开会前，各委员会先分别开会，以便将文件、报告或问题提交理事会。

理事会的主要职责包括：执行大会授予并向大会报告本组织及各国执行公约的情况；管理本组织财务；领导属下各机构工作；通过公约附件；向缔约各国通报有关情况，以及设立运输委员会，研究、参与国际航空运输发展和经营有关的问题并通报成员国，对争端和违反《芝加哥公约》的行为进行裁决等。

（3）秘书处

秘书处是国际民航组织的常设行政机构，由秘书长负责保证国际民航组织各项工作的顺利进行。秘书处下设航行局、航空运输局、法律局、技术合作局、行政局五个局以及财务处、外事处。此外，秘书处有一个地区事务处和七个地区办事处，分设在曼谷、开罗、达喀尔、利马、墨西哥城、内罗毕和巴黎。地区办事处直接由秘书长领导，主要任务是建立和帮助缔约各国实行国际民航组织制定的国际标准和建设措施以及地区规划。

3. 组织成员

关于国际民航组织成员的资格问题，由1944年《芝加哥公约》以及国际民航组织与联合国签订的协议规定。

（1）成员资格

各国通过批准和加入《芝加哥公约》获得国际民航组织成员资格。《芝加哥公约》规定，公约自26个国家批准后生效。因此，最初批准公约的26个国家成为国际民航组织的创始成员国。创始成员国不具备任何特权，与随后加入的成员所享有的权利和承担的义务是完全相同的。公约生效后，即开放加入，但范围限于联合国成员国、与联合国成员国联合的国家或在第二次世界大战中的中立国。同时，公约也准许其他国家加入，但需得到联合国的许可并经大会五分之四的票数通过；如果该国在第二次世界大战中侵入或者攻击了别国，那么必须在得到受到侵入或者攻击的国家的同意后，由国际民航组织把申请书转交联合国全体大会，若大会在接到第一次申请后的第一次会议上没有提出拒绝这一申请的建议，国际民航组织才可以按照公约规定批准该申请国加入国际民航组织。

（2）中止或暂停表决权

根据《芝加哥公约》的规定，任何成员国在合理的期限内，不能履行其财政上的义务或者违反了该公约关于争端和违约规定时，将被中止或暂停其在大会和理事会的表决权。如果联合国大会建议拒绝一国政府参加联合国建立或与联合国发生关系的国际机构，则该国即自动丧失国际民航组织成员国的资格。但经该国申请，由理事会多数通过，并得到联合国大会批准后，可重新恢复其成员资格。

（3）退出公约

任何缔约国都可以在声明退出《芝加哥公约》的通知书送达之日起一年之后退出公约，同时退出国际民航组织。有关公约的修正案决议中的规定，如果任何国家在该修正案生效后的规定时期内未予批准，即丧失其国际民航组织成员的资格。对于没有履行这一义务的缔约国而言，就被剥夺了成员资格。

4. 主要工作

国际民航组织按照《芝加哥公约》的授权，发展国际航行的原则和技术。近二十年，各种新技术飞速发展,全球经济环境也发生了巨大变化,对国际民用航空的航行和运输管理制度形成了前所未有的挑战。为加强工作效率和针对性,继续保持对国际民用航空的主导地位,国际民航组织制订了战略工作计划,重新确定了工作重点,于1997年2月由其理事会批准实施。

（1）修订法规（Revision of regulations）

主要是修订现行国际民航法规条款并制订新的法律文书。主要项目有：敦促更多的国家加入关于不对民用航空器使用武力的《芝加哥公约》第三分条和在包用、租用和换用航空器时由该航空器登记国向使用国移交某些安全职责的第八十三分条（中国均已加入）。敦促更多的国家加入《国际航班过境协定》（中国尚未加入）。起草关于统一承运人赔偿责任制度的《新华沙公约》。起草关于导航卫星服务的国际法律框架。

（2）航行（Air Navigation）

制订并完善关于航行的国际技术标准和建议措施是国际民航组织最主要的工作,《芝加哥公约》的18个附件有17个都是涉及航行技术的。战略工作计划要求这一工作跟上国际民用航空的发展速度,保持这些标准和建议措施的适用性。

规划各地区的国际航路网络、授权有关国家对国际航行提供助航设施和空中交通与气象服务、对各国在其本国领土之内的航行设施和服务提出建议,是国际民航组织"地区规划（Regional Air Navigation Planning）"的职责,由7个地区办事处负责运作。由于各国越来越追求自己在国际航行中的利益,冲突和纠纷日益增多,致使国际民航组织的统一航行规划难以得到完全实施。战略工作计划要求加强地区规划机制的有效性,更好地协调各国的不同要求。

（3）安全监察（Safety Oversight Program）

全球民航重大事故率平均为每百万架次1.44架次,随着航空运输量的增长,如果这一比率不降下来,事故的绝对次数也将上升到不可接受的程度。国际民航组织从20世纪90年代初开始实施安全监察规划,主要内容为各国在志愿的基础上接受国际民航组织对其航空当局安全规章的完善程度以及航空公司的安全运行水平进行评估。这一规划已在第三十二届大会上发展成为强制性的"航空安全审计计划（Safety Audit Program）",要求所有的缔约国必须接受国际民航组织的安全评估。

安全问题不仅在航空器运行中存在,在航行领域的其他方面也存在,例如空中交通管制和机场运行等。为涵盖安全监察规划未涉及的方面,国际民航组织还发起了"在航行域寻找安全缺陷（Program for Identifying Safety Shortcomings in the Air Navigation Field）"计划。

作为航空安全的理论研究,现在实施的项目有"人类因素（Human Factors）"和"防止有控飞行撞地（Prevention of Controlled Flight into Terrain）"。

（4）制止非法干扰（Aviation Security）

制止非法干扰即中国通称的安全保卫或空防安全。这项工作的重点是为敦促各缔约国按照附件17"安全保卫"规定的标准和建议措施,特别加强机场的安全保卫工作,同时大力开展国际民航组织的安全保卫培训规划。

（5）实施新航行系统（ICAO CNS/ATM Systems）

新航行系统即"国际民航组织通信、导航、监视和空中交通管制系统",是集计算机网络技术、卫星导航和通信技术以及高速数字数据通信技术为一体的革命性导航系统，将替换现行的陆基导航系统，大大提高航行效率。20世纪80年代末期由国际组织提出，计划90年代初完成全球规划，现已进入过渡实施阶段。这种新系统要达到全球普遍适用的程度，尚有许多非技术问题要解决。战略工作计划要求攻克的难题包括：卫星导航服务（GNSS）的法律框架、运行机构、全球、各地区和各国实施进度的协调与合作、融资与成本回收等。

（6）航空运输服务管理制度（Air Transport Services Regulation）

国际民航组织在航空运输领域的重点工作为"简化手续（Facilitation）"，即"消除障碍以促进航空器及其旅客、机组、行李、货物和邮件自由、畅通无阻地跨越国际边界"。18个附件中唯一不涉及航行技术问题的就是对简化手续制订标准的建议措施的附件9"简化手续"。

在航空运输管理制度方面，1944年的国际民航会议曾试图制订一个关于商业航空权的多边协定来取代大量的双边协定，但未获多数代表同意。因此，国家之间商业航空权的交换仍然由双边谈判来决定。国际民航组织在这方面的职责为：研究全球经济大环境变化对航空运输管理制度的影响，为各国提供分析报告和建议，为航空运输中的某些业务制订规范。战略工作计划要求国际民航组织开展的工作有：修订计算机订座系统营运行为规范、研究服务贸易总协定对航空运输管理制度的影响。

（7）统计（Statistics）

《芝加哥公约》第五十四条规定，理事会必须要求、收集、审议和公布统计资料，各缔约国有义务报送这些资料。这不仅对指导国际民航组织的审议工作是必要的，而且对协助各国民航当局根据现实情况制订民航政策也是必不可少的。这些统计资料主要包括：承运人运输量、分航段运输量、飞行始发地和目的地、承运人财务、机队和人员、机场业务和财务、航路设施业务和财务、各国注册的航空器、安全、通用航空以及飞行员执照等。

国际民航组织的统计工作还包括经济预测和协助各国规划民航发展。

（8）技术合作（Technical Cooperation）

20世纪90年代以前，联合国发展规划署援助资金中5%用于发展中国家的民航项目，委托给国际民航组织技术合作局实施。此后，该署改变援助重点，基本不给民航项目拨款。鉴于不少发展中国家引进民航新技术主要依靠外来资金，国际民航组织强调必须继续维持其技术合作机制，资金的来源，一是靠发达国家捐款，二是靠受援助国自筹资金，委托给国际民航组织技术合作局实施。不少发达国家认为国际民航组织技术合作机制效率低，养人多，还要从项目资金中提取13%管理费，很少向其捐款，主要选择以双边的方式直接同受援国实施项目。

（9）培训（Training）

国际民航组织应向各国和各地区的民航训练学院提供援助，使其能向各国人员提供民航各专业领域的在职培训和国外培训。战略工作计划要求，今后培训方面的工作重点是加强课程的标准化和针对性。

5. 与中国的关系

中国是国际民航组织的创始国之一,于1944年签署了《国际民用航空公约》,并于1946年正式成为会员国。

1971年11月19日国际民航组织第七十四届理事会第十六次会议通过决议,承认中华人民共和国政府为中国唯一合法代表。

1974年中国承认《国际民用航空公约》并参加国际民航组织的活动。同年,中国当选为二类理事国。

2004年在国际民航组织的第三十五届大会上,中国当选为一类理事国。蒙特利尔设有中国常驻国际民航组织理事会代表处。

2013年9月28日,中国在加拿大蒙特利尔召开的国际民航组织第三十八届大会上再次当选为一类理事国。这是自2004年以来,中国第四次连任一类理事国。当天参加投票选举的国家有173个,除中国外,德国、日本、意大利、澳大利亚、俄罗斯、巴西、美国、英国、法国、加拿大也同时继续当选一类理事国。

中国自1974年恢复参加国际民航组织活动以来,连续10次当选为国际民航组织二类理事国,并于2004年竞选成为一类理事国。国际民航组织大会每三年举办一次,本届大会于9月24日开幕,主要围绕航空安全、航空安保、环境保护、运输政策、法律等议题展开讨论。中国民航局副局长夏兴华率中国政府代表团参加了本次大会。

【参考资料7-1】

2016年国际民航新规——移动电源上飞机小心被没收——临时禁令

2016年2月22日,国际民航组织颁布临时禁令,禁止所有可充电锂电池通过客机的托运。这一禁令将至少延续至2018年。而此次禁令的出台表明,国际民航组织开始进一步注意到锂电池在运输中的起火风险。根据禁令,从2016年4月开始,全球范围内的航空公司禁止在客机中托运锂电池,如图7-2所示。

图7-2 禁止托运的移动电源

新规还规定,旅客或机组成员为个人自用内含锂或锂离子电池芯或电池的便携式电子装置(手表、计算器、照相机、手机、手提电脑、便携式摄像机等)应作为手提行李携带登机,并且锂金属电池的锂含量不得超过2克,锂离子电池的额定能量值不得超过100Wh(瓦特小时),超过100Wh但不超过160Wh的,经航空公司批准后可以装在交运行李或手提行李中的设备上,超过160Wh 的锂电池严禁携带。便携式电子装置的备用电池必须单个做好保护以防短路(放入原零售包装或以其他方式将电极绝缘,如在暴露的电极上贴胶带,或将每个电池放入单独的塑料袋或保护盒当中),并且仅能在手提行李中携带,经航空公司批准的100～160Wh 的备用锂电池只能携带两个。飞行过程中装有启动开关的锂电池移动电源(充电宝),应当确保开关处于关闭状态。不得使用移动电源为消费电子设备充电或作为外部电源使用;不得开启移动电源的其他功能。

2015年8月14日,中国民用航空局发布了《关于重申民航旅客携带"充电宝"乘机规定的公告》。公告明确指出以下几点。

一、严禁在托运行李中携带充电宝。

二、严禁携带额定能量超过160Wh 的充电宝;携带额定能量超过100Wh 但不超过160Wh 的充电宝,必须经航空公司批准且不得超过两个。

三、严禁携带标识不清的充电宝。

四、严禁在飞行过程中使用充电宝。

五、严禁非个人自用目的携带充电宝。

对于违反上述规定者,公安机关将根据情节,依照国家有关法律、法规严肃处理。

上述规定同时适用于机组人员。

二、国际航空运输协会

国际航空运输协会(以下简称航协)是一个由世界各国航空公司所组成的大型国际组织,它是由世界航空运输企业自愿联合组织的非政府性的国际组织,标识如图7-3所示。其宗旨是"为了世界人民的利益,促进安全、正常而经济的航空运输","对于直接或间接从事国际航空运输工作的各空运企业提供合作的途径","与国际民航组织以及其他国际组织通力合作"。其前身是1919年在海牙成立并在"二战"时解体的国际航空业务协会,总部设在加拿大的蒙特利尔,执行机构设在日内瓦。和监管航空安全和航行规则的国际民航组织相比,它更像是一个由承运人(航空公司)组成的国际协调组织,管理在民航运输中出现的诸如票价、危险品运输等问题。

图7-3 国际航空运输协会标识

1. 性质

国际航空运输协会在组织形式上是一个航空企业的行业联盟，属非官方性质组织，但是由于世界上的大多数国家的航空公司是国家所有，即使非国有的航空公司也受到所属国政府的强力参与或控制，因此航协实际上是一个半官方组织。它制定运价的活动，也必须在各国政府授权下进行，它的清算所对全世界联运票价的结算是一项有助于世界空运发展的公益事业，因而国际航协发挥着通过航空运输企业来沟通协调政府间政策，解决实际运作困难的重要作用。

凡国际民航组织成员国的经营定期航班的任一空运企业，经其政府许可都可成为航协的会员。经营国际航班的航空运输企业为正式会员，只经营国内航班的航空运输企业为准会员。

2. 机构组成

（1）全体会议

全体会议是国际航空运输协会的最高权力机构，每年举行一次会议，经执行委员会召集，也可随时召开特别会议。所有正式会员在决议中都拥有平等的一票表决权，如果不能参加，也可授权另一正式会员代表其出席会议并表决。全体会议的决定以多数票通过。在全体会议上，审议的问题只限于涉及国际航空运输协会本身的重大问题，如选举协会的主席和执行委员会委员、成立有关的委员会以及审议本组织的财政问题等。

（2）执行委员会

执行委员会是全体会议的代表机构，对外全权代表国际航空运输协会。执委会成员必须是正式会员的代表，任期分别为一年、二年和三年。执委会的职责，包括管理协会的财产、设置分支机构、制定协会的政策等。执委会的理事长是协会的最高行政和执行官员，在执委会的监督和授权下行使职责并对执委会负责。在一般情况下，执委会应在年会即全体会议之前召开，其他会议时间由执委会规定。执委会下设秘书长、专门委员会和内部办事机构，维持协会的日常工作。目前执委会有30名成员。

（3）专门委员会

国际航空运输协会分为运输、财务、法律和技术委员会。各委员会由专家、区域代表及其他人员组成并报执委会和大会批准。目前运输委员会有30名成员，财务委员会有25名成员，技术委员会有30名成员，法律委员会有30名成员。

（4）分支机构

国际航空运输协会总部设在加拿大蒙特利尔，但主要机构还设在日内瓦、伦敦和新加坡。国际航空运输协会还在安曼、雅典、曼谷、达卡、香港、雅加达、吉达、吉隆坡、迈阿密、内罗毕、纽约、波多黎各、里约热内卢、圣地亚哥、华沙和华盛顿设有地区办事处。

3. 主要工作内容

根据1978年国际航空运输特别大会决定，国际航空运输协会的活动主要分为两大类：行业协会活动和运价协调活动。1988年又增加了行业服务。协会的主要活动有：① 协商制定国际航空客货运价；② 统一国际航空运输规章制度；③ 通过清算所，统一结算各会员间以及会员与非会员间联运业务账目；④ 开展业务代理；⑤ 进行技术合作；⑥ 协助各会员公司改善机场布局和程序、标准，以提高机场运营效率等。

（1）运价协调

国际航空运输协会通过召开运输会议确定运价，经有关国家批准后即可生效。第二次世界大战以后，确立了通过双边航空运输协定经营国际航空运输业务的框架。在此框架内，由哪一家航空公司经营哪一条航线以及运量的大小，由政府通过谈判确定，同时，在旅客票价和货物运费方面也采用一致的标准，而这个标准的运价规则是由国际航空运输协会制订的。如有争议，有关国家政府有最后决定的权利。

为便于工作，协会将全球划分为三个区域：一区，包括所有北美和南美大陆及与之毗连的岛屿，格陵兰、百慕大、西印度群岛和加勒比海群岛、夏威夷群岛（包括中途岛和帕尔迈拉）；二区，包括欧洲全部（包括俄罗斯联邦在欧洲的部分）和与之毗连的岛屿，冰岛、亚速尔群岛、非洲全部和与之毗连的岛屿、阿森松岛和地处伊朗伊斯兰共和国西部并包括其在内的亚洲部分；三区，包括除二区已包括部分的亚洲全部和与之毗连的岛屿，东印度群岛的全部、澳大利亚、新西兰和与之毗连的岛屿以及除一区所包括之外的所有的太平洋岛屿。

（2）运输服务

国际航空运输协会制定了一整套完整的标准和措施以便在客票、货运单和其他有关凭证以及对旅客、行李和货物的管理方面建立统一的程序，这也就是所谓的"运输服务"，主要包括旅客、货运、机场服务三个方面，也包括多边联运协议。

（3）代理人事务

国际航空运输协会在1952年就制定了代理标准协议，为航空公司与代理人之间的关系设置了模式。协会举行一系列培训代理人的课程，为航空销售业创造合格人员。协会近年来随自动化技术的应用发展制定了适用客、货销售的航空公司与代理人结算的"开账与结算系统"和"货运账目结算系统"。

（4）法律

国际航空运输协会的法律工作主要表现如下。

① 为世界航空的平稳运作而撰写文件和制定程序的标准。

② 为会员提供民用航空法律方面的咨询和诉讼服务。

③ 在国际航空立法中，表达航空运输承运人的观点。

（5）技术

国际航空运输协会对《芝加哥公约》附件的制定起到了重要的作用，目前在技术领域仍然进行着大量的工作，主要包括：航空电子和电信、工程环境、机场、航行、医学、简化手续以及航空保安等。

【参考资料7-2】

目前，中国大陆共有13家航空公司成为国际航协会员公司，各航空公司加入时间如下。

1993年：中国国际航空公司、中国东方航空公司和中国南方航空公司。
1996年：中国北方航空公司、中国西北航空公司和中国西南航空公司。
1998年：厦门航空公司、中国新疆航空公司、中国云南航空公司和上海航空公司。
2000年：海南航空公司。
2001年：山东航空公司。
2002年：深圳航空公司。

三、国际机场理事会

国际机场理事会（Airports Council International，ACI），原名为国际机场联合协会（Airports Association Council International），于1991年1月成立，1993年1月1日改称国际机场理事会。国际机场理事会是全世界所有机场的行业协会，是一个非营利性组织，其宗旨是加强各成员与全世界民航业各个组织和机构的合作，包括政府部门、航空公司和飞机制造商等，并通过这种合作，促进建立一个安全、有效，与环境和谐的航空运输体系。

国际机场理事会成立以前，世界机场行业有三个国际性组织：国际机场经营者协会（AOCI）、国际民航机场协会（ICAA）和西欧机场协会（WEAA）。为协调三个机场协会之间的关系，建立与各政府机构、航空公司、生产商和其他有关方面的正式联系，1970年，机场协会协调委员会（AACC）成立。1985年，西欧机场协会解散。1991年1月，机场协会协调委员会与国际机场经营者协会和国际民用机场协会合并为国际机场联合协会，1993年1月正式更名为国际机场理事会。

国际机场理事会的发展目标有以下几个。

① 保持和发展世界各地民用机场之间的合作，相互帮助。

② 就各成员机场所关心的问题，明确立场，形成惯例，以"机场之声"的名义集中发布和推广这些立场和惯例。

③ 制定加强民航业各方面合作的政策和惯例，形成一个安全、稳定，与自然环境相适应的高效的航空运输体系，推动旅游业和货运业乃至各国和世界经济的发展。

④ 在信息系统、通信、基础设施、环保、金融、市场、公共关系、经营和维修等领域内交流有关提高机场管理水平的信息。

⑤ 向国际机场理事会的各地区机构提供援助，协助其实现上述目标。

国际机场理事会目前有五个常务委员会，就其各自范围内的专业制定有关规定和政策。

1. 技术和安全委员会

主要涉及：缓解空域和机场拥挤状况；未来航空航行系统；跑道物理特征；滑行道和停机坪；目视助航设备；机场设备；站坪安全和场内车辆运行；机场应急计划；消防救

援;破损飞机拖移等。

2. 环境委员会

主要涉及:喷气式飞机、螺旋桨飞机和直升机的噪声检测;与噪声有关的运行限制;发动机排放物及空气污染;机场附近土地使用规划;发动机地面测试;跑道化学物质除冰;燃油储存及泼溅;除雾;鸟类控制等。

3. 经济委员会

主要涉及:机场收费系统;安全、噪声和旅客服务收费;用户咨询;商业用地收入及发展;高峰小时收费;硬软货币;财务统计;机场融资及所有权;纳税等。各种影响经济的因素有:航空公司政策变动、合并事项,航空运输协议的签署,航空业与其他高速交通方式的竞争;计算机订座系统。

4. 安全委员会

主要涉及:空陆侧安全;隔离区管理措施;航空安全技术;安全与设备之间的内在关系等。

5. 简化手续和便利旅客流程委员会

主要涉及:客、货、邮件处理设备;旅客及货物的自动化设备;对付危险物品、走私毒品的措施;设备与安全之间的内在关系等。

国际机场理事会与其他国际性组织保持密切的往来,包括国际民航组织、国际航空运输协会、驾驶员协会国际联合会、国际空中交通管制员联合协会、国际商会国际航空工业联合协会等。国际机场理事会在国际民航组织内享有观察员身份;在联合国经济理事会担任顾问。它代表并体现了全体成员的共同立场,反映了机场共同利益。

国际机场理事会总部设在瑞士的日内瓦。

国际机场理事会由六个地区分会组成:非洲地区分会、亚洲地区分会、欧洲地区分会、拉丁美洲/加勒比海地区分会、北美地区分会和太平洋地区分会。

国际机场理事会目前拥有169个国家和地区的554名正式会员。在亚洲、太平洋地区约有42个国家和地区的57名正式会员,包括中国台湾的机场。北京首都国际机场于1996年11月17日被国际机场理事会正式批准成为该组织的会员。

【参考资料7-3】

国际机场理事会2016年机场旅客吞吐量初步数据

根据国际机场理事会公布的2016年机场旅客吞吐量初步数据,亚特兰大哈茨菲尔德-杰克逊国际机场连续19年蝉联全球最繁忙机场的桂冠,中国则有3家机场上榜。图7-5所示的是亚特兰大哈茨菲尔德-杰克逊国际机场一角。

机场总是繁忙之所,特别是在旅客着急赶飞机时。源源不断的旅客总要面对爆满的航站楼、漫长的安检队伍和桌子永远不够用的餐厅。

图7-5　亚特兰大哈茨菲尔德-杰克逊国际机场

为了更好地进行对比，发现变化，首先来回顾一下品橙曾报道过的2015年全球十大最繁忙机场的名单：

1. 亚特兰大哈茨菲尔德-杰克逊国际机场。
2. 北京首都国际机场。
3. 迪拜国际机场。
4. 芝加哥奥黑尔国际机场。
5. 东京羽田机场。
6. 伦敦希思罗机场。
7. 洛杉矶国际机场。
8. 香港国际机场。
9. 巴黎戴高乐机场。
10. 达拉斯-沃斯堡国际机场。

2016年的排名有所不同，美国只有3家机场上榜，纽约的肯尼迪机场和拉瓜迪亚机场没能挤进前十。而排名前十的机场中，中国的机场从两家发展为三家。

以下是具体排名和相应的2016年运输的旅客量：

1. 亚特兰大哈茨菲尔德-杰克逊国际机场：1.04亿人次。
2. 北京首都国际机场：9 400万人次。
3. 迪拜国际机场：8 300万人次。
4. 洛杉矶国际机场：8 100万人次。

5. 羽田国际机场：7 900万人次。
6. 芝加哥奥黑尔国际机场：7 800万人次。
7. 伦敦希思罗机场：2 500万人次。
8. 香港国际机场：7 000万人次。
9. 上海浦东国际机场：6 600万人次。
10. 法国巴黎戴高乐机场：6 500万人次。

第二节　国际民用航空公约

国际民航公约是各国政府间签订的、规定各自在民用航空领域内的权利和义务的多边条约。

一、华沙公约体制

1929年10月12日在华沙签订的《统一国际航空运输某些规则的公约》，简称《华沙公约》，是一项有关航空运输规则的专题性公约，分五章四十一条，对国际航空运输的范围、运输凭证、承运人的责任等都做了较详细的规定。公约在执行过程中曾经过多次国际会议讨论修改，每次修改都有附加的议定书。中国于1958年7月19日加入了该公约。

《华沙公约》的重要贡献：规定了国际航空运输的统一规则和条件，该公约是国际私法领域制定国际统一规则的最成功的范例。

关于国际航空货物运输，目前存在着三个主要的国际公约，即1929年10月12日在华沙签订的《华沙公约》、1955年9月28日在海牙订立的《修改1929年10月12日在华沙签订的统一国际航空运输某些规则的公约的议定书》（简称《海牙议定书》）和1961年9月18日在墨西哥瓜达拉哈拉签订的《统一非缔约承运人所办国际航空运输某些规则以补充华沙公约的公约》（简称《瓜达拉哈拉公约》）。它们分别调整着不同国家货物运输方面的法律问题。

截至1982年2月18日，参加和批准《华沙公约》的共有132个国家和地区；参加和批准《海牙议定书》的有100个国家和地区；参加《瓜达拉哈拉公约》的共有60个国家和地区。中国先后于1958年7月15日和1975年8月20日递交了加入《华沙公约》和《海牙议定书》的通知书，上述两个公约分别自1958年10月18日和1975年10月15日起对中国生效。

三个公约的关系：上述三个调整国际航空货物运输的公约都是独立的公约，对某个国家来说，可以参加其中的一个，或同时参加两个或三个。就参加国之间的关系来说，如果某个国家同时参加了上述三个公约，则它与《华沙公约》参加国之间的关系适用《华沙公约》的规定；与《海牙议定书》参加国之间或与同时参加《华沙公约》和《海牙议定书》国家之间的关系适用《海牙议定书》的规定；与同时参加上述三个公约国家之间的关系亦适用《海牙议定书》的规定,因为《瓜达拉哈拉公约》是以适用《华沙公约》或《海牙议定书》的有关规定为前提的。从公约的实质内容看,除了《瓜达拉哈拉公约》未对实质性的条款做出单独的规定外,其他两个公约已在内容上达到了很大程度的一致,其中《华沙公约》是最基本的,《海牙议定书》和《瓜达拉哈拉公约》都是从《华沙公约》中派生出来的,是对《华沙公约》的修正和补充。根据《华沙公约》中规定的统一实体规范,就可确知运输双方当事人的权利和义务。

二、国际民用航空公约

1944年12月7日在芝加哥签订的《国际民用航空公约》,简称《芝加哥公约》,是涉及国际民用航空在政治、经济、技术等领域各方面问题的综合性公约,分22章96条,主要内容包括:国际民用航空的原则,在缔约国领空飞行的权利,便利国际航空的各种技术措施、技术标准以及国际民用航空组织的宗旨、机构和活动等。与《芝加哥公约》同时签订的还有两项协定,即《国际航空过境协定》和《国际航空运输协定》。中国于1974年2月15日承认了该公约,同时参加了该组织的活动。

《芝加哥公约》是国际航空法的基础性和宪法性文件,它所确定的原则和规则对整个国际航空活动起到直接的约束和指导性作用。截至2011年年底,参加该公约的国家已经达到150多个。我国政府于1974年2月加入该公约。

《芝加哥公约》的主要内容如下。

① 确认国家航空主权原则:公约规定,缔约各国承认每一国家对其领土之上的空气空间具有完全的、排他的主权。

② 适用范围:公约只适用于民用航空机。

③ 飞机的权利:公约规定,关于不定期航空业务,各缔约国同意不需要事先批准,飞机有权飞入另一国领土,或通过领土做不停降的屯行;关于定期航班,则需要通过签定双边协定的方式,才得以在该国领土上空飞行或进入该国领土。

④ 国家主权:公约规定各缔约国有权拒绝外国飞机在其国内两个地点之间经营商业性客货运输,及因军事需要或公共安全的理由可以设置飞行禁区。

⑤ 设立国际民用航空组织:为及时处理因民用航空迅速发展而出现的技术、经济及法律问题,设立国际民用航空组织作为公约的常设机构。公约规定了该机构的名称、目的和大会、理事会、航空委员会等的组成及职责。

⑥ 争议和违约:公约规定,缔约国发生争议可提交理事会裁决,或向国际法庭上诉;对空运企业不遵守公约规定者,理事会可停止其飞行权;对违反规定的缔约国,可暂停其在大会、理事会的表决权。

三、民用航空安全保卫公约

1963年9月14日在东京签订的《关于在航空器内犯罪和其他某些行为的公约》,简称

《东京公约》，共7章26条。由国际民航组织于1963年9月14日在东京国际航空法会议上签订，同年12月4日生效。现已有100多个国家参加这个公约。签订这个公约的目的，是为了统一国际飞行中在飞机上发生劫持等非法暴力行为的处理原则。为此，公约对航空器内的犯罪行动，包括对航空器内违反刑法的罪行以及危害航空器及其所载人员或财产的安全、危害良好秩序和纪律的行为管辖问题作了规定。

规定下列国家有权行使管辖：航空器登记国、罪行在该国领土上具有后果、罪犯或受害者是该国居民或在该国有永久居所以及罪行危及该国的安全等。公约赋予机长、机组人员及乘客以保护航空安全和维持良好秩序和法律的权利。规定机长有足够的根据认为某人在航空器内进行或准备进行犯罪行为或上述其他行为时，可以对其采取必要的合理措施。这个公约是为劫持事件首次制定的一个公约，并对被劫持飞机的恢复管理作出规定，但并没有以空中劫持作为主要对象，因而未能解决由于空中劫持而产生的许多问题。

中国于1978年11月14日交存加入书，1979年2月12日该公约对中国生效。

以后，国际民航组织在该公约的基础上于1970年和1971年先后签订了另外两个公约，一个是《关于制止非法劫持航空器的公约》（简称《海牙公约》），另一个是《关于制止危害民用航空安全的非法行为的公约》（简称《蒙特利尔公约》）。《东京公约》《海牙公约》和《蒙特利尔公约》即是通常所说的关于防止劫持飞机的3个国际公约。

【参考资料7-4】

中美两国正式签署民用航空运输协定

自改革开放以来，中美两国在航空运输、安全、空中交通管理和国际合作等方面有充分的交流，两国的航空合作蓬勃发展。1980年9月，中美两国政府正式签署民用航空运输协定。2004年和2007年又两次较大幅度地扩大中美航权安排。2009年，在中国已签订的114个双边航空运输协定中，中美间的航权安排是开放度最高的双边协议之一，中美民航市场已成为中国最大的、最具发展潜力的国际航空运输市场之一。

从民航局的统计资料来看，2013年夏秋航季，中美两国间共有16家航空公司，每周经营443班客货运航班。中方共有8家航空公司执行中美间定期航班，每周总班次为187班，其中客运86班、货运101班。美方共有8家航空公司经营中美间定期航班，每周总班次为256班，其中客运119班，货运137班。

中美两国间航空运输市场由2003年的70万人次、20万吨货邮扩展至2013年的268万人次、57.7万吨货邮，分别增长了3.8倍和2.9倍。双方运力投入也由2003年每周108班增至2013年每周443班，增长了3.1倍。

1986年3月，中美两国签署了《中国民用航空局与美国联邦航空局民航技术合作协议备忘录》，双方同意在涉及航空安全的各个领域开展交流与合作。三十年来，两国民航以该备忘录为基础开展交流与合作，提升了中国民航的安全管理水平，也促进了美国航空产品与技术在中国民航的推广使用，为美国航空产品提供了广阔的市场。

飞机是中国从美国进口的主要产品。中国民航于1972年首次引进10架B707飞机。到2013年6月底，中国民航全行业共有运输飞机2035架，其中波音飞机（含麦道飞机）有933架，占全部运输机队的45.8%。截至2013年年底，中国民航自美国进口（含购买和租货）波音飞机共1 245架，估算贸易金额约1 056.1亿美元。

美国是最大的民航业发达国家，中国是最大的民航业发展中国家。"中国民航发展迅猛，孕育着巨大的市场机会"，"中国民航将实施持续安全战略、大众化战略和国际化战略"。

当前中美民航合作总体顺畅，但仍需加强沟通交流，深化交流层次，提升合作质量。例如，根据1995年中美适航《实施程序细则》，中国接受美国所有民用航空产品，美国却只接受中国设计生产的19座以下的飞机。

中国有关部门表示，中国民航愿与美方一起就空域管理、空中交通流量管理、空管新技术应用等方面进行深度合作，借鉴美国同行治理航班延误方面的经验；加强通用航空领域的合作，希望中美在通用航空法规标准体系、监管规章及培训、航空器维护、保障设施设备建设与管理等方面加强交流与合作。

【参考资料7-5】

从台湾当局参加国际民航组织看其性质

2009年9月，台湾马英九当局调整其对外策略，明确提出将以国际民航组织和《联合国气候变化框架公约》为优先目标，寻求弹性、务实参与联合国体系。自彼时起，马英九当局借助两岸关系缓和的大背景，不断加强寻求参与的力度。台湾参与国际组织的问题也日趋成为需要两岸直接面对和解决的重要问题之一。

一、国际民航组织的性质

国际民航组织是一个通过协议成为联合国专门机构的政府间国际组织，这是国际民航组织的基本属性。目前，中国在国际民航组织内的唯一合法代表是中华人民共和国政府。

二、国际民航组织是联合国的专门机构

"二战"后，为解决战后民用航空发展中的有关问题，战争还没有结束，1944年11月1日至12月7日，在美国芝加哥召开了有52个国家参加的国际民航会议，签订了《芝加哥公约》，并按国际民用航空临时协定设立了"临时国际民航组织"。1947年4月4日《芝加哥公约》生效，"国际民航组织"正式成立。同年5月，国际民航组织与联合国签署协议，正式成为联合国的一个专门机构。从职能上看，国际民航组织是联合国体系内专职管理和发展国际民航事务的专门机构，负责协调世界各国政府在民航领域内的各种经济、法律事务，规范国际民航的航路、航站和航行设备建设，制定航空技术国际标准。

三、中华人民共和国政府是中国在国际民航组织的唯一合法政府代表

我国是国际民航组织的创始国之一。1944年12月9日，由当时的中国政府即中华民国政府在《芝加哥公约》上签字，并于1946年2月20日予以批准。1947年4月4日《芝加哥公约》获得26个国家批准及加入后正式生效，中国成为国际民航组织的正式会员。1949年中华人民共和国成立，但中国在国际民航组织的会员资格仍为台湾当局。

1951年，国民党当局因无力支付会费而宣布退出《芝加哥公约》，并宣布终止中国在国际民航组织的会员资格。1953年，台湾当局又提出支付会费并要求恢复其会员资格，并以观察员身份参与当年的国际民航组织第七届大会。1954年，中国再度成为国际民航组织的会员。1971年10月25日，第26届联合国大会通过第2758号决议，承认中华人民共和国

的代表为中国驻联合国的唯一合法代表。随后在1971年11月19日,国际民航组织第74届理事会通过决议,承认中华人民共和国政府为中国唯一合法代表。1974年2月15日,中华人民共和国函告国际民航组织,决定承认该公约,并自当日起参加该组织的活动。《芝加哥公约》自1997年7月1日、1999年12月20日起分别适用于香港特别行政区、澳门特别行政区。

分析思考题

1. 简述《芝加哥公约》的性质和法律地位。
2. 简述《华沙公约》体制的发展历程。
3. 台湾参加国际民航组织的有关问题有哪些?
4. 简要分析2016年国际民航临时禁令(移动电源上飞机)。

第八章

民航服务消费者权益保
——以民航安全为视角

学习目的

1. 掌握民航消费者权益保护的含义和法律性质;
2. 了解国内、国外有关民航消费者权益保护的主要内容;
3. 了解针对有关民航消费者权益保护法律规定的主要争议;
4. 了解我国有关民航消费者权益保护法律制度的完善。

 学习内容

1. 相关的国际、国内法律法规和规范性文件;
2. 国际、国内有关法律规定的比较分析;
3. 对本章相关案例的分析总结。

现实生活中,因为对民航安全的过度强调而导致侵犯和牺牲民航消费者权益的事情经常发生。特别是随着中国经济的迅猛发展和人们生活水平的提高,乘坐飞机已成为消费者外出远行的首选和出国旅行的必选。但是,一方面由于我国民航业自身体制改革还不到位,市场化程度不高,缺乏维护消费者权益的意识,导致民航领域成为消费者关注的热点之一;另一方面,我国消费者权利意识尚未完全建立,并且我国民用航空行业具有一定的垄断性,只此几家,别无分店,民航消费者更缺乏选择的权利。特别是在一些具体问题上:航班延误、民航安检和不轨旅客等方面反映出的问题尤为突出。例如,在航班延误中,出于免责考虑,航空公司往往强调民航安全方面的理由,从而侵犯民航消费者知情权,同时侵犯了求偿权;在民航安检中,民航方面强调由于安全检查的需要,从而简单粗暴而不顾民航消费者的隐私权和人身自由权;对于不轨旅客,有关民航法律法规往往授权机长有权处置,作为不轨旅客的这些消费者的人格权和安全权就容易受到侵犯。

综上,我们应该充分认识到民航消费者权益保护的一些实践问题和有关立法和执法问题,存在着很严重的民航消费者权益保护和民航安全保护相互冲突和矛盾的问题。因此,我们一方面应该从法律制定和法律解释层面关注民航消费者权益保护中的一些实际问题,即从航班延误、民航安检和机长权力等方面完善相关法律规定;另一方面,在法律实施层面,民航消费者权益保护是综合性和系统性的问题,因此,我们应该加强民用航空局、航空业自律组织以及民航消费者权益保护的民间组织的各方面的职能和功能。

第一节 案例导入

【案例8-1】

2006年1月15日,甘肃省嘉峪关市14岁女学生皮某在车祸中右脚被轧断,为赶赴兰州实施再植手术,皮某家属购买了海航 HU7536 航班机票,但后来却被拒绝登机,最终因延误断肢再植的时机,花季少女被迫做了截肢手术。此事引起社会各界的广泛关注。对此，海航方面的书面说明指出，海航当时的机型为多尼尔328型支线喷气客机，载客量32人。皮某及其陪护人员购买的是当日航班最后两张机票，由于该名旅客必须平躺于担架上进行输液和吸氧，需要在飞机上布置安放担架的场所，这将挤占应急撤离通道，不符合规定的应急撤离条件，必然会影响机上其他旅客和航班运行的安全。

对方当事人皮某的律师则指出，病人家属购票时已说明病人的伤情，到机场时也提交了酒泉市人民医院的证明，病人在医护人员随行的前提下完全可以脱离担架完成该旅程，随行医生也明确表示不使用担架并不会导致病情恶化，且能充分满足海航的飞行安全要求。

【案例8-2】

2008年6月10日凌晨，演员王姬13岁的智障儿子在外婆的陪同下，由美国洛杉矶搭乘国航CA904航班前往北京时，被认定为不安因素而被驱逐下飞机。12日，国航发表公开信称，"孩子始终处于高度紧张状态，不能入座，并在楼梯上来回跑动……当时的情况影响到飞行安全，长距离飞行可能危及孩子的自身安全……当天机长所采取的行动不仅是对孩子的安全负责，也是对其他旅客负责，机长的决定是有法律依据的。"对此，中国智力残疾人及亲友协会发表声明，"王姬之子多次乘机往返于洛杉矶和北京，此行还有外婆陪同。一个13岁的智障儿童，无论怎样情绪不稳，都不可能严重危害飞行安全，机组人员耐心一些会有解决办法"。

以上案例在法律上的争议比较复杂，我们不必轻易下结论。但我们看到的是，在这些常人多不能容忍、引发公众关注的案例中，航空公司给出的抗辩理由均是安全，这就给普通消费者造成一种误导，似乎为了民航安全就可以肆意侵害消费者的权益，然而真是这样吗？民航安全是否优先于消费者权益保护，能否为了民航安全而牺牲消费者的权益，二者是否冲突，应该如何寻求平衡。这些都让我们不得不深思。

首先，民航领域消费者权益保护不够系统和全面。因为我国市场经济还处在发展阶段，经营者还不成熟，尤其是民航经营者因为自身的缺陷，缺乏对消费者权益保护的重视，而消费者自身的维权意识也有待提升。

其次，从中国民航运输业的发展状况来看，中国民航在改革开放的大背景下，取得了巨大的发展和进步。民航业在国家交通运输网络中的作用和地位是不可替代的，在长距离高速旅客运输和国际旅客运输中的地位尤其特殊和重要。还有，民航业的健全发展是一个国家经济发展的重要表现，是衡量该国发展的重要指标，体现该国强大的竞争力和经济实力。但是，对于民航服务这样一种技术含量高并且又具有垄断性质的领域，可以说消费者是处于绝对的弱者地位。如果我们不对民航消费者权益加强保护的话，最终损害的还是民航业自身的健康发展，进而也影响到国民经济的发展。

最后，随着我国改革开放政策的深入和民航业体制改革的推进，我国民航业最终必将走向完全的市场化和国际化。因此，我国民航业要想在激烈的国际竞争中取胜，必然得从提升自身服务质量、保护消费者权益出发。

安全之所以一直是民航业的主题有其本行业传统和现实的需要。一方面由于民航业从发展初期到现在所具有的、在一定程度上不可避免的高风险性决定了安全是发展民航业必须坚持的原则。另一方面是当前国际政治的需要，特别是"9·11"事件后国际恐怖主义日益猖獗。因此，在民航安全的特殊背景下，有关民航消费者权益的保护在一定情况下让位于民航安全是有一定必要性和客观性的,而且社会各个方面包括民航消费者也对此有一定的理解和无奈。但是,民航安全立法和消费者权益保护立法两个方面的最终追求都应该是保护民航消费者的权益,并不存在根本的对立,也就是说既不存在现实上的对立,也不存在理念上的对立,保障民航安全也是对民航消费者权益的保护。因此,不宜过度强调民航安全,更不能因此而牺牲民航消费者的权益。而且在实际操作过程中我们更应该寻求一种合理的平衡,在保障民航安全的基础上实现对民航消费者权益的最大保护。

第二节 民航消费者的含义及其权利

一、消费者含义的界定

消费者含义的界定对于消费者权益保护来说,是消费者权益保护法律体系内容构建的关键之处。从世界消费者权益保护运动开始之初,如何界定消费者的定义就是一个主要问题,而且也是一个不可能完全统一的问题。因此,如果民航消费者的概念没有界定清楚,其权益保护就无从谈起。

美国《布莱克法律词典》认为,消费者是区别于制造商、批发商和零售商而言的,指那些购买、使用、持有、维护以及处理产品或服务的个人。英国权威的《牛津法律大辞典》解释,消费者是指那些购买、取得和使用各类物品和服务(包括住房)的个人,即从零售商(retail seller)处购得消费者产品的一个人(a person)。国际标准化组织(ISO)消费者政策委员会在日内瓦第一届年会上,把"消费者"一词定义为"为个人目的购买或使用商品和服务的个体社会成员"。欧洲共同体理事会通过的《消费者保护宪章》规定:"消费者是使商品和服务供个人使用的那些合法人。"

这些国家和地区以及国际组织对消费者概念的界定,从不同角度揭示了消费者这个概念的内涵。

对于消费者定义,我国的《消费者权益保护法》并没有直接明确规定,只是在该法第二条从保护范围的角度做了比较简单的界定,即为生活消费需要购买使用商品或接受服务的消费者的权利受到消费者权益保护法的保护,消费者权益保护法未作规定的,受其他有关法律、法规的保护。国家标准计量局颁布的《消费品使用说明总则》是我国仅有的对消费者概念进行明确规定的立法,该法明确消费者是为满足个人或家庭的生活需要而购买、使用商品或服务的个体社会成员。

综上,对消费者概念的各种界定,其分歧主要在于两个方面。

第一,消费者是否限于自然人,法人或者其他社会团体等单位是不是消费者。从理论界大多数学者观点和主流观点来看,所谓消费者,是指为生活消费的需要而购买商品或者接受服务的自然人。

目前我国理论界和实践部门大多持这种观点,即消费者限定为个人,而不包括单位。其理由包括,首先,消费者保护法是为了保护现代消费社会中的弱者而产生的。作为个人，消费者往往势单力薄，而单位并不是消费关系中的弱者，甚至处于强者的地位。因此，对单位给予特殊保护就失去理论依据和立法初衷。其次，我国《消费者权益保护法》所确定的消费者权益，其中许多都是赋予个人的，例如人格尊严权等权利，单位无法享有。最后，单位本身不能直接使用某种商品或直接接受某种服务，其在购买某种商品或接受某种服务以后，还需要将这些商品或服务转化为单位内部自然人的消费。

第二，消费者购买商品或者服务的目的，即"生活消费"应当如何认识。例如，王海等人"知假买假"的行为之所以引发了广泛的争议就在于此。因此，也促使方方面面对于"生活消费"的确定标准进行了深入的探讨。学界对于"生活消费"这个概念的观点可以概括为以下两种。

第一种观点认为，只要具有消费行为，只要购买的是"生活消费品"，并且购买后没有被当作生产资料或者进行经营性行为，那么不论其目的是为物质文化生活的直接消耗，还是为打假获得物质利益，都属于"生活消费"的范畴，都可以适用《消费者权益保护法》。

第二种观点认为，应探讨消费者消费的动机，是用于生活还是其他生产或经营行为。而这个消费的动机应凭借一般人的社会生活经验，即所谓的"经验法则"加以判断。

从以上的两种观点中，不难发现二者的分歧主要在于对生活消费的认定是采用主观还是客观的标准。探讨消费者的动机无疑就是从主观方面来判定，而通过消费行为、购买的消费品来判定就是从客观来判断。

我们认为，从保护处于弱者地位的消费者的合法权益这一立法目的出发，应采用客观标准去界定，只要有消费行为，购买的是"生活消费品"，且购买后没有被当作生产资料或者进行经营性行为的就视为生活消费，即购买的消费品没有用于营利目的就行。

综上，消费者的含义可以这样界定：消费者是指非以营利为目的购买、使用商品或接受服务的个人或者单位。

二、民航消费者的界定

民用航空，一般是指使用航空器从事除军事（国防、警察、海关）以外的所有的航空活动。商业航空即是我们所知晓的航空运输，即以航空器进行经营性的旅客和货物运输。

民航消费者就是指在商业航空运输中，接受航空运输企业服务的个人或者单位。在这里我们探讨的对象仅限于商业航空中的旅客运输，而不包括货邮运输。

三、民航消费者保护问题的产生

消费者问题并不是自己一开始就存在的，而是随着文明社会的逐步发展，生产力的提高，自然经济向垄断经济的转变而逐步产生的。只有生产、经营与消费这三者相分离，才可能出现生产者、经营者和消费者等社会角色的分离，才会出现生产者、经营者和消费者之间的社会利益的对立，从而导致消费者问题的发生，也同时使消费者权利的提出具备了客观条件。

随着经济全球化以及科学技术的飞速发展，消费者问题就愈加凸显出来。民航消费者作为消费者的一个群体，其消费者问题的产生除了普遍性以外，还有自己的特殊性。一方面，自身固有的投入高、资金循环周期长等特性使得民航领域具有垄断行业的性质，另一方面，民航领域的高科技特性也使得消费者对其处于绝对无知的弱势地位。又由于其高风险性，民航领域将安全摆在最高的位置，用其业界的话来说，民航安全怎么强调都不过分。在如此背景之下，对民航消费者的权益保护肯定要受到民航安全的制约，为了突出民航安全而忽视甚至侵犯消费者权益的情形大有所在。因此，无论是从普遍性还是特殊性来说，民航消费者的权益都需要保护。

四、民航消费者的基本权利

"消费者权利"一词，是美国总统肯尼迪于1962年3月15日向国会提交的"消费者权利咨文"中首次明确提出的。在该咨文中，肯尼迪强调"每一个人都是消费者"，并指出了消费者的四项基本权利：寻求安全的权利、了解事实真相的权利、选择商品的权利、意见被尊重的权利。

以此为基础，世界各国在制订、修正消费者保护法的同时，也将消费者权利通过立法形式加以明确规定。随着消费者运动的不断深入，消费者权利不断得到扩展。国际消费者联盟将消费者的权利扩大到八项，分别是：安全保障权；得到必需的物资和服务借以生存的权利；享有公平的价格待遇和选择的权利；获得足够资料的权利；寻求咨询的权利；获得公平赔偿和法律帮助的权利；获得消费者教育的权利；享有健康环境的权利。

我国《消费者权益保护法》对消费者权利进行了专门规定，在第二章为消费者设定了九项权利，归纳起来主要为：① 安全权，即消费者的人身与财产安全受到保障的权利；② 知悉权，即获悉商品或者服务真实情况的权利；③ 索赔权，即当权利受到侵犯时，享有要求赔偿损失的权利；④ 选择权，即消费者享有选择是否购买以及购买何种商品或者服务的权利；⑤ 公平交易权；⑥ 结社权；⑦ 受教育权；⑧ 购买使用商品和接受服务时其人格尊严民族风俗习惯受到尊重的权利；⑨ 对商品和服务以及保护消费者权益工作进行监督的权利。

作为消费者的一个群体，民航消费者当然享有我国《消费者权益保护法》规定的九项权利。这九项权利对于不同领域的消费者来说并不是同等重要的，基于不同领域的特殊性，可能会对某一项或某几项权利的保护进行强调。民航领域自身高风险的特性，使得民航消费者的安全权被置于至高无上的地位。可以说，没有安全权的统领，其他任何权利都是妄谈。在保证安全权的情况下，知情权、选择权、公平交易权、求偿权等其他消费者权益才能够被考虑，安全权是第一位的，其次才是其他的权利，前者是后者的基础，后者要受到前者的制约。

第三节 民航安全与消费者权益保护的理论与实践

一、民航安全的理论与实践

民航运输是当今世界的主要运输方式之一，也将是未来运输的主要方式。民航业在国

第八章 民航服务消费者权益保护——以民航安全为视角

家交通网络体系中的作用和地位不可替代,在长距离高速旅客运输和国际旅客运输中的地位尤其重要和特殊。航空运输的快捷性给人、财、物的快速流动创造了条件,极大地促进了世界政治、经济、文化的交流。由于民用航空运输业的高科技性和高风险性,几乎从其诞生开始,民航航空飞行的安全问题就一直受到人们的广泛关注。安全对于民航业的发展和存亡起着支配和决定的作用,是民航一切工作的重中之重,是民航发展的生命线。对于民航领域来说,安全是其永恒的主题。没有安全,民航的发展就没有基础和前提,就不能真正实现和谐发展、科学发展。

"安全第一"的方针是我国民航工作的长期指导方针。坚持安全第一,是民航发展的基本原则,也是贯彻落实科学发展观、坚持以人为本的具体体现。对于航空运输业来说,任何一个细微环节哪怕出现一丁点差错,所造成的后果都非常严重,不仅仅是巨大的财产损失,更重要的是人的生命安全。通过各种措施来保证民航安全,不能有一丝一毫的松懈,这一直是民航所秉承的。

为什么安全会成为民航的第一原则?实际上自喷气机诞生后,航空安全水平日益提高,以2012年为例,全球航空运输致命事故率为20世纪60年代以来的最低值,致命事故率为每250万架次1起致命事故。航空安全网数据显示,2012年全球共发生客货机致命空难22起,较2011年的28起减少6起。但是,其中每一起空难都是毁灭性的。

图 8-1　2012年上半年全球主要空难

【参考资料8-1】

铁路和航空哪个事故率最低

以周转量来衡量,铁路和飞机的事故率差不多,以运输量来衡量,飞机的事故率比铁路高四五倍。

2002年1月1日~2012年1月1日,中国铁路发生重大铁路行车事故至少8起。

1. 2005年7月31日 K127次客车,在长春至大连间与一列货车发生追尾事故,事故造成6名旅客死亡,30名旅客受伤。

2. 2006年4月11日 T159次列车,在京九下行线林寨站至东水站间,撞上1017次列车,事故造成2名铁路职工死亡,18名旅客受伤。

3. 2007年2月28日 5807次列车,在南疆铁路珍珠泉至红山渠站间,因瞬间大风造成脱轨,造成3人死亡,34人受伤。

4. 2008年4月28日 T195次列车,在胶济铁路周村至王村之间时脱轨,与上行的烟台至徐州5034次列车相撞。造成72人死亡,416人受伤。

5. 2009年6月29日 K9017次客车,在湖南郴州车站与K9063次客车机车发生侧面冲突,事故造成3人死亡,63人受伤。

6. 2009年7月29日 1473次客车,在焦柳线广西境内柳城县脱轨,事故造成4人死亡,34人受伤。

7. 2010年5月23日 K859次列车,在沪昆铁路江西省余江县与东乡县之间脱轨,事故造成19人死亡,71人受伤。

8. 2011年7月23日 D301次列车,在浙江温州双屿下岙路段与D3115次列车发生追尾。事故造成35人遇难,210人受伤。

而在同一个十年之内,中国民航发生了4起空难事故。

2002年4月15日,国际航空公司韩国釜山空难,128人死亡,38人受伤。2002年5月7日,北方航空公司大连空难,112人死亡。2004年11月21日,东方航空公司包头空难,55人死亡。2010年8月24日,河南航空公司伊春空难,42人死亡,54人受伤。

中国铁路2010年全年客运周转量为8 762亿人千米,旅客发送量为16.76亿人次。中国民航2010年全年客运周转量为4 032亿人千米,旅客发送量为2.67亿人次。

也就是说,中国民航的客运周转量相当于铁路的1/2,客运发送量相当于铁路的1/6。而特别重大的航空事故的数量是铁路的1/2,因此以周转量衡量,特大航空事故的发生率和铁路基本一样,以运输量衡量则相当于铁路的3倍。

从统计数据来说,中国铁路似乎还是要比中国民航要安全一些。

不过事情到这里还没有完,因为中国铁路的大事故虽然少,但是小事故却非常的多,路内伤亡极小但路外伤亡却极大。一两个人伤亡的小事故积累起来就是很大的数字。

根据2001年中国铁路年鉴,2001年中国铁路发生行车事故:重大事故11件,大事故4件,险性事故58件,一般事故714件。造成路内人员4人受伤,路外6人死亡,25人受伤。2001年中国铁路发生路外伤亡事故12 408件,死亡8 421人,受伤4 276人。仅仅一年,中国铁路事故造成的伤亡就超过了60年来中国民航事故伤亡总和的5倍。

总的来说,航空方面群死群伤的特别重大事故的发生率比铁路要高,这主要是因为航空事故产生特别严重后果的可能性远远超过铁路。而铁路发生事故的概率实际上达到了非常惊人的地步,只不过铁路事故往往不会造成特别重大的伤亡而容易被忽略,但事实上铁路各类事故造成的伤亡数字超过了航空的100倍以上。

因此,对民用航空立法来说,安全无时无刻不被置于至高无上的头等地位。在立法中，我国从航空安全检查、机场运行安全、运输中飞行安全以及安全保卫规则等方面对民航安全都进行了规定，分别制定了《民用航空法》《民用航空安全检查规则》《民用机场运行安全管理规定》《民用航空安全保卫条例》《公共航空旅客运输飞行中安全保卫规则》等法律法规。在这些法律法规中，维护安全无疑是其立法初衷和基本理念。其在总则中，均将"保障民用航空活动安全"作为首要的立法理念。可以说，没有了安全保障，就谈不上航空运输。对于民用航空业来说，安全就是其生命和根基。

二、消费者权益保护的理论与实践

全球性消费者问题日益严重导致了消费者保护立法的兴起。由于消费者的弱势地位，侵害消费者权益的现象愈演愈烈。如果放任其无节制发展，势必严重阻碍经济发展，破坏社会稳定。

因此，针对这一现状，各国政府纷纷修改、完善民法（特别是侵权法），并在其他相关法律法规，如经济、行政立法中，不断更新保护消费者权益的相关规定，最重要的是还制定了一系列保护消费者权益的法律规范。在这方面，美国走在前列，其最早为保护消费者权益立法，美国的消费者保护法律也最为发达和完善。美国国会从1867年以来，制定了多部消费者保护法案，很大程度上发挥了保护消费者权益的功能。德国、日本、英国的消费者保护法律规范也已成体系。

消费者权益保护是市场经济条件下存在的问题，因此，在我国消费者权益保护的相关立法和理论研究起步较晚，但随着改革开放的深入和市场经济的建立，发展还是比较迅速的。目前，我国已初步形成一个以《消费者权益保护法》为中心，以《产品质量法》《食品安全法》《药品管理法》《计量法》《商标法》等配套法律构成的保护消费者权益的法律体系。此外，地方有些机关亦纷纷出台有关消费者权益保护的条例。

生产经营者与消费者的角色分离、利益对立导致消费者在交易中处于弱势地位，使得经营者对消费者利益的损害成为普遍性的社会问题。对于消费者处于弱者地位的原因，主要有以下四个方面：第一是人类认识能力的局限性，这一点经营者和消费者都不例外；第二是商品经济中的信息不均衡分布，消费者相对经营者而言处于信息劣势；第三，消费需求的个体差异，对某些消费者来说可以获得最大满足的某种消费品，对其他消费者却可能会构成损害；第四，商品经济条件下经营者与消费者之间的利益对立和冲突。

以上几点问题随着现代生活方式、科学技术的发展、市场范围的扩大、现代营销技术的发展而加深。

还有，消费者问题产生的原因在于以下几点。

第一，科学技术高度化。随着产品的科技化、多样化、复杂化，一般消费者因缺乏专业技术与知识，不仅无法从商品本身来辨别商品的优劣及价格，更难判断商品的功能及危险，一切均依赖经营者所提供的资讯，导致消费者在交易上处于极不利的地位。

第二，经营扩大化。扩大经营是生产社会化的必然结果，也是企业生存和发展的必要手段。而扩大经营必然要利用各种宣传广告和行销手段以扩大销售，如此就为虚假不实的广告和不公平、不正当的行销方法的产生提供了温床；此外，在经营扩大化的情形下，一旦发生侵害事件，不仅被害消费者的人数很多而且波及范围广泛，可能遍及国内外。

第三，产销过程复杂化。社会分工越来越细，产品生产过程和流通过程越来越复杂，给侵权者的责任认定和追究带来较大困难。

第四，法律制度不健全。消费者权益保护的相关法律制度还不健全，无法给消费者权益的保护提供法律上的支持。

第五，消费者团体意识较淡薄。

我国消费者权益保护法在第一条就开宗明义："为保护消费者的合法权益，维护社会经济秩序，促进社会主义市场经济健康发展，制定本法。"由此可以看出，消费者权益保护立法的初衷和根本宗旨是保护在商品交易中处于弱者地位的消费者的利益。消费者权益保护立法是以社会利益为出发点，从个人本位转向社会本位，突破传统民法"所有权绝对、主体平等、契约自由、过错责任"等原则，从形式正义转向实质正义，对实质上处于弱者地位的消费者给予倾斜性的保护，在一定程度上限制经营者的权利。对消费者权益进行保护，不仅仅是出于消费者弱者地位的考虑。保护消费者的权益，对促进人权的进步、维护健康有序的市场经济秩序、提高全社会的整体效益来讲，都是大有裨益的。

首先，由于消费者购买的是用于个人或者家庭生活的生活消费品，涉及的是维持其吃饭、穿衣、住房、出行等基本生活需求的商品，换句话说，其消费行为直接关系到消费者的生存等基本人权问题。"人权是以人的自然属性为基础，社会属性为本质，作为人所应当享有的权利。"

因此，消费者权益受侵害，可能会导致身体健康受到损害甚至生命受到威胁等基本生存问题，不仅仅是一般的权益受损害，而是其基本人权得不到保障。国家如果不对处于弱者地位的消费者给予特殊保护，人权保障就徒有虚名。因此，完善和加强消费者保护立法，不仅可以促进对消费者权益的保护，同时也促进了人权的保障和进步。

其次，对消费者权益的保护必然意味着对不法生产经营者的惩处。生产经营者以弄虚作假、夸大宣传、假冒伪劣等方式进行不正当竞争，表面上受损害的只是消费者的权益，实质上还会损害一国健康的市场经济秩序。部分不法生产经营者的不正当竞争行为，会打击其他合法经营者的积极性，产生消极的影响。原本合法的经营者可能也会试图寻求走所谓的"捷径"，而不愿在提高产品质量、改进生产技艺以及改善管理等方面上做出努力。长此以往，不仅仅该国消费者只能忍受假冒伪劣商品的毒害，该国的经济、科技等将缺乏发展动力，社会将会陷入停顿甚至倒退。因此，从宏观上来说，对消费者权益的保护有利于健康、有序的市场经济秩序的形成和发展。

最后，随着社会化大生产的深入发展，社会分工越来越精细，没有一个人能离开他人的劳动而生存，没有人能避免消费者这个普遍的社会角色。进入21世纪以来，经济全球化进程加速，生产销售以及消费不再仅仅限于一国之内了，而是在全球范围内跨国界进行。因此，一旦发生侵害消费者的事件，范围就更广，影响也就更大。消费者权益保护立法从多方面入手，通过权利与义务的模式，全面保护消费者的权益，同时维护良好的经济秩序，以促进生产的顺利进行，实现应有的效益。监督生产者与经营者的行为，在最大程度上实现保护消费者的目的，促进生产和经济的发展。

三、民航安全与消费者权益保护之间协调的理论与实践

在现实生活中，机场以及航空运输公司对于侵犯民航消费者权益的质疑，多以维护民航安全作为抗辩理由，而这似乎也得到了法律的支持。例如，有关航班延误问题，民航总局在2004年6月颁布的《航班延误经济补偿指导意见》里面指出，由于航空公司自身的原因导致的航班延误才给予适当补偿，这就给了航空公司一个可以以出于民航安全考虑等非航空公司自身原因，如天气恶劣而不予提供补偿的借口，毕竟对于怎么样算是民航飞行的恶劣条件，如何才符合安全飞行的标准，大多数消费者都是门外汉。对于民航安检，《民用航空安全检查规则》就明确规定，旅客在通过安全门检查报警的应重复检查，使用探测仪或手工检查仍有疑点的带到安检室从严检查。考虑到民航安全也涉及自身的安全，很多消费者对这些规定和要求往往选择被动接受。无论是立法还是现实实践，似乎都默认民航消费者的权益必须让位给民航安全。

社会公共利益高于个人利益往往导致我们借"社会利益"之名给个人利益带来损害。也就是说当社会利益（民航安全）与个人利益（消费者权益）相冲突时，我们往往选择牺牲个人利益。对于民航安全与消费者权益保护之间的协调关系，我们也觉得为民航安全而牺牲消费者权益理所当然。但是，当民航安全与民航消费者权益保护涉及的是否是公共利益与个人利益的冲突时，通过对民航安全和消费者权益保护的立法理念进行仔细衡量，我们就会发现，安全固然是民航立法的第一要义，但强调民航安全与保护民航消费者权益之间并不存在冲突。民航安全有了保障，民航消费者的生命权才有最基本的保证，对民航消费者权益的深层次保护才有可能。毕竟生命权是一个人的基本权益，没有了生命权，再谈其他方面的消费者权益保护也是没有意义的。

因此，为了保证民航安全，民航消费者的某些权利必然会受到一定的法律限制，这种限制是必需的。但是，在现实生活中，更多的是考虑到民航安全对生命权的决定性作用，对民航安全过度强调，为民航安全而侵犯和牺牲消费者其他权益甚至包括生命权和健康权，进而认为民航安全与消费者权益保护之间存在冲突，完全忽视了二者在民航消费者权益保护上的一致性。消费者权益保护以民航安全为基础，民航安全的最终皈依也是保护消费者的权益。民航安全与消费者保护的立法理念是一致的，都指向消费者权益的保护，二者的利益和价值目标并不存在根本上的冲突和对立。因此，我们应在民航安全和消费者保护之间寻找一种合理的平衡。我们不能违背民航安全立法的初衷，为追求民航安全而牺牲民航消费者的其他权益。为保证民航安全，我们必须对民航消费者权益进行一定程度上的限制。但是这个限制应当有一个合理的程度，不能违背设置这个限制的初衷，毕竟这些权利的限制最终也是为了消费者权益的保护。关键在于如何防范限制过程中对民航消费者权益可能造成的侵犯。为保证民航安全，立法者在制定法律法规中的有关制度和措施时不能超过一定限度；为保证民航安全，需要消费者配合时也要考虑到不能侵犯消费者其他的权益，要严格按照法律程序和手段去执行。此外，要使实施者能够受到法律上必要的制约以

及能够使其行为控制在法律所允许和要求的范围以内。总之，在保证民航安全的基础上，将消费者权益的保护最大化，切不可过度追求民航安全而牺牲消费者的其他合法权益。

第四节 民航消费者权益保护中存在的主要问题、外国借鉴及其完善

一、民航消费者权益保护中存在的主要问题

（一）民航安检中消费者的隐私权易受侵犯

澳大利亚法律学者维拉曼特在《法律导引》中对隐私权的兴起曾有一段精确的论述："在个人具有巨大价值的社会，隐私权成为特别重要的话题，再加上这样一个事实，即我们正在步入由现代信息技术控制的时代，这一话题的极端重要性就不言自明了。"

隐私权的提出，是传统人格权在社会经济的进步和人类人文关怀强化的背景下延伸发展的必然结果。消费者作为人在社会中的一个最重要的角色，其隐私权的保护非常重要。对在消费活动中处于弱势地位的消费者来说，在现实生活中隐私权被侵犯的案例屡见报端。我国立法一直未将隐私权作为正式的权利。

（二）航班延误中民航消费者权益保护的法律问题

航班延误，是困扰航空承运人和广大旅客的世界性问题。在这个事事讲求快节奏、高效率的时代，人们选择乘坐飞机出行就是出于快速和高效的考虑。但是航班延误的出现使得民航的优势大打折扣，还会给消费者带来巨大麻烦。例如，航班延误中消费者的知情权缺乏保障。据民航网站统计，航班延误后希望得到现金赔偿的消费者只占总投票量的17.86%，而希望在使用商品和接受服务时，享有其人格尊严、民族风俗习惯得到尊重的权利。

（三）民航安检中消费者的人身自由权缺乏保障

人身自由权作为公民应享有的最基本的权利，是享有和行使其他权利的前提。人身自由一般是指公民有人身自主权，有举止行动的自由权，不受他人的支配或控制，公民的身体不受非法侵犯，公民有支配其身体和行动的自由，非依法律规定，不受逮捕、拘禁、审讯和处罚。

根据我国民用航空检查规则，对通过安全门检查报警的旅客，经过手工人身复查后仍有疑点的，经安检部门值班领导批准后，可以将其带到安检室从严检查。在此过程中，这些旅客的安全权是比较容易受侵犯的。也就是说所谓必要的限制或者是剥夺措施实际上也

是对公民人身自由权的一种侵害。法律对安检室检查的具体程序以及检查人员、方式和时间都没有规定，仅仅规定由安检值班领导批准。这些旅客的人身自由权保护存在太多的不确定性，缺乏保障。

（四）不轨旅客中民航消费者权益保护的法律问题

自美国"9·11"事件以后，人们对民航安全的目光很大一部分集中到恐怖主义者制造的诸如劫机、破坏航空器甚至使用航空器作为武器的自杀式毁灭陆地目标的行为。人们常常忽视了不轨旅客也是威胁民航安全的一个重要因子。国际民航工会组织的一项资料显示，近5年，在航班上闹事的事件增加了约400%。在国际法中，称这种闹事的旅客为"不轨旅客或有破坏行为的旅客"。

不轨旅客扰乱飞机秩序，造成飞机紧急降落的情况，尽管没有恐怖主义者所造成的后果严重，甚至还达不到犯罪的程度，却仍然是民航安全的威胁。不轨旅客的问题日益引起国际社会的关注和相关处理措施的出台。

1997年，国际民用航空组织理事会在其第151次会议上，决定将不轨旅客的议题作为法律委员会第30次法律会议第五项优先工作内容，并建立相应的秘书研究小组。1998年，国际航空运输协会建议起草一项国际公约，欧洲民用航空会议也决定采取法律措施处理这类问题。1999年，国际民用航空组织秘书研究小组专门就此事召开了会议，向理事会提出了解决国际会议问题的建议，即由国际民航组织研究并制定法律指南和框架。2002年，国际民用航空组织向各缔约国发出了288号通告《关于处理不轨/有破坏性行为的旅客的法律指导资料》。

同时，我们应该注意不轨旅客的人身权面临的威胁。我国民航安全保卫条例第二十二条对机长的权力做了概括规定，即航空器在飞行中的安全保卫工作由机长统一负责；第二十三条更进一步规定，对于航空飞行中扰乱航空器秩序、干扰机组人员正常工作而不听劝阻的人，机长有权采取必要的管束措施。根据民航法第四十四条的规定，航空器机长有责任保护民用航空器及其所载人员和财产的安全，民用航空器所载人员必须执行机长在其职权范围内发布的命令。因此，根据我国现行的法律法规，不轨旅客的扰乱秩序行为由机长全权处理。这就不得不引起我们的深思，机长作为一个拥有熟练驾驶技术的人员，要同时具备高水准的执法素质无疑是强人所难，毕竟术业有专攻，他不是一个法律工作者。因此，在民航消费者实施不轨行为时，机长从其身份出发，考虑到保证民航安全的需要，势必会从严要求不轨旅客，忽视不轨旅客的人格尊严权，从而导致侵权事件的发生。

（五）民航消费者权益保护与民航安全的立法滞后

我国消费者权益保护的相关立法因为市场经济发展落后而相对较晚，但是随着市场经济的迅速发展和消费者自我保护意识的觉醒，社会各个方面越来越重视消费者权益保护问题。然而由于国内民航业的非市场性和一定的垄断性，专门针对民航领域消费者保护的立法还相对滞后。

我国现行消费者立法采用的是"一般法律式"，即制定消费者权利保护的具体的法律规范《消费者权益保护法》，它直接规定了消费者的权利，并对经营者提出了具体的法律义务，规定了国家对消费者的保护责任，以及法律责任和争议的解决。此外，还从商品与服务质量、消费者安全保障、公平交易保障、商品服务标示管理等方面制定了一系列的法律。

在航空安全立法方面，我国现行法律规范主要有《民用航空法》《民用航空安全保卫条例》《民用航空安全检查规则》《民用机场运行安全管理规定》《公共航空旅客运输飞行中安全保卫规则》《民用航空管理条例》。这些法律法规中民航安检、航空安全飞行的相关规定与民航消费者的权益保护密切相关。直接与民航消费者权益保护相关的目前只有2003年上海市的《航空客运消费者权益保护应急措施协定》，但该协定是由各航空公司自愿签署生效，不具有普遍性的约束力，并且只适用于在上海国际机场出发或到达的、签署本协定的境内航空公司与消费者之间发生的争议。2004年民航总局颁布了《航班延误经济补偿指导意见》，但没有对具体补偿制定统一的标准，规定具体补偿细则由各航空公司自行确定。

国际上的有关消费者权益保护立法，主要有《消费者保护准则》和《消费者保护和可持续消费准则》。《消费者保护准则》是联合国大会于1985年通过的第一部全球性国际消费保护基本法。它是一个纲领性文件，明确了保护消费者的目标和一般原则，规定了消费者的权利和各国政府在保护消费者问题上的合作和责任。最重要的是，准则构建了以政府作用为核心的综合政策框架纲要，并在消费者的人身安全、经济利益、商品和服务的质量与销售、消费者信息和教育以及法律救济与赔偿机制等领域促进消费者权益的保护。

1998年的《消费者保护和可持续消费准则》是在国际环境和国际经济新变化的形势下，由国际共同体在《消费者保护准则》基准上修订和完善的成果。该准则从可持续消费与可持续发展的关系入手，从各方面规定了国际消费者关于可持续消费的权利，例如，消费者教育、消费者请求及通向赔偿的机制等。

二、国外航空消费者权益保护法律体系借鉴

国外航空消费者权益保护法规比较健全，值得我们借鉴，主要有以下几个方面。

（一）保护全面，强制力高

美国和欧洲都十分重视对旅客权益的保护，制定了相关的法规，美国有专门的《反航班延误法》。欧盟《关于航班拒载、取消或延误时对旅客补偿和帮助的一般规定》（简称第261/2004号条例）规定只要从位于欧盟成员国境内的机场出发的旅客，不管旅客的国籍，也不论承运人是谁，只要该旅客因航班拒载、取消或延误而影响了其旅行就必须得到赔偿。该条例将旅客的权利扩大到所有种类的航班，包括定期航班和不定期航班；将补偿金的适用范围扩大到航班取消。根据条例第五条关于航班取消的规定，航空公司或旅行社取消航班，旅客享有三方面的权利：①退票或变更；②免费的食宿；③支付补偿金。除非旅客在航班预定的离开时间两周之前就接到取消航班的通知，或旅客被安排了与原航班在

时间上非常接近的航班。

(二) 规定具体，赔偿标准高

例如，《蒙特利尔公约》规定了承运人对旅客的双梯度责任制度。即在第一梯度下，无论承运人是否有过错，都要对旅客死亡或身体伤害承担以10万特别提款权（1特别提款权约合人民币11.2元）为限额的赔偿责任。在第二梯度下，对超过10万特别提款权的部分，只有承运人证明其无过错并通过法律审核后，才不承担赔偿责任。不但赔偿标准高，而且制定了强制性赔偿标准，降低了航空消费者的损失。欧盟第261/2004号条例明确了补偿数额及补偿方式。航程在1 500千米以内的航班为250欧元，航程超过1 500千米的在欧盟境内的航班和航程在1 500千米至3 500千米的其他航班为400欧元，所有其他的航班为600欧元。补偿金可以以现金、银行电子转账、银行汇票或银行支票的形式支付，也可以通过与旅客的协议，以旅行凭证或其他方式支付。如果违背旅客的意愿拒载，运营承运人应立即赔偿旅客，在最大程度上降低了旅客获得赔偿的成本。

(三) 法规体现人性化

欧盟第261/2004号条例明确规定了承运人的告知义务，条例第十四条专门规定了承运人的告知义务，并且对告知的地点、方式都做了明确规定。条例规定，运营承运人应保证在值机柜台展示包含如下内容的通知："如果你被拒载或你的航班被取消或延误至少两小时，请在值机柜台或登机口索要你的权利书，特别是与补偿金和帮助有关的内容。"对旅客来说，条例规定通知应是清晰易读的，并且是显而易见的。运营承运人拒载或取消航班，应给受其影响的每位旅客提供一份包含本条例补偿金和帮助内容的书面通知。运营承运人也应向延误至少两小时的旅客提供同样内容的通知。另外，对于盲人和视力受损的旅客，条例规定以合适的其他方式来告知。

三、民航消费者权益保护完善

(一) 借鉴民航业发达国家的先进做法

我国市场机制的确立呼唤与市场经济体制相匹配的、更加成熟和完备的市场经济法律体系。然而，由于我国市场经济起步较晚，相关配套的法律制度还远不完善，存有不足和空白之处，制约我国市场经济的进一步发展；发达的市场经济国家的立法经过较长时间的发展和实践检验，相对成熟。因此，借鉴市场经济发达国家的立法经验，结合我国具体国情有选择地吸收和借鉴，可以少走弯路，这是必须而且也是可行的。对其他国家尤其是发达国家的民航消费者权益保护制度进行比较研究，可以为我国民航消费者权益保护制度的修改和完善提供有益的经验借鉴。

总体而言，意识到民航领域消费者权益保护的特殊性和重要性，重视和加强民航领域消费者权益的保护已经成为美国和欧盟的立法趋势。我国正处在市场经济发展的关键时期,加强消费者的保护正是我们这个阶段的应有之义;另一方面,随着全球化的加速以及我国改革开放的深入,将加强保护消费者权益作为相关立法的基本理念,有利于我国民航业在全球化浪潮中的融入及竞争力的提升。因此,在我国今后民航方面的法律修订或者立法中,应将民航消费者权益的保护作为基本理念。

就具体法律规定而言,尽管美国和欧盟还没有形成一部保护民航消费者权益的专门法律,但是在强调民航消费者权益保护的理念下,其航班延误方面的旅客权利,如赔偿数额、赔偿方式等都做了较为详细的规定,值得我们学习借鉴。

(二)在法律制定层面,我国应该加强民航消费者权益保护相关法律法规的完善

在法治社会中,立法是对任何一个法律主体的权利的最权威的保护方式。只要立法授予权利,主体就相当于掌握了"尚方宝剑",获得了最有效的权利保障。民航消费者权益保护相关法律法规的缺失和不完善给民航消费者权益受侵犯提供了温床。因此,要加强民航消费者权益的保护,就要从根本上抓起,完善民航消费者保护的相关立法。只有在立法中做出相关规定,民航消费者权益的保护才有保障和基础。

目前,我国尚未制定完善的保护航空消费者权益的特别法规或规章。可以说,我国对航空消费者合法权益的保护在法律法规上十分欠缺且严重滞后,甚至无法可依,这给工商部门从各个环节全面保护航空消费者的合法权益造成很大的难度。现有的涉及航空消费者权益保护的法律法规主要存在三方面问题:一是规定过于笼统。作为航空领域的基本法,民航法仅在第九十五条规定,公共航空运输企业应当保证飞行安全和航班正常,采取有效措施,提供良好的服务。公共航空运输企业应当教育和要求本企业职工严格履行职责,以文明礼貌、热情周到的服务态度,认真做好旅客和货物运输的各项服务工作。这只是关于民航消费者权益保护的原则性的规定,没有相关的具体措施,缺乏可操作性。二是保护不够全面。《民用航空法》只规定发生在民用航空器上或者在旅客上、下民用航空器过程中的事件,造成旅客人身伤亡以及随身携带物品毁灭、遗失或者损坏的,承运人应当承担责任,对航班延误要及时通告;但是对于在机场安全检查时,对不轨旅客的认定和相关处置时的民航消费者权益的保护均没有规定,使得这些环节成为消费者权益保护的灰色地带。三是有关方面赔偿额度过低。2006年2月中国民用航空总局颁布的《国内航空运输承运人赔偿责任限额规定》,对每名旅客的赔偿责任限额为人民币40万元。相对于以前的7万元来说,该规定是一个很大的进步。但是我们也要看到新规定仍然存在重大缺陷,离国际赔偿标准仍有差距。从确定限额的依据来看,新规定依据预计的2005年城镇居民人均可支配收入确定赔偿标准,这和航空公司依照国际标准制定的服务收费标准形成了巨大反差,而且在概念上依然采取了"限额"的规定,而不是确定无限额的赔偿责任。

(三)建立民航消费者权益保护民间组织

1984年9月,广州市消费者委员会作为中国第一个消费者组织率先成立。1984年12月26日,中国消费者协会由国务院批准成立,其后全国各地相继建立了保护消费者合法

权益的消费者组织——消费者协会。随着经济的发展，消费者权益问题日趋严重。消费者协会在提升消费者维权意识、促进消费者权益保护方面起到了一定的作用，但是仍有很大的局限性。

根据我国《消费者权益保护法》和《中国消费者协会章程》的相关规定，消费者协会和其他消费者组织是依法成立的对商品和服务进行社会监督的保护消费者合法权益的社会团体，属于典型的民间组织，具有非行政性、非营利性、公共服务性等特征。然而在社会实践中的实然层面，我国的消费者协会却与行政机关有着千丝万缕的联系，具有明显的行政依附性。在机构设置方面，消费者协会都挂靠在同级工商行政管理局，其领导机构是理事会。消费者协会理事会的理事由有关部门和社会各方面的代表协商组成。其中名誉会长一般由同级人大常委会或政府的领导担任，会长一般由同级工商行政管理局领导担任，其他成员主要是由相关的行政机关的工作人员担任。

在经费方面，政府拨款是我国消费者协会获得资金的主要方式。

目前我国的消费者协会是依照中央到地方按行政区划来设置的，即在全国设立中国消费者协会，其下设立省、自治区、直辖市一级消费者协会，再下就是不设区的市、市辖区以及县、乡、镇一级了。这种做法是按中央到地方的行政区划统一设置，这无疑给消费者协会的准行政属性埋下了伏笔。作为一个保护消费者利益的非政府组织，这种大而化之的、功能齐全的设置不利于消费者权益的保护。消费者相对于经营者的弱势地位，在很多情况下，并不仅仅是由于经济地位的悬殊造成的。在科学技术迅猛发展的现代，二者地位的不平等更多是因为信息和专业知识的不对等，即相对于经营者的专业人士来说，消费者对很多产品和服务处于一种相当无知甚至完全无知的状态。对于民航业这种极端高科技含量的行业，更是如此。因此，建议以行业为基础建立起我国的消费者协会，比如民航运输业、装修行业、电子行业、化妆品行业等，甚至还可以分得更细，如民航运输业下面还可以细分为民航旅客运输和货物运输等。这种设置使得消费者协会的领域范围小，具体功能更精细，更具有权威性和专业性（毕竟消费者协会人力、物力和财力都有限，不可能面面俱到），更利于解决消费者的疑惑，提高消费者的消费能力，提供服务，保护消费者权益。因此，成立专门的民航消费者权益保护协会更利于民航消费者权益的维护。

（四）完善民航安检中的相关规定

根据现行《民航安全检查规则》，对于"可疑"的旅客，允许安检人员对其进行手工人身检查，仍有疑点的，可以带到安检室从严检查；对于"可疑"物品，可以开包查验处理。而对于何为"可疑"，这并不是一个确定的概念，也给侵害民航消费者权益提供了温床。应该尽可能地对"可疑"旅客和"可疑"物品进行明确，可以考虑采用列举式加概括式的方式加以规定。另外，由于手工人身检查涉及人身权和自由权等基本权利，事关重大，应当慎重使用。因此，立法应对手工人身检查以及抽查的原因、检查人员、检查方式、检查地点、检查程序做出详细的规定。尤其在安检室进行从严检查时，更要做出明确的规定。

（五）明确机长权力授予的内容

机长具体有什么样的权力？机长权力的延伸度如何？根据民航法的规定，航空器机长负责保护民用航空器及其所载人员和财产的安全，民用航空器所载人员必须执行机长在其职权范围内发布的命令；对于任何破坏民用航空器、扰乱民用航空器内秩序、危害所载人员或者财产安全以及其他危及飞行安全的行为，机长有权采取必要的适当措施。现实生活是纷繁复杂的，对于旅客的一些行为是否扰乱航空器内秩序，构成安全威胁；是否干扰机组人员正常工作；是否有必要采取措施以及具体应采取何种措施，需要细细地衡量。对于不是专门从事法律工作的机长来说，这是一个极大的挑战。作为人类来说，主观性和情绪化是避免不了的，因此，人的任何判断都逃离不了判断者自身的喜怒哀乐以及价值观，更别说机长在面对民航安全受侵犯时做出的判断。《民用航空法》中的概括性规定授予机长自由裁量权过大，难以实现立法的初衷。因此，应当在现行的立法技术基础上，对相关的情形、处理措施和处理程序做出较为详细的规定。此外，出于飞行中机长地位的特殊性考虑，法律授予机长在飞行中享有最高管理权限。对于飞行中的航空器来说，机长掌控一切，包括航空器以及除他之外的机组成员和所有的旅客。尽管法律作此规定是出于民航领域的特殊性考虑，但我们知道没有约束的权力是危险的，绝对的权力只会使其远离授予权力的初衷。因此，我们需要对权力进行约束，明确机长的法律责任。对于重大过失或者故意侵犯民航消费者权益的行为，机长也应承担相应的法律责任；而不仅仅是玩忽职守或者违反规章制度导致发生重大安全事故，造成严重后果的，才追究责任。

（六）在法律实现层面，加强法律法规的落实

法律的生命在于它的实现。"只要社会中存在法，法的实现就一直是并将永远是法律形式在社会关系中存在的特殊方式。如果法律的规定不能在社会关系中得到实现的话，那法就什么都不是。"

法律实现指法律规范在人们的行为和实际生活中的具体落实，即权利被享用、义务被履行、禁令被遵守。法律实现的范畴比法律实施宽泛，它不仅指法律转化为现实的活动（法律实施），而且还包括这一活动所产生的结果。立法的规定使民航消费者的权益有了法律上的承认。然而，这只是法律层面上的应然权益。民航消费者能否享受到这些权益关键还在于法律实现的情况。否则，立法再完善，也只是一纸空谈。因此，我们要从各方面加强民航消费者权益保护法律的实现。

（七）加强民用航空局对民航消费者权益的保护职能

现代市场经济是有国家干预的市场经济，政府的基本职能在于按照法律的授权进行有效的宏观调控与市场监管。国家设置监管机构，目的在于管理市场环境，维护消费者利益，进而维护社会经济健康稳定和可持续发展。我国民航业市场竞争机制尚未完全引入，维护民航消费者权益的意识还远未形成，相对于其他市场竞争机制较为完善的行业的消费者来说，民航消费者处于更为弱势的地位。有鉴于此，作为政府监管机构的民航局，更要

第八章 民航服务消费者权益保护——以民航安全为视角

加强其监管职责，规范企业的市场竞争行为，维护正常的市场秩序，切实保护民航消费者的权益。对于民航消费者的维权诉求，监管部门不能置之不理。在面对民航消费者主张权利时，民航局必须以居中者的身份进行调查，妥善处理，不得推诿，更不得偏私；在处理侵犯民航消费者权益的行为时，必须以监督者的身份进行规制，不得放任，更不得纵容。

美国在运输部设有独立于联邦航空局的航空消费者保护处，其职责主要包括：接受公众有关航空消费者问题的投诉；确定是否遵守运输部关于航空消费者保护的要求；向航空业主和公众提供有关消费者问题的指导；向公众提供有关消费者问题的信息等。

目前，我国民航局并没有一个民航消费者权益保护的内设机构。可以借鉴美国的做法，在民航局下设专门的民航消费者权益保护部门。

 分析思考题

1. 简述民航消费者的性质和法律地位。
2. 简述消费者权益保护的发展历程。
3. 我国民航消费者保护中存在的主要问题有哪些？

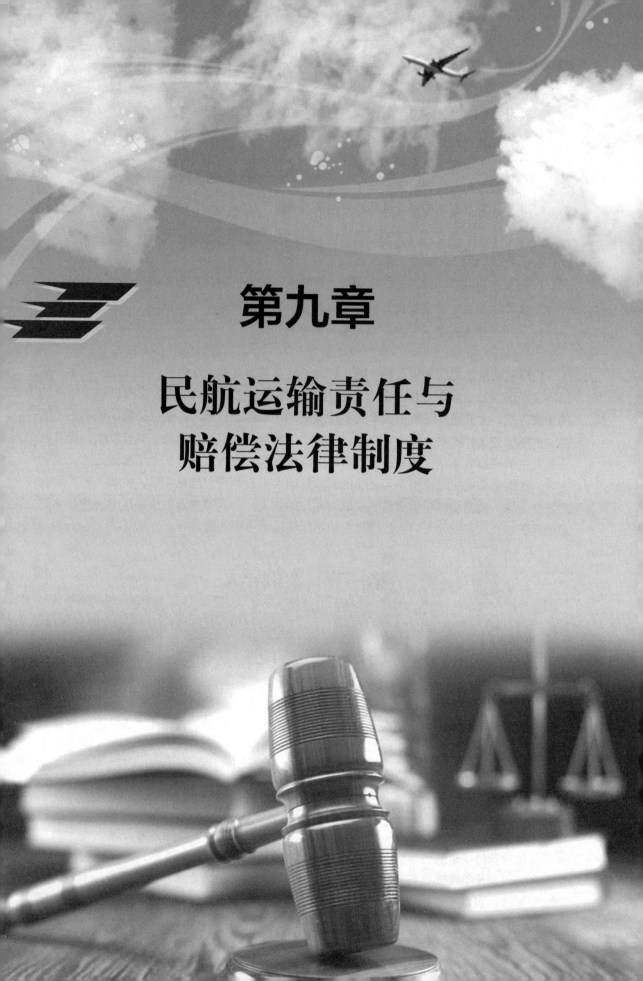

第九章

民航运输责任与赔偿法律制度

学习目的

1. 掌握民用航空运输的含义及特点；
2. 了解民用航空运输合同的概念、分类及其特征；
3. 掌握民用航空运输赔偿的法律制度；
4. 掌握民用航空运输赔偿限额法律制度完善。

 学习内容

1. 相关的国际、国内法律法规和规范性文件；
2. 国际、国内有关法律规定的比较分析；
3. 运用所学基础知识对本章相关案例的分析总结。

民用航空运输的显著特点是快速、机动，经济效益高和无法替代，它既是物质生产部门，又是面向社会的服务性行业。在21世纪，国际航空运输已成为各国人员和货物流动的主要方式。尤其是伴随航空技术的不断发展，在国际运输领域，航空运输的优势更加明显。虽然航空飞行的安全性不可比拟，但是由于种种原因，航空事故仍偶有发生。而且，一旦发生航空事故常常伴随着机毁人亡的灾难性后果。旅客在享受航空运输的迅速、便捷之时，也面临着航空运输中不可避免的风险，旅客维权事件也愈见频繁。由此，在民用航空法律领域，航空旅客运输责任制度成为关注的焦点。作为消费者的旅客这一弱势群体利益的保护和救济便成为人们关注的焦点和司法实践的主要问题之一。

第一节 案例导入

【案例9-1】

包头空难案总索赔1.32亿元人民币

历经波折的包头空难索赔案终于在北京市第二中级人民法院（以下简称北京市二中院）进入实质性的审理。32名遇难者家属起诉东方航空公司（以下简称东航）和东航集团、飞机制造商加拿大庞巴迪公司以及生产事故飞机发动机的美国通用电器公司，索赔经济以及精神损失等费用共计1.32亿元人民币，人均413.6万元人民币。图9-1所示的为包头空难事故现场。

1. 诉讼之路：原被告双方曾在美达成调解协议

空难发生后一周，东航根据1993年国务院颁布的《国内航空运输旅客身体损害赔偿暂行规定》，提出向每位遇难乘客赔偿21.1万元人民币。由于对赔偿方案不满，部分遇难者家属随后开始了漫长的诉讼之路。更有不少家属认为此次事故调查和处理不透明。

在国内赔偿引发争议的同时，包头空难引起了一些律师的注意。在空难发生后不久，北京雷曼律师事务所律师郝俊波前往包头寻找遇难者家属，并说服了他们授权律师在美国

代为提起诉讼。这也就是当时引起轰动的中国第一起空难国际赔偿诉讼。

图9-1　包头空难事故现场

之所以在中国发生的空难可以在美国起诉,是基于美国民事诉讼中有一个重要的原则是"长臂管辖",即只要被告和立案法院所在地存在某种"最低联系",而且原告所提权利要求和这种联系有关时,该法院就对被告具有属人管辖权,可以对被告发出传票,哪怕被告在美国州外甚至国外。

"最低联系"范围十分广泛。例如,可以是被告"有意接受",或者被告在法院所在地有"营业活动"等。在包头空难中,发生事故的飞机发动机是由美国通用电气公司(GE)生产的,空难事故不能完全排除发动机故障的可能性。同时,飞机的制造商加拿大庞巴迪公司和中国东方航空公司均在美国有营业活动。这些联系显然足以满足"最低联系",在美国起诉于是成为可能。

2005年10月,32名受害人向美国法院提起诉讼。但法院立案后,东航律师以管辖权的理由要求此案由中国境内法院管辖。2007年7月5日,美国法院做出裁决,暂停在美审理该案。包头空难案历经3年,原被告双方曾于2006年底达成调解协议,赔偿遇难者家属共计1 175万美元,但由于东航反对,并提出管辖权问题,由GE、庞巴迪及东航三方共同承担的赔偿金额未能兑现。"长臂管辖"未撬动跨国诉讼。

2007年11月,空难家属委托律师先后向北京市第二中级人民法院、上海市第一中级人民法院3次递交民事诉讼状,但未获准立案。2009年8月10日,北京市第二中级人民法院正式予以立案。这也是国内法院受理的首起空难集体诉讼案。

2. 事件回放

2004年11月21日8时21分,东航从包头飞往上海的MU5210航班起飞后出现侧滑,一分钟后调度室就搜索不到飞机。据包头机场调度室记录,飞机尾部摇晃,冒浓烟,紧接着就坠到了包头市南海公园的湖中发生爆炸起火,湖中的五六个游艇和岸上的房屋也被殃及。机上47名乘客,6名机组人员以及地面2人共55人在事故中丧生,直接经济损失1.8亿元人民币,机上5吨燃油也倾泻在湖水中。

空难发生后,经国家安监总局通报,认定该事故是一起责任事故,事故原因是飞机在起飞过程中,由于机翼污染使机翼失速临界迎角减小,机翼污染物最大可能是霜,飞机起飞前没有进行除霜(冰)。

3. 案件争议焦点:赔偿标准和赔偿数额

对于案件的赔偿标准和赔偿数额,原告空难家属向法庭提交原被告各方曾在美国达成的赔偿调解协议等多份证据。主要是双方已于2006年11月2日在美国旧金山书面达成赔偿32位空难家庭共计1 175万美元的调解协议,被告应在此基础上予以赔偿。

但是,东航方面表示,空难发生后,32名遇难者家属中有20余户领取了赔偿款且签署了一份免责协议,已就赔偿达成协议。

对此,原告方认为被告在空难家属处于悲痛和震惊中和他们签订赔偿协议,显然属于乘人之危,根据相关法律规定,该协议应为无效。此外,被告要求空难家属签署的免责协议和声明,是被告单方制定的格式条款,也应属无效。从国际惯例和公平合理角度,被告已支付给部分家属的少量赔偿数额,只能作为前期部分赔偿,而不是最终赔偿。况且,在事故责任尚未查清的情况下,也无法确定各方的赔偿责任。原被告曾在美国达成过新的赔偿协议,故原来的无效协议也早已被被告东航自己所推翻。

对于原告的说法,东航律师否认曾在美国签订过该协议,还要求原告出示协议的原件。对此,原告方当庭指出原告已经提交了经过公证认证的美国法官的宣誓证词,证明提交的复印件和当时签署的协议原件一致。另外,被告庞巴迪的律师也在美国法院庭审时证实该协议真实有效。因此,被告律师继续公然撒谎,原告将向美国法院指控东航、庞巴迪和通用在中国法院的伪证罪。

总之,此案不能因为回到中国审理,乘客的生命价值就大打折扣,大大缩水。但是,根据国际空难赔偿惯例,在各方律师参与签订协议后又反悔的,在国际空难史上仅此一例。

4. 索赔4年未果反映出两大法律缺陷

包头空难索赔反映出多方面的问题。既有实体法的问题,也有程序法的问题。同时,也表现出在处理这类问题上中国国内法与国际通行做法之间的差距。

在实体法处理上,目前我国涉及空难死亡赔偿金额方面的法规主要是民航总局2006年颁布的《国内航空运输承运人赔偿责任限额规定》和最高人民法院2003年公布的《关于审理人身损害赔偿案件适用法律若干问题的解释》。两个法律文件的问题表现在限定了航空赔偿的较低数额和划分城乡居民的不同赔偿标准。很明显,这种做法一方面有失公正,另一方面显得机械和滞后。

因为《国内航空运输承运人赔偿责任限额规定》和《关于审理人身损害赔偿案件适用法律若干问题的解释》规定了赔偿限额。《国内航空运输承运人赔偿责任限额规定》第三条规定,"国内航空运输承运人对每名旅客的赔偿责任限额为人民币40万元"。由于这个数额限制，导致发生在中国的空难受害人所获得的赔偿绝对数额确实比较低。

当然，对于每一个当事人来说，对于绝对数额的接受认可程度是不一样的。生前收入较低的人接受的可能性比较大，而对生前收入较高、事业有成或者消费水平较高的受害人来说，对这一数额的认可度就比较低。而乘坐飞机的旅客大多数是收入较高的群体，因此，规定40万元赔偿这一较低的限额不太合理。应该参考国际做法，设定一个较高的标准，在这一标准范围内，由航空承运人和受害人之间协商解决。

在程序上，各级法院对于此类案件很少受理，甚至都不向当事人签发不受理通知书，存在着学者们称之为"抽屉案件"的现象，使空难受害人丧失了通过司法程序获得合理赔偿的渠道。

尽管民事诉讼法规定了起诉的一些基本条件，符合这些条件法院就应该受理，但是在实践中，法院出于种种考虑，会对一些影响范围大、比较敏感的案件拒绝受理。对于这些案件，受理法官往往不会对当事人出具不受理通知书，使当事人无法要求上级法院进行审查。这种情况实际上是法院放弃了其解决空难案件的职责，是不负责任的，既不利于息诉止争，也不利于通过司法的政策形成功能促进航空事业的健康发展。

【案例9-2】

"8·24"黑龙江伊春空难赔偿

1. 事件回放

2010年8月24日21时38分08秒，河南航空有限公司机型为ERJ-190，注册编号B-3130号飞机执行哈尔滨至伊春的VD8387班次定期客运航班任务，在黑龙江省伊春市林都机场30号跑道进近时距离跑道690米处坠毁，部分乘客在坠毁时被甩出机舱。机上乘客共计96人，其中儿童5人。事故造成44人遇难，52人受伤，直接经济损失30 891万元。该事故属可控飞行撞地，事故原因为飞行员失误。此次空难也终结了中国民航保持了2 102天的飞行安全纪录。

根据失事现场情况判断和幸存者回忆，飞机在空中没有发生燃烧或爆炸，初步调查没有发现人为破坏迹象。河南航空有限公司于2010年8月30日公布了飞机坠毁事故遇难旅客赔偿标准，每位遇难旅客赔偿总额为96万元。

2. 空难赔偿

经初步确认，遇难人员中有1人投保国际航空安全空难险，预计赔付1 487万元；1人投保国际航空安全飞行事故险，预计赔付700万元；12人投保航空意外险，预计每人赔付130万元；34人投保中国人寿保险人身伤害险产品，预计每人赔付103万元；6人未投保，由河南航空公司赔付生命补偿及丧葬抚恤金每人96.2万元。经核实，失事飞机属中国民航机队统括保单标的，由人保财险、太保财险、平安财险三家公司共保，其中包括机身险、综合单一责任险。此外，伊春林都机场还投保了机场责任险。空难发生后，保监会立即要求黑龙江、河南保监局启动突发事件应急处理机制，部署保险机构迅速开展投保情况排查等保险服务工作。

河南航空有限公司在2010年8月30日公布了"8·24"飞机坠毁事故遇难旅客赔偿标准。依据2006年中国民用航空总局令第164号《国内航空运输承运人赔偿责任限额规定》，国内民用航空运输旅客伤亡赔偿最高限额为40万元人民币，每名旅客随身携带物品的最高赔偿限额为3 000元人民币，旅客托运行李的最高赔偿限额为2 000元人民币，共计40.5万元人民币。同时，考虑到2006年以来全国城镇居民人均可支配收入的累计增长幅度，赔偿限额调增至59.23万元；再加上为遇难旅客亲属做出的生活费补贴和抚慰金等赔偿，航空公司对"8·24"飞机坠毁事故每位遇难旅客的赔偿标准总共为96.2万元人民币（不含保险赔偿）。

然而，空难家属对于河南航空公司提出的96万元赔偿，以及单方面签订的《责任解除书》不满，称这是"霸王条款"。由于拒绝在《责任解除书》上签字，因此96万元的赔偿金尚未到位。"本人代表遇难旅客所有近亲属保证于本责任解除书签署后不再以任何形式（包括诉讼或其他任何形式）向全部被免除责任人、被免除责任人之一等提出任何有关的权利主张。"这是河南航空方面《责任解除书》的首条，而这也导致了家属们的"强烈不满"，认为这实质上是"2004年包头空难事故处理方法的翻版，名誉上可以给家属赔偿96万元，但这意味着在家属签字的同时，自动放弃了对空难直接责任人的追诉权等"。

最终，伊春空难造成了44人遇难，54人受伤。随之而来的是漫长的赔偿之路。44个遇难者家属中，有30名与河南航空签署了免责协议，并拿到了96万元人民币的赔偿，14名遇难者家属拒绝了这个方案。

3. 空难赔偿争议及社会影响

2012年6月29日下午国家安全生产监督管理总局通过其网站发布了《河南航空有限公司黑龙江伊春"8·24"特别重大飞机坠毁事故调查报告》（以下简称《调查报告》），《调查报告》显示，河南航空有限公司黑龙江伊春"8·24"特别重大飞机坠毁事故是一起"责任事故"，这是新中国历史上第一次被定性为"责任事故"的空难。这是国内首次向社会大众公开空难事故的原因，体现了政府民主政治的进步，更是履行职责，抚慰受害家属的体现。业内人士表示，《调查报告》将伊春空难认定为"责任事故"意味着空难的赔偿将突破此前的限制，包括此前30名遇难者家属签署的免责协议也应被认定为无效。伊春空难的法定赔偿额最少也需要100万元，且上不封顶。

第二节 民用航空运输概述

一、民用航空运输的含义及特点

民用航空运输是使用航空器运送人员、货物、邮件的一种运输方式。可以用于运输的航空器有：气球、飞艇、飞机、直升机等。现代航空运输使用的航空器主要是飞机，其次是直升机。航空运输是现代运输方式。民用航空运输业是物质生产部门，属于第三产业。民用航空运输与铁路、公路、水上和管道运输，是主要的五大运输方式，组成了整个运输业。民用航空运输业既是物质生产部门，又是面向社会的服务性行业。由于民用航空运输不但在经济上具有重要意义，而且在政治上、军事上亦具有重要意义。

民用航空运输具有如下特点。

① 快速。飞机的飞行速度快。早期的活塞式飞机所达到的最大时速约为600千米,进入喷气飞机时代以后,客机的时速已提高到1 000余千米。

② 机动。航空运输不受地理条件的限制。飞机可以把任何距离上的两个地理点沟通,对远距离的国际、洲际旅客,可以不用换乘,进行直达运输。

③ 经济效益高。修建机场比修铁路、公路占用土地少、投资省。此外,航空运输平时为国计民生服务,战时,航空器不需任何改装,即可迅速转而为战争服务,是良好的军用和民用结合的交通工具。

④ 民用航空运输"产品"是无形的。航空运输生产以运输量或者周转量计算,以人次、吨或者客/千米、吨/千米为单位。

⑤ 民用航空运输是服务性行业。必须遵循"旅客第一""用户至上"的原则,竭诚服务,优质服务。优质服务的标准是全面性的,是安全、正常、快速、舒适、方便诸要素的高度统一。

⑥ 民用航空运输业资金密集,是高成本的行业。航空运输虽是先导产业,但它的发展状况又取决于整个国民经济的发展水平。经营航空运输业,应努力降低成本,以市场为导向,确定适当运价水平。发展航空运输业务,不仅要看企业自身的经济效益,同时应评估社会效益。

二、民用航空运输的主要形式

(一)国内运输和国际运输

从运输性质及适用的法律的不同来分,民用航空运输可分为国内运输和国际运输。国内航空运输完全适用国内法的规定。国际航空运输除应适用国内法的有关规定,还应适用国际法的有关规定。当国际法与国内法有不同规定的时候,在我国,则适用我国缔结或者参加的国际条约的规定;国内法和国际条约没有规定的,可以适用国际惯例。

国内航空运输和国际航空运输在公法和私法上划分的标准不一致,其意义也就不同。在公法上,按照《国际民用航空公约》的规定,国际航空运输是指"经过一个以上国家领土之上的空气空间的航班"所进行的运输(第九十六条)。因此,完全在一国领土之内进行的航空运输,即是国内航空运输。在私法上,划分国内航空运输和国际航空运输的标准依照经1955年《海牙议定书》修正的1929年《华沙公约》的规定,即:"本公约所称的'国际运输',指根据各当事人所订的合同约定,不论运输中有无间断或转运,始发地点和目的地点是在两个缔约国国有领土内,或者在一个缔约国领土内而在另一个缔约国、甚至非缔约国的领土内有一个约定的经停地点的任何运输"(第一条第二款)。

《中华人民共和国民用航空法》第一百〇七、第一百〇八条规定如下:
"本法所称国内航空运输,是指根据当事人订立的航空运输合同,运输的出发地点、约定的经停地点和目的地点均在中华人民共和国境内的运输。

"本法所称国际航空运输,是指根据当事人订立的航空运输合同,无论运输有无间断或者有无转运,运输的出发地点、目的地点或者约定的经停地点之一不在中华人民共和国境内的运输。

"航空运输合同各方认为几个连续的航空运输承运人办理的运输是一项单一业务活动的,无论其形式是以一个合同订立或者数个合同订立,应当视为一项不可分割的运输。"

(二)定期航空运输和不定期航空运输

从管理方式及法律规定上的不同,民用航空运输可分为定期航空运输和不定期航空运输。定期运输一般称"定期航班",又称"定期飞行",是指按照公布的时刻由预定的飞行实施、对公众开放的收费航班;不定期运输又称"不定期航班""不定期飞行",指飞行时间不固定、时刻不予公布、公众可以乘坐的收费航班。

划分定期运输和不定期运输源于1944年芝加哥国际民用航空会议。《国际民用航空公约》第六条、第五条规定:"除非经一缔约国特准或其他许可并遵照此项特准或许可的条件,任何定期国际航班不得在该国领土上空飞行或进入该国领土。"而"缔约各国同意其他缔约国的一切不从事定期国际航班飞行的航空器,在遵守本公约规定的条件下,不需要事先获准,有权飞入或飞经其领土而不降停,或作非商业性降停,但飞经国有权令其降落。"

这两条规定明显将航空运输划分为定期和不定期航班,实行不同的管理办法,因而需要明确划分标准,但公约又没有就此下定义。因此,国际民用航空组织理事会于1952年3月25日通过了"定期国际航班的定义",供各缔约国在适用公约第五条和第六条时参照。该定义于1980年经国际民用航空组织第二届航空运输会议修订,并于同年9月由国际民用航空组织大会第二十三届会议批准。

第三节 民用航空运输合同

一、民用航空运输合同的概念及分类

(一)民用航空运输合同的概念

《中华人民共和国合同法》第二百八十八条规定:"运输合同是承运人将旅客或者货物从起运地点运输到约定地点,旅客、托运人或者收货人支付票款或者运输费用的合同。"

民用航空运输合同是航空承运人与消费者(即旅客、货物托运人以及收货人、邮政机构)之间,依法就提供并完成以民用航空器运送服务达成的协议。

（二）民用航空运输合同的分类

为了规范民用航空运输市场中各种模式的交易活动，在人类社会经济生活的活动与发展中，产生了国内旅客运输合同，国内旅客行李运输合同，国内货物运输合同，国内邮件运输合同；国际旅客运输合同，国际旅客行李运输合同，国际货物运输合同，国际邮件运输合同。而国内、国际的上述八类合同，又可细分为国内定期航班旅客运输合同，国内定期航班邮件运输合同；国内包机旅客运输合同，国内包机旅客行李运输合同，国内包机货物运输合同，国内包机邮件运输合同；国际定期航班旅客运输合同，国际定期航班旅客行李运输合同，国际定期航班货物运输合同，国际定期航班邮件运输合同；国际包机旅客运输合同，国际包机旅客行李运输合同，国际包机货物运输合同，国际包机邮件运输合同。此外，还有国内多式联运合同，国际多式联运合同等。

界定航空旅客运输的性质对承运人的责任限制等问题具有重要的意义。因为，不同性质的航空旅客运输导致适用的法律不同以及承运人的责任范围不同。例如，从旧金山→北京→西安→广州的航班，其中旧金山→北京航段由美国联合航空公司运载，而北京→西安、西安→广州两个航段分别由中国东方航空和海南航空运载。如果某甲从旧金山出发到广州，而某乙从北京乘机到广州，中途在西安到广州的航段上发生空难，这样，承运人在赔偿责任上适用的法律是不同的，某甲的赔偿应适用国际航空法的规定，某乙的赔偿则应适用国内航空法。这样赔偿的数额就可能大相径庭。如表9-1所示。

表 9-1　2000 年以来国内及国际空难的赔偿数额

事件	时间	运输性质	死伤旅客（人）	赔偿数额（万元人民币）
东航包头空难	2004.11.21	国内航空运输	47	21.1
北航大连空难	2002.5.7	国内航空运输	103	18.4～19.4
武汉航空空难	2000.6.22	国内航空运输	38	12.11
国航中韩空难	2002.4.15	国际航空运输	129	94
新航台湾空难	2000.10.31	国际航空运输	79	340

二、民用航空运输合同的特征

民用航空运输合同的主体，一方是承运人，另一方是旅客或者托运人，在货物运输中，还有收货人作为特殊的第三人参加法律关系（在邮件运输中，另一方当事人是邮政机构）；民用航空运输合同的客体是承运人的运送行为；民用航空运输合同的内容是当事人达成协议所确定的各自权利和义务。但不管何种形式，民用航空运输合同均具有以下法律特征。

（一）民用航空运输合同为双务合同

以合同双方当事人是否互负义务为划分标准，合同划分为双务合同与单务合同。双务合同是双方当事人彼此间互负义务的合同。它区别于仅由一方当事人负担义务，而另一方当事人完全不负担义务的单务合同。在航空运输合同中，双方当事人互负义务，承运人须将旅客或货物按照约定，安全及时地从一地运送到另一地，旅客或托运人须向承运人支付运费和有关费用，双方的义务具有对价性。因此，航空运输合同是双务合同。在航班发生延误或旅客非自愿改变航程时，旅客之所以有权要求承运人退还票款、解除合同（退票），或请求赔偿，其根据在于合同约定，但其法理却在于航空运输合同是一种双务合同。

（二）民用航空运输合同为有偿合同

以合同双方当事人彼此间有无"对价"的给付为标准，合同划分为有偿合同与无偿合同。有偿合同是双方当事人彼此向对方做出给付并互有对价的合同。它区别于仅有一方当事人做出给付不能形成对价，或虽有双方当事人做出给付但未能形成对价的无偿合同。在民用航空运输活动中，承运人以提供活劳动的方式满足消费者的特殊需要。航空运输合同的客体是承运人的运送行为，即承运人提供并完成的活劳动的成果，正是由于消费者与承运人的买卖而形成。因此，这类合同当属有偿合同。鉴于航空运输合同的内容本质上是一种承运人与消费者之间的财产关系，一方当事人不履行或违反合同义务，势必直接给另一方当事人造成财产上的损害，所以双方当事人均应履行各自的合同义务，并应于不履行或违反合同义务时，依法并根据给对方当事人造成的财产损失程度，承担相应的责任。

（三）民用航空运输合同为诺成合同

以合同成立的要件是否包含合同标的物给付为标准，合同划分为诺成合同与要物合同（又称实践合同）。诺成合同是一旦双方当事人达成合意，随即产生债的结构的合同。它区别于除了双方当事人必须达成合意外，还必须以实际交付合同标的物为要件，债的结构才能产生的要物合同。就航空运输合同而言，其成立一般只需承运人与消费者就提供并完成特定运送服务达成合意，其生效以消费者完成取得运输凭证的有关手续之时为标志，运输凭证仅仅是证明合同成立，以及随即产生的承运人与特定消费者之间相应的法律关系客观存在的一种证据。简言之，客运合同自承运人向旅客交付客票时成立，而货运合同也一般是以托运人交付货物作为承运人履行合同义务的条件而非合同成立的条件。所以，航空运输合同为诺成合同。

（四）民用航空运输合同为格式合同

所谓格式合同是基本内容与形式均由一方当事人为与多数人订立合同而事先制定，并在其经营或管理活动中反复使用，而作为另一方当事人（或单独，或集体）不能对合同基本内容与形式做出任何变更的合同。《中华人民共和国合同法》第三十九条第二款规定："格式条款是当事人为了重复使用而预先拟定，并在订立合同时未与对方协商的条款。"

民用航空运输合同的基本内容全部由承运人事先依法律、行业惯例、经营需要单方确定，而承运人所开具的客票、行李票、货运单是订立合同和接受运输条件的凭证。从要约与承诺的主体看，承运人永远是要约人，而消费者永远是承诺人；从要约与承诺的内容看,承运人一般不会对合同基本内容做出变更,而消费者也不能对合同基本内容做出任何变更。亦言之,消费者只有对合同表示接受或不予接受的权利,却没有对合同条件讨价还价的自由。进而言之,不论对于合同内容知与不知,多知或少知,消费者均要受其约束。从要约与承诺的方式看,如果承运人根据消费者请求按条件合法出具运输凭证,只要没有相反的证据表明消费者不接受要约,就应该认定消费者已就合同成立与履行做出了具有拘束力的承诺。当然,只要没有相反的证据表明承运人没有做出要约或已变更其既定要约,同样应该认定承运人已就合同成立与履行做出了具有拘束力的要约。承运人与消费者均无须按照传统的缔约方式对合同做出签署。在解释这种格式合同时,应依照《合同法》第三十九条至第四十一条的规定进行。

(五)民用航空运输合同为有名合同

以法律是否以特定名称命名并设有专门规范为标准划分,合同划分为有名合同(又称典型合同)与无名合同(又称非典型合同)。有名合同,指法律对合同的类型与内容已做出明确规定,并赋予特定名称,合同当事人必须对法律规定的要素做出约定的合同。它区别于法律未对合同的类型、内容以及名称做出规定,双方当事人出于交易需要,可以自行决定合同内容,只要不违反法律、社会公共利益,法律便承认其合法效力的无名合同。航空运输合同在本质上属于一种承揽合同。世界各国,或在民法与商法中于承揽合同或工作合同名下对它的有关问题做出了一般规定,或在航空法或合同法中于航空运输合同或运送合同名下对它的基本要素做出了特殊规定。例如,合同的基本内容与形式、赔偿责任等。上述诸法律直接调整承运人与消费者之间债的结构,即他们彼此间的权利义务关系。故航空运输合同应属有名合同。

第四节 我国航空旅客人身损害赔偿的承运人责任制度

我国关于航空旅客人身损害赔偿的承运人责任制度,主要规定在《民用航空法》和《国内航空运输承运人赔偿责任限额规定》中。《民用航空法》是以规范民用航空行政管理和民商关系方面为主要内容的法律,借鉴了《华沙公约》《海牙议定书》以及1975年《蒙特利尔第二号附加议定书》的规定,这些规定奠定了我国航空旅客运输承运人责任制度的基础。

《民用航空法》第一百零七条规定:"本法所称国内航空运输,是指根据当事人订立的航空运输合同,运输的出发地点、约定的经停地点和目的地点均在中华人民共和国境内的运输。本法所称国际航空运输,是指根据当事人订立的航空运输合同,无论运输有无间断或者有无转运,运输的出发地点、目的地点或者约定的经停地点之一不在中华人民共和国境内的运输。"该法条将航空运输分为国际运输与国内运输,并且二者适用的法律不同,国际航空运输根据国际条约优先的原则,适用2005年对我国生效的《蒙特利尔公约》,对不属于公约范畴的国际航空运输纠纷则按照我国冲突法的规定进行处理,对于国内航空运输适用《民用航空法》的相关规定。

一、我国航空旅客人身损害赔偿承运人的责任、免责与赔偿限额

（一）承运人的责任

① 承运人对旅客人身伤亡的责任。即因发生在民用航空器上或者在旅客上、下民用航空器过程中的事件，造成旅客人身伤亡的责任。

② 承运人对行李的责任。即发生在民用航空器上或者在旅客上、下民用航空器过程中的事件，造成行李毁灭、遗失或者损坏的责任。所称行李，包括托运行李和旅客随身携带的物品。

③ 承运人对货物的责任。即因发生在航空运输期间的事件，造成货物毁灭、遗失或者损坏的责任。所称航空运输期间，是指在机场内、民用航空器上或者机场外降落的任何地点，托运行李、货物处于承运人掌管之下的全部期间。航空运输期间，不包括机场外的任何陆路运输、海上运输、内河运输过程。但是，此种陆路运输、海上运输、内河运输是为了履行航空运输合同而装载、交付或者转运，在没有相反证据的情况下，所发生的损失视为在航空运输期间发生的损失。

④ 旅客、行李或者货物在航空运输中因延误造成的损失，承运人应当承担责任。

（二）承运人的免责

① 旅客的人身伤亡完全是由于旅客本人的健康状况造成的，承运人不承担责任。

② 旅客随身携带物品或者托运行李的毁灭、遗失或者损坏完全是由于行李本身的自然属性、质量或者缺陷造成的，承运人不承担责任。

③ 承运人证明货物的毁灭、遗失或者损坏完全是由于下列原因之一造成的，不承担责任：a. 货物本身的自然属性、质量或者缺陷；b. 承运人或者其受雇人、代理人以外的人包装货物的，货物包装不良；c. 战争或者武装冲突；d. 政府有关部门实施的与货物入境、出境或者过境有关的行为。

④ 因延误造成的损失，承运人证明本人或者其受雇人、代理人为了避免损失的发生，已经采取一切必要措施或者不可能采取此种措施的，不承担责任。

⑤ 在旅客、行李运输中，经承运人证明，损失是由索赔人的过错造成或者促成的，应当根据造成或者促成此种损失的过错的程度，相应免除或者减轻承运人的责任。旅客以外的其他人就旅客死亡或者受伤提出赔偿请求时，经承运人证明，死亡或者受伤是旅客本人的过错造成或者促成的，同样应当根据造成或者促成此种损失的过错的程度，相应免除或者减轻承运人的责任。在货物运输中，经承运人证明，损失是由索赔人或者代行权利人的过错造成或者促成的，应当根据造成或者促成此种损失的过错的程度，相应免除或者减轻承运人的责任。

(三) 承运人的赔偿责任限额

首先,《民用航空法》第一百二十八条规定:

国内航空运输承运人的赔偿责任限额由国务院民用航空主管部门制定,报国务院批准后公布执行。

旅客或者托运人在交运托运行李或者货物时,特别声明在目的地点交付时的利益,并在必要时支付附加费的,除承运人证明旅客或者托运人声明的金额高于托运行李或者货物在目的地点交付时的实际利益外,承运人应当在声明金额范围内承担责任。

按照《中国民用航空货物国内运输规则》第四十五条规定:

由于承运人的原因造成货物丢失、短缺、变质、污染、损坏,应按照下列规定赔偿:

(1) 货物没有办理声明价值的,承运人按照实际损失的价值进行赔偿,但赔偿最高限额为毛重每公斤人民币20元。

(2) 已向承运人办理货物声明价值的货物,按声明的价值赔偿;如承运人证明托运人的声明价值高于货物的实际价值时,按实际损失赔偿。

按照《中国民用航空旅客、行李国内运输规则》第五十一条规定:

旅客的托运行李全部或部分损坏、丢失,赔偿金额每公斤不超过人民币50元。如行李的价值每公斤低于50元时,按实际价值赔偿。已收逾重行李费退还。

旅客丢失行李的重量按实际托运行李的重量计算,无法确定重量时,每一旅客的丢失行李最多只能按该旅客享受的免费行李额赔偿。

旅客的丢失行李如已办理行李声明价值,应按声明的价值赔偿,声明价值附加费不退。行李的声明价值高于实际价值时,应按实际价值赔偿。

行李损坏时,按照行李降低的价值赔偿或负担修理费用。

由于发生在上、下航空器期间或航空器上的事件造成旅客的自理行李和随身携带物品灭失,承运人承担的最高赔偿金额每位旅客不超过人民币2 000元。

其次,《民用航空法》第一百二十九条规定:

国际航空运输承运人的赔偿责任限额按照下列规定执行:

(一) 对每名旅客的赔偿责任限额为16 600计算单位;但是,旅客可以同承运人书面约定高于本项规定的赔偿责任限额。

(二) 对托运行李或者货物的赔偿责任限额,每公斤为17计算单位。旅客或者托运人在交运托运行李或者货物时,特别声明在目的地点交付时的利益,并在必要时支付附加费的,除承运人证明旅客或者托运人声明的金额高于托运行李或者货物在目的地点交付时的实际利益外,承运人应当在声明金额范围内承担责任。

托运行李或者货物的一部分或者托运行李、货物中的任何物件毁灭、遗失、损坏或者延误的,用以确定承运人赔偿责任限额的重量,仅为该一包件或者数包件的总重量;但是,因托运行李或者货物的一部分或者托运行李、货物中的任何物件的毁灭、遗失、损坏或者延误,影响同一份行李票或者同一份航空货运单所列其他包件的价值的,确定承运人的赔偿责任限额时,此种包件的总重量也应当考虑在内。

（三）对每名旅客随身携带的物品的赔偿责任限额为332计算单位。

再次，根据中国民用航空总局令第164号令发布的《国内航空运输承运人赔偿责任限额规定》（于2006年3月28日起施行），对有关赔偿的规定做了修改，主要规定有：

国内航空运输承运人（以下简称承运人）应当在下列规定的赔偿责任限额内按照实际损害承担赔偿责任，但是《民用航空法》另有规定的除外：

（一）对每名旅客的赔偿责任限额为人民币40万元；

（二）对每名旅客随身携带物品的赔偿责任限额为人民币3 000元；

（三）对旅客托运的行李和对运输的货物的赔偿责任限额，为每公斤人民币100元。

最后，《民用航空法》第一百三十条规定：

任何旨在免除本法规定的承运人责任或者降低本法规定的赔偿责任限额的条款，均属无效；但是，此种条款的无效，不影响整个航空运输合同的效力。

二、我国航空旅客人身损害赔偿责任制度规定的缺陷

我国《民用航空法》由于制定时间早，在航空旅客人身损害赔偿责任制度方面与国际公约相比还存在很多问题。主要体现在以下几个方面。

（一）《民用航空法》关于旅客运输承运人责任范围的规定存在一定的缺陷，需要进一步修改完善，和有关国际条约接轨。

承运人责任范围规定是承运人责任制度的重要组成部分。有关这方面的规定，主要体现在我国《民用航空法》第一百二十四条："因发生在民用航空器上或者在旅客上、下民用航空器过程中的事件，造成旅客人身伤亡的，承运人应当承担责任；但是，旅客的人身伤亡完全是由于旅客本人的健康状况造成的，承运人不承担责任。"

该条文与有关国际条约和国际惯例的主要不同是，其中采用"事件"取代了《华沙公约》以及《海牙议定书》中的"事故"一词，并且增加了一个但书，即"旅客的人身伤亡完全是由于旅客本人的健康状况造成的，承运人不承担责任。"

首先，采用"事件"是一个比"事故"外延更大的概念。对于"事故"的概念，国际上有比较一致的认定。对于"事件"的认定由于可能没有一个准确的定性，在这种情况下就完全会使承运人的责任范围也变得不确定，势必会打破长期以来形成的承运人与消费者之间的利益平衡机制。

其次，对于"但书"，其立法初衷可能是为了减轻承运人的赔偿责任，但实际效果却加重了承运人的举证责任。具体来讲就是当出现旅客伤害的情况时，承运人必须证明旅客的伤亡完全是由于自身健康状况造成，而旅客通常为了获得更多的赔偿，就会千方百计地采用各种策略来证明自身健康状况良好。这与具体案件中鼓励当事人各方庭外解决赔偿的宗旨不一致，在一定程度上鼓励了滥诉。

（二）航空运输的归责原则存在国际国内不统一和不尽合理的问题。

根据我国《民用航空法》的规定，在航空运输过程中造成的旅客人身伤害或死亡的，我国采用的是无过错责任归责原则，虽然规定当承运人得以证明旅客有过错可以适当免责，但通常承运人往往要举证自己没有过错从而免责是相当困难的。

对于承运人的归责原则，在国内航空运输中，承运人承担的是无过错归责原则；而在国际航空运输中，却实行的是《蒙特利尔公约》中的双梯度原则。

所谓双梯度责任制度，只适用于国际航空运输旅客损害赔偿中，在该公约第一梯度下，实行损害赔偿请求不超过10万的特别提款权的严格责任，改变了《华沙公约》的过错推定责任。这就保证了在第一梯度内，排除了承运人依据不可抗力和意外风险作为免责的抗辩理由，对于旅客利益起到最大限度的保障。在公约第二梯度内，旅客对于承运人提出的超过10万特别提款权，要受到过错推定责任的制约。对于特定的情形，承运人可以通过举证来免除相应部分的责任。这种不统一的规定有着明显的缺陷，对于要求航空运输一体化和现代化的今天，这种规定不利于航空运输业的发展，也不利于承运人和旅客之间所要求的公平、公正的对待。

航空旅客人身损害赔偿制度的目的在于通过补偿使受害人的利益恢复到未侵害以前的状态，归责原则与责任限额一直是人身损害赔偿责任制度的两个核心问题，只有两者有机地结合，才能在最大限度上保障受害人的利益。《蒙特利尔公约》中所确定的双梯度责任制度，就是根据当代航空运输的发展形势，为了平衡承运人与消费者的利益而提出的一个制度，这个制度的合理性、科学性，不仅是立法上的重大突破，也是值得我们借鉴的一个制度。它将严格责任和过错推定责任相结合，更好地实现了承运人与消费者之间的利益平衡。

因此，我国《民用航空法》可以在基于我国实际情况的基础上，对于承运人的责任在某一限额内，承担严格责任，将承运人的抗辩事由限制在"旅客健康事由"和"共同过错"两个方面。对于超过责任限额的部分适用过错推定责任，赋予承运人更多的抗辩事由，例如不可抗力抗辩、尽责抗辩等，通过合理的解释，适当放宽抗辩事由的适用范围。

在保障受害人利益得到一定补偿的基础上，尽量减少承运人过重的赔付责任。这样的责任形式，不仅有利于简化诉讼程序，使得受害人可以在受到损害后尽快得到补偿，在保障受害者利益的同时承运人可以通过无过错免责事由来进行抗辩，从而保护其自身的利益。

（三）责任限额存在的问题——所采纳的责任限额制度单一，不能适应航空运输业的发展。

损害赔偿限额一般在特殊侵权法中适用，是指对损害赔偿义务人的赔偿责任以法律的形式确定赔偿限额，也即不按照实际损失全部赔偿，是对全部赔偿原则的修正与衡平。在特殊侵权法中，若实行全部赔偿原则，实际赔偿数额往往巨大，加害人承受不起或负担过重，从而严重影响该行业或该行为的正常运转。赔偿限额常常是对幼稚产业的保护或者以

"社会利益为目的活动的"维护所设,是侵权损害赔偿之效率价值的反映。损害赔偿限额是在侵权责任构成的基础上,对赔偿额设定的最高限制,不是对侵权责任或者责任构成设定的限制。因此,赔偿限额严格来说不是"责任限额",也不是"责任限制"。由于损害赔偿限额在结果上或法律效果上对赔偿责任进行了限制,所以我国学者又将"赔偿限额"称为"责任限额"或"责任限制"。

对于旅客损害赔偿责任限额,根据1996年施行的《民用航空法》第一百二十八条规定:"国内航空运输承运人的赔偿责任限额由国务院民用航空主管部门制定,报国务院批准后公布执行。"随后,2006年国务院批准施行《国内航空运输承运人损害赔偿责任限额规定》后,每位旅客的损害赔偿责任限额从7万元提升至40万元。但40万元的损害赔偿规定,和国际航空损害赔偿限额相比,乃至和当今中国国情相比,偏低已经是一个不争的事实。

国内国际实施双重标准,国内航空损害赔偿限额仅是国际损害赔偿限额的1/3。《蒙特利尔公约》序言强调"确保国际航空运输消费者的利益的重要性"和"在恢复性赔偿原则的基础上提供公平赔偿的必要性"。中国已经是该公约的缔约国,在这种情况下,强调提高国内航空运输赔偿标准,同时协调国内与国际航线赔偿标准的差距,保持与国际条约宗旨的一致性迫在眉睫。

对于航空赔偿限额与标准的制定,我国采用由民航局制定后,再予以授权的方式运行。但从我国民航业发展的轨迹来看,虽然民航局属于行政部门,航空公司属于企业,在体制上表面脱钩,但究其实质仍然有千丝万缕的关系。两者由于在利益上具有一致性,会导致民航局在赔偿标准制定上出现偏袒,进而影响这一行业的公平。

因此,针对这一体制,应当采用立法的方式明确规定赔偿标准,保证制度本身的合理性。

目前,对于承运人责任制度的规定呈现了一种趋势,更多的法律制度趋向于保护旅客利益。伴随航空业的不断发展,承运人的经济实力越来越强,并且航空技术也不断进步,承运人的经营风险也会越来越小。早期强调通过行政手段保护弱小行业的立法原因逐渐削弱,航空公司往往成为经济交往中具有强势的一方,保护弱势群体的旅客利益,成为立法发展的趋势。

当然,从我国的经济发展水平和航空运输业自身的发展情况来看,对于赔偿限额无法和公约第一梯度的责任限额10万特别提款权保持一致,但可以基于自身的情况,在现有责任限额的基础上,适当提高赔偿限额,以缩小和国际航空客运及其他国家国内航空客运责任限额的差距。

我国不应当规定一个具体数额的赔偿限额,而应当结合上述的归责原则,采用一个科学、合理的计算标准来衡量,改变原本由人大常委会或国务院甚至得以授权的民航总局等部门,在没有进行充分调查、研究的情况下,单凭几个简单数字而做出的结论,这些结论往往由于代表数字的不真实性、不全面性,导致整个结果与现实产生巨大差距。我们可以充分借鉴双梯度责任制度,分层次和分情况地设置一个浮动的标准,摒弃采用单一标准的模式。同时我国也可以吸收《蒙特利尔公约》限额复审的规定,定期为主、不定期为辅地以通货膨胀率为依据对限额进行复审。《民用航空法》可具体规定这种责任限额的更新机制,包括限额复审的主体、程序、方式、标准、期限等内容。

这种根据经济情况而浮动的复审机制限额更能克服法律的滞后性,适应社会的发展,与时俱进,更大限度地保护旅客的切身利益。

(四)损害赔偿赔付机制存在的问题——相应赔偿机制的缺失。

在我国,当出现航空损害事故时,航空公司为了安抚受害者和其家属、平息事态,会尽快地提供各种形式的数量不均等的赔偿。而这种赔偿由于缺乏相应的法律依据,具有很大的随意性,缺乏统一的标准。有的时候在同一事故中的受害者,也出现了不同的赔偿标准,这就严重威胁了消费者的平等地位,从长远来看,这种赔付机制不利于形成统一的体系,也不利于航空事业的发展。

在国际上很多国家采用《蒙特利尔公约》中的先行付款制度,这种制度是该公约立法创新的又一亮点,分析这种制度体现了极大的科学性和人文关怀性。其具有以下优点:一是,当发生航空旅客损害事故后,承运人所进行的赔偿已经不局限在道义的层面上,公约已经将其上升到法律层面,这就保证了受害人及其家属在受到伤亡事故后,能够在第一时间获得经济补助来进行善后事宜,保证了弱势消费者的利益。二是,减少了航空公司利用其强势的地位与弱势消费者达成不平等的赔偿方案,损害消费者的利益。在实践中,受害者往往希望能在第一时间获得赔偿,而航空公司就利用受害者迫切需要经济补助的心理,开出不平等的赔偿方案,利用受害者的不利境地逃避应有的责任。这种制度的出现,就减少了这种事件出现的概率。三是,制度本身的合理性。先行赔付制度不构成对责任类型的承认,具有先行垫付损失的性质,这就提供了充分的时间来对损害赔偿定性以及确定赔付标准,当损害赔偿法律层面处理完毕后,再进行相关金额的抵消,不仅为事故的处理提供了时间,也为消费者的利益提供了最为充分的保障。

基于以上的优点,我国也应当建立航空损害赔偿先行赔付制度。而对于这一制度的构建,设立一个专门损害赔偿基金是一个可取的办法。这个基金的牵头主体应当是航空公司,航空公司按一定的比例在当年的利润中进行扣除,在旅客购买的机票中也适当地规定一定的比例,这两部分作为基金的主要来源,当然自然人以及各社会组织也可以为基金添砖加瓦。为了确保基金的专款专用,解决在基金运作过程中出现的问题,可以由国家民航局设立专门的监督机构,并定期向社会公布基金运作的情况,确保这个基金的目的得以实现。形成一个由保险公司承担保险责任,航空公司分担相应赔偿责任的保障体系,最大限度地保障受害人的利益得以弥补和补偿。

【参考资料9-1】

"华沙体系"下的责任限额制度——责任限额制度的起源

设立于1929年的《华沙公约》体制下的责任限额制度有一定的可行性。究其根源,主要受到海商法的规则影响较大。海事运输中,发生海损事故的风险性极大,而且后果往往不堪设想,对于事故之后的责任承担,其实是不公平地分配在船长身上的。这种超额的赔偿金不符合合理性,价值往往超过了船只本身,最后可能会导致不良后果。例如,航运企业举步维艰,航海贸易事业发展滞后。为更好地保护海上运输承运人的利益,促进海上运输的发展，1924年8月的《海牙规则》首次确立了责任人不实际赔偿的原则，即责任限额制度。这一制度自产生后，迅速被其他产业借鉴吸收，航空业就是其中之一。在随后的短短七十年之间，责任限额制度在国际航空领域经历了一段翻天覆地的蜕变过程。

这样两者一对比，可以发现航空运输也有着严重损害结果和巨大赔偿数额的特点。此外，令起草《华沙公约》的专家学者们关注的是，航空运输更不能避免损害结果这种必然会发生的风险，这样一来，无限制的赔偿对于承运人来说无疑是一次巨大的打击，因为往往航空事故毁损结果和伤亡结果不堪想象。承运人对乘客的损害赔偿责任是有限的，这是其中最大的特点。并且赔偿数额一般来说不能超过公约规定的最高限额。虽然人们常说，限制责任可以作为推定责任的对等交换物，即用限制责任给予承运人保护来换取推定责任给乘客的好处，平衡和兼顾双方的利益。

1929年10月，《华沙公约》在《海牙规则》的基础上，首次提出了承运人责任限额制度，《华沙公约》第二十二条将旅客的责任限额规定为125 000法郎，当时折合约8 300美元；1955年9月，《海牙议定书》将责任限额由8 300美元提高到16 600美元；1966年5月，《蒙特利尔协议》将赔偿责任限额提高到75 000美元（包括法律费用）或者58 000美元（不包括法律费用）；1971年3月，《危地马拉议定书》提出将责任限额提升至100 000美元，但是该议定书并未生效；1999年5月，《蒙特利尔公约》突破性地规定了双梯度责任制度，对每名旅客的损害赔偿在10万特别提款权以上实行过错推定责任，10万特别提款权以下实行严格责任，这一数额于2009年经复审提升至11.31万特别提款权，2014年的复审维持了这一数额。

三、对责任限额制度的质疑

对航空赔偿责任限额制度的质疑早已有之，而且来自方方面面，尤其是以美国为代表，早已不满《华沙公约》中的责任限额规定，它首先提出了质疑。另外，公约所采取的主要是大陆法系规则，和美国适用的法律有所冲突，所以，他们的法院和法官一直存有不良抵触情绪，并且没有参与公约的制定。另者，美国经济发展水平较高，远远高出其他国家，更不用说公约中规定的数额。由于司法界和舆论界对于以上观点颇为支持，美国提出退出华沙体系，除非将华沙体系下的事故损害赔偿提高到必要的额度，可是，许多国家对此提出严重异议，表示不满。其实这是华沙体系里责任限额制度的巨大问题，航空公司对事故保险一般采取投保的方式，责任险作为保险航空事故的一种方式，其保费将计入公司的经营费中。增加相应的机票价格，就要提高赔偿相应的额度，从而支付更多保险费，让全世界所有范围的国家共同负担。全球各国经济发展不均衡导致的问题严重质疑了华沙体系中的限额制度，从而新的限额制度的制定呼之欲出。

首先，从是否应该保护航空利益来考虑。

正如前文所述，承运人责任限额制度来源于海上货物运输，其最初设立的目的是为了维护承运人利益，降低运输风险，从而促进海上运输的蓬勃发展。航空法最初借鉴此制度的理由与海商法如出一辙。

华沙体系诞生之初，国际航空产业的发展尚处于萌芽阶段。科技水平的落后，对于风险防范与处理机制的不成熟，意味着承运人每一次飞行都有可能承担濒临破产的商业风险。出于对幼稚产业的扶持，政府必须做出政策倾斜，尽可能为新兴产业创造一个健康平稳的发展环境，责任限额无疑成为一个很好的突破口。

第二次世界大战后，航空业得到了国际社会的普遍重视。随着各国科技水平的提升，承运人对于飞行过程中风险的预测与防范能力趋于成熟，加之航空保险机制的不断完善，企业自身力量的逐渐强大，航空产业俨然成为衡量一国综合力量的朝阳产业，此时若仍将航空产业作为弱势产业看待，显然已经不符合实际情况。故此，作为保护幼稚产业的一种激励手段，责任限额的存在价值应该予以重新考虑。

目前关于责任限额存废的主流观点主要有保护航空利益说和保护弱者利益说。保护航空利益说对责任限制制度持肯定态度，主要是责任限制原则是作为一种航空业的激励机制，可以避免全部财富因赔偿请求而消失殆尽的风险，否则将导致人们对于致力并投资交通运输服务失去信心，而这一点对于社会而言显然是不言而喻的。具体来讲就是，赔偿限额的理由与依据，各国在"二战"以前很少怀疑。因为就《华沙公约》当时制定的历史条件而论，航空科学、航空设备、航空技术等还非常落后、简单和粗糙，航空企业的风险很大，一次航空失事就足以使一家中小型航空企业破产倒闭。基于对航空幼稚产业的保护以及对风险的分担，作为推定过错责任的对等交换物——赔偿限额，有其合理性。另外，从当今航空业的发展情况来看，随着各项技术水平的不断完善，承运人自己真正承担的赔偿额越来越少，因一场空难而造成全部财产损失的情况几乎不存在，因此，如果继续将责任限额作为激励机制的话，显然有些偏颇。保护弱者利益说对责任限额持否定态度，他们认为责任限额是政府为保护弱势产业而做出的政策倾斜的结果，存在的意义是为了保护承运人利益，这实质上是对旅客权利的侵害，因此应该废除该项制度。对于上述观点，应当从法律、社会等各方面综合考虑，以决定对航空承运人责任限额制度的基本态度。

其次，从法律的发展来看，责任限制制度不符合法律未来发展趋势。

根据上文对责任限额发展的历史逻辑探究可以发现，从《华沙公约》到1999年《蒙特利尔公约》，关于责任限额的规定呈现从无到有又倾向于无的趋势，赔偿数额也不断增加。社会的发展在很大程度上决定了法律的走向。航空业发展至今已不再是所谓的弱势产业，而旅客在谈判协商权及举证索赔能力方面远远不及承运人。法律的发展必然以实质公平为目标，这就要求逐步实现承运人责任制度设计的合理性与正当性。在平衡航空承运人与旅客二者之间利益的同时，不能单纯将法律的天平倾向于承运人，从而忽略旅客的利益。从这一点来看，责任限额的存在有悖于当今法律的需求，应当予以废除。

再次，社会价值的变化促使制度进行必要的变迁。

华沙体系诞生初期，国际社会的重心主要放在如何提升自身综合国力之上，而航空产业又是其中一个重要的衡量因素，因此，为保护航空产业的发展，责任限额逐渐被国际社会所接纳。随着经济全球化一体化的出现，以及教育水平的普遍提升，公民的权利意识逐步觉醒，整个国际社会的价值走向开始发生转变。以牺牲旅客的权益为代价而推动整体航空业发展的价值取向已经无法被公众所接受，责任限额的存在故此受到诟病。

然后，航空公司的社会责任与责任限制制度相冲突。

航空公司与旅客间签订的是运输合同，承运人理应为旅客提供安全舒适的环境，按照约定的时间将旅客送至目的地。航空公司在创造经济价值的同时，也要履行企业的社会责任，考虑利益相关方即旅客的期望，致力于改善公共关系，寻求更好的发展契机。随着航空公司自身实力的增强，航空保险机制的完善，各类航空企业百花齐放，航空公司已经有足够的能力应对空难所带来的风险，而不需要在责任限额的庇护下实现企业利益最大化。

最后，旅客的人权越来越受到尊重。人权，简言之，就是人人自由、平等地生存和发展的权利。随着联合国国际大会对人权的强烈呼吁，各国对于人权的重视也开始提升。国际公约中关于承运人责任限额的设定，实质上是对旅客权利的侵害，违背了公平、公正的基本原则。人的生命是无价的，不能用金钱衡量，但是当生命被标上价位后却体现了尊严。责任限额的设定，对于将亲人视为无价的旅客家属来说，是最大的侮辱，在一定程度上也不利于诉讼的尽快了结。

四、我国关于航空承运人责任限额制度的变革思路

我国关于承运人责任限额在国内与国际运输方面实行双轨制。根据2006年3月28日国务院批准施行的《国内航空运输承运人赔偿责任限额规定》，每名旅客人身损害赔偿限额为人民币40万元。根据1999年《蒙特利尔公约》，国际航空运输承运人赔偿责任限额为10万特别提款权（经复审提升至11.31万特别提款权）。这意味着国内与国际关于责任限额的赔付比例约为1：3。赔偿差距如此悬殊，相当于用国内航空产业的收益来补贴收入颇丰的国际旅客，这对于选择国内航班的旅客来说，是不公平的，也是农夫补贴国王的典型表现。此外，国内外关于责任限额的双重标准在一定程度上赋予了外国人超国民待遇，违背了国际法中关于国民待遇的规定。

放眼其他各国关于责任限额的具体规定，美国、日本采取的是无限额规定，均放弃关于责任限额的适用；欧盟、韩国统一了国内外关于责任限额的规定，具体规定参照1999年《蒙特利尔公约》；澳大利亚国内运输赔偿责任限额为725 000澳元，国际运输责任限额为260 000特别提款权；印度航空法规定在旅客死亡、永久残疾且年龄大于12岁时，责任限额为375 000卢比，暂时性残疾期间每月750卢比为限或以总额150 000卢比为限，以较低者为准；巴西则规定在每名旅客出现死亡或伤害时，赔偿3 500份国债。

通过比较以上各国对于责任限额的规定，可以发现：发达国家多倾向于选择无责任限额，发展中国家通常会根据自身国情，对于国内与国际运输赔偿责任限额做出针对性规定，但一般国内责任限额要高于国际运输。与其他国家相比，我国目前沿用的40万元显然已经滞后，并且这一数额是11年前设定的，随着我国经济发展的日新月异、人均消费水平及通货膨胀率等多项因素的变化，40万元已经不能满足当今社会发展的需要，责任限额的革新势在必行。

尽管我们赞成废除承运人赔偿责任限额，但是并不意味着要立即废除。虽然我国已经跻身于民航大国，但是本质上仍为发展中国家，民航业的发展仍属于过渡时期，直接沿用

美国、日本的无责任限额规定显然不太现实，但是不代表以后没有这种转变的可能，责任限额的废除仍是大势所趋。故此，我国关于责任限额的变革可以在改革现有制度的基础上设置过渡性规则，最终实现无责任限额目标。

过渡性制度可以参照欧盟、韩国的规定，将国内赔偿责任限额与国际相统一，既可以避免双轨制带来的不公，又能够节约司法成本，与国际社会更好地接轨。同时，将责任限额与国内经济发展水平挂钩，在国家经济实力提升的同时，责任限额也随之提高，以适应社会的发展，避免出现经济单方面增长，而承运人赔偿责任限额滞后的尴尬局面。

在将来我国航空业真正实现规模性盈利时，则可以完全抛弃责任限额，并配套适用承运人推定过错责任归责原则，将举证责任归在承运人身上，以实现法律的实质性公平。

第五节 相关主要案例及其分析

一、《蒙特利尔公约》中限额制度在马航事件中的应用

（一）包头空难案律师建议马航乘客家属在中国起诉

2014年3月24日，马来西亚总理纳吉布宣布MH370航班在印度洋南部"终结"，无人幸存。乘客家属的诉讼大幕随之正式拉开。MH370上的一名印尼乘客家属已选择在美国起诉马来西亚航空公司（以下简称马航）和波音公司，被称为"第一起针对MH370失联事件的诉讼"。中国乘客家属若在美起诉，有望获得每人500万美元的赔偿金，远高于国内。

曾代表韩亚航空空难家属索赔的美国芝加哥瑞贝克律师事务所25日向美国广播公司表示，委托该律所的MH370乘客家属已经有十几位，主要来自马来西亚和印尼，也有中国乘客家属和该事务所接洽。他们打算为每名乘客向马航和波音公司索赔数百万美元。马航中国乘客家属选择在美起诉。

被称为"中国第一位空难案律师"的郝俊波表示："我代理的案件中，索赔时间最短的用了六个月，发生在美国之外的空难，如果希望得到更高赔偿金而去美国诉讼，则可能需要几年。"还有，在这场失联悲剧中，中国家属在美起诉并不简单。失事原因的扑朔迷离，既增加了索赔的理由，也增加了变数。

"但家属可以假定马航存在过错进行起诉。"郝俊波说，因为马航在此场事故中，很难自证"无过错"，家属有望获得远高于限额的赔偿。

在美起诉可能面临"驳回"的风险。

从诉讼维权的角度看，MH370航班中国乘客家属，最好在哪里起诉？

"从诉讼的效果上看，我觉得在中国或者美国起诉比较好。"郝俊波分析，除了根据《蒙特利尔公约》可以在马来西亚和中国起诉外，由于MH370飞机制造商是美国的波音公司，所以也可以考虑在美国起诉波音公司，顺带也在美国起诉马来西亚航空公司。

在美国民事诉讼中有一个重要原则称之为"长臂管辖"，即只要被告和立案法院所在

地存在某种"最低联系",而且原告所提权利要求和这种联系有关时,该法院就对被告具有属人管辖权,可以对被告发出传票,哪怕被告在州外甚至国外。而 MH370 航班客机的制造商波音公司总部,即位于美国芝加哥。

郝俊波介绍,由于美国的赔偿额是全球最高的,所以操作中,一般会把发生在世界上任何地方的空难,都拿到波音的总部芝加哥法院去起诉。

不过,郝俊波透露,这些来自异国的空难案件,有可能会被美国法院以"不方便管辖"原则为由驳回,这样就不得不发回空难发生国再起诉,"所以时间会比较长"。

"在中国起诉对于中国人来说就比较方便了。"郝俊波分析,"我国的法官对于中国同胞的同情,也会对案子有积极的影响。"

对于在马来西亚当地法院起诉,郝俊波直言"不看好"。"从马航的表现来看,它缺乏对中国乘客的尊重,是不是航空公司对于当地法院也有一定的影响力?这些都不好说。恐怕马来西亚法院很难对中国乘客有一个公平的审理。"

(二)无法确定事故原因"不影响索赔"

马来西亚政府关于 MH370 客机"终结"于南印度洋的结论来自英国航空失事调查局(AAIB)的通报。后者是专门负责英国航空事故的调查机构,此前曾经调查过包括"洛克比空难"在内的多起航空事故和灾难。

在"洛克比空难"的原因确定中,AAIB 1000 多名调查人员在近两年时间里,调查了飞机残骸的几乎每一块碎片,才确定了空难的嫌疑人。

但马航失联事件的真相可能来得更晚。

"洛克比空难"中,飞机最终坠毁在陆地上,而 MH370 客机却据称坠入了印度洋。据澳大利亚媒体报道,澳大利亚海洋地质学家比曼 25 日称,疑似 MH370 残骸物正位于一个巨大海底火山链上方,那里的复杂地形几乎未被测绘。"换言之,调查可能遇到更大的困难。"

事故原因如果数年内都是个谜,会影响家属索赔吗?

郝俊波表示否定。"可以说,调查结论出不出来,对索赔没有很大影响。按这个案子复杂的程度,可能好几年才能出来,难道永远查不到那就永远不能索赔吗?肯定不能是这样。"郝俊波说。

他告诉《中国青年报》记者,马来西亚和中国都是《蒙特利尔公约》的缔约国,根据此国际公约规定,在成员国之间的国际航空运输事故根据《蒙特利尔公约》解决赔偿问题。所以,此次空难赔偿首选法律依据应是《蒙特利尔公约》。

《公约》规定,不管承运人有无过错,承运人必须对旅客的人身伤亡承担赔偿不超过10万欧元特别提款权,"承运人不得免除或者限制其责任"。

经国际民航组织复审,从2009年12月30日起,《蒙特利尔公约》规定的10万欧元特别提款权提高至11.31万欧元特别提款权。按照目前的汇率,11.31万欧元约合人民币120万元。

换言之,即便在马航"没有任何过错"的情况下,对每位中国乘客的赔偿金额,也可能达到人民币120万元。

"家属可以假定马航存在过错进行起诉",但郝俊波提示一点:空难发生后,在调查报

第九章 民航运输责任与赔偿法律制度

告未出时，航空公司若没有举证证明自己"无过错"，就不能采取这种限额赔偿。

"虽然这是个120万元的限额，但在实际中，航空公司的赔偿都不会低于这个。"郝俊波说，"根据我的经验，国际空难中赔偿金额都会比这个高，除非承运人是非洲一些小国的航空公司。"

尤其值得注意的是，在超出11.31万欧元特别提款权的索赔中，如果证明承运人存在过错，可以获得"无上限"的赔偿。

"《蒙特利尔公约》规定，如果旅客的人身伤亡是由承运人的过错造成的，则承运人承担的责任无限制。"郝俊波告诉《中国青年报》记者。

或许对中国乘客家属有利的一点是，《蒙特利尔公约》适用过错推定责任制，即举证责任倒置。"意思是需由承运人——马来西亚航空，来证明自己无过错。"郝俊波说。

"家属可以假定马航存在过错进行起诉，要求赔偿，排除责任是由承运人马航来进行的，如果马航不能找出证据来证明不是它的过错，那我们就要按它的过错来索赔。"郝俊波解释道。

此前有报道称，至少有两人持假护照和假身份信息的登机牌登上了失联航班；在飞机失联后，马航发布消息迟缓，甚至发布前后矛盾的信息……种种消息显示，马航很难证明自己完全不存在过错。

郝俊波认为，如果因航空公司在搜救中的过错导致延误救助时机，航空公司应承担无限额赔偿责任。

所谓无限额赔偿责任，是指当承运人"自身存在过错"时，其赔偿将不受特别提款权的上限所限。依照国际通行规则，将采用"余生收入法"衡量其应赔额。换言之，即考虑遇难乘客当时的年龄、收入等一系列因素，综合计算出该乘客余生岁月里的总预期收入，以此标准进行赔偿。

"至于究竟是劫持飞机还是失火，或是别的原因，只要是航空公司有过错，就是无限额赔偿。"郝俊波表示，具体的赔偿额度，需要通过调解或实体审理确定。

如果通过诉讼索赔，很可能需要漫长的等待。"我代理的案件中，索赔时间最短的用了六个月，而发生在美国之外的空难，如果希望得到更高的赔偿金额去美国诉讼，可能需要几年时间。"不过，也有可能在相对短的时间内达成调解方案，郝俊波介绍，空难案几乎都是调解结案，而且航空公司出于声誉计，也不希望拖得很久。

航空公司普遍不愿"上公堂"还有一个原因，即空难案的调解赔偿中，最终付钱的是航空公司投保的保险公司。"而如果经过法庭审理，判定航空公司有重大过失，那么很可能保险公司会拒绝支付。对于航空公司来说，并无好处。"郝俊波说。

（三）马航"亏损77亿元"不是索赔障碍

2011~2013年马航的公开财报显示，其连续三年已亏损77亿元人民币，"或无力赔偿"。这会让家属的索赔希望"竹篮打水一场空"吗？郝俊波表示，这不构成障碍，因为马航赔偿金也主要由保险公司支付。

事实上，自马来西亚总理纳吉布宣布"飞机坠海"后，各家保险公司已经开始启动对于机上乘客购买的商业保险的理赔。

同样地，航空公司对于飞机也投有保险。据郝俊波介绍，航空业属于高风险的行业，各国的法律都会要求他们投很高的保险。"所以，其实所有的空难都是航空公司的保险公司来赔偿遇难者家属的。因为马航投有责任险，即使航空公司以后破产，也不会影响到受害者获得赔偿。"郝俊波说。

在3月18日召开的家属说明会上，马航方面曾称，不管是意外事故，还是劫机刑事案件，马航方绝不会推卸其赔偿责任，或以刑事案件为由拒绝或降低赔偿。

据此前媒体报道，马航投保的MH370飞机综合责任险责任限额为17.5亿美元，自2013年12月1日起承保。另据路透社3月18日报道，此"消失的客机"的主承保公司——德国安联（ALVG.DE）已经开始对马航客机进行相关理赔。

虽然目前还不清楚，有多少理赔数额将会转嫁至其他共同承保的保险商，但德国商报稍早报道称，该案对飞机和机上乘客的理赔金额，将总计约1亿欧元（1.3913亿美元）。

按照国际公约，一有空难情况发生，航空公司对家属的赔偿有以下两种情况。一种情况是在航空公司没有责任的情况下，由航空公司向家属给出一定额度上限的赔偿，值得注意的是，在第一赔偿梯度内，旅客家属并不是一定能获得10万特别提款权的赔偿。10万特别提款权只是一个最高限额，旅客实际能得到多少，还要看实际受到的伤害。考虑到失事航班旅客全部身亡，就此种伤害的程度来说，可以主张10万特别提款权的最高额赔偿。对于第二赔偿梯度，要有待航班失事原因的查明，如果是由于飞机本身设计缺陷或者吉隆坡国际机场在飞机起飞前的准备工作中有失误或过错等第三人过错造成，则马航不需承担第二梯度赔偿责任。对于劫机则分两种情况来看，如果是机组人员劫机，也就证明马航工作人员存在不当行为，就要承担超过10万特别提款权以上的赔偿。如果是第三方劫机，马航可以此为抗辩理由拒绝承担10万特别提款权以上部分的赔偿。但从目前的消息来看至少有两人持假护照登机，马航可能负有监管不严的过错，其可能无法以第三方劫机为由抗辩10万特别提款权以上的赔偿请求。第二梯度赔偿我们可以认为是一种"无限额赔偿"，但这种无限额并非毫无限制。损害赔偿的数额要以旅客伤亡的实际损失为依据，而旅客伤亡实际损失的计算则要以旅客若干年收入的总和为基础。因此，即使在该梯度下赔偿，仍是限于实际损失，只是不限于一个基本的数字而已。不论是第一梯度还是第二梯度的赔偿均采取举证责任倒置的原则，旅客家属仅需对自己遭受的损失提供初步的证据，马航则要对自己的免责事由承担证明责任，若马航不能举证则承担不利的诉讼后果，承担相应赔偿责任。对于特别提款权的计算，根据《蒙特利尔公约》第二十三条的规定，计算方式较为特别，为国际货币基金组织的计价方式，并且要按照判决当时的标准。

二、洛克比空难

洛克比空难发生于1988年12月21日。当日，泛美航空103号班机正在执行法兰克福－伦敦－纽约－底特律航线上的飞行任务。该飞机成为恐怖袭击的目标，飞机在苏格兰边境小镇洛克比上空时发生爆炸，270人罹难。这次炸弹袭击被视为一次对美国的象征性袭击，是

"9·11"袭击事件发生前最严重的恐怖活动之一。此次事件亦重挫泛美航空的营运，该公司在空难发生的三年之后宣告破产。1998年8月24日，美国和英国分别宣布，同意在荷兰海牙审讯涉嫌于1988年制造震惊世界的洛克比空难的两名利比亚人。

这次炸弹袭击一共夺去了270条人命。机上259名乘客及机组人员全部丧生，其中189人为美国人。其余11人在洛克比地面被波及丧生。注满燃油的机翼撞上地面爆炸，在舍伍德新月广场（Sherwood Crescent）造成一个巨坑，而上面原本有几间房屋；另外有21间房屋因损毁严重而须拆卸。调查人员找寻左机翼，最后发现它已经在火球中消失。

空难发生后，美英两国情报机构组成的调查组立即对空难展开调查，并最终于1990年秋天认定这次空难系利比亚航空公司驻马耳他办事处经理费希曼和利比亚特工阿卜杜勒·迈格拉希所为。次年11月14日，美英两国发表联合声明，要求利比亚交出凶手。利比亚虽然拘留了费希曼和迈格拉希，但拒绝把他们交给美英两国。

为了迫使利比亚交出嫌疑人，联合国安理会曾多次通过决议，对利比亚实施包括空中封锁、武器禁运和外交制裁等一系列制裁。1996年，美国又通过达马托法，对在利比亚石油、天然气领域年投资4 000万美元以上或违反联合国对利比亚制裁规定的外国公司实行制裁。

在国际社会的压力下，利比亚被迫同意交出两名嫌疑人，但同时也提出对两人的审判必须在英美以外的第三国进行。1998年，美、英和荷兰同意在荷兰按苏格兰法律对两名被告进行审理。1999年4月，费希曼和迈格拉希被移交给联合国代表，并前往设在荷兰的苏格兰法庭受审。2001年1月，法庭判处迈格拉希无期徒刑，后来将刑期改为27年。费希曼被无罪释放。

2003年8月，利比亚与美英达成协议，同意对洛克比事件遇难者家属支付总额约27亿美元的赔偿。同年9月12日，联合国安理会以13票赞成、2票弃权的表决结果通过第1506号决议，决定解除联合国因1988年洛克比空难和1989年法国联航空难事件而对利比亚实施的长达11年的制裁。2004年2月26日，美国宣布取消对利比亚实施长达23年的旅行禁令，允许利比亚在美国设立利益代表处。

2009年8月20日，英国苏格兰司法部长麦卡斯基尔宣布释放因制造洛克比空难而在英国服刑的利比亚特工迈格拉希。

三、台湾复兴航空空难

2015年2月4日，半年前发生澎湖空难的台湾复兴航空再现惨剧。上午10时56分，从台北飞往金门的一架班机在台北市南港失事坠河。机上包括机组成员在内共58人，其中有31名大陆游客，如图9-2所示。

根据台湾灾害应变中心数据，截至10日16时，已有6 000人次投入搜救，共寻获55人，其中受伤15人、罹难40人，已知26名大陆旅客罹难。受伤的15位旅客中已有3位出院，尚有10位台湾旅客和2位大陆旅客住院。

事故发生后，从现场看到，失事飞机浸泡在基隆河中，救援人员乘皮划艇前往施救，部分得救乘客正在接受心肺复苏按压。当天台北气温较低,空气里弥漫一股油烟味道。

图9-2　台湾复兴航空空难家属

指挥救援的台北市消防局代理局长吴俊鸿说,由于乘客行李、飞机座椅浸泡后膨胀严重,加之飞机入口较小,每次救援只能1~2人进入,因此进度延滞。下午4时许,救援人员在机尾处找到两个"黑匣子",并第一时间送回实验室。

事故发生后,国台办、海协会立即启动应急机制,通过台湾陆委会、海基会了解事故情况,表达对机上乘客的关心、慰问和对遇难同胞的哀悼,并要求全力抢救包括大陆游客在内的两岸同胞。工作组已紧急赴台。

失事的 ATR-72型飞机属于双螺旋桨民航客机,目前运营于90多个国家和地区的180余家航空公司。综合台湾媒体报道和"台湾飞航安全调查委员会"的报告,近10年间复兴航空公司共发生8起 ATR-72机型飞行事故,包括去年7月23日造成48人罹难的澎湖空难。

复兴航空公司创立于1951年,主要经营台湾地区航线、两岸航线和短程国际航线,目前是台湾第三大航空公司。事故发生后,复兴航空召开记者会,执行长陈欣德鞠躬道歉。2月11日转引台湾"中央社"报道,复兴航空今天上午举行空难赔偿协调会,复航集团旗下龙腾旅行社董事长刘忠继在记者会会后宣布,每位罹难者赔偿1 490万元新台币(约合295万元人民币),赔偿总金逾6亿元新台币。

刘忠继表示,这起空难的赔偿金"一视同仁同机同赔",每名罹难者20万元新台币慰问金、120万元新台币补助费与1 350万元新台币和解金,总计1 490万元新台币,与去年7月底发生的澎湖空难赔偿金额相同。

台湾复兴空难295万元赔偿数额远超大陆标准。

目前国内空难赔偿和解数额最高的是伊春空难的每人96万元人民币,而在台湾与大陆人均生活水平差距不大的情况下,复兴航空做出每人295万元人民币的赔偿,超出了我国大陆目前通常的空难赔偿数额标准。虽然该赔偿金额与我国大陆生活水平较高的地区基本相适应，但对于一些比较落后、贫困的地区而言，确实是一个较高的赔偿数额。

而复兴航空在空难发生后第三天便发放紧急慰问金每位20万元新台币，空难发生后的第7天，做出最终总计1 490万元新台币（折合295万元人民币）的空难赔偿，态度和效率令人略感宽慰。

赔偿项目全。

由于GE235航班是从台北飞往金门，不属于国际航空，不适用《蒙特利尔公约》，因此，复兴航空依据台湾地区的相关规定，并以台湾地区的人均生活水平作为参考基数，遵循与我国《侵权责任法》相符的"同机同命"的法律原则，确定空难赔偿标准。复兴航空此次赔偿，不仅考虑到遇难者受到的损失，而且考虑到了慰问金、丧葬补助费等各赔偿项目。更为重要的是，考虑到了因空难遭受的精神损害而支付精神损害抚慰金。而且，精神损害抚慰金在最终赔偿总额中占到了不小的比例。

最后，对于复兴航空做出的空难赔偿，旅客家属如果不满意的，可以依据台湾地区的相关规定进行诉讼。考虑到目前已经依据相关规定、参考人均生活水平等因素做出了295万元的较高赔偿，诉讼难免存在一定的风险。

 分析思考题

1. 简述民航运输的特点和发展历程。
2. 简述民航运输赔偿的特点及其限额赔偿的性质。
3. 简述对本章相关案例的理解。

第十章

民航航班延误法律制度

学习目的

1. 掌握民航航班延误的含义和法律性质;
2. 了解国内、国外有关民航航班延误的主要法律规定;
3. 了解针对有关民航航班延误法律规定的主要争议;
4. 了解我国有关民航航班延误法律制度的完善情况。

 学习内容

1. 相关的国际、国内法律法规和规范性文件;
2. 国际、国内有关法律规定的比较分析;
3. 国际、国内航空公司有关民航航班延误的比较分析;
4. 对本章相关案例的分析总结。

航班延误是社会中的常见现象,在中国和世界范围都普遍存在。只要是乘坐飞机出行的人,或多或少遭遇过航班延误。2011年网络上热炒的著名主持人孟非"死磕"民航局李家祥局长的报道,起因正是源于国内航班越来越离谱的准点率,并很快在网络上引起广大网民的共鸣和热切关注,这也正好印证了我国航班延误的问题确实已经给广大乘客带来诸多困扰和不满,如图10-1所示。据2013年搜狐网"图解财经"栏目第82期——《没谱的中国航空业——没谱的准点率、没谱的索赔标准》的报道,我国作为在世界民航运输量上仅次于美国的第二大国,在航班准点率的排名上竟然垫底,这确实让人颇感尴尬和唏嘘不已。在一份世界主要国家的航空公司航班准点率的排名单上,我国主要航空公司的航班准点率竟然还"屈居"印度之后,位列最后一位。例如,中国东方航空公司的准点率是57.04%、中国海南航空公司的准点率是54.76%、中国国际航空公司的准点率则为54.58%。也就是说,以上三家航空公司的航空延误率接近50%,可见当前我国航班延误问题的确比较突出。

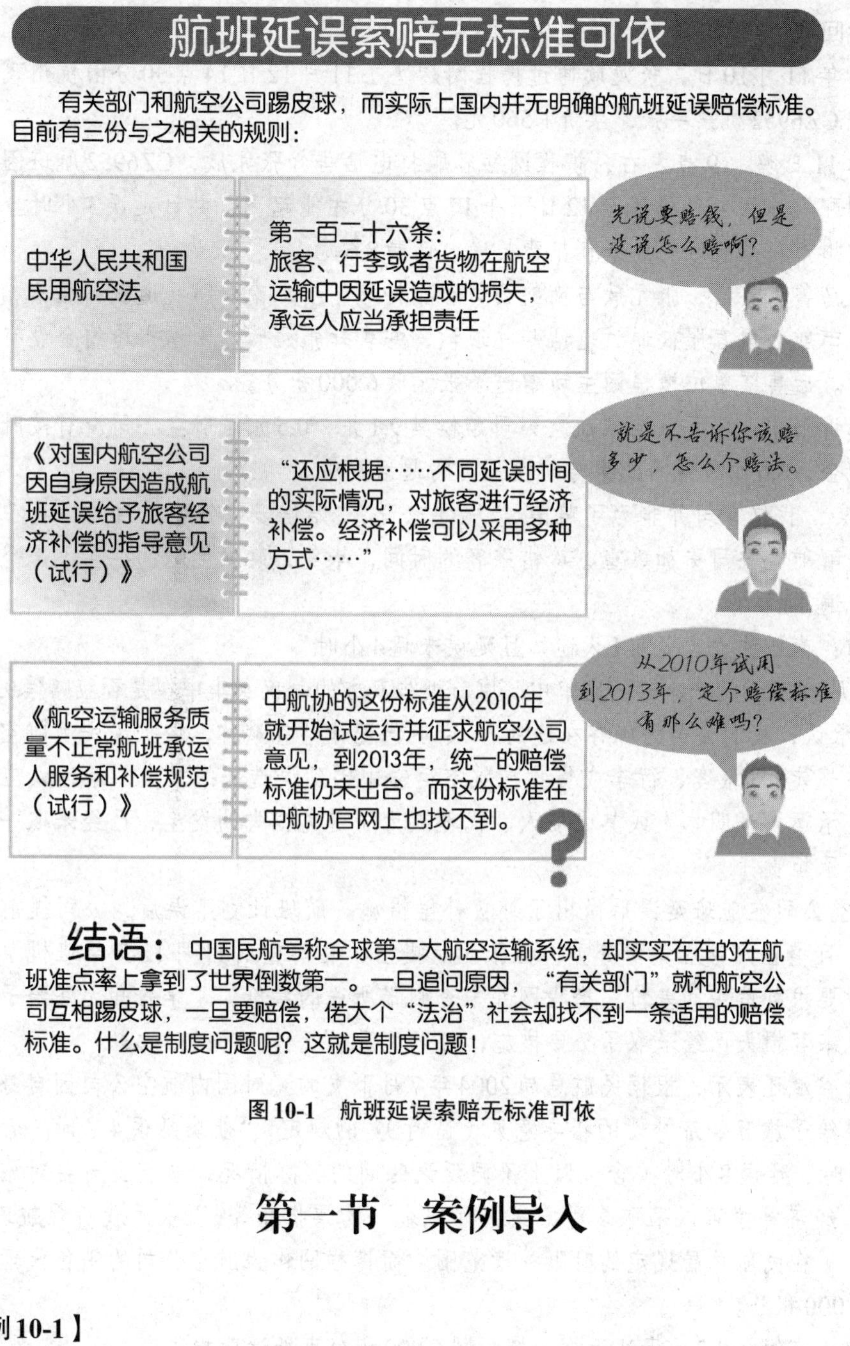

航班延误索赔无标准可依

有关部门和航空公司踢皮球,而实际上国内并无明确的航班延误赔偿标准。目前有三份与之相关的规则:

中华人民共和国民用航空法
第一百二十六条:旅客、行李或者货物在航空运输中因延误造成的损失,承运人应当承担责任

光说要赔钱,但是没说怎么赔啊?

《对国内航空公司因自身原因造成航班延误给予旅客经济补偿的指导意见(试行)》
"还应根据……不同延误时间的实际情况,对旅客进行经济补偿。经济补偿可以采用多种方式……"

就是不告诉你该赔多少,怎么个赔法。

《航空运输服务质量不正常航班承运人服务和补偿规范(试行)》
中航协的这份标准从2010年就开始试运行并征求航空公司意见,到2013年,统一的赔偿标准仍未出台。而这份标准在中航协官网上也找不到。

从2010年试用到2013年,定个赔偿标准有那么难吗?

结语: 中国民航号称全球第二大航空运输系统,却实实在在的在航班准点率上拿到了世界倒数第一。一旦追问原因,"有关部门"就和航空公司互相踢皮球,一旦要赔偿,偌大个"法治"社会却找不到一条适用的赔偿标准。什么是制度问题呢?这就是制度问题!

图10-1 航班延误索赔无标准可依

第一节 案例导入

【案例10-1】

新疆航班延误索赔第一案

2012年1月9日,因航班延误3小时,旅客张元欣将中国南方航空股份有限公司(以下简称南航)诉至法院,要求赔偿经济损失8.6元和违约金0.5元。3月21日,法院判决张元欣败诉。对此,张元欣于4月9日上诉至乌鲁木齐市中级人民法院,要求改判。

这是新疆首例因航班延误而引发的案件。在此之前,张元欣因"儿童飞机票价比成人贵""打折机票不退不换"状告过其他航空公司,为此被同行称为航空服务消费行业的"啄木鸟"。

案件回放：延误3小时，索赔9.1元。

2011年11月10日，张元欣通过携程网购买了11月12日14点30分由杭州飞往乌鲁木齐的南航CZ6952机票一张，票价1560元。

11月11日晚上9点左右，携程网站客服打电话告知张元欣，CZ6952航班因"航班内部运力调配"原因，须推迟至12日下午17点30分才能起飞，共计延误3小时。为此，张元欣在杭州市联系航班变更事宜花费长途电话费8.6元。

返回乌鲁木齐后，张元欣与南航公司客服沟通，要求南航赔礼道歉并赔偿相应的经济损失。但南航公司客服仅通过电话赔礼道歉，并告知张元欣，因承担违约金没有先例，故无法赔偿。后售票单位携程网主动赠送了张元欣6000积分。

在起诉书中，张元欣要求航空公司赔偿其9.1元，0.5元是航空公司没有按时起飞所造成的违约金，8.6元是他因此事与航空公司的通话费用。

"其实，我打官司并非为了赔偿。"张元欣说，"赔偿多少钱不是目的，我希望通过法律行动提醒航空公司更加尊重、珍惜乘客的时间，毕竟，延误问题的存在不是个例，而且越来越普遍了。"

庭审：南航称"已提前1天通知且延误未超4小时"。

在2月26日近两个小时的庭审中，原、被告双方的争议点集中在是否应赔偿9.1元上。

"我承认，我们公司的确存在违约。"南航代理律师谷斌称，依据《民用航空法》一百二十六条规定："旅客、行李或货物在航空运输中因延误造成的损失，承运人应当承担责任；但是承运人证明本人或其受雇人、代理人为了避免损失的发生，已经采取一切必要措施的，不承担责任。"

"航空公司在航班延误后做出了补救补偿措施。航班计划延误后，公司提前一天告知张元欣，且携程网答应免费变更，但张元欣提出，之前查到11月12日早班机票比现购机票便宜，要求补偿中间差价，携程网并未查到张所说的票价，于是告知无法给予补偿。公司为避免乘客损失已经采取了必要措施，可以免责。"

同时谷斌还表示，根据民航总局2004年7月下发的《对国内航空公司因自身原因造成航班延误给予旅客经济补偿的指导意见（试行）》的规定，"航班延误4小时（含）以上不超过8小时、延误8小时（含）以上不同延误时间的实际情况，航空公司要对旅客进行经济补偿，经济补偿可以采取多种方式，如现金、购票折扣等。"张元欣所乘航班"延误3个小时"不在民航总局规定的时限补偿范围。而携程网作为航空公司的销售代理商已补偿张元欣6000积分。

判决：违约金0.5元于法无据，携程网6000积分可抵话费损失。

3月21日，法院做出一审判决，驳回原告张元欣对被告中国南方航空股份有效公司的诉讼请求。

法院认为："被告不能按约定时间履行承运义务，原告据此认为被告的行为构成违约合理，但是原告在本案中的诉讼主张本院不予支持。

"本案中，原告不能提供其计算0.5元违约金的合同依据或法律依据，因此原告此项主张缺乏事实及法律根据，本院不予支持。

"被告提前一天通知原告航班延误的事实,并提出可以免费调整航班,包括提前行程的航班,此举客观上能够达到避免被告产生经济损失的目的,故可以认为被告为其违约行为采取了有效的补救措施。"

同时,法院还认为,"因为航班延误原因,该公司的携程网站额外补偿原告6 000积分,此积分虽不能兑换现金,但是可以兑换有价值的礼品,故应认为是对原告进行经济补偿的一种形式,该补偿的实际利益不小于原告的电话费损失,而原告同意并接受了此项补偿,应认为原告的实际损失已获得了赔偿。据此本院认为,原告在实际损失已获得救济的情形下继续向被告主张经济损失则有悖公平原则,因此原告的此项诉讼主张本院不予支持。"

不服上诉: 南航违约,为何无责?

张元欣认为原审认定事实不清,适用法律错误,没有起到正面的社会引导作用,于是在4月9日上诉至乌鲁木齐市中级人民法院,要求撤销原判,依法改判。

理由一: 南航可收退票费,旅客亦可索要违约金。

"0.5元违约金是根据乘客退票时收违约金推算出来的。"张元欣代理人肖建琪律师说,"法律规定,合同未约定违约金或对违约金约定不明的,不需支付违约金。而对于客运运输合同来说,乘客购买机票时不可能与航空公司进行约定。但在通常情况下,乘客退票时,航空公司都要收取20%~50%不等的违约金,如果退票要计算违约金,那么航班延误也应支付违约金,以体现权利、义务对等。"

张元欣说:"0.5元的违约金纯粹是象征意义,比起动辄上百的退票费来说,不过九牛一毛而已。法院既然已经认定航空公司违约,就应当判决违约方承担违约责任。如果连消费者主张的0.5元的象征性违约金都不予支持,既不利于对弱势消费者群体利益的保护,也会对类似垄断企业的违约行为起到助长和保护作用。我国目前消费者维权难和一审这样明显违背公平原则的判决书比比皆是,希望二审予以纠正。"

理由二: 南航虽提前通知却"拒退差价",不具免责情形。

张元欣说:"携程网站虽然通知我航班变更事宜,并告知我可以免费变更为早上8点的航班或者晚上6点的航班。但由于我要急于在下午7点赶回乌鲁木齐市,于是要求变更为早上8点的航班。

"但早上8点的航班当时的票价在1 200元左右,与我购买的票价有300多元差价,于是我要求变更航班后将差价退还,但携程和南航都予以拒绝。

"南航客服告诉我,如果要退还价差的话,只能让我退票自行购买早上的航班。当时是晚上9点多钟,售票处已经关门,如果到第二天退还的话,我又担心无法重新购买到8点的票,且售票处与我的住所尚有十几千米距离,退票十分不便,所以无奈只能选择原航班。"

张元欣认为,航空公司虽然提前一天通知航班延误,并提出可以调整航班,但是对航班机票差价的处理显失公平,致使其无法接受,且双方没有达成协议,因此不能认为航空公司具备《民用航空法》一百二十六条所称"采取了一切必要措施"的免责情形。

理由三: 携程网补偿的6 000积分与南航无关。

肖建琪律师表示:"携程网站补偿上诉人6 000积分不是因为航班延误原因,而是因自身工作失误自愿做的补偿,与被上诉人的违约行为毫无关系,这一点可以调取相应的通话录音予以证实。

"另外,原判决认定携程网站与航空公司是委托代理关系与事实不符。携程网站上的《服务说明》明确指出,携程旅行网只是一个互联网信息服务提供商,对用户预订的旅游服务项目中出现的瑕疵等问题,并不承担责任。因此,法院关于携程网是因南航航班延误才补偿张元欣 6 000 积分的认定是错误的。"

张元欣说:"且不说携程的补偿本身和被告并没有关系,就是有关系,6 000 积分也远远补偿不了原告的损失。根据携程的政策,6 000 积分只能兑换某款手机软件的电子充值卡 60 元,而这种充值卡对原告根本没有任何价值。"

"被告的航班延误给原告造成的损失绝对不是 8.6 元电话费这么简单。延误了 3 个小时,使得原告本已安排好的计划完全被破坏,给原告的业务带来了相应的影响,而这种影响有时候根本就不能拿金钱来衡量。另外,当时的航班上约有 200 多位乘客,一位乘客 3 个小时,200 多位乘客是多少小时?如果原审法院认为航空公司补偿原告 8.6 元已经实际发生的电话费对航空公司都不公平的话,那么航空公司对于这 200 多位乘客分文不补公不公平?"

理由四: 采取补救措施后仍需赔偿损失。

张元欣在上诉状中表示:"根据我国《合同法》第一百二十一条规定,当事人一方不履行合同义务或者履行合同义务不符合约定的,在履行义务或者采取补救措施后,对方还有其他损失的,应当赔偿损失。"张元欣认为,"本案中,不论被上诉人采取何种补救措施都必须通过电话告知上诉人,所以只要有航班延误的客观事实存在,就必然产生上诉人电话费费用的支出。航空公司享用了采取措施的利益但却不承担采取措施产生的支出,于情、于理、于法都严重地说不过去。"

理由五: 原审认定"消费者索赔有违诚信"荒谬。

张元欣说:"原审认为原告在获得 6 000 积分的情况下继续主张 8.6 元的电话费损失不符合《合同法》有关公平及诚实信用原则,这是对消费者人格的侮辱!"

"航空公司延误航班的原因是'航班调配',说白了就是因为票卖得少了空仓率太高才采取的措施。这种为了自己的经济利益而随意损害广大消费者利益,加大社会公共成本的行为才是真正的不公平和不诚信。对这种不公平、不诚信的行为原审法院不仅不让违约者付出任何代价,反而在法律文书中公开谴责消费者索要 8.6 元电话费不公平、不诚信,显然没有任何道理。人民法院如果成了侵害消费者权益行为的挡箭牌才是这个社会最大的不公平和不诚信!"

观点: 法院不应成为航班延误的"挡箭牌",建议提升补偿规范的法律位阶。

张元欣认为:"法律最重要的两个功能是它的指引和评价功能。法官每一次审判都是在创造一次法律,都是在为人们提供某种行为模式,指引人们可以这样行为、必须这样行为或不得这样行为,从而对我们的行为产生影响。本案中,如果依照原审的判决,航空公司随意违约但却不承担责任,消费者被侵权却得不到赔偿,这将会产生多么可怕的后果。这种后果只能对全社会起到负面指引和评价作用。"

曾代理多起公益诉讼的北京瑞风律师事务所律师黄溢智表示:"我国《民航法》第一百二十六条和 2004 年 6 月民航总局出台的《对国内航空公司因自身原因造成航班延误给予旅客经济补偿的指导意见(试行)》都规定,如果航班延误,航空公司要对旅客进行经济补偿，但都未明确具体的补偿标准。

"2010年11月中国航协又下发《航空运输服务质量不正常航班承运人服务和补偿规范（试行）》，飞机延误4~8小时（含8小时），航空公司还需向旅客提供价值300元的购票折扣、里程或其他方式的等值补偿，或是人民币200元。不过该补偿规范属于行业的自律性文件，不具有法律上的强制执行力，执行只能依靠各航空公司的自觉性。"

黄溢智认为，"法律法规的不完善和监管机构的缺失，已使航空延误补偿陷入了一个尴尬的境地，面对航空公司参差不齐的补偿标准和执行力度，旅客的合法权益难以得到有效保障。建议把相关的补偿规范以法律规范的形式规定下来，明确航班延误的补偿范围、标准、程序等。同时，因航空延误的补偿涉及广大旅客的切身利益，相关立法都必须向社会公开听证。"

【案例10-2】

为救治病人航班延误 旅客向航空公司索赔被驳

一架飞往法国巴黎的航班为治病救人临时备降，致使机上旅客张先生原本已订好的巴黎高铁车票因延误失效，张先生在要求航空公司赔偿时发生争议，交涉未果而将航空公司告上法庭。上海市浦东新区人民法院经审理后做出一审判决，驳回张先生要求东方航空公司（以下简称东航）承担因航班延误导致损失112欧元的诉讼请求。

航班延误 旅客遭损诉求赔偿

2012年9月27日23时55分，市民张先生乘坐东航公司MU553航班从上海浦东飞往法国巴黎，该航班在飞行过程中发现一名外籍旅客发病，旅客中的医生根据该外籍旅客的病情建议航班尽快安排地面备降。次日凌晨2时05分左右该航班决定备降北京机场，并对旅客进行客舱广播，2时54分临时备降在北京机场，4时11分从北京机场重新起飞，该航班实际到达巴黎戴高乐机场延误2小时23分钟。因该航班延误致使张先生原本已订好的从戴高乐机场至昂古来姆的高铁车票失效，他为此重新购买了一张无座车票，损失112欧元。

事后，张先生因与东航公司协商赔偿上述损失遭拒，故诉至法院，要求判令东航公司承担航班延误导致的损失112欧元。

赔偿责任 庭上双方各执己见

原告张先生表示，听到航班决定为治病救人临时备降的广播后，即与空乘人员说了备降将导致其购买的巴黎火车票发生延误的情况，空乘人员表示在飞机上没有办法处理，由于在飞机上无法使用手机也就没有办理火车票退票。张先生认为，因被告空乘人员并未采取任何措施弥补造成的损失，根据相关规定，旅客、行李或者货物在航空运输中因延误引起的损失，承运人应当承担责任。

被告东航公司则称，航班延误系为治病救人，属正当理由。张先生从网上预订的火车票，如需退票须通过该购票网站进行操作，且需要提前一定期限，而在张先生登机之时已经无法对火车票进行退改签，被告已不可能采取措施避免损失的发生，且张先生的损失属订立合同时无法预见的情形，故被告不应对张先生的损失承担任何责任。为此，不同意张先生的诉讼请求。

法院判决 航空公司无须担责

法院审理后认为，根据相关规定，旅客因航班延误造成的损失，承运人应当承担责任，但承运人证明为了避免损失的发生，已经采取一切合理要求的措施或不可能采取此种措施的，不承担责任。本案中，被告为履行法定救助义务致使航班延误，应属于非承运人主观原因造成的合理延误；在补救义务方面，原告在航班起飞当天已无法办理退票，航班延误后被告也不可能采取任何合理措施协助原告办理退票事宜，故被告对原告的损失无须承担责任。

此外，原告在明知航班发生延误的情况下，对所产生的后果没有及时采取全面的补救措施，如在飞机备降期间没有再向机组人员提出相关要求，其自身也存有不当之处。另原告出行并未留有充分的换乘时间，也没有为长途飞行中可能发生的突发事件预留合理时间，故原告自身的过失与火车票作废具有因果联系，对损失的发生应自行承担相应责任。据此，法院做出上述判决。

案件评析： 航空公司为何无须担责？

一、原告因航班延误造成的损失可否得到赔偿

根据《蒙特利尔公约》第十九条规定，旅客因航班延误造成的损失，承运人应当承担责任，但承运人证明为了避免损失的发生，已经采取一切合理要求的措施或不可能采取此种措施的，不承担责任。因此，承运人免责需满足以下两个条件：一是航班延误系因客观原因导致，存在合理的理由；二是承运人对因航班延误可能对乘客造成的延误后果已经采取了合理的补救措施或因客观原因无法采取补救措施。本案中，原告因航班延迟致使其先前购买的火车票作废，重新购买火车票的费用应属于航班延误造成的直接损失，如被告不能举证证明其航班延误符合以上两个免责条件的，对原告上述损失应承担赔偿责任。

然而，被告已举证证明其为履行法定的救助义务致使航班延误，应属于非承运人主观原因造成的合理延误；且在补救义务方面，航班发生延误后被告已不可能采取任何合理措施协助原告办理退票事宜。综上，被告免责抗辩事由成立，被告对原告的损失无须承担责任，原告诉讼请求法院难以支持。

二、原告对其火车票因航班延误而作废是否具有过错

根据《蒙特利尔公约》第二十条规定，经承运人证明，损失是由索赔人的过失或者其他不当作为、不作为造成或促成的，应当根据造成或者促成此种损失的过失或者其他不当作为、不作为的程度，相应全部或者部分免除承运人对索赔人的责任。原告在明知航班将发生延误的情况下，对所产生的后果没有及时采取全面的补救措施，如在飞机备降期间没有再向机组人员提出相关要求，其自身也有不当之处。另原告出行并未留有充分的换乘时间，也没有为长途飞行中可能发生的突发事件预留合理时间，故原告自身的过失与火车票作废具有因果联系，对损失的发生应自行承担相应的责任。

需要指出的是，被告在补救义务的履行上还是存在瑕疵，其未在合理时间内回复原告是否可以帮助采取合理补救措施或因客观原因无法提供补救措施。虽该瑕疵与原告损失的产生没有因果关系，但为确保航空旅客的知情权和选择权，被告今后应就航班延误后对旅客的告知和协助方面的应对措施加以明确和改进。

【参考资料10-1】
中国民航局局长李家祥回应民航热点问题

今后私人还能办航空公司么？中国空域何时开放？机场亏损怎么办？航班延误怎样治理？中国民航局局长李家祥2011年2月24日在国务院新闻办公室举行的新闻发布会上，回答了记者的热点问题。

一、民航起基础的拉动作用

问：去年有29个省份的领导前来与民航局商谈，能否透露商谈的内容？

李家祥：商谈的主要内容包括各地机场的规划布局，机场建设的进度，航空运输航线的开辟特别是国际航线的开辟等，希望民航局给予更多的支持。航空运输业是国家的重要基础产业，可带动金融、商贸、旅游等行业的发展。据国际上测算，民航业投入产出比为1∶8，8就是对整个经济的拉动作用。民航见效还快，修一个机场需要3千米的地方，2年能建成。如果建3千米高速公路或高速铁路，与机场投资差不多，但一个机场建成后，就能和世界联系起来。"要开放，上民航"，有了机场，对于引进外资，建设外向型经济，具有标志性作用。淮安机场建成两年后，就吸引了26家外资企业；云南腾冲机场2009年建成后，一年内当地旅游、商贸增长156%；黑龙江漠河机场2008年通航，当地居民过去一年收入3 000元，现在一天收入3 000元。民航还是国家应对灾害等突发事件的重要帮手。玉树地震发生后，民航外运了3 000名伤员，没有一人死亡。总之，民航的作用越来越被各地认识，不仅中央有积极性，而且地方和群众都积极性高涨。

二、欢迎私人办民航企业

问：中国政府对私人航空发展限制多，私人飞机发展也很缓慢，中国政府有没有措施来开放空域？

李家祥：中国民航实行多元化运输方式，政府积极支持和鼓励私营者投入民航业。去年中国政府颁布了支持、鼓励民营企业的办法和措施，民航局也相应颁布了措施。中国目前有43家航空公司，纯国有的没有，国航、东方、南航已经上市，已变成公众公司；还有8家私人公司。民航局还准备接受新的申请者，目前有3家正在申请，符合条件都会积极地给予扶持和帮助。总之，中国的民航业是开放的。虽然民航局对于私人组建航空公司给予审查和设立门槛，不是限制私人资本进入，而是从保证安全，保证旅客公众利益出发的，为了新组建的航空公司能够更好地发展。

关于空域问题，中国政府已经认识到空域管理需要不断改革，去年中国政府已经对外公布了低空改革的办法，政府今后5年将进行改革，为中国民航发展提供更广阔的空间。

三、已引进1 300多名外籍机长

问：中国飞行员短缺，影响了民航发展，有什么对策？

李家祥：民航在快速发展中，确实存在资源紧张的问题。民航局一是采取加快培养飞行员的措施。目前，中国民航全年需要3 000名飞行员，中国民航直接管理的航空大学有4所，还有社会办学，能培养出飞行员2 000名，另外1 000名委托国外培养。还有就是积极引进飞行员，目前国际上在中国飞行的外籍机长有1 300多人。

四、机场亏损不能只看经济效益

问：中国去年新增33家机场是支线机场，但大部分亏损。您怎么看待？如何破解亏损？

李家祥：首先，中国运营的机场中目前有130多座亏损，但亏损的数量小，去年亏损16.8亿元。机场是公共基础设施，不能单纯从赢利出发，而是要从当地经济社会的综合发展、长远发展，着眼于发展，着眼于未来来看待。其次，要计算机场的综合效应。尽管130多座机场亏损，但所在地对机场亏损没有埋怨，而是积极进行扶持，不少地方政府采取补贴的政策，因为机场带动的是整个经济社会的发展。最后，民航局积极支持机场的运营。"十一五"期间，中国民航局对支线机场的补贴达到60亿元。

五、高铁对民航有冲击也有帮助

问：高铁对民航的冲击如何看待？

李家祥：首先，高铁对民航有冲击，但也有帮助。在500千米范围内，高铁对民航冲击较大，达到50%以上；500千米至800千米，冲击达到30%以上；1 000千米以内影响旅客量为20%；1 500千米以内为10%，1 500千米以上影响不大。社会对民航需求旺盛，目前北京、上海、广州增加一个航班量都困难，高铁可以缓解压力，有利于民航进一步调整结构，调整航线布局，向西部边远地区发展。其次，在一定的航线上，高铁是民航客源的补充。如拉萨，铁路开到拉萨后，民航飞拉萨的航班客流增长了38%。许多坐火车到拉萨的人，都坐飞机回来了。最后，高铁的冲击还有利于民航改善管理和服务水平，为公众提供更好的服务。

六、提高航班正点管理水平

问：航班延误的原因有哪些？"十二五"有哪些切实可行的措施？

李家祥：旅客出行第一需要安全，第二是正点。正点是消费者的切身利益。世界航班正点率平均水平在80%左右，中国民航与世界平均水平差不多，但安全水平好于世界平均水平。中国民航百万架次事故率是0.1，美国是0.16，欧洲是0.15。民航局有个指导思想是，航班正点首先要服从航班安全。

去年中国民航航班正点率是75.5%，前四年都在80%以上。下滑的原因，一是在于民航发展快，空域资源紧张；二是由于航班量的增加，航空公司在运营管控上加大了工作量；三是去年极端天气增多。三大原因中，天气难以把握，我们要在空管的管理和提高航空公司管控水平上下功夫。去年民航局采取了8条办法，今年要进一步推动航班正常工作，其中包括对机场流量进行科学评估，科学接纳航班；对航空公司运营的整个流程要提出标准和监控。某家航空公司航班延误超过一定比重，暂停航线运营。

七、在增强国际竞争力上下功夫

问：当下民航转型的关键是什么？

李家祥：首先，中国民航转型在确保安全的同时，要增强国际竞争力。中国民航的国际竞争力相对较弱，在国内货运市场上，中国企业仅占20%，有70%以上的业务被国外航空公司运输掉了；在客运上，国内的国际航线上中国航空公司仅占46%左右，国外航空公司占54%左右的份额。这一比例和民航快速发展态势，机队快速增长态势不是太吻合。所以，下一步，要引导航空公司在提升国际竞争力上多下功夫。其次，今后的机场建设，要着眼于大众化战略，使更多的老百姓能坐上飞机，服务大众。最后，内外结合，确保安全，国际有竞争力，国内实现大众化，民航强国的目标就能实现。

（资料来源：Http://news.carnoc.com/list/40/40780.html）

第二节 航班延误的原因

前些天美国航空数据网站FlightStats公布了一份数据说首都机场准点率排名垫底,之后这则被炒得沸沸扬扬的新闻得到了"有关部门"的回应:由于航班增长迅速,机场保障和运行管理难度加大等因素,导致航班延误增加。

图10-2 "有关部门"回应导致航班延误增加的原因

图10-3 机场起落架次排名

引起客运航班延误的原因有多种，图10-2所示为"有关部门"回应的原因之一。据我国民航局统计，其原因主要有以下四类。

（一）天气自然原因

目前天气自然原因已成为航班延误的主因之一。据统计，2010年中国主要航空公司因天气自然原因导致的航班延误所占比例为19%。这种延误包括出发地"看得见"的恶劣自然天气（如常见的雷雨、大雾、风暴、冰雹，还包括地震、海啸、火山爆发等）造成的延误，也包括目的地或航路上"看不见"的恶劣自然天气造成的延误。事实上，不仅始发地机场的天气自然条件影响航班的正常起飞，飞行途中和抵达地机场的天气自然条件也属于影响航班延误不得不考虑在内的因素。天气自然因素造成的航班延误非承运人所能控制，承运人对这种延误无须承担赔偿责任。但承运人要尽到告知和协助的义务。在天气自然原因造成的航班延误中，有一种情形比较特殊，即机组的技能水平和经验能力对于航路及起落机场天气自然情况做出分析并得出是否适合飞行的结论也影响到航班的正常起飞。

（二）航空管制因素

航空管制对航班延误的影响主要体现在流量控制和空军活动导致的航路禁止或限制，如图10-4所示。一旦因军事活动而实施航空管制，民航运输必定受到影响，航班或在地面待命，或返航，或就近降落。军事原因产生的管制往往造成大量航班延误、堆积，管制一解除，排队起飞的航班又将空中堵塞，故而发生二次延误。据统计，2010年中国主要航空公司因航空管制原因导致的航班延误所占比例为36%。我国的航空管制是基于维护空中交通秩序，防止航空器互撞或航空器与地面障碍物相撞的主要目的，由国家有关部门对航空器遵守飞行规则而实施的监督控制，这是航空公司无法控制的，一旦管制发生延误，航空公司也是利益的受损者，航空公司只需尽到告知义务，无须承担延误的违约责任。

飞机延误原因：有关部门和航空公司踢皮球

航空公司认为飞机延误和民航可以使用的空域不足有关：

民用和军用的空域比为2:8，空域不足当然无法正点。

有关部门对此的回应是：中国军用空域只有25%。但是即便按照"有关部门"的说法，中国民用空域依然显得很狭小。

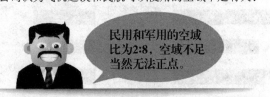

中美空域使用对比

	民用空域	未使用空域	军用空域
中国	34%	41%	25%
美国	民用空域 89%		军用空域 11%

0%　10%　20%　30%　40%　50%　60%　70%　80%　90%　100%

图10-4　中国民用空域不足

（三）航空公司自身原因

航空公司造成的航班延误主要是指航空公司运营管理造成的航班延误，它是当前航班延误的第一大要素。2010年中国主要航空公司因航空公司运营管理原因导致的航班延误约占比例为42%，如图10-5所示。包括两个方面：① 机械故障。每一架飞机都必须进行定期维护和例行检查，大多数的机械故障均能在每一次的定期维护和例行检查得到排除。不过飞行设备也会因长期使用和频繁运转而突发故障。一旦出现故障，无论大小，均需一定的排查时间，从而造成航班未能正常起飞。② 飞机调配。航空公司会预先制定好每一架飞机每一天的航班飞行计划。假如前一个航班出现延误，后续航班的飞行计划也将往往受到延后的影响，连锁反应的结果就是常常是越到后面，航班延误的现象就越多，时间也就越长。此类延误是航空公司自身原因造成的，航空公司构成违约，需要承担违约责任。

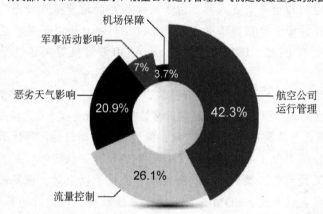

图10-5 飞机延误的主要原因

（四）旅客个人原因

据统计，2010年中国主要航空公司因旅客原因导致的航班延误约占2%。主要体现在以下几种情形：① 旅客迟到。航空公司出于服务的考虑，协助晚到旅客登机，难免造成航班延误。② 旅客不辞而别。旅客临时有事，在未通知航空公司的前提下离开机场，或直达旅客在飞机经停地不辞而别，出于安全考虑，飞机可能会清舱，造成延误。③ 旅客的不当言行。有的旅客为发泄不满，出现霸占飞机、拒绝登机、阻拦飞机或堵塞机坪等行为，往往造成其他航班延误。旅客自身原因造成的航班延误，航空公司无须承担延误违约责任，责任由旅客自行承担。至于出现诸如霸机、冲击机坪等行为，这已超出合同违约责任的范围，触及了民航安全的底线。情节严重时，旅客需负刑事责任。

【参考资料10-2】

天津航空登上全国民航客运航班正点率榜首

中新网天津1月11日电（张道正　鱼娇）11日，中国民用航空局2016年全年统计数据显示，全国民航平均航班正点率为76.76%，天津航空以80.23%位列国内十大主要客运航空公司第一位。这是天津航空在2016年连续数月拿下最准点航空公司后，再度登上正点率榜首。

据统计，目前中国旅客在挑选航班时最关心的指标是航班准点率，超过21%的受访旅客认为，准点率是衡量航班舒适程度最重要的指标。然而众所周知，影响航空公司航班正点率的因素很多，比如航路天气、所用机场的吞吐量，还包括航空公司本身的调配、飞机性能等，其中有些因素是客观无法避免的。

但作为航班运行的组织者和实施者，航空公司的运行控制能力仍是影响准点率的重要因素。提高人员利用率，优化航班的布置和调配，提高管理的科学性同样有助于提高航班正点率。

天津航空运行控制部相关负责人称，由于天津航空的运营基地分布广泛，西至乌鲁木齐，南至海口、三亚，南北及东西跨度大，气象及运行特点差异显著，这都增加了保障难度，而且目前公司运营E145、E190、A320以及A330四种机型，各机型之间存在差异，运行调配难度较大。

为此，天津航空制定了一系列管控提升措施，以保证航班正常。严格管理航班计划，优化航线结构；针对性制定了包括《天津航空正常性整改提升方案》《天津航空航班正常性考核方案》在内的多项运行品质提升及考核方案；做实运行控制过程，降低运行延误风险。

天津航空运行指挥中心（AOC）建立了每日航班预先评估机制，对预先发现可能对次日航班造成影响的风险因素，预先排除或制定相关措施予以应对，以降低次日运行风险；积极引进民航局视频会议系统、CDM系统，通过系统获得航班运行的第一手信息。

此外，天津航空还十分重视系统化建设，自主开发的A-MONITOR系统以及引进的FLIGHTRADAR24、FLIGHTAWARE等运行监控软件，可对航班的实际飞行高度、速度等信息进行实时监控，通过与机组、空管及时协调，改善飞行高度和速度，可避免或减少航班在飞行过程中产生的延误。

据悉，2016年，天津航空累计运营航线250余条，其中国际航线30余条，通航城市120余座，完成航班起降近13万架次，年旅客运输量突破1200万人次，旅客运输量年复合增长率达27.72%。

【参考资料10-3】

2015年11月航班正点率排名出炉　看看哪家航企最准点

民航资源网2015年12月29日消息：民航资源网独家获悉，民航局近日下发了《关于2015年11月份航班正常情况的通报》，从通报内容看，2015年11月，全国民航航班正常总体保持较高水准，全国航空公司航班正常率和主要机场放行正常率连续两个月在80%以上，受月中降雪天气影响，华北地区部分机场放行正常率较上月下降幅度较大，入冬后，天气原因在航班不正常的各项原因中占比近半，成为影响航班正常的主要因素。

数据显示，11月，全国34家航空公司共执行航班275 946班，平均航班正常率81.35%，高于平均航班正常率的有吉祥航空、重庆航空、西藏航空、上海航空、厦门航空、昆明航空、幸福航空、福州航空、九元航空、首都航空、成都航空、四川航空、东方航空、山东航空、瑞丽航空、南方航空、深圳航空,如表10-1所示。

表10-1 2015年11月全国航空公司航班正常率统计

航空公司	航段班次			正常率
	计划	正常	不正常	
吉祥航空	6 157	5 517	635	89.61%
重庆航空	1 812	1 589	221	87.69%
西藏航空	1 846	1 611	232	87.27%
上海航空	7 670	6 669	891	86.95%
厦门航空	15 703	13 639	2 048	86.86%
昆明航空	2 125	1 845	243	86.82%
幸福航空	729	631	88	86.56%
福州航空	843	727	109	86.24%
九元航空	471	406	55	86.20%
首都航空	6 010	5 139	817	85.51%
成都航空	2 679	2 281	365	85.14%
四川航空	12 393	10 342	2 037	83.45%
东方航空	46 990	38 954	7 308	82.90%
山东航空	12 679	10 397	2 126	82.00%
瑞丽航空	875	717	132	81.94%
南方航空	49 193	40 307	7 911	81.94%
深圳航空	17 239	14 042	3 043	81.45%
长龙航空	1 531	1 237	274	80.80%
祥鹏航空	4 492	3 614	856	80.45%
春秋航空	5 668	4 532	1 042	79.96%
东海航空	996	794	181	79.72%
中国国航	29 073	23 140	5 015	79.59%
海南航空	17 030	13 522	3 214	79.40%
天津航空	11 658	8 791	2 851	75.41%
西部航空	3 199	2 363	825	73.87%
华夏航空	4 078	2 938	994	72.05%
奥凯航空	3 585	2 574	909	71.80%
大新华航空	419	299	87	71.36%
乌鲁木齐航空	602	426	149	70.76%
英安航空	132	93	15	70.45%
青岛航空	1 057	742	100	70.20%
河北航空	2 138	1 452	649	67.91%
北部湾航空	813	551	252	67.77%
中联航空	4 061	2 607	1 230	64.20%
合计	275 946	224 488	46 904	81.35%

11月份航班平均延误时间为12分钟，同比增加1分钟，环比增加3分钟，如表10-2所示。

表10-2 全国航空公司11月份航班延误时间统计

延误时长	航班量	占不正常航班比例
30分钟以内（含）	13 956	29.75%
30分钟~1小时以内（含）	12 948	27.61%
1~2小时以内（含）	8 693	18.53%
2~4小时以内（含）	5 481	11.69%
4小时以上	2 565	5.47%
无延误时间	3 261	6.95%

其中，国航、南航、东航等10家主要航空公司共执行航班219 628班，其中正常航班179 803班，不正常航班36 444班，平均航班正常率为81.87%，同比提高5.27个百分点，环比降低1.21个百分点。高于平均航班正常率的航空公司有上航、厦航、川航、东航、山航、南航。

机场方面，全国48个主要机场共放行航班259 717班，其中正常放行209 945班，不正常放行49 352班，平均放行正常率为80.84%，同比提高3.47个百分点，环比降低2.44个百分点，高于平均放行正常率的主要机场有西双版纳、宜昌、西宁等28个机场。全国48个主要机场平均滑出时间超过15分钟（含）的有北京、成都、乌鲁木齐等19个机场；平均滑入时间超过10分钟（含）的有合肥、温州、银川等7个机场，如表10-3所示。

表10-3 2015年11月全国机场放行正常率

机场	放行班次			放行正常率
	计划	正常	不正常	
西双版纳	1 452	1 409	42	97.04%
宜昌	485	454	31	93.61%
西宁	1 089	1 017	72	93.39%
昆明	12 380	11 485	885	92.77%
西安	10 554	9 786	751	92.72%
丽江	1 726	1 581	117	91.60%
太原	2 986	2 716	270	90.96%
包头	522	473	48	90.61%
南昌	2 488	2 226	261	89.47%
兰州	2 827	2 485	342	87.90%
济南	3 559	3 128	427	87.89%
桂林	1 695	1 478	219	87.08%
重庆	10 556	9 185	1 222	87.01%
银川	1 709	1 484	222	86.83%
深圳	12 131	10 464	1 665	86.26%
虹桥	10 371	8 945	1 424	86.25%

北京、广州、浦东、虹桥四大机场离港国内航班正常率排名后三位的航班共有13个,其中北京机场3个(有2个并列)、广州机场4个(有3个并列)、浦东机场3个、虹桥机场3个。

(资料来源:11月航班正点率排名出炉看看哪家航企最准点[EB/OL].[2015-12-29].http://news.carnoc.com/list/332/332482.html)

【参考资料10-4】
全球航班正点率报告:中国航空企业几乎垫底

【环球旅讯】(记者 曾宪皓)美国航空数据网站 Flight States 公布了2014年5月份全球航空公司的《正点率表现报告》(Airline On-time Performance Report)。报告了全球上百家航空公司在2014年5月的正点率、取消率及改签率,并根据正点率做出排名。在报告中,中国所有的航空公司表现都不甚理想。

一、国际主要航企中,国航、东航及南航排名靠后,取消率特高

在 Flight States《正点率表现报告》报告中,准点(On-time)被定义为,在计划时间的15分钟内,离开或达到航站楼。如图10-6所示。

May 2014 — Major International Airlines
On-time Arrival, Delay and Cancellation Data

Rank	Airline	Sample Size	On-time	Late (15-29 min)	Very Late (30-44 min)	Excessive (45+min)	Cancelled	Diverted
1	(SU) Aeroflot	15,130	91.18%	4.94%	1.67%	2.22%	0.38%	0.00%
6	(AB) Air Berlin	19,607	87.23%	8.19%	2.08%	2.50%	0.28%	0.00%
23	(AC) Air Canada	16,865	81.97%	9.36%	3.71%	4.88%	0.02%	0.07%
36	(CA) Air China	33,091	65.77%	12.63%	6.59%	14.91%	2.02%	0.10%
3	(UX) Air Europa	4,415	89.64%	5.29%	2.09%	2.98%	0.29%	0.00%
21	(AF) Air France	23,921	82.16%	10.52%	3.63%	3.68%	0.74%	0.01%
37	(AI) Air India	10,998	64.83%	16.51%	8.09%	10.57%	0.21%	0.00%
13	(NZ) Air New Zealand	4,705	85.92%	9.51%	2.35%	2.86%	0.34%	0.00%
12	(AZ) Alitalia	12,160	85.50%	8.85%	2.99%	2.64%	0.81%	0.01%
27	(AA) American	59,521	78.49%	7.82%	4.01%	9.68%	2.06%	0.01%
16	(NH) ANA	19,042	83.99%	11.20%	2.75%	2.05%	0.25%	0.01%
30	(OZ) Asiana	9,657	76.08%	14.51%	4.39%	5.01%	0.88%	0.01%
10	(OS) Austrian Airlines	6,212	86.11%	8.88%	2.56%	2.46%	1.74%	0.00%
31	(AV) AVIANCA	13,364	74.37%	11.93%	4.88%	8.79%	0.11%	0.01%
32	(BA) British Airways	25,518	72.74%	13.77%	5.72%	7.77%	0.53%	0.00%
40	(CX) Cathay Pacific	8,590	58.04%	14.55%	8.95%	18.39%	1.13%	0.07%
43	(CI) China Airlines	5,706	51.33%	20.79%	11.50%	16.37%	0.04%	0.00%
38	(MU) China Eastern	48,917	61.98%	13.98%	7.97%	16.02%	3.05%	0.05%
39	(CZ) China Southern	53,274	61.67%	12.17%	6.77%	19.28%	2.95%	0.11%
15	(DL) Delta	79,942	84.21%	6.83%	3.01%	5.75%	0.12%	0.20%
34	(MS) Egyptair	6,781	68.89%	12.90%	5.28%	12.30%	1.45%	0.63%
24	(EK) Emirates	12,337	81.55%	11.28%	4.15%	3.01%	0.15%	0.01%

图10-6 国际主要航空公司正点率、延迟率及取消率

报告首先统计出,43家国际主要航空公司的平均正点率为76.54%,而其中的三家中国航空公司都低于平均水平。

最靠前的是"老大哥"中国国际航空公司,以65.77%的正点率排名第36位,中国东方航空公司以61.98%排名第38位,紧随其后的第39位是中国南方航空公司,其正点率为

61.67%。

在这部分统计中，拔得头筹的航空公司是俄罗斯航空公司（Aeroflot），其航线91.18%的情况下都是准点的。而排名垫底的航空公司也来自大中华区：台湾地区的中华航空（China Airlines），航班正点的概率仅为51.33%。

值得注意的是，43家国际主要航空公司中，国航、东航及南航的航班取消率（Cancelled）尤为突出，其中40家的取消率低于1.0%，高于2.0%的只有4家，而国航、东航及南航就在其中占了3个位置。东航的取消率更是该表格中唯一一个超过3.0%的，远高于1.05%的平均值。

二、亚太地区平均正点率全球最低，中国航企易长时间延误

在按区域划分的统计中，亚太地区的航空公司共统计56家，里面有15家中国航空公司，成绩依旧不好看，如图10-7所示。

May 2014

Asia-Pacific Airlines
On-time Arrival, Delay and Cancellation Data

Rank	Airline	Sample Size	On-time	Late (15-29 min)	Very Late (30-44 min)	Excessive (45+min)	Cancelled	Diverted
10	(BX) Air Busan	2,474	88.45%	6.88%	2.89%	1.79%	0.65%	0.00%
35	(CA) Air China	33,091	65.77%	12.63%	6.59%	14.91%	2.02%	0.10%
36	(AI) Air India	10,998	6483%	16.51%	8.09%	10.57%	0.21%	0.00%
6	(RLK) Air Nelson	4,983	90.04%	6.36%	1.78%	1.82%	0.90%	0.00%
18	(NZ) Air New Zealand	4,705	85.28%	9.51%	2.35%	2.86%	0.34%	0.00%
34	(AK) Airasia	12,900	66.39%	15.86%	8.36%	9.39%	0.57%	0.00%
43	(D7) AirAsia X	1,109	60.26%	20.15%	7.78%	11.81%	1.53%	0.00%
22	(NH) ANA	19,042	83.99%	11.20%	2.75%	2.05%	0.25%	0.00%
4	(EH) ANA Wings	7,643	90.88%	5.90%	1.77%	1.45%	0.43%	0.00%
30	(OZ) Asiana	9,657	76.08%	14.51%	4.39%	5.01%	0.88%	0.01%
3	(PG) Bangkok Airways	4,893	90.90%	4.82%	1.73%	2.55%	0.78%	0.00%
44	(CX) Cathay Pacific	8,590	58.04%	14.55%	8.95%	18.39%	1.13%	0.07%
45	(EU) Chengdu Airlines	2,202	56.49%	14.08%	7.90%	21.48%	0.00%	0.05%
41	(MU) China Eastern	48,917	61.98%	13.98%	7.97%	16.02%	3.05%	0.05%
42	(CZ) China Southern	53,274	61.67%	12.17%	6.77%	19.28%	2.95%	0.11%
55	(KN) China United	4,171	40.68%	16.44%	10.70%	32.01%	4.34%	0.18%
8	(EAG) Eagle Airways	3,029	89.33%	5.93%	1.76%	2.98%	2.51%	0.00%
25	(QFA) Eastern Australia Airlines	3,001	82.28%	10.04%	3.40%	4.28%	1.07%	0.00%
48	(BR) EVA Airways	4,389	52.77%	18.23%	10.91%	18.09%	0.39%	0.00%
46	(HU) Hainan Airlines	16,645	53.94%	16.90%	8.69%	20.33%	1.19%	0.13%
52	(KA) Hong Kong Dragon	4,883	45.61%	15.22%	10.54%	28.63%	2.29%	0.00%
15	(6E) IndiGo	15,213	85.97%	7.74%	2.91%	3.39%	0.00%	0.00%

图10-7　亚太地区航空公司正点率、延迟率及取消率

这些中国航企的正点率排序从高到低依次是：第35位中国国际航空公司（65.77%），第37位天津航空，第39位四川航空，第41位东方航空，第42位南方航空，第45位成都航空，第46位海南航空，第47位春秋航空，第49位吉祥航空，第50位上海航空（49.88%），第51位深圳航空，第52位香港港龙航空，第53位厦门航空，第54位山东航空，第55位中国联航（40.68%）。

在分区统计中,亚太地区的平均正点率为68.72%,在所有分区中最低,比南美、中东及非洲的平均值都低近10个百分点。亚太地区里最不守时的航空公司——巴基斯坦国际航空公司(37.97%),也是报告中过百家航空公司中表现最差的。

从统计中发现,中国航班倾向于长时间延误。在15~29分钟的"一般延误"(Late)中,中国15家航企尚且与亚太平均值11.98%相去不远。而在延误30~44分钟的"长时延误"(Very Late)比例上,已有若干中国航空公司是亚太平均值的近两倍。到了延误45分钟以上的"极端延误"(Excessive),亚太平均值为11.78%,但有10家中国航企的极端延误比率超过20%。

(资料来源:曾宪皓. 全球航班正点率报告:中国航企几乎垫底[EB/OL].[2014-06-16].http://www.traveldaily.cn/article/81042)

第三节 《航班正常管理规定》解读

2016年7月21日,《航班正常管理规定》(以下简称《规定》)正式发布,并于2017年1月1日起正式实施。这部广受业界和社会关注的规定,是民航局第一部规范航班正常工作的经济类规章。共分8章75条,《规定》从航班正常保障、延误处置、旅客投诉管理、监督管理、法律责任等各个方面,进一步明确了航空公司、机场、空管等航空运行主体的责任,为维护乘客合法的权益、保障正常航空运输秩序提供了法律依据,如图10-8所示。

图10-8 《航班正常管理规定》涉及的内容

一、《规定》的意义和作用

此次公布的《规定》是民航局第一部规范航班正常工作的规章,其最大的亮点是:这部规章的出台历时两三年,经先后6次业内外协调会,其出台本身就是最大亮点。在全球,用规章的形式来规范航班运行秩序的,此前只有欧盟。应该说,《规定》用单行法规的形式为航班正常工作提供了最系统、最权威的法律依据,对有效减少航班延误,提高航班正常率,提升我国民航服务质量,维护消费者合法权益、保障航空运输秩序,提供了切实可行的法律保障。

近年来,航班延误事件的社会关注度一直很高。这部规章的颁布,对促进航班正常工作意义重大。改革开放以来,我国民航事业快速发展,取得了世界瞩目的成就。2015年,全国民航完成旅客运输量4.36亿人次,旅客周转量7 270.66亿人千米,比上年分别增长11.1%和14.8%。从2005年起,我国航空运输总周转量已排名世界第二。但近些年,航班延误始终是困扰民航工作的一大问题。民航局自2008年起多次开展航班延误治理活动,制定了一系列治理航班延误的政策措施,收到了一定成效。但要建立航班正常工作的长效机制,必须走法制化的道路,通过立法将治理航班延误的政策措施转化为法规规章。

二、《规定》起草的法律依据和基础

《航班正常管理规定》是以《中华人民共和国民用航空法》《消费者权益保护法》《民用机场管理条例》为主要依据的。同时,也借鉴了美国、欧盟相关民航法规规章,这有利于我国航班正常工作规定与国际先进做法保持一致,促进我国航班正常管理水平的提高。另外,由于规章的适用范围包括了在国内运行的外航和港澳台地区航空公司,因此规章设定的义务性规范,严格遵守了1999年《蒙特利尔公约》的要求。

三、《规定》的起草过程中,遵循的最重要原则

这部规章的起草,始终遵循坚持安全第一、维护消费者合法权益、坚持发挥市场的决定性作用和加强监管的原则。其中,为了使政府和市场的边界更加明晰,发挥市场决定性作用,厘清政府和市场的边界,是起草该《规定》时重要的出发点和落脚点。

健全市场机制在《规定》中主要体现在以下几个方面:健全的市场机制就是要做到把企业该做的还给企业,政府只做自己该做的事情,进一步明晰政府与市场的边界在哪儿。

四、如何界定航班延误

《规定》明确指出,"航班延误"是指航班实际到港轮挡时间晚于计划到港时间超过15分钟的情况;"航班出港延误"是指航班实际出港撤轮挡时间,晚于计划出港时间超过15分钟的情况。不仅如此,《规定》还对"航班取消""机上延误"等情况做出了明确界定。以往一些航空公司让乘客进入机舱"干等"的做法,今后将被认定为"机上延误"。

《规定》第三条关于术语的表述中,明确定义"航班延误"是指"航班实际到港轮挡时间晚于计划到港时间超过15分钟的情况"。这就意味着《规定》首次统一了航班延误的

标准，即以到港时间为主，如果衍生到旅客的感受，可以简单表述为"飞机停稳，客舱灯亮起的时间"；同时也让消费者能够在行程安排中有了准确的时间界定，即到港行程安排的可确定性明显增强。但是《规定》并不局限于航班延误的定义，而是进一步区分了民航服务日常运行与保障过程中，与延误紧密相关的术语。

"航班出港延误"是指航班实际出港撤轮挡时间晚于计划出港时间超过15分钟的情况。这里需要说明的是，由于航线里程的不同，以及出港延误时间的长短不限，出港延误的航班，并不代表"航班延误"。尤其是一些中长航线，出港延误30分钟左右的航班，并不一定会到港延误。

"航班取消"是指因预计航班延误而停止飞行计划或者因延误而导致停止飞行计划的情况。也就是说，航班取消在很大程度上是一种特殊的"延误"，只是这种延误的结果是"中断行程"。通常，这种"延误"的原因几乎都是"不可抗力"，如恶劣天气、机械故障等。

"机上延误"是指航班飞机关舱门后至起飞前或者降落后至开舱门前，旅客在航空器内等待超过机场规定的地面滑行时间的情况。这在某种程度上是"航班出港延误"的一种延伸或特例，它往往发生在特殊天气或是特殊时期而引发的航路拥堵或是机场地面拥堵。

可以说，上述定义有效区分了服务感知的"航班延误"与运行保障的"延误"（出港延误、取消与机上延误），但在实际运行过程中，由于航班出港延误、航班取消或机上延误的保障标准和服务内容与旅客的行程紧密相连，致使这种区分在服务现场仍然会存在混淆与模糊的可能性。

关于航班延误的旅客补偿，其实早在2004年民航局就出台了《关于国内航空公司因自身原因造成航班延误给予旅客经济补偿的指导意见（试行）》（以下简称《意见》），指导各个航空公司，根据各自的情况制定标准，做好航班延误后的服务工作。但是，该《指导意见》不具有法律约束力，内容简单、词义模糊，缺乏可操作性，并且言辞闪烁，态度不够明朗，反而激发了旅客的不满情绪，加剧了航空公司与旅客的矛盾和冲突，甚至出现了大量的霸机、占机行为，严重干扰了民航运输的正常秩序。因此，几年来方方面面一直都建议出台一部法律规范以解决上述问题，减少航班延误。另外，航班延误问题是一个多角度、多层次的问题，这不仅仅有赖于有效力的法律规范，还有赖于航空公司服务质量的提升，当然也应加强有关延误概念、原因的宣传、教育，促进航空公司与旅客沟通，这样才能减少延误，和谐民航运输关系，促进民航运输业的发展。

为了充分保护旅客知情权，同时不侵犯企业的自主经营权，《规定》在第三章第一节中明确规定，国内承运人是否对航班延误进行补偿、补偿条件、标准和方式等由航空公司自行决定。这样，旅客可以根据补偿的方案，自主决定选哪家航空公司，真正实现航空运输市场化。同时，国内承运人需要在接下来的5个多月的时间里根据各自情况，制定并完善航班延误补偿标准，同时上报民航局和各地区管理局备案，并择时予以对外公布，做到透明公开。

五、《规定》进一步明晰主体职责和法律责任

仔细研究《规定》后发现,这部规章对航班运行主体各自的职责有了更加清晰的定位和全面规范,尤其是航班正常工作主体责任更加明确。在航班正常、延误处置工作中,保障航班正常是首要环节,提高航班正常率、减少航班延误则是解决航班延误问题的核心。然而,与近年来我国航班量的迅猛增长相比较,机场、空管、航空承运人的保障能力明显不足,这在一定程度上影响了航班正常和民航发展质量。《规定》在第二章中对承运人、机场管理机构、空管部门及其他服务保障单位在保障航班正常工作中的职责进行了细分,对必要设施设备和人员的配备提出了要求。此外,《规定》也要求航空公司与销售代理人和地服代理人通过协议方式明确航班延误或者取消后的服务要求,进一步规范了航空公司、机场、空管、公安等部门的协同联动职责,同时也增加了地服代理人、销售代理人不履行协议造成航班延误的责任。而且此次《规定》把在我国运行的外国承运人和港澳台地区承运人也纳入了规制范畴,这正是主体职责明确的一个体现。适用范围涵盖外国承运人和港澳台地区承运人也是《规定》的一大亮点。目前,现有民航局文件只能规范国内承运人,对外国承运人和港澳台地区承运人在我国境内的航班正常方面的监管还是空白。随着我国航空运输市场的不断开放,将有越来越多的外国承运人和港澳台地区承运人在我国运行国际航班,因此需要公平公正、一视同仁,保证国际航空运输与国内航空运输的一致性。

这部规章共8章77条,其中法律责任部分共有17条,确实反映出法律责任的重要性。例如,《规定》细化了《民用机场管理条例》法律责任中的部分条款,对承运人、机场管理机构等主体的违法行为设定了法律责任。其中重点要求承运人做好航班延误或取消后的旅客服务工作,每一项都设定了法律责任。

六、《规定》对消费者的权益保护

很多社会公众认为在航班延误中,消费者一直是弱势群体。《规定》的出台就是绝不让消费者成为弱势群体。虽然在《规定》中并没有出现"投诉管理和消费者权益保护"字样,但其内容可以说竭尽全力,力求全面地保护航空消费者的合法权益。

统计显示,旅客对航班问题类的投诉占总投诉的50%以上,投诉已经成为旅客在航班延误后最重要的维权手段。目前规范旅客投诉工作的依据是《公共航空运输服务消费者投诉管理办法》,效力级别低,适用范围无法涵盖外国承运人。同时,规范性文件不能设定法律责任,对被投诉主体缺乏约束力。基于以上考虑,《规定》对旅客投诉受理、处理等工作进行了规范,此次在《规定》中独立一章专题投诉管理,并将外国承运人和港澳台地区承运人共同纳入其中。

依照《规定》,旅客遇到航班延误时,最好在第一时间向承运人和机场求助或投诉。如果其未能满足诉求,可以向消费者事务中心投诉,寻求解决。若旅客要求出具航班延误或者取消证明的,航空公司必须出具。《规定》适用范围为中国境内,包括外航和港澳台地区航空公司。若消费者发生投诉,国内航空公司要在7日内告知消费者是否受理投诉,

10日内处理完毕,外航和港澳台地区航空公司在20日内处理完毕,且必须具备中文受理能力。

《规定》也对消费者的知情权有了更明确的界定。遇到具体的延误时,消费者有以下知情权:《规定》要求航空公司在运输总条件中需明确是否提供航班延误补偿,还要明确航班延误或者取消后的旅客服务内容,并在购票环节明确告知消费者。发生延误后,航空公司要在30分钟内告知旅客航班延误或者取消信息。发生机上延误时,航空公司要每30分钟向机上旅客通报动态信息,超过3小时的,要在安全和安保允许的情况下,安排旅客下飞机等待。

七、《规定》承运人的免责

《规定》规定"对于由天气、突发事件、空中交通管制等非承运人自身原因导致的航班延误或取消而产生系列责任问题交由消费者自己承担"。这一条引起了社会公众和舆论的最大争议。

从历史性的角度看,早在1996年,民航局颁布的《中国民用航空旅客、行李国内运输规则》第五十八条就提到,由于天气、突发事件、空中交通管制、安检以及旅客等非承运人原因,造成航班在始发地延误或取消,承运人应协助旅客安排餐食和住宿,费用可由旅客自理。这次《规定》只是将以前的规定用法律的形式写进了规章中。

这个问题为何引起这么大的争议,关键在于我们的关注点到底是航空安全更重要还是航空补偿更重要。的确,客运合同是承运人与旅客关于承运人将旅客及其行李安全运送到目的地的约定,所以规章也表示因航空公司方面引起的航班延误由航空公司进行补偿。但是,诸如天气原因,在出现雷阵雨、暴风雪的情况下,航空公司不起飞的首要目的是为了保证旅客的安全,避免航空安全事故。对于不可抗力导致的航班延误或者取消,国际上均明确航空公司可不担负相关费用。本规章的规定,可以理解为最低要求,但航空公司可以自行决定高于这个要求。

《规定》也指出,因航空公司自身原因,包括机务维护、航班调配、机组等造成航班在始发地延误或取消,航空公司应当向旅客提供餐食或住宿等服务。航班在经停地延误或取消,无论何种原因,航空公司均应负责向经停旅客提供餐食或住宿服务。

除了食宿外,国内航空公司还有其他方面的经济补偿。2017年1月6日,中国民航局发布通告,向社会公众公布了有关工作情况以及国内航空公司公布的航班延误后服务、补偿方案等内容。从42家国内航空公司公布的情况看,有乌鲁木齐航空、春秋航空表示"无论何种原因导致航班延误或取消都不提供经济补偿",也有如国航、南航提供了详细的航班延误补偿方案。例如,国航的补偿条件及标准为:由于机务维护、航班调配、机组等国航的原因,造成航班延误,国航将根据延误的实际情况,向旅客提供经济补偿。延误4小时(含)以上不超过8小时,每位旅客补偿人民币200元;延误8小时(含)以上,每位旅客补偿人民币400元。

八、有关航班正常保障的规定要点

这是《规定》中明确航班保障过程中不同服务与管理主体责任的内容,其要点包括以下几个方面。

①《规定》第五条:"承运人、机场管理机构、空管部门、地面服务代理人及其他服务保障单位应当分别建立航班正常运行保障制度,保证航班正点运营。航班正常运行保障制度应当包括航班正常工作的牵头部门、管理措施、考核制度等内容。"这是典型的从行业监督与管理视角做出的规定,也为之后的法律责任界定埋下了伏笔。

②《规定》第八条:"承运人应当合理安排运力和调配机组,减少因自身原因导致航班延误。"可以说,这是促进航空公司做好运力备份的有效条款,也为建立航班延误的快速恢复机制奠定了基础。

③《规定》第十条:"机场管理机构与空管部门应当加强协同,研究优化机坪运行管理,提高地面运行效率,并对所有进出港航班运行进行有效监控。"显然,根据这样的表述,机场管理机构是机场协同决策管理系统的建设主体,这为将来整个流量管理系统或全面协同决策系统的建设提供了有力的政策保障。

④《规定》第十二条:"地面服务代理人、自营地面服务业务的承运人、代理承运人地面服务业务的机场管理机构,应当按照保障业务的实际需求配备足够数量的运行保障设备和人员。"应该说,这一规定切中航班正常运行的要害。在实际运行保障中,除了空域资源紧张是制约航班正常的要素之外,地面保障资源不足也是其中重要影响因素之一。

九、有关航班延误处置的规定要点

延误处置是《规定》的主体,内容繁多,但是立足于消费者权益保护的角度看,主要有以下三点。

一是消费者有权利在交易之前就能够获知航空公司的延误服务内容与标准。《规定》的第十七条要求承运人明确服务内容与标准,即"承运人应当制定并公布运输总条件,明确航班出港延误及取消后的旅客服务内容,并在购票环节中明确告知旅客。国内承运人的运输总条件中应当包括是否对航班延误进行补偿;若给予补偿,应当明确补偿条件、标准和方式等相关内容"。在此基础上,《规定》的第十九和第二十条,又要求承运人必须约束自己的代理方向,为消费者提供相应的信息,如"承运人委托他人代理地面服务业务或者销售代理业务的,应当在代理协议中明确航班出港延误后的服务内容和服务标准。""承运人及其航空销售代理人在售票时应当将旅客联系方式等必要信息准确录入旅客订座系统,并负责及时通告旅客航班动态信息"。

二是消费者的权益维护应该在遵守法律的基础上进行。《规定》最大的进步就是明确了不同场景下航班延误后的消费者权益,同时也强调了消费者维护权益必须遵守现场服务环境与秩序的"正常"规定。例如,"由于机务维护、航班调配、机组等承运人自身原因造成航班在始发地出港延误或者取消,国内航班在经停地延误或者取消(无论何种原因），以及国内航班发生备降（无论何种原因）等，承运人均应当向旅客提供餐食或者住宿服务。"但是，对第一种情况的延误，是否有经济补偿，补偿标准是多少，并没有强制性规定，这取决于航空公司的商业模式。同时，《规定》还明确"由于天气、突发事件、空中交通管制、安检以及旅客等非承运人原因造成的航班在始发地出港延误或者取消，承运人只有协助安排的责任，而没有免费安排的责任"。并且，《规定》进一步明确"旅客应当文明乘机，合法维权，不得违法进入机场控制区，堵塞安检口、登机口，冲闯机坪、滑行道、跑道，拦截、强登、强占航空器，破坏设施设备，或者实施其他扰乱民航运输生产秩序的行为"。

三是现场信息发布的可信度不容置疑。《规定》第二十六条，"旅客对承运人、机场管理机构、航空销售代理人通告的信息真实性有异议的，可在旅行结束后向民航局确认"。这就意味着，在服务现场，消费者必须接受"发布的信息"并接受相应的服务，可以持不同意见并在事后通过合法渠道进行权益维护，而且，为了保证《规定》的有效实施，民航局制定了《航班延误取消原因确认工作程序》，明确了"旅客遭遇航班延误、取消原因确认的时间、对象、流程与程序"，以确保现场信息发布的专业性、准确性与权威性。

十、《航班正常管理规定》提出的服务要求

作为第一部经济类规章，《规定》不但在提升航空运输服务竞争力、促进航班正常运行与消费者权益保护方面有着诸多积极意义，而且也对民航服务提出了更多的要求。综观其具体条款，这种服务要求会由于责任主体的不同而不同，无论是对作为承运人的航空公司，还是对作为运输服务节点的机场管理机构，或是承担空中交通服务的空管，以及旅客，都有着不同的要求。

1. 对航空公司的要求：准确、透明的服务标准与规范

《规定》中关于承运人的责任与服务要求表述占有较大篇幅，但从实际内容看，相比于以前的管理规定或制度，《规定》对承运人的服务要求，可以用"准确、透明"两个词来概括。

"准确"主要表现为承运人应当按照获得的航班时刻运营航班；承运人应当充分利用仪表着陆系统或者等效的精密进近和着陆引导系统，积极开展相关新技术的应用；承运人应当合理安排运力和调配机组，减少因自身原因导致航班延误；航班出港延误或者取消时，承运人应当按照运输总条件，做好旅客服务工作；承运人应当将运输总条件报民航行政机关备案等。

"透明"则充分体现在航空公司的对外服务、委托代理管理，以及系统协调服务的责任，包括承运人应当制订并公布运输总条件，明确航班出港延误及取消后的旅客服务内容（包括是否进行经济补偿，补偿条件、标准与方式等），并在购票环节中明确告知旅客；承运人委托他人代理地面服务业务或者销售代理业务的，应当在代理协议中明确航班出港延误后的服务内容和服务标准；承运人应当每隔30分钟向机场管理机构、空管部门、地面服务代理人、航空销售代理人发布航班出港延误或者取消信息；承运人应当在掌握航班状

态发生变化之后的30分钟内通过公共信息平台、官方网站、呼叫中心、短信、电话、广播等方式，及时、准确地向旅客发布航班出港延误或者取消信息；承运人应当制订并向社会公布机上延误应急预案，预案内容应当包括机上延误时的信息通告、餐饮服务提供时间和下机的条件及限制等。

2. 对机场管理机构的要求：公平、协调的运行保障平台

对机场管理机构的服务要求，《规定》有效对接了《民用机场管理条例》的内容，将机场管理机构代理航空地面服务的责任与机场管理机构建立综合运行保障平台的责任有效区分，明确了机场管理机构在航班正常保障中应发挥"稳定、协调"的平台作用，维护航班运行的正常服务环境与秩序。

"稳定"突出在地面保障资源配置、技术更新与运行维护方面，包括：机场管理机构应当加强对设施设备的检查和维护，保障航站楼、飞行区的设施设备运行正常；机场管理机构应当按照相关规定安装、使用仪表着陆系统或者等效的精密进近和着陆引导系统，积极开展相关新技术的应用；机场管理机构应当利用候机楼内的公共平台及时向旅客通告航班出港延误或者取消信息；机场管理机构应当建立大面积航班延误信息发布工作制度及对外宣传平台，实时向社会公布延误及处置情况等。

"协调"是机场平台功能的重心，也是民航系统协同决策的根本。其主要要求有以下六点：① 机场管理机构与空管部门应当加强协同，研究优化机坪运行管理，提高地面运行效率，并对所有进出港航班运行进行有效监控；② 机场管理机构应当按照规定将机位、机坪运行情况等信息通告承运人、地面服务代理人和空管部门；③ 机场管理机构应当协调驻场各单位，制订大面积航班延误总体应急预案，并定期组织演练；④ 机场管理机构及驻场各单位应当共同建立大面积航班延误联动协调机制；⑤ 机场管理机构应当及时宣布启动并实施大面积航班延误总体应急预案；⑥ 机场管理机构应当与地方政府建立大面积航班延误处置联动机制，必要时请求地方政府协助等。

3. 对空管组织的要求：科技、绿色的空中交通服务

应该说，《规定》是首部对空管组织的航班正常保障服务提出全面而具体要求的规章。《规定》考虑了空管组织的运行特征、技术特性与服务手段，对其在航班正常保障中的服务要求，基本集中在"科技与绿色"两个方面。

除了《规定》的第十三条是对空管服务的总体要求，即"空管部门应当依据职责严格执行空管运行工作程序和标准，加快空中流量，保证航班正常"之外，其他要求都体现在技术方面，例如，"空管部门应当依据职责积极推动新技术应用，提高运行保障能力"；"空管部门应当加强天气监测和预报能力建设，按照规定为承运人提供准确的航空气象服务"；"空管部门应当按照规定将天气状况、流量控制和航班出港延误后放行等信息通告承运人和机场管理机构"等。

4. 对旅客的要求：主动、合法地维护自己的权益

《规定》中关于民航系统运行保障责任主体的服务要求，基本是围绕为旅客提供"安

全、高效、准点"服务的要求展开的，对旅客接受服务的要求，除了第二十四条表述的违规责任之外，就没有过多表述。但是，从《规定》表述的服务要求、与民航法规建设现状及服务技术变革态势来看，对在航班正常保障管理中不可或缺的参与方，还是或多或少地隐含着"主动、合法维护权益"的要求。例如，关于航班延误服务内容的建议，明确使用的是经济补偿的说法，而不是经济赔偿。并且在对承运人的要求中，也没有强制性建立补偿机制的规定。这就意味着，《规定》从法律上继承了《最高人民法院关于审理旅游纠纷案件适用法律若干问题的规定》中"不支持因延误而带来的后续损失赔偿的权利"的意见。

因此，这就意味着在《规定》有效实施的前提下，旅客在接受服务过程中，还需要体现一定的主动性和合理性。包括在购买机票过程中，必须了解清楚对应承运人的运输规则，包括机票本身由于折扣而带来的服务约束等，如该航空公司是否承诺延误补偿、该等级的折扣是否享有"更、换、退"的权利等；在出行前主动掌握天气状况，以免遭遇因"天气原因"引发的航班延误，航空公司拒绝提供免费食宿的情况；延误现场，根据自身会员等级、票价优惠条件，航空公司运输规则，以及现场公布的航班延误原因，向航空公司提出"更、转、退"，甚至是食宿与经济补偿的要求，以确保自身行程影响降至最低；对现场服务，包括信息公告等持有"不同意见"时，尽量收集证据，进行事后维权，避免现场维权导致的冲突等。

 分析思考题

1. 航班延误的含义是什么？
2. 航班延误的原因有哪些？
3. 我国航班延误法律规定中存在的主要问题有哪些？

第十一章

民用机场秩序法律制度

学习目的

1. 掌握机场概念及分类；
2. 了解机场建设与管理规范；
3. 掌握机场安全规范。

 学习内容

1. 相关法律法规和规范性文件；
2. 相关案例及分析。

第一节 案例导入

【案例11-1】

20名旅客因航班延误维权无门 冲入浦东机场拦飞机

2012年4月11日11时28分，浦东机场，深航 ZH9817航班旅客在远机位登机过程中，约有20名旅客因赔偿问题情绪激动不肯上机，擅入机场滑行道，冲至邻近滑行道口附近，造成多架飞机无法起飞。整个事件前后过程持续5分钟，未对浦东机场航班正常运行造成影响。这些乘客是10日因天气原因滞留在浦东机场的。

2012年4月10日晚，从深圳飞往南京的深圳航空 ZH9817航班，因天气原因于当晚20时备降浦东机场，航班上共有161名旅客，后因浦东机场遭遇雷雨天气导致该航班无法当天出港。航空公司随后安排旅客至宾馆休息。

11日，航空公司计划于11时补班前往南京，补班旅客约40名。当旅客在远机位下摆渡车准备登机时，因在赔偿方面与航空公司存在分歧，部分旅客情绪激动不肯登机。约20名未登机旅客摆脱现场安检人员的劝阻，冲至邻近的 E 滑行道 F8道口附近。此时，一架进港的艾德哈德航空公司 EY862航班沿 E 滑行道滑行至该道口约200米时，机组人员观察到前方异常情况后主动停止滑行，并与塔台联系，塔台指示该航空器原地等待。11时28分，机场指挥中心接安检和塔台报告后，立即通知相关单位加派人员前往现场处置。经劝说，该部分旅客于11时33分回到停机位，随后由航空公司摆渡送至候机楼。从机场接报到整个事件处置结束，时间约5分钟。艾德哈德航空公司 EY862航班11时35分继续正常滑行。

机场方面介绍，未登机的20名左右旅客摆脱机场安检人员的劝阻，冲至邻近的 E 滑行道 F8道口附近拦停正在滑行的航班。在一系列冲动的行为后，旅客最终与航空公司达成协议，每人获赔1 000元。"根据民航规定，航班因天气原因造成延误，航空公司是免责的。"深航相关人士颇为无奈地表示，即便因其他原因造成延误，航空公司大多赔付的最高额度是每人500元。"这次赔偿的额度，是破例的。"问及赔偿原因，该人士称"无法解释"。

机场方面表示，整个事件未对浦东机场航班正常运行造成影响，目前，该部分乘客正由相关部门进行后续调查处理，ZH9817航班未按补班计划起飞。机场方面提醒旅客理性维权，切莫采取过激行为，影响机场正常运行秩序。

上海泛洋律师事务所律师刘春泉表示："如果情节较轻，按照民用航空安全保卫条例和治安管理处罚法的规定，可能处以罚款、10天以下拘留。"他进一步说明，擅闯机场跑道，涉嫌违反《民用航空安全保卫条例》第十六条、《治安管理处罚法》第二十三条，"情节轻微的，可能被罚200元以下，较重的罚款500元、5～10天拘留。"而如果情节比较恶劣，则可能涉嫌刑事犯罪。

本应降落南京的航班因暴雨备降浦东机场，机组希望等天气好转的间隙再次起飞，在能不能飞的纠结之中旅客身心俱疲。最终，因为赔偿额度的分歧，导致20余名旅客冲向机场滑行道，拦下一架正在滑行的客机。

事实上，冲上跑道的事件早在前一天就已埋下了种子，前一天晚上不少乘客在滑行道口附近有过滞留的经历。

因10日的天气原因，ZH9817航班从深圳起飞后，无法按原计划于19：00左右降落南京机场，直到晚20时左右，ZH9817航班只能备降浦东机场。

飞机降落后，所有乘客仍然留在机舱中等待。"等了两个多小时，一直都只说是天气原因，也不知道什么时候起飞。"当天ZH9817航班乘客孟靖凯（音）回忆，10时左右，航班乘务员解释，飞机起飞需要将货舱行李重新装入，安排舱单手续后才能起飞，但一直没有接到安排。继续等待的乘客觉得乘务人员解释模糊，与乘务人员发生争吵。

等待一直持续到深夜12时。"机长是一个外国人，熬到12点的时候也已经有些恍惚了。"孟先生说，这样的情况下，乘客也不敢再乘坐该航班，乘务人员打开舱门后，四五十名乘客走下飞机，打算到候机厅寻找解决办法。

当时浦东正在下暴雨，40多名乘客冲到C222号停机口时，却发现入口紧锁，乘客无法进入候机楼。暴雨之下，乘客滞留在跑道停机口门前，半个小时后，才有工作人员打开候机楼门。

"后来想找深圳航空公司的负责人，却没有一个深圳航空的负责人来向乘客解释，后来的安排中转住宿都由国航来处理。"这一场淋雨后，孟先生的爱人着凉病倒，进入候机厅不久，就由120急救车送往医院治疗。凌晨3时左右，大部分乘客被安排进机场附近的一家酒店休息，孟先生夫妇从医院回来后，进入酒店时已是凌晨6时。凌晨6时40分，航空公司又通知可以安排8时以后的飞机，但孟先生爱人已经病倒，只能改变行程滞留上海。

"早上8点，通知9点有车送机，到了机场又是等。到了预定时间仍无法起飞。"4月11日清晨，ZH9817乘客"猫的书窝"再次通过微博表达她的不满。另一名不得不改签今天航班离沪的张先生也抱怨，苦等了近15个小时，航空公司明显没有应对突发事件的预案，就把所有人关在飞机上等，没有人理。

根据上海机场集团事后发出的信息称，深航计划于4月11日11点补班前往南京，补班旅客约为40名。深航透露，其他旅客已通过其他方式分流。当补班旅客乘坐摆渡车，在前往远机位准备登机的过程中，因为在赔偿问题方面与航空公司存在分歧，导致部分旅客情绪激动，多人不肯上机。随后，事态向着更为极端的方向发展。中午11点多，十余个背着行李的旅客，三三两两向空旷的机坪深处走去。于是就发生了前述事件。

【案例11-2】

昆明机场坠机案

2004年11月10日中午，被昆明市救助站收留的流浪儿梁攀龙与另一名少年束清悄悄离开救助站。两人来到昆明机场想看飞机。天黑后，他们从机场联航候机厅右侧铁门旁一损坏的铁围栏进入停机坪，从停机坪围栏翻入草丛，在草坪中睡了一夜。天快亮时，两人决定爬上在昆明机场过夜的川航 B320-8670号飞机玩耍，于是偷偷爬进了起落架舱，后来飞机起飞了，就下不去了。看着飞机越飞越高，最初的好奇被紧张取代，梁攀龙坐在边上，束清坐在中间，梁攀龙紧紧抓住了轮子上方的一截金属杆，束清什么也没抓到。后来飞机速度越来越快，起飞后，束清很快跌落致死（如图11-1所示为昆明机场坠机示意图）。梁攀龙则幸运地与飞机一起飞抵重庆。当地勤人员在起落架舱中发现梁攀龙时，见他死死抱着后轮机架，面色苍白，全身哆嗦，无法言语，明显受到惊吓。

（a）

（b）

图11-1　昆明机场坠机示意图（来源：《重庆晨报》）

昆明-重庆航班坠人回顾

2004年11月11日，一架编号为6027、航班号为3U8670的四川航空公司的空客 A320客机，于8时15分从昆明机场起飞，当飞机升到100余米高处时，突然随着"砰"的一声，一个黑影从空中掉了下来。昆明机场的地勤人员立即赶往声响处——机场跑道，才发现是一名男孩从飞机上坠下，当时就已经死亡。该客机到达重庆江北机场后在飞机右翼后轮起落架上，又发现了一小男孩。这一事件暴露出昆明机场存在着严重的安全隐患。

第十一章 民用机场秩序法律制度

该架客机起飞后坠落一黑色物体，机场安全运输部的工作人员发现坠落物是一少年尸体，随即报昆明机场现场指挥中心，机场紧急关闭跑道。

据昆明机场副总经理王进胜事后告诉记者，现场指挥中心立即将此情况通报给昆明空管中心等有关部门，但"后者并未要求返航"。飞机经过近1小时的飞行后降落在重庆江北机场。机场的搬运工搬运乘客行李时意外地在飞机起落架舱内，发现了一少年，立即送往医院救治。此少年随后被警方带回昆明。

昆明机场坠机事件中幸存者、年仅13岁的少年梁某说："我在救助站认识了束某（坠机事件中不幸死亡的少年），他告诉我他去过很多地方。10日上午，束某约我逃出救助站，带我到了昆明机场。我们想看一下飞机，还想进去玩一会儿，就从机场围栏钻了进去。他先爬进起落架舱里，后来让我也上去。后来飞机起飞了，就下不去了。

"飞机开始移动时，我俩忙着抓东西。我抓住了轮子上方的一截金属杆，束某什么也没抓到。后来飞机速度越来越快，起飞后我看见他一闪就不见了。

"那么高，我想掉下去他一定会摔死。飞机到高空后，刚开始风有点大，有点冷，后来舱门关闭后就不冷了，还热了一阵子，我还脱了一件衣服。飞机的声音太大了，一直是轰轰轰的，我的耳朵现在还有回音。"

事件发生的当天，民航西南地区管理局调查组抵达昆明，公安、安全飞行、武警等部门对两名少年如何进入机场停机坪、为何飞机起飞前没被发现等情况进行详细调查。

据昆明机场公布的调查结论，11月10日上午11时30分，14岁的束某和13岁的梁某自行离开昆明市救助管理站。当天傍晚，两人从昆明机场北面已停止使用的云南联合航空公司候机楼旁的围栏钻入，进入停机坪玩耍。他们先后到过3号桥、4号桥、5号桥停靠的飞机旁，然后走到军用停机坪的草坪内休息过夜。第二天清晨，两人爬入停靠在4号桥的川航飞机起落舱内，随后飞机起飞，束某坠机死亡，梁某随机飞到重庆后奇迹般生还。

"昆明机场巡视不力，责任无法推卸，但不应该承担全部责任。"昆明机场副总经理王进胜向记者解释，由于昆明机场属于军民合用机场，各管一摊，孩子是在昆明空军场站草坪玩耍、过夜的；其次夜间担任飞机警卫任务的是武警部队；至于起飞前的检查，是川航委托的地面机务人员检查；起飞后发现异常情况，机场方面"也及时报告给了空管部门"。这位负责人称，现在由于机场离市区太近、附近建筑物多，老百姓翻越机场围栏的情况时有发生。

空军昆明场站是否有警戒不严的情况？承担机场警卫任务的武警机场中队是否该承担一定责任？记者通过多种途径试图采访，均遭拒绝。

飞机起飞前为何没有进行正常的航前检查？王进胜是这样解释的：波音飞机起飞前有检查起落架的要求，也有检查清单，但"空中客车"的检查项目表上却没有这项要求。四川航空公司的这架"空中客车"是今年11月1日开始才在昆明机场过夜的，从11月1日到11月11日，昆明机场没有对这架飞机的起落架做过检查。

飞机坠落一人后为何没有及时返航？昆明空管中心当日值班副主任王荣耀告诉记者："第一，飞机返航有明确的规定和条件，并不是一有情况就要求返航；第二，事发当天上午8时至8时24分，共有六架飞机起飞，当时搞不清楚物体是从哪一架飞机上掉下来的；

第三,空管中心已经通知起飞的六架飞机机组人员,对机舱、仪表等进行检查,当时没有发现异常情况。"

14日下午记者来到两名少年偷偷进入机场的围栏处。在云南联合航空公司候机楼西边,3名工人正在砌墙封堵原来的铁栅栏。记者在机场周围绕行时注意到,机场周围大都被围墙和栅栏围着,而一些地方外面紧靠厂房和居民区,有的地方靠围墙和栅栏堆放着垃圾和杂物,易于爬上围墙和栅栏进入机场。

在这一事件中不幸死亡的孩子束某,是云南楚雄彝族自治州人。他的母亲夏会芬等亲属11人赶到昆明。束某的亲属认为:孩子的死是由于机场的管理和工作不到位、防护措施不力造成的,因此要求机场如实告知事件真相并承担相关责任。14日下午夏会芬与云南一律师事务所签了委托书,准备通过法律途径处理这一事件并有可能提出经济赔偿要求。

"不可能赔偿,因为他们俩严重危害了公共安全。"昆明机场副总经理王进胜接受记者采访时表示,"对小梁如何处理还没有定论,首先因为他是未成年人,其次要等他的身体恢复后才能决定。对死者束某,我们也将本着人道主义的原则,妥善处理好善后事宜。"这位负责人称,昆明机场近期将集中开展为期20天的安全大检查,对进出控制区的车辆进行仔细检查,杜绝无证人员进入隔离区,同时加强隔离区道口守护,加强与各驻场单位、部队的沟通、协调。尤其要对停机坪巡查、飞机监护、飞机清舱等重要环节加强管理,杜绝停机坪守护的盲区。

昆明机场坠机事件发生后,很多乘客都表示难以理解,无法相信。记者随机采访了一些旅客,即将登机的南京游客陈星雄说:"太可怕了,这次是进去了两个孩子,要是进去的是两个恐怖分子呢?以后谁还敢坐飞机?"另一名旅客沈俊说:"相关部门应该好好反思这一事件,在追究责任的同时,要在建立防范机制上下功夫,杜绝此类事件再次发生。"

旅客在机场应遵守什么样的规则,机场在运行中需要尽到哪些职责?航空安全是否只是某个单位、某个部门或某个人的责任?社会提倡公共道德,以道德约束,但是道德层面由人的内心决定,如果确实有人突破基本道德底线,航空安全怎么保证?依法治国,建设法治国家,需要有力的制度和执法保障,需要全面的基本素养。这些都是需要探讨和解决的课题。

第二节 机 场

一、机场的定义

根据《国际民用航空公约》附件14中的规定,机场是指"在陆地上或水面上一块划定的区域(包括各种建筑物、装置和设备)其全部或部分意图供飞机降落、起飞和地面活动之用。"也就是说,机场是指陆地上或水面上可供飞机降落、起飞和地面活动的区域,包括区域内的建筑物和附属设施。

我国《民用航空法》对民用机场的定义是：民用机场是指专供民用航空器起飞、降落、滑行、停放以及进行其他活动使用的划定区域，包括附属的建筑物、装置和设施。军队使用的军用机场和临时使用性质的临时机场均不属于这里所指的民用机场。

为了保证机场运行的需要，机场由一定的功能区和设施设备组成，这些功能区和设施设备主要包括：飞行区、旅客航站区、货运区、机务维修设施，此外还包括供油设施、空中交通管制设施、安全保卫设施、救援和消防设施、行政办公区、生活区、生活辅助设施、后勤保障设施、地面交通设施及机场空域等。

二、民用机场分类

民用机场可以按不同的标准进行划分。

（一）直升机场、短距起降机场、常规机场

按照可接纳的航空器类型分类，民用机场可分为直升机场（Heliport）、短距起降机场（Short Take-offand Landing Airport）和常规机场（Conventional Airport）。所谓直升机场，顾名思义就是专供直升机进行起降及其他活动的区域；而短距起降机场则是供短距起降飞机进行表面活动的机场。由于短距起降飞机（如正在研制中的 F-35 型飞机）进行起降活动所需的行进路程减小了，大大降低了对机场的要求，更加容易适应环境的需要，因此，短距起降机场成为与常规机场区分开的一类机场。

（二）国际机场、国内机场

按照经营范围的大小，民用机场可分为国际机场和国内机场。国际机场为国际航班出入境而指定的机场，它须有办理海关、移民、公共健康、动植物检疫和类似程序手续的机构；而门户机场是指国际航班第一个抵达和最后一个始发地的国际机场。相对的，国内机场就是仅供国内航班使用的机场。

（三）轴心机场、地区机场、备降机场

按照机场在民用航空体系中的地位，民用机场可分为轴心机场、地区机场和备降机场。轴心机场是那些有众多进出港航班和高额比例衔接业务量的机场，这类机场是机场网络中的重要结点，往往在民航业务中起着主导作用；地区机场则是那些经营短程航线的中小城市机场，相对于轴心机场，其业务量和重要程度都不及前者。而备降机场是由于技术等原因原本预定的降落在变得不可能或不可取的情况下，飞机不得已而前往的另一机场。

（四）大型枢纽机场、干线机场和支线机场

按照机场的服务规模，民用机场可分为大型枢纽机场、干线机场和支线机场。国际机场往往就是大型枢纽机场，如北京首都机场、香港机场和上海虹桥机场等。干线机场是指省会、自治区首府及重要旅游、开发城市的机场。如合肥机场、张家界机场等。支线机场

又称地方航线机场,指在各省、自治区内地面交通不便的地方所建的机场,其规模通常较小,如西藏机场。

三、民用机场法律地位

目前,我国的民用机场的管理规定主要是《中华人民共和国民用航空法》第六章"民用机场"的有关规定以及其他法律、法规和规章的有关规定。这些规定主要在四个方面对机场进行监督和管理:民用机场使用许可制度;民用机场使用性检查制度;民用机场不停行施工审批制度以及民用机场活动区重要情况月报制度。

涉及民用机场的法律问题通常有以下四个方面。

(一)机场的所有权问题

在航空法中,机场在性质上是民用的,从所有权的属性来看,机场的所有权既可以归国家所有,也可以归私人所有,还可以两者兼有。

我国民用机场从其所有权性质上看,正在逐渐实行改革,随着机场管理权和经营权的下放,也正在按照现代企业的要求逐步地向法制化的轨道前进。2002年3月,国务院制定印发了《民航体制改革方案》,提出了"机场属地化"。中国民航总局不再管理这些机场的日常运营,而由各地政府自负盈亏。尽管在改革前后,行业亏损的局面并没有明显改变,但属地化无疑加强了地方对机场的责任感,提高了各经营主体的自主权,机场开始了向企业化的市场主体的转变。

(二)机场经营人的法律责任问题

当由于机场的原因导致航空事故发生时,机场经营人一般应当承担民事责任。机场作为赔偿主体是适宜的,关键问题是机场赔偿的法律依据尚存在缺陷。从各国现行的航空法的规定来看,对机场责任的认定方式有所不同。国际上也没有统一的规定。就我国而言,对机场法律责任问题的规定更是十分欠缺。

目前关于机场的法律责任问题,主要集中在行政责任和刑事责任两个方面,这与我国传统的机场管理体制有关。如何完善机场的民事法律责任制度,对机场的长远发展和消费者权益的保护都有重大意义。

(三)机场管理的法律形式

从各国对机场的投资与管理体制进行分析,依据不同国情而各不相同,即使在同一国家内,不同机场的体制也不相同。但是在具体管理和运作方式上,却存在广泛的同一性,即普遍采用市场化运作模式。无论是国家投资、法人投资还是个人投资兴建的机场,最终都以机场公司的形式进行运作,而不作为公共事业由国家直接管理,这也是近年来国际上机场建设与管理的发展趋势。

（四）机场与使用人（航空公司）之间的关系

从航空公司的角度来看，需要机场为其提供飞机起降的跑道、停场的滑行道、停机坪，提供旅客上下飞机的廊桥、登机梯、摆渡车等；提供飞机的指挥与引导、飞机的监护及机务服务，提供货邮及行李装卸服务，提供基本值机服务的离港系统、安全检查服务的安检系统及候机的场所与设施，提供后台服务的配载系统及空中交通管制系统，或者柜台租赁服务等。在实际服务管理中，这些服务管理内容有可能出现多种关系：一是航空公司将这些服务委托给机场代理，在这种模式下，航空公司不但需要向机场交纳起降费、停场费、旅客服务费等航空性收费，还需要向机场交纳其他非航空性收费，这是航空公司认为机场是资源垄断者的主要原因；二是航空公司租赁柜台与场地的自行服务，在这种模式下，航空公司只需向机场交纳租赁费，在基地机场甚至不需要交纳任何费用，这是机场将航空公司视为竞争者的直接原因；三是航空公司将这些服务委托给第三方代理，在我国，严格意义上的第三方代理还不多见（主要是由机场或其他航空公司代理），更多的只是一种变通的方式。但是，这是解决航空公司与机场之间利益纷争的最佳途径，也是未来机场向管理型发展的主要服务管理模式。

第三节　机场的建设与使用

我国关于民用机场管理的规定主要有《民用航空法》《民用机场建设管理规定》《民用机场专用设备使用管理规定》《民用机场使用许可规定》《民用机场航空器活动区道路交通安全管理规则》《民用机场运行安全管理规定》和《民用机场管理条例》等。

一、民用机场建设审批制度

《民用航空法》规定，新建、改建和扩建民用机场，应当符合依法制定的民用机场布局和建设规划，符合民用机场标准，并按照国家规定报经有关主管部门批准并实施。为加强民用机场工程建设监督管理，规范建设程序，保证工程质量和机场运行安全，维护建设市场秩序，我国原民用航空总局根据《民用航空法》《国务院对确需保留的行政审批项目设定行政许可的决定》等法律、法规，制定了《民用机场建设管理规定》，明确了民用机场建设审批主体、审批项目、审批程序和审批时限等内容。

（一）民用机场建设审批主体及其权限

民用航空局负责全国民用机场规划与建设的监督管理，民航地区管理局负责所辖地区民用机场规划与建设的监督管理。

《民用机场管理条例》规定，飞行区指标为4E以上（含4E）的运输机场的总体规划和运输机场专业工程的设计，由国务院民用航空主管部门批准；飞行区指标为4D以下

（含 4D）的运输机场的总体规划和运输机场专业工程的设计，由所在地地区民用航空管理机构批准。民用航空管理部门审批运输机场总体规划，应当征求运输机场所在地有关地方人民政府的意见。

（二）审批项目

为了保证机场的安全正常运行和可持续发展，确保有关单位严格执行批准的机场总体规划，从加强安全管理的角度出发，对机场选址、机场总体规划、工程初步设计、施工图纸等项目实行审批制度，审批由项目法人直接向审批机关申报，原则上实行一次性审批。

（三）审批程序

1. 机场总体规划审批程序

① 近期规划机场飞行区指标为4E（含）以上、4D（含）以下的运输机场总体规划由机场管理机构（或项目法人）分别向民用航空局、所在地民航地区管理局提出审批申请，同时向审批机关提交机场总体规划一式10份，向地方政府提交机场总体规划一式5份。

② 审批机关会同地方政府对机场总体规划进行审查，并提出审查意见。

③ 机场管理机构（或项目法人）组织编制单位根据审查意见对总体规划进行修改和完善，按审查确定的最优方案重新编制机场总体规划，并向审批机关提交机场总体规划一式15份。

④ 审批机关在收到符合要求的机场总体规划后20日内完成审批工作，并在审定的机场总体规划上加盖印章。

⑤ 机场管理机构（或项目法人）应当自机场总体规划批准后10日内分别向民用航空局、所在地民航地区管理局和地方政府提交审定的机场总体规划及其电子版本（光盘）一式2份。

2. 机场选址审批程序

（1）由省、自治区、直辖市人民政府主管部门向所在地民航地区管理局提出选址申请，同时提交选址报告一式12份。

（2）民航地区管理局对选址报告进行审核，并在20日内向民用航空局上报审核意见及选址报告一式8份。

（3）民用航空局对选址报告进行审查，必要时进行现场踏勘及专家评审，并根据现场踏勘情况和评审意见提出对选址报告的修改要求。

（4）民用航空局在收到符合要求的选址报告和民航地区管理局的初审意见后20日内向申请人出具场址审查意见。

3. 机场初步设计审批程序

中央政府直接投资或资本金注入方式投资的机场工程报审程序如下。

①A类工程、B类工程的初步设计分别由项目法人向民用航空局、所在地民航地区管理局提出审批申请，并同时提交初步设计文件一式2～10份（视工程技术复杂程序由审批机关确定）和相应的电子版本（光盘）一式2份。

②审批机关对初步设计文件进行审查，并提出审查意见。对技术比较复杂的项目，项目法人需委托中介机构进行评审。评审单位在完成评审工作后应当提交评审报告。

③项目法人组织设计单位按照审查意见或评审意见对初步设计进行修改、补充和完善，并向审批机关提交初步设计补充材料和相应的电子版本（光盘）一式2份。

④审批机关在收到符合要求的初步设计文件后20日内完成审批工作。

对非中央政府直接投资或资本金方式注入投资的工程，如含有民航专业工程项目内容，报审程序如上，审批机关对民航专业工程初步设计出具行业意见。

运输机场工程的初步设计原则上一次报审，对于新建机场工程的初步设计可视情况分两次报审。机场工程初步设计一经批准，应严格遵照执行，不得擅自修改、变更。如确有必要对已批准的初步设计进行设计方案、主要工艺流程或主要设备，以及建设规模等进行重大调整的，应当报原审批机关批准后方可实施。

4. 施工图纸设计审批程序

①A类工程、B类工程分别由项目法人向民用航空局、所在地民航地区管理局提出审批申请。

②审批机关在7日内委托具有相应资质的施工图设计审查单位进行审查。

③项目法人与审查单位依法签订技术服务合同，向审查单位提交一套施工图设计文件及有关材料（包括施工图设计图纸及其说明书、初步设计批准文件、工程勘察成果报告和工程试验报告、结构计算书及计算机软件名称等），并按国家有关规定支付审查费用。

④审查单位应当在收到施工图设计文件后20日内完成审查工作。对于技术复杂或审查工作量大的项目，审查时间可适当延长，但最长不得超过30日。审查合格的，审查人员和审查单位必须在已审查同意的所有施工图设计图纸上签字并盖章，填写审查批准书中"审查单位意见"栏并盖章。审查单位向审批机关提交审查报告、已填写的审查批准书和已签字盖章的施工图设计图纸。审查不合格的，审查单位将施工图设计文件退回项目法人，由项目法人组织原设计单位对施工图设计进行修改，并重新提交审查单位进行审查。

⑤审批机关在收到审查报告后10日内批复审查批准书。审查机关在收到符合要求的审查报告后批复审查批准书。

机场工程的施工图设计原则上集中报审，一个单项工程的施工图设计必须一次报审。施工图设计一经审查批准，任何单位和个人不得擅自修改、变更。如确有必要进行修改的，项目法人必须重新报原审批机关审批同意后方可实施。

二、民用机场使用许可证制度

民用机场使用许可证是民用航空局或者民航地区管理局颁发的准许机场开放使用的许

可文件。我国《民用航空法》第六十二条规定："民用机场应当持有机场使用许可证，方可开放使用。"为加强对民用机场的管理，保障民用机场安全、正常运行，专门制定了《民用机场使用许可规定》，该规定于2005年10月7日公布，自2005年11月7日起施行。该规定对民用机场使用许可证的申请、审查与颁发，以及许可证的变更与换发等内容做了详细规定。

（一）民用机场使用许可证的申请

1. 申请民用机场使用许可证的条件

取得民用机场使用许可证应当由机场管理机构按照规定的条件和程序提出申请。我国《民用航空法》第六十二条规定："民用机场具备下列条件，并按照国家规定经验收合格后，方可申请机场使用许可证：

"（一）具备与其运营业务相适应的飞行区、航站区、工作区以及服务设施和人员；

"（二）具备能够保障飞行安全的空中交通管制、通信导航、气象等设施和人员；

"（三）具备符合国家规定的安全保卫条件；

"（四）具备处理特殊情况的应急计划以及相应的设施和人员；

"（五）具备国务院民用航空主管部门规定的其他条件。"

2. 申请受理机关及权限

民用机场使用许可证由机场管理机构向民用航空局或民航地区管理局申请。我国《民用机场管理条例》第十七条和第十九条规定，运输机场投入使用的，机场管理机构应当向国务院民用航空主管部门提出申请，通用机场投入使用的，通用机场的管理者应当向通用机场所在地地区民用航空管理机构提出申请。

（二）民用机场使用许可证审查与颁发

1. 审查

民用航空局或民航地区管理局收到申请文件资料后，对文件资料的完整性和民用机场使用手册的格式、手册内容进行审查，必要时现场核实机场管理机构所报文件材料、设施设备、人员的情况。

2. 颁发

机场管理机构递交运输机场使用申请后，民用航空局应当自受理申请之日起45个工作日内审查完毕，做出准予许可或者不予许可的决定。准予许可的，颁发运输机场使用许可证；不予许可的，应当书面通知申请人并说明理由。

通用机场的管理者提出通用机场使用申请后，地区民用航空管理机构应当自受理申请之日起30个工作日内审查完毕，做出准予许可或者不予许可的决定。准予许可的，颁发通用机场使用许可证；不予许可的，应当书面通知申请人并说明理由。

(三)民用机场使用许可证的变更及换发

1. 民用机场使用许可证的变更

根据《民用机场使用许可规定》第二十六条和第二十七条规定,当出现下列情况之一时,机场管理机构应当申请变更民用机场使用许可证。

(一)机场飞行区指标发生变化的;
(二)机场拟使用机型超出原批准范围的;
(三)机场道面等级号发生变化的;
(四)机场目视助航条件发生变化的;
(五)机场消防救援等级发生变化的;
(六)机场使用性质发生变化的;
(七)机场资本构成比例发生变化的;
(八)机场名称发生变化的;
(九)跑道运行类别、模式发生变化的;
(十)机场所有者或者机场管理机构法定代表人发生变化的;
(十一)机场管理机构发生变化的。

申请变更民用机场使用许可证,机场管理机构可仅报申请民用机场使用许可证资料的变化部分。

民用机场使用许可证变更后,机场管理机构应当在7天内将原民用机场使用许可证交回原颁证机关。

2. 民用机场使用许可证的换发

按规定颁发的民用机场使用许可证,有效期为5年。民用机场使用许可证有效期到期前45天,机场管理机构应当申请换发民用机场使用许可证,并报送相关材料。

第四节　机场安全保卫法律制度

民航空防安全与飞行技术安全是民航航空安全的两大组成部分,两者缺一不可,共同构成民航工作的永恒主题。在航空安全的各种因素中,一般认为起主要作用的是航空器本身的性能及技术操作水平,即飞行技术安全问题。飞行技术安全问题一直是世界民航业者关注的重点,被当成航空安全的重点问题加以研究,并已经形成较为成熟的理论研究成果。民航安全的另一重要组成部分是空防安全,其核心是防止人为干扰、破坏飞行安全的行为。

民航运输的特点决定了民航地面设施及民用航空器容易成为违法犯罪的目标,且由于破坏民航飞行带来的后果十分严重,凸显出民航空防安全管理的极端重要性。从20世纪60年代起,国际民航组织先后组织召开了多次会议,订立了一系列预防、惩治危害国际航空安全犯罪的公约。这些公约包括1963年《东京公约》；1970年《海牙公约》；1971年《蒙特利尔公约》；1988年《蒙特利尔公约补充议定书》等。此外，1970年6月国际民用航空组织决定在《国际民用航空公约》附载规范以特别处理非法干扰民用航空的问题，即《国际民用航空公约·附件十七》《安全保卫——国际民用航空防止非法干扰行为的安全保卫》。国内法有《民用航空法》《民用航空安全保卫条例》《中国民用航空安全检查规则》和《公共航空旅客运输飞行中安全保卫规则》等。

一、民用机场安全保卫制度

根据我国国务院1996年7月6日颁布的《中华人民共和国民用航空安全保卫条例》，民用机场应当有严密的安全保卫措施，并对机场实行封闭式的管理制度。

民用机场的新建、改建或扩建应当符合《民用航空运输机场安全保卫设施建设规定》（CCAR-332SB），安全保卫设施必须纳入机场的总体规划，与机场建设同步进行。民用机场应当具备相应的安全保卫资格，否则不应予以开放。机场取得安全保卫资格的条件有：

① 设有机场控制区并配备专职警卫人员；
② 设有符合标准的防护围栏和巡逻通道；
③ 设有安全保卫机构并配备相应的人员和装备；
④ 设有安全检查机构并配备与机场运输量相适应的人员和检查设备；
⑤ 设有专职消防组织并按照机场消防等级配备人员和设备；
⑥ 设有应急处置方案并配备必要的应急援救设备。

此外，民用机场的安全保卫还应当符合以下规定。

机场控制区应当根据安全保卫的需要，划定为候机隔离区、行李分检装卸区、航空器活动区和维修区、货物存放区等，并分别设置安全防护设施和明显标志。

机场控制区方面，应当有严密的安全保卫措施，实行封闭式分区管理。具体管理办法由国务院民用航空主管部门制定。人员与车辆进入机场控制区，必须佩带机场控制区通行证并接受警卫人员的检查。机场控制区通行证，由民航公安机关按照国务院民用航空主管部门的有关规定制发和管理。

在航空器活动区和维修区内的人员、车辆必须按照规定路线行进，车辆、设备必须在指定位置停放，一切人员、车辆必须避让航空器。

另外，停放在机场的民用航空器必须有专人警卫；各有关部门及其工作人员必须严格执行航空器警卫交接制度。

加强机场控制区的管理是机场管理的重要内容，也是维护飞行安全、地面安全的关键所在。如果机场控制区管理出现漏洞和问题，必将带来严重的后果。目前，我国航空保卫实行的是三级管理组织体系。

第一级是中国民用航空局公安局。我国《民用航空安全保卫条例》第三条规定，"民用航空安全保卫工作实行统一管理、分工负责的原则。民用航空公安机关（简称民航公安机关）负责对民用航空安全保卫工作实施统一管理、检查和监督"。中国民用航空局公安局作为中国民航保安主管部门，统领民航局的航空保卫工作，负责制定航空保卫政策和规章，并且监督其在全国的贯彻执行。

第二级是民航地区管理局公安局。民航地区管理局公安局负责航空保安政策和规章在本地区的贯彻执行并对辖区内的航空公司、机场等执行航空保安规章情况进行监督检查。

第三级是民航各地区管理局派驻各省的"航空安全监察管理办公室"内设的"航空保安处"。"航空保安处"负责航空保安工作的日常监管，具体工作由监察员执行。根据我国《民用航空监察员规定》，执行监察工作的人员须经专业培训，取得中国民用航空局颁发的"航空保安监察员证"后方能依法履行政府监督管理职能。其主要职责范围包括：检查监督航空企业和个人贯彻执行民航法律、行政法规、规章和规范性文件的情况；主持或者参与事故、纠纷的现场调查；对违法行为进行检查处理，并办理行政处罚事项。

二、民用机场安全检查制度

民用机场安全检查是指为了预防危害民用航空安全的非法行为的发生而采取的一种防范措施。这些年来，恐怖分子和犯罪分子在世界各国的机场或航空器上使用爆炸物、武器等劫持或破坏飞机的现象时有发生，造成了严重的不良影响。因此，防止劫持飞机和破坏飞机成为各国政府保证民用航空安全的重要内容。

机场安全检查工作在国际上开始实行起始于1970年。初期的安全检查主要为人工检查。美国和日本分别于1973年和1974年开始使用仪器检查，同时以人工检查为辅。我国的机场安全检查始于1981年4月1日，起初只对乘坐国际航班的中外籍旅客及其行李物品实施安全检查。同年11月1日开始，对乘坐国内班机的中外籍旅客及其行李物品实行安全检查。1993年8月起，中国民用航空总局针对空防的严峻形势，对重点航线的旅客实行了更加严格的安全检查措施，保证了乘客和飞行的安全。

我国的民用机场安全检查工作由机场的安检部门依据国家有关规定实施。依据《民用航空安全保卫条例》第四章的规定，具体如下。

① 关于旅客和其他人员及其行李物品的安全检查：乘坐民用航空器的旅客和其他人员及其携带的行李物品，必须接受安全检查；但是，国务院规定免检的除外。拒绝接受安全检查的，不准登机，损失自行承担。检查人员应当查验旅客客票、身份证件和登机牌，使用仪器或者手工对旅客及其行李物品进行安全检查，必要时可以从严检查。已经安全检查的旅客应当在候机隔离区等待登机。

② 关于工作人员及其物品的安全检查：进入候机隔离区的工作人员（包括机组人员）及其携带的物品，应当接受安全检查。接送旅客的人员和其他人员不得进入候机隔离区。

③ 关于外交邮袋、空运货物和航空邮件的安全检查：外交邮袋免予安全检查。外交信使及其随身携带的其他物品应当接受安全检查；但是，中华人民共和国缔结或者参加的国际条约另有规定的除外。空运的货物必须经过安全检查或者对其采取其他安全措施。货物托运人不得伪报品名托运或者在货物中夹带危险物品。航空邮件必须经过安全检查。发现可疑邮件时，安全检查部门应当会同邮政部门开包查验处理。

④ 禁止或限制携带的物品：除国务院另有规定的外，乘坐民用航空器的，禁止随身携带或者交运下列物品：枪支、弹药、军械、警械；管制刀具；易燃、易爆、有毒、腐蚀性、放射性物品；国家规定的其他禁运物品。除上列物品以外，其他可以用于危害航空安全的物品，旅客不得随身携带，但是可以作为行李交运或者按照国务院民用航空主管部门的有关规定由机组人员带到目的地后交还。对含有易燃物质的生活用品实行限量携带。限量携带的物品及其数量，由国务院民用航空主管部门规定。

2001年的"9·11"事件中，民航客机竟然成为恐怖分子的攻击武器。该事件对美国来说，不仅仅是一次难以磨灭的集体记忆，更暴露出机场安全保卫系统的重大问题。从那以后，世界民用航空的安全保卫工作和检查技术都受到其深远的影响。

世界各民用机场采用的安全保卫模式总的来说有三种：第一种是以美国为代表的，机场的安全保卫工作由机场管理机构聘请的保安公司负责，警察和军队等政府强制机关基本不干涉机场的安全保卫工作。我国民用机场目前的情况与此类似。第二种以新加坡为代表，机场安全保卫由警察部门核定并进行指导的专门保安机构负责，这一机构的性质介于警察和保安人员之间，称之为"辅警"，佩戴全部警械。第三种就是以瑞士为代表的，机场的安全保卫工作由国家警察（"宪兵"）负责。

在"9·11"事件后，美国政府迅速做出反应，由美国联邦政府接管全国429个民用机场的安全检查工作。美国国会通过了加强航空安全的法律，决定成立交通安全管理局负责机场的安全工作。根据这一法律，所有机场安检人员必须成为联邦政府的雇员，并且乘客的所有行李都必须经过炸弹检测装置的检查。

对于旅客携带的物品，美国新的安检标准更加严格。例如，乘客在通过机场的安检处时，随身携带的电子物品，例如手机、照相机和收音机等将被工作人员详细地检查，并且要求乘客在通关时能主动向安检人员出示自己所携带的电子物品以接受检查，因为一旦被机场的 X 射线仪器发现乘客隐瞒不报，工作人员将迅速把该乘客请出队伍并进行详细的全身检查。

美国其他新的安检规定还有：暂停"免签证过境"和"国际到国际过境"的办法，强化行李和旅客检查以及允许部分飞行员带枪驾驶某些航班等。此外，由于2006年英国和美国的机场频频发生"液体炸弹"事件，两国对液态物品的携带在一定期限内都做了禁止性规定。

以上规定的目的都是为了保证机场和航空器的安全。但在另一方面，也使机场的工作效率降低，并且给乘客带来极大不便。因此当代的世界民航业仍亟须更加便捷、更加准确的检验制度和检验技术。

三、民用机场治安管理

民用机场属于公共场所，为了维护社会治安秩序，保障公共安全，同时确保航空运输活动顺利有序地进行，必须做好民用机场的治安管理工作。

根据《民用航空安全保卫条例》第十六条的规定，机场内禁止以下行为：

（一）攀（钻）越、损毁机场防护围栏及其他安全防护设施；

（二）在机场控制区内狩猎、放牧、晾晒谷物、教练驾驶车辆；

（三）无机场控制区通行证进入机场控制区；
（四）随意穿越航空器跑道、滑行道；
（五）强行登、占航空器；
（六）谎报险情，制造混乱；
（七）扰乱机场秩序的其他行为。

对于违反上述规定的行为，应当依照《中华人民共和国治安管理处罚法》的相关规定对其实施相应的处罚。

此外，除了《民用航空安全保卫条例》中的规定以外，如果在机场发生《治安管理处罚法》规定的禁止行为，也应当在处罚之列。

第五节　机场环保法律制度

一、机场环境保护

（一）机场的环境保护

机场的环境保护是指防止飞机对机场周围环境的污染，减少或清除有害物质进入环境，保护旅客和机场附近居民的身心健康，所采取的行政、法律、经济和科学技术的措施。

20世纪50年代末期，喷气式客机投入民用航空以来，飞机噪声引起机场附近地区公众的严重关注和强烈不满。各国政府及世界性的专业组织开始对飞机噪声问题进行研究，1966年在伦敦举行的国际会议上，做出"减小民用航空器造成的噪声和干扰"的结论。1969年国际民用航空组织（ICAO）召开了关于机场附近航空噪声问题的特别会议，并于1971年正式通过题为《航空器噪声标准和建议措施》的文件，定为《国际民用航空组织公约·附件16》。国际标准化组织（ISO）也制定了《机场周围航空器噪声的表示方法》（ISO/R507—1970）《机场周围航空器噪声的监测》（ISO/R1761—1970）等国际标准文件。

1972年联合国在斯德哥尔摩召开了人类环境保护会议，明确责成国际民用航空组织，应密切注意机场（航空港）对其邻接地区环境的影响问题。国际民用航空组织根据这次会议精神，研究了飞机发动机排放物体对周围环境的污染问题，并在1971年正式通过的《航空器噪声标准和建议措施·附件16》的内容中，增加了对飞机发动机排出物的标准和建议措施，于1981年正式通过，并将《附件16》改名为《环境保护》。

（二）机场常见的环境污染

1. 大气污染

国际标准化组织对大气污染做出定义："空气污染，通常是指由于人类活动和自然过程引起的某些物质进入大气中，呈现出足够的浓度，达到了足够的时间，并因此而危害了人体的舒适、健康和福利或危害了环境。"

大气污染包括自然因素和人为因素。自然因素就是自然过程造成的污染，包括火山活动、森林火灾、地震等；人为因素来自人类生活、工业生产、交通运输等活动中的废弃物、燃烧、排放等，导致一些非自然大气组分的有害物质如粉尘、碳氧化物、硫氧化物、氮氧化物等进入大气，在大气中积累后超过自然大气中该组分的含量而形成污染。

燃料经飞机发动机燃烧后喷出三种有害气体，即未燃烧的碳氢化合物、一氧化碳和氧化氮。其中，一氧化碳被人吸入后会造成血液严重缺氧，引发中毒症状；氧化氮溶解在云层的水分中，易形成酸雨。除了航空器造成的空气污染以外，地面车辆、锅炉、焚化炉及其他设备排出的有害气体，都会给机场周围的大气带来污染。

2. 噪声污染

通常认为人们不需要的声音或无价值的声音就是噪声。另外振幅和频率杂乱、断续或统计上无规则的声振动也称为噪声。但是，从环境保护的角度来看，确定一种声音是不是噪声，不只考虑声音的物理性质，还要考虑人的生理和心理状态，凡是干扰人们正常工作、学习和休息的声音统称为噪声。

噪声污染是指所产生的环境噪声超过国家规定的环境噪声排放标准。并干扰他人正常工作、学习、生活的现象。日常生活中的噪声强度虽然不会致人或动物于死地，却能危害人的健康。世界各国都很重视噪声问题，把噪声污染列为主要的环境污染公害之一。

飞机运行时（包括起飞、飞行、着陆及地面试车）发动机产生的噪音，可以引起飞机结构的疲劳损坏，影响飞机上仪表设备的正常运作和乘客的舒适，并对机场和附近地区的公众生活、工作造成干扰，甚至会影响人的身心健康。因此，国际民用航空组织及飞机生产国均做出了有关民用运输飞机噪声鉴定办法及最大容许值。

3. 水污染

在环境领域来看，"水体"是指水、水中的悬浮物、溶解物、水生生物和底泥等的总称。因此，水污染实际上是水体污染，即排入水体的污染物超过了水体的自净能力，破坏了水体原有的用途。

机场的污水主要来自飞机的冲洗、除冰、车辆的冲洗、候机楼服务设施的排水、场道道面的清扫、机库、油罐区、车间、飞机维修等。

此外，逸漏燃料也会造成水污染。逸漏燃料是指在正常飞行转入下滑降落过程中，或是在地面滑行中，由于机械原因或操纵不当而从喷油管中逸漏出来的燃油。飞机管理部门应当严格检查，对于不能防止遗漏燃料的飞机，不发给适航证。

4. 防止鸟害

1912年，在美国加州的长滩，一只海鸥飞入一架刚起飞的赖特飞机的控制系统，飞机坠入大海。这是首次鸟害事件。从此，鸟害引起了人们的注意。据统计，全世界每年大约发生1万次鸟害事件，国际航空联合会已将鸟害升级为 A 类航空灾难。经科学测量，一只体重2千克的飞鸟如果撞在时速9 000千米的飞机上，瞬间冲击力竟高达4 000千克。因此，驱除飞鸟是机场的首要任务之一。

为保证飞行安全，防止在机场和机场附近发生鸟害，国际民用航空组织在《芝加哥公约·附件14》中9.5.1～9.5.3条要求采取措施。1996年9月于那罗毕专门召开防止鸟击会议。ICAO 制定和出版了9137号文件（Airport Service Manual）和9184号文件（Airport Planning Manual），对于机场建设具有重要的参考价值。不同机场采取的不同预防鸟害措施，应当与当地的环保相互配合相互协调。

二、机场环境保护法律制度

（一）环境影响评价制度

环境影响评价又称环境影响分析，它是指对建设项目、区域开发计划及国家政策实施后可能对环境造成影响进行的预测和估计。影响评价的对象包括大中型工厂，大中型水利工程，矿山、港口及交通运输建设工程，大面积开垦荒地、围湖围海的建设项目，对珍稀物种的生存和发展产生严重影响或对各种自然保护区和有重要科学研究价值的地质地貌产生重大影响的建设项目，区域的开发计划以及国家的长远政策等。

在环境保护工作中，对污染进行治理只是一种"亡羊补牢"的做法，最合理的环保工作应当以预防为主。环境影响评价制度在建设之前对未来可能发生的环境污染进行有效的评估，因此是一种较为科学的预防手段。环境评价的内容一般包括：① 建设方案的具体内容；② 建设地点的环境本底状况；③ 方案实施后对自然环境（包括自然资源）和社会环境将产生哪些不可避免的影响；④ 防治环境污染和破坏的措施和经济技术可行性论证意见。

机场的建设也应当实施环境影响评价制度，对机场建设对周边环境带来的影响进行分析和预测。根据《民用机场建设管理规定》，民用机场在选址时，应当满足文物保护和环境保护的要求；机场建设的项目法人在报批机场工程初步设计时，应当包括环境评价的批准文件，环境评价的报告书等。

（二）"三同时"制度

"三同时"制度是我国首创的，通过总结我国环境管理的实践经验而为我国法律所确认的一项重要的法律制度。

"三同时"制度是指一切新建、改建和扩建的基本建设项目（包括小型建设项目）、技术改造项目、自然开发项目，以及可能对环境造成损害的其他工程项目，其中防治污染和其他公害的设施和其他环境保护设施，必须与主体工程同时设计、同时施工、同时投产。一般简称为"三同时"制度。

"三同时"制度是我国环境管理的一项基本制度。违反这一制度时，根据不同的事实情况，承担相应的法律责任。如果是建设项目初步设计环境保护篇章未经环境保护部门审批、审查擅自施工的，除责令其停止施工、补办审批手续外，按规定还可处以罚款；如果建设项目的防治污染设施没有建成或者没有达到国家规定的要求，投入生产或者使用的，由批准该建设项目环境影响报告书的环境保护行政主管部门责令停止生产或使用，还可以并处罚款；如果建设项目的环境保护设施未经验收或验收不合格而强行投入生产或使用，要追究单位和有关人员的责任；如果未经环境保护行政主管部门同意，擅自拆除或者闲置防治污染的设施，污染物排放又超过规定的排放标准的，由环境保护行政主管部门责令重新安装使用，并处以罚款。

（三）环境保护许可证制度

环境保护许可证制度，是指从事有害或可能有害环境的活动之前，必须向有关管理机关提出申请，经审查批准，发给许可证后，方可进行该活动的一整套管理措施。它是环境行政许可的法制化，是环境管理机关进行环境保护监督管理的重要手段。采取环境保护许可证制度，可以把各种有害或可能有害环境的活动纳入国家统一管理的轨道，并将其严格控制在国家规定的范围内。有利于对开发利用环境的各种活动进行事先审查和控制，便于发证机关对持证人实行有效的监督和管理。

我国民用机场的建设应当按照我国环境保护有关法规，其规划、建设活动和排污等都应依法取得许可证，方可进行机场的建设和使用。

在以上三种机场环境保护基本法律制度的框架下，依据《中华人民共和国民用航空法》第六十七条，民用机场管理机构应当按照环境保护法律、行政法规的规定，做好机场环境保护工作。

【资料链接 11-1】

敦煌机场坠人事件

2005 年 6 月 30 日，坠机死亡少年亲人在获赔 11 万元、安葬遗体之后踏上返乡路。

一、少年坠机身亡

2005 年 5 月 25 日 7 时 50 分，东航甘肃分公司一架 A320 飞机执行航班任务，从敦煌机场起飞时，一名 16 岁的男孩从飞机起落架舱内坠落，当场死亡。如图 11-2 所示为敦煌机场坠人事件示意图。经查，死者为来敦煌打工的四川籍男孩，名叫李德朝。

图 11-2　敦煌机场坠人事件示意图

第十一章 民用机场秩序法律制度

2005年5月29日，死者的父亲李茂付和叔叔李茂尧赶到敦煌与机场方面就善后和赔偿事宜谈判，但机场方面一直拒绝赔偿，只答应给予一定的"补助"。

5月30日，北京律协航空法专业委员会秘书长、北京蓝鹏律师事务所主任、包头空难地面赔偿案张起淮律师免费代理此案，张律师在敦煌、兰州以及北京等地开始了奔走谈判。

6月28日，张起淮律师在北京经过与民航总局等相关单位积极接触，取得显著谈判成效之后飞抵兰州，与甘肃机场集团负责人就赔偿问题和善后事宜的处理进行进一步协商，初步达成了有关协议。

6月30日，张起淮律师在敦煌与机场方面的代表进行实质性谈判，双方达成共识。

记者获悉，本次达成的协议主要有5点：1. 李德朝在本次事件中属非法侵入航空器和机场安全控制区，由于其已死亡，不再承担责任；2. 机场为李德朝家属补偿7万元，加上其他费用共11.36万元；3. 李德朝的丧葬费和家属到敦煌的花费由李的家人自己承担；4. 家属不再追究东方航空公司的责任；5. 双方达成协议后不得悔约，家属若毁约要返还补偿金。

6月30日下午，李德朝的遗体被家属安葬在敦煌附近的一处戈壁滩上。

二、家属：感谢各界关注

在敦煌市等待了一个月时间的李茂付、李茂尧兄弟俩终于可以回乡了。回忆这一个多月时间里得到的帮助，他们悲喜交加，眼含热泪连声道谢，感谢媒体和律师，感谢社会各界对他们的关注和支持。

三、律师：警钟时刻敲响

7月1日下午，记者与张起淮律师取得联系，张律师告诉记者，此次事件再次为机场安全敲响了警钟，加强安全生产、落实安全条例、检查落实安全制度应当是时时刻刻的事情。

张律师还告诉记者，虽然李德朝的家人最终得到了应有的补偿，但这次事件中李德朝非法侵入航空器和机场安全控制区是不争的事实，这一事件提醒家长和学校，要加强对孩子的安全教育，教育孩子不但要注意自身安全，还应当自觉维护公共安全，不危害公共安全。

四、机场：恢复班机过夜

机场发生坠机事件后，东方航空公司立即停飞兰州至敦煌的夜间航班，该航班因此每天晚上飞抵敦煌后空返兰州机场停放，次日再飞抵敦煌执行飞行任务，即每天空飞一趟。伴随着善后事宜的最后处理，敦煌机场整改完成，安全隐患全部消除并通过了检查验收。东方航空公司于6月30日晚恢复了该航班在敦煌机场的过夜停放。

（资料来源：《兰州晨报》）

【资料链接11-2】

三亚70余人非法聚集扰乱凤凰机场大案始末披露

海南省三亚市作为海南国际旅游岛旅游休闲度假的排头兵，吸引了国内外大量游客往来,三亚凤凰国际机场亦成为接待游客进出的重要通道和国际转运中心。但是,一些"黑车"司机长期到机场拉客、抢客,甚至在2011年8月聚集70多辆非法营运车起哄、打砸闹事,严重扰乱了机场秩序。

三亚市城郊人民检察院受理此案后,迅速展开调查起诉。11月14日,三亚市城郊人民法院以聚众扰乱社会秩序罪,对哈某等7名被告人各判处有期徒刑1年,彻底打掉了长期盘踞三亚凤凰国际机场扰乱秩序的"黑车"司机团伙。

一、非法营运车辆司机聚集机场

2011年8月5日22时40分许,长期流窜霸占机场停车位拉客、抢客和载客的一些"黑车"司机哈志某、哈小某等7人,约上70余名非法营运车辆司机,以凤凰机场停车场收费过多为由,非法聚集在凤凰机场起哄闹事,辱骂工作人员,想以此垄断机场载客生意。

哈小某、蒲少某及李明某(另案处理)各开一辆非法营运轿车横堵在停车场出站口处,阻拦接送旅客的车辆驶出停车场。同时,蒲立某、海某良(另案处理)则把停车场两个摄像头用塑料袋蒙住。22时55分许,聚集的"黑车"司机增多,继续围堵出站口,对机场工作人员的劝阻置之不理,造成现场秩序混乱。在闹事过程中,将机场工作人员余某撞伤。

次日,闹事司机又聚集在机场附近,并将进出机场的出租车拦下,强迫出租车司机卸客掉头,不让正常营运的出租车进机场。同时,还用石头打砸进出机场接送旅客的出租车,将3辆营运中的出租车砸坏。整个事件持续时间长,造成凤凰机场大量损失。

案发当日,有12架次的飞机降落,给大量进港旅客造成极大的不便,迫使机场启用临时出口疏导接送旅客车辆,严重破坏了凤凰机场的社会秩序,造成极其恶劣的社会影响。

二、定性聚众扰乱社会秩序罪

该案到底是定性为"聚众扰乱社会秩序罪"还是定性为"聚众扰乱交通秩序罪"争议很大。侦办此案的三亚市城郊检察院公诉科科长麦永锋对《法制日报》记者说,因为单纯看这起案件相对简单,是打着减少停车费的旗号扰乱交通秩序。但通过深入走访和了解此案发现,哈志某、哈小某等人属于非法营运的"黑车"司机,其目的是为了垄断机场载客生意,还参与打砸停车场,这不仅仅是简单的扰乱交通秩序行为。

检察机关最终根据当时情况认定哈某等人聚众扰乱凤凰国际机场的社会秩序,情节严重,致使机场停车场工作无法进行,造成严重损失。其共同行为已触犯刑法有关规定,应当以聚众扰乱社会秩序罪追究其刑事责任。

检察官在依法办案的同时,还主动调查了解这些"黑车"司机背后的家庭情况。得知他们的家庭并不富裕,且到案后认罪态度良好并且主动赔偿打砸造成的损失。在做好被害人和"黑车"司机家属的安抚工作的同时,承办此案的检察官通过对案件认真、谨慎地处理,尽可能做到情、理、法的有机统一。

法院认为,检察院提起公诉的这起案件事实清楚、定性准确,对哈某等7名案件积极参与者各判处有期徒刑1年。

(资料来源:吴晓锋,邢东伟. 三亚70余人非法聚集扰乱凤凰机场大案始末披露[EB/OL]. [2012-11-28]. http://news.jcrb.com/jxsw/201211/t20121128_995406.html)

第十一章 民用机场秩序法律制度

【资料链接11-3】
法国戴高乐机场坍塌事故原因初步查明

法国交通部在2004年7月6日发表报告称,初步调查表明,巴黎戴高乐机场2E候机厅顶棚坍塌事故是由候机厅顶棚上的一个穿孔所致。

法国交通部引用事故调查报告说,候机厅水泥顶棚与圆柱形金属支柱连接处出现了穿孔。出现穿孔的确切原因尚不清楚,但可以肯定,正是这一穿孔导致了拱形顶棚中的一个弧度结构出现了折痕。连接顶棚外部金属支柱和水泥顶棚间的金属构件因此也受到了影响。这一金属构件本来也负担着顶棚的重量,但弧度结构上的裂痕使这个构件逐渐穿过了顶棚,不再支撑数十吨重的顶棚,最终导致拱形顶棚发生坍塌。

戴高乐机场事故调查委员会主席让·巴尔捷指出,目前已排除了地基下沉或地基出现裂痕导致事故的可能。接下来要研究的是,为什么2E候机厅结构在建成两年零四个月后才发生事故。如果工程计算失误的话,坍塌现象会马上发生,而候机厅顶棚时隔这么久才坍塌,说明某一部分的内部支撑是随着时间推移而不断减弱的。专家将就此进行进一步的事故分析。

2004年5月23日,巴黎戴高乐机场2E候机厅顶棚发生坍塌事故,造成包括两名中国公民在内的4人死亡,3人受伤。

5月23日是星期天,晚上10时半,中国驻法国使馆突然发来通知,叫记者立即赶到使馆,说中国驻法国大使赵进军要在当晚11时就巴黎戴高乐机场坍塌事故举行记者会。

当天早上7时左右,巴黎戴高乐2E机场候机厅突然发生部分屋顶坍塌的恶性事故,造成4死3伤的惨剧,其中一位中国同胞死亡,另一位同胞失踪。那位同胞是怎么遇难的?失踪同胞有没有下落?还有哪些进一步的情况?赵进军召开记者会正是为了回答这些牵动人心的问题。

赵进军说,他今天本来正在外地执行公务,接到报告后当即中止,旋即赶回巴黎处理这个紧急事件。中央领导及外交部领导获悉灾情以后,多次来电指示驻法使馆全力以赴,妥善处理好善后事宜,并要求驻法使馆务必在今晚11时,即北京时间24日凌晨5时以前报回确切消息。新一届中央领导集体再一次体现了执政为民的思想,驻法使馆要本着这个思想把具体工作做好。

现在已经调查清楚,在这次事故中有两名同胞不幸遇难。除了当天上午就确定的武欣(男,32岁)以外,原报告失踪的刘建芳(女,30岁左右)在当晚快到11时也被确认遇难。武、刘两人同属一个8人团组,来自北京马仕商贸有限公司,武欣是该公司销售经理,刘建芳是该公司驻厦门代表。23日早6时20分,他们一行8人乘坐AF177航班从上海来到巴黎戴高乐机场,准备转乘法航A432班机于上午10时30分飞往墨西哥城去参加一个商务会议。在走向该航班指定的候机厅途中,他们先是惊见左侧墙壁破裂,未及反应,屋顶就突然砸了下来。武欣是领队,走在最前面,当场丧生。走在第二位的是刘建芳,事故发生后就不知她人在何处。由于事故现场清理起来非常困难,再加上遇难者尸体变形,辨认困难,所以直到当晚将近11时才根据死者身上的护照确认刘建芳也不幸遇难。

事故发生后,我驻法使馆立即成立了紧急处理小组。使馆领事部主任施月根参赞和一位领事官员在接到报告后半小时就赶到事故现场。赵进军从外地直接赶到戴高乐机场，听取法国警方、机场和医院方面的情况介绍，并要求法方尽快寻找我国失踪同胞。与此同时，使馆将查找失踪同胞列为第一紧要任务，派人到各有关医院查寻。目前，这个8人团组除上述两人不幸遇难外，另有1人手指和脚部受轻伤，其余5人安然无恙。使馆一直派人陪伴这6名幸免于难的同胞。他们目前健康状况良好，情绪稳定，被安置在巴黎一家旅馆休息。他们将作为目击证人协助法国司法机关对坍塌事故进行调查。

赵进军提醒中国公民增强自我保护意识，出国之前应通过外交部网站获得目的国中国使馆及相关机构的联络办法，一旦出事应在第一时间与大使馆取得联络。刘志明公使说，人到了国外，有了问题要向我国驻当地使领馆求助。向有困难或有问题的同胞提供援助是使领馆的一项义不容辞的任务。

（资料来源：Http：//www.people.com.cn/GB/guoji/14549/2519750.html）

 分析思考题

1. 民用机场安全保卫工作的法律依据有哪些？
2. 简述机场的法律地位与经营主体的法律责任。

第十二章

民航航班"超售"法律制度

学习目的

1. 掌握民航航班"超售"的含义和法律性质;
2. 了解国内、国外有关民航航班"超售"的主要法律规定;
3. 了解针对有关民航航班"超售"法律规定的主要争议;
4. 了解我国有关民航航班"超售"法律制度完善。

 **学习内容**

1. 相关的国际、国内法律法规和规范性文件;
2. 国际、国内有关法律规定的比较分析;
3. 国际、国内航空公司有关民航航班"超售"的比较分析;
4. 对本章相关案例的分析总结。

所谓航班超售是指民用航空业通用的一种飞机座位管理方法,就是航空公司的每一航班实际订座数大于飞机客舱内可利用座位数。按照《中国国际航空公司》航班超售公告显示:为了满足广大旅客的出行需求,减少因部分旅客临时取消出行计划而造成的航班座位虚耗,我们可能在部分容易出现座位虚耗的航班上进行适当的超售,以保证更多的旅客能够搭乘理想的航班。可见,该项制度如果执行得好,对航空公司和旅客将是双赢的局面。但是,自航班超售这项国际惯例引入我国航空客运市场后,因为各方面的原因,尤其是民航局、航空公司相关制度建设滞后,大多数旅客对航班超售显得十分陌生。因航班超售致使旅客行程延误的情况非常严重,以致难免会产生各种纠纷,并且旅客也容易出现各种过激行为。

因此,航班超售要想得到旅客的接受、理解和配合,需要民航局等相关部门、航空公司、机场等部门以及旅客自身的共同努力,共同构建和谐的民航消费环境,才能达到多赢的局面。

第一节 案例导入

【案例12-1】

美联航超额售票,将旅客强行拖下飞机

2017年美国中部时间4月9日傍晚,在芝加哥奥黑尔国际机场,美国联合航空公司(美联航)飞往肯塔基州路易斯维尔的一趟航班因超额售票,要求4名乘客推迟行程将座位让给其工作人员,其中一名亚裔乘客因拒绝而被机场警察强行拖下飞机,导致其嘴部受伤流血,精神受到刺激,如图12-1所示。

第十二章 民航航班"超售"法律制度

图12-1 美联航超额售票当事人被拖下飞机现场

当晚，机上乘客将手机拍摄的视频上传至社交媒体后，旋即引发轩然大波，美国和世界各地的网友纷纷抨击美联航及机场警察违反乘客权益，相关视频点击已破百万。目前，这名乘客身份尚未公开，但有消息说他是华裔。

据事发航班乘客说，乘客们登机落座后，美联航工作人员便表示因超额售票，需请4位乘客自愿改乘其他航班。在补偿金从400美元提高到800美元并提供住宿安排后，仍无人同意。

美联航方面称，只能通过电脑"随机"抽取乘客下机。被抽到的4人中有3人自行离开，但一名戴眼镜、五六十岁的亚裔男子拒绝下机。他解释，自己是医生，第二天有预约病人，必须当晚返回路易斯维尔。不料，美联航方面随即找来3名机场警察。2名警察说服无果，第三名警察率先诉诸武力，他们一起将这名男乘客强行拖离座位。

视频显示，该男乘客大声惨叫，在飞机过道被拖拽时眼镜几乎脱落，嘴角也被过道座位的金属扶手磕碰出血。一名女乘客大声抱怨："天呀！你们这是在干什么？这是不对的！"

另有视频显示，后来该男子又得以跑回飞机后舱，靠在隔离帘处，精神显然受到严重刺激，不断用英语自言自语："我需要回家……"

此时有乘客表示可放弃飞行，但美联航还是让这位男乘客下机。最后，4位美联航机组人员坐在腾出的4个座位上。

舆论认为，航班超额售票虽然普遍，但一般通过协商解决，用武力将乘客拖下飞机实属罕见，而且是为航空公司自己人腾座位，令人气愤。

事后，美联航方面先是发了个不痛不痒的声明，只对机票超卖表示道歉。后来民意沸腾，美联航CEO奥斯卡·穆尼奥斯才不得不亲自出面发表声明，对"不得不重新安排这些乘客表示道歉"，称美联航正抓紧与相关当局合作，并进行详细自查。同时，奥黑尔国际机场安全部门也宣布,涉事的一名警员已被临时停职。

【案例12-2】

购超售机票出游添堵

2014年初,聂建辉、顾佳琦夫妇决定去欧洲旅游。出行前,两人对行程做了周密的策划,并提前预订了酒店和交通工具。8月17日,他们在"去哪儿网"订购了国内一家航空公司(以下简称航空公司)由上海飞往罗马的两张机票,票价分别为4 655元和4 637元,起飞时间为2014年9月21日12时30分,航空公司当天出票。9月21日,夫妇俩在办理值机手续时,排队等候近半小时也没能完成乘机手续。之后,航空公司的工作人员告知他们,"没有座位了,不能办理乘机。"

"我们手上有票,怎么可能会没有座位呢?"在聂建辉夫妇的不断追问下,工作人员告知:"由于航班超售,你们手上的机票为超售机票,飞机上确实已经没有座位了,你们也不能登机。"

这是超售机票?有票没有座位?持票不能登机?一连串的问号把夫妇俩弄蒙了,他们急切地问道:"我们出国旅游,行程全部安排好了,该怎么办呢?"

"我们愿意赔偿你们2 500元,但前提是要求你们签署协议,放弃申诉的权利。"听到工作人员这么说,夫妇俩一股子火气直往脑门上蹿,质问道:"这是2 500元能解决的事吗?今天如果飞不了,我们的旅游计划就全部被打乱了,预订的酒店、预购的车票也要作废,我们今天必须得走。"

在两人的据理力争之下,航空公司工作人员改口称,可以安排他们乘坐当天的其他航班。谁知两个小时后,又告知无法转乘其他航班,只能改乘24小时之后的航班。

在安排转乘当天其他航班未果后,航空公司于当日向聂建辉夫妇出具了《不正常航班证明》,这份证明载明:原定于2014年9月21日12时30分起飞的航班由于超售延误,起飞时间推迟至9月22日;旅客接受航空公司安排改乘2014年9月22日12时30分的航班成行;旅客最终未接受机场提供的2 500元经济补偿。

就这样,聂建辉夫妇按照航空公司安排,改乘了第二天中午12时30分的航班。由于时间推迟了一天,原定的行程只得减缩一天,事先预订的酒店及车票,有的只能取消,有的要重新预订、预购或改签,游玩的时间大打折扣,满怀期待的一次出游就这么被搅得乱七八糟。

如何赔偿各执一词

2015年8月9日,聂建辉夫妇将航空公司诉至上海市浦东新区法院。

聂建辉夫妇诉称,原告购买了2014年9月21日从上海飞往罗马的两张机票,在办理值机时,被航空公司告知航班超售,无法办理登机手续,只能改乘其他航班。如果原告签署协议放弃申诉的权利,航空公司可以赔偿人民币2 500元。后原告改乘24小时之后的航班。其间,航空公司没有提供餐食、休息场所等任何服务。原告因延误24小时浪费了带薪休假日一天,造成早已订好的欧洲酒店支出人民币369元、欧洲交通延误支出人民币816元等费用的损失。根据《职工带薪年休假条例》的规定,职工年假的经济价值为"该职工日工资收入的300%",两名原告的日工资分别为1 566元、2 112元。根据《消费者权益保护法》的规定，航空公司在事发前没有告知本人航班超售无法登机的情况，也没有向本人说明所售机票暗含超售性质，隐瞒真实情况，为谋取自身更大的商业利益侵犯消费者正当权益，系构成欺诈，应予以票价3倍的赔偿。请求法院判令航空公司对超售造成延误的行为书面道歉；赔偿因航班延误造成的直接损失费用5 883元、7 521元，其中，欧洲酒店费用人民币369元，欧洲交通延误费用人民币816元，带薪休假费用各4 698元、6 336元；航空公司因欺诈行为应赔偿机票价款的3倍计13 965元、13 911元。

航空公司辩称，对原告聂建辉夫妇陈述的购买本公司的航班机票以及超售、改乘航班的情况无异议。同意赔偿原告因本公司航班超售引起的直接损失，但原告应当提供直接证据证明其酒店和交通费的损失。带薪休假的补偿费用不属于原告的直接经济损失，不同意赔偿，且原告公司扣发其工资的情况无法证明，在赔偿方案中可以通盘考虑原告的各项损失。超售系行业惯例，而且航空公司官网对超售也有相关旅客公示，并非航空公司的刻意隐瞒。

超售机票是否构成欺诈

浦东法院经审理后认为，本案的争议焦点有两个：一是航空公司因机票超售承担违约责任的赔偿范围；二是航空公司销售暗含超售性质的机票是否构成欺诈。

关于争议焦点一，法院指出，旅客购票后，承运人应当在约定期间或合理期间内将旅客安全运输到目的地。根据《蒙特利尔公约》的规定，旅客在航空运输中因延误引起的损失，承运人应当承担责任。关于违约责任，根据我国法律规定，当事人一方不履行合同义务或者履行合同义务不符合约定的，在履行义务或者采取补救措施后，对方还有其他损失的，应当赔偿损失。承运人迟延运输的，应当根据旅客的要求安排改乘其他航班或者退票。本案中，航空公司向原告告知因机票超售导致迟延运输后，为原告安排了改乘航班，且在现场也提出了补偿的方案，对原告采取了相应的补救措施。但在航班延误时间较长的情况下，对旅客产生的实际损失，航空公司应当承担赔偿责任。原告要求航空公司进行书面道歉，因赔礼道歉属于侵权责任的承担方式，而本案系合同之诉，道歉不属于违约责任的承担方式，且本案中航空公司当庭已向聂建辉、顾佳琦做出道歉表示，故对聂建辉、顾佳琦的该项请求法院不予支持。

关于原告提出的各项损失，法院确认了酒店损失及部分交通费用损失。至于休假补偿，原告主张延误了一天带薪年休假，如果他们未使用该休假，可获得公司给予日工资收入300%的补偿。法院认为，该损失并未实际产生，尽管原告提供的证据能够证明公司根据相关规定应对员工不休年休假进行补偿，然而原告出行前已自愿使用休假进行旅游，系已经放弃获得相关休假补偿的机会，故无论原告是否延误第一天的行程，客观上均不会产生原告获得单位年休假的补偿，因此原告的该主张不能成立。

关于争议焦点二，航空公司辩称，已通过民航总局官网和航空公司官网对超售进行旅客公示。法院认为，该种告知方式欠缺明确性和指向性，在本案原告的购票过程中并不能有效地进行提示，且超售对合同履行具有重大影响，应当向旅客予以特别提示，从而旅客能自行考虑是否选择购买存在超售可能的机票。因此，本案中航空公司未尽到经营者的告知义务。

至于是否构成欺诈，法院认为，首先，法律上对超售行为未予明令禁止，民航总局在公开网站上对超售进行了介绍，对超售未作出明确的禁止，航空承运人基于市场竞争、运营成本、客源流失等考虑，对航班进行超售也符合国际航空业的售票惯例。其次，航空公司通过官网对旅客须知进行公示的方式，向旅客告知航班存在超售可能以及补偿方案，原告系从其他购票网站上进行购票，在购票时并未予以注意。本案中，航空公司未对原告明确告知航班存在超售，法院认为，航空公司未能有效掌握好涉案航班的机票预订情况，在订立合同时出现超售，从主观上而言更多是由于过分自信导致的过失，并非对包括原告在内的该航班所有购票人进行虚假宣传或者故意隐瞒真实情况，事后航空公司也采取了为原告安排改乘航班的补救措施，与经营者欺诈的主观恶意性存在区别，故原告认为航空公司构成欺诈索要三倍赔偿的主张不予支持。鉴于航空公司存在未尽告知义务的行为，客观上已造成原告延误一天旅游行程而产生相关利益损失，综合考虑聂建辉夫妇延长候机、另行安排出行承受的舟车劳顿、经济支出以及航空公司因超售增加客源收益等情况，法院酌定航空公司赔偿两原告各人民币 2 500 元。加上原告的酒店损失及部分交通费用损失，航空公司应向两原告各赔偿人民币 3 369 元。

2016 年 4 月 14 日，法院一审判决航空公司赔偿聂建辉、顾佳琦各人民币 3 369 元；驳回聂建辉、顾佳琦的其余诉讼请求。两名原告不服一审判决，向上海市第一中级人民法院提出了上诉。上海一中院经审理后认为，原审法院判决并无不当，做出了"驳回上诉，维持原判"的终审判决。

第二节　民航航班超售概述

按照国际航空运输行业通行的做法，为了满足广大旅客的出行需求，减少因部分旅客临时取消出行计划而造成的航班座位虚耗，航空公司可能会在部分容易出现座位虚耗的航班上进行适当的超售，以保证更多的旅客能够搭乘理想的航班。

图 12-2

一、航班超售的含义、本质与产生

（一）航班超售的含义

航班超售是指航空公司为了弥补由于航班座位虚耗造成的损失而售出的机票数量超过航班座位数量的现象。航班超售的结果就是小部分旅客虽然购买了机票，但是无法登上所购机票的航班，如图12-3所示。

在美国，航班超售是合法的。根据美国交通运输部统计，2016年全美12大航空公司共有659 749 297人次完成登机，其中40 629人次因航空公司超额售票而被迫"非自愿"取消登机，434 425人次自愿放弃搭乘飞机。其中，在航班超售管控上做得最好的是夏威夷航空公司，"非自愿"拒绝登机率为0.07每万人，做得最差的是快捷航空公司，"非自愿"拒绝登机率为1.28每万人。上述案例的主角美国联合航空公司（United Airlines）"非自愿"被拒登机率为0.4每万人，在全部12家航空公司中排名第六。考虑到美联航的登机旅客规模，美联航在航班超售管控上做得还算不错。

同时，航班超售也是航空界的国际惯例。目前，我国并未出台相关法律对航班超售行为进行规范。对市场主体来说，"法无禁止即可为"（"法无授权即禁止"是针对政府的公权力而言），且根据《民法总则》的规定，当我国缔结或者参加的国际条约与我国的民事法律产生冲突时，优先适用国际条约；我国法律和我国缔结或者参加的国际条约没有规定的，可以适用国际惯例。所以，在我国，航空公司超售机票的行为也是合法的。

图12-3　航班超售无法登机

以上基本揭示了航班超售的含义，但是这个定义存在以下三个方面的不足。

1. 未能彻底揭示机票超售本质

超售的本质是一种以营利为目的的商业行为。它的决策主体是作为商法人的航空公司，尽管超售能够减少航班虚耗，在为航空公司带来收益的同时，从最大限度上向急需某一特定时段出行的旅客提供适时服务，但它最根本的目的仍然是营利，其最大的收益人只能是航空公司。

2. 超售的动态性揭示不足

航空公司机票超售并不是一个静态的状态，相反是一个动态的过程。超售的静态性表现在它反映的是航空公司售出超出本次航班座位数的机票这一状态；超售的动态性表现在直到航班正式起飞以前，该航班都处在可能超售的时段。

3. 未能将被动超售的情况考虑在内

尽管大部分航空公司进行超售行为是出于机票销售策略的考虑，然而不可否认的是，被动超售的情况也是存在的。这种情况的发生通常是由于航班临时调整、机型临时调整、飞机载重限制、温控限制等，有时也会出现人为因素导致的被动超售，如航空公司相关座控或离岗控制工作人员错建航班信息等。

受以上三点的影响，可以将超售具体划分为形式超售与实际超售。

形式超售指的是航空公司售票期间的机票超售。在这个时期，航空公司售出的机票仅仅是形式上的，即使出现了超售，也不一定会造成对旅客的影响。

实际超售指的是在航班起飞前的节点，由于多售出了超出载运能力的机票，出现了拒绝旅客登机的现象。因此，超售的本质是作为商业法人的航空公司，为达到自身营利的目的，售出多于航班实际载运能力的机票数，并最终导致一些旅客无法按照原定计划到达目的地的商业行为。从另一种意义上来说，在出现超售导致无法正常登机时，旅客对航空公司服务绩效的感知将小于对航空公司的服务期望，产生不满意情绪，是一种服务失误。

（二）航班超售的产生

美国航空公司超售的历史由来已久。始于20世纪40年代，是从最初的无心做法变成赚钱策略的。最初超售的解决办法可能是偶然发现。在20世纪50年代之前，机票预订的技术含量还很低。每家航空公司在总部设有一个"主控制板"，显示所有指定航班上的可预订座位，各地方办公室也有同样的设置。负责监管"主控制板"的工作人员会在仅有几个座位的航班旁边放一面绿旗，而在座位全部售出的航班旁边放上一面红旗。这个烦琐的系统由于无法进行实时操作，所以很容易出现对一个航班进行了超售。然而，航空公司很快意识到超售是一个绝佳的赚钱策略。但没有一家航空公司将这项创新归功于自己。事实上，管理人员花了几年的时间坚决否认他们故意进行航班超售。

到20世纪50年代，航班超售在航空公司中已很普遍，但也遭到了大量乘客投诉。在1953年12月发生的一起广为报道的事件中，一名在纽瓦克机场被拒绝登机的商人选择站在停机坪上的飞机外面抗议，并最终坐在前轮上以示抗议。

此后航空公司依旧继续进行超售,但盛怒的选民促使国会开始采取相关的措施。1956年6月,缅因州共和党参议员 Margaret Chase Smith 抨击航空公司"冷漠"。一个月后,美国民用航空委员会(以下简称 CAB,是美国联邦航空局和国家运输安全委员会的前身)向主要航空公司发出警告信来限制航班超售。

随后有关航班超售事件的数量急剧下降,但数月内又再次飙升。CAB 对当时的美国国家航空(后被泛美航空收购)和东方航空(1991年破产)采取了强制执行程序。这两家航空公司因超售受到指控,其对乘客支付现金作为造成不便的赔偿也被视为非法行为。因为被要求下机的乘客与其他乘客相比,与航空公司达成了更有利的交易,CAB 禁止这种"区别对待"。但是,这两家航空公司进行了反击,声称任何超售都是一个"诚实的错误",并不是政策造成的,然而这是极不可能的。

同一时期,CAB 在努力解决这一问题时从一个极端走向另一个极端。1961年,CAB 对航空公司处罚"未登机乘客"的计划予以了支持,但两年后放弃了这个想法。经过进一步研究,CAB 转变了态度。其在1967年的一份报告中称,通过"严格控制的超售"航空公司可以减少空置座位,同时搭载更多乘客来为公共利益服务。

CAB 没有对"严格控制的超售"进行解释,但强制要求航空公司给予乘客一张与原有航班票价等值的代金券。然而这种通用的解决办法很难达到目标,因为没有意识到乘客可能想要更多的赔偿,或者是能够接受更少的赔偿。

(三)我国航班超售实施现状

航班超售从20世纪四五十年代悄然兴起,至今已延续了70余年。与国外相比,我国国内对航空公司超售问题的关注起步较晚,至今只有将近20年的历史。我国航空运输业直到1999年才正式引入超售思想,2010年国内航空超售罚单第一单才开出。

【参考资料12-1】
温州工商开出全国首张机票超售罚单　广东一家航空公司被罚了5 000元

温州工商部门首先站出来,对这一行业惯例说"不"。

因机票超售行为,温州工商局龙湾分局开出了全国首张罚单:广东一家航空公司被罚款5 000元。工商部门召集航空公司代表、消费者代表开了一个座谈会,呼吁有关部门酝酿机票超售的行为准则。

2010年2月3日,温州人黄先生和亲戚朋友一行8人,订了8张由温州飞往深圳的机票。机票上没有座位号,要领登机牌时才有。但当2月15日他们去领登机牌时,却被告知其中2人不能上飞机。再三追问下,他们才知道,原来本次航班只有127个座位,卖出的机票却是129张。

由于机票超售,航空公司表示多出的2位乘客可以先飞到广州,再坐车去深圳。另外每人可以得到300元赔偿。

黄先生等人是去旅游的,听说要这么折腾,心情一下子没了。他们没有接受航空公司的安排,而是向工商部门投诉,要求航空公司赔偿经济和精神损失5万元。

由于双方要求的赔偿金额差距太大,无法协商。经审查,11月5日,温州工商局龙湾分局对广东这家航空公司作出行政处罚决定，责令其改正违法行为，并处罚款5 000元。

处罚的依据是，航空公司以欺诈方式超售机票，违背了法定的诚实信用原则，剥夺了消费者的知情权。

和温州黄先生同样遭遇的人不少。据温州市消费者权益保护委员会统计，当年上半年温州就已受理航空纠纷349件，其中航班延误占了大头，而其中有很大一部分因机票超售引起。大多数乘客选择了息事宁人的做法，改签了其他航班。然而，即使遇到较真的乘客，航空公司也往往会拿出个响当当的理由：这是国际惯例。的确，我国机票超售制度是由欧美国家借鉴来的，但借鉴时却遭遇了"阉割"。乘客购买机票以后，因为自身的原因，可能会"放鸽子"：误机或者变更行程。为了避免座位空置带来的损失，在国外每个航班的机票一般会超售20%～30%。但和超售相适应的，国外有一套完善的事先告知制度和事后赔偿机制。

例如，美国《联邦条例法典》规定，每一承运人应在其机场的值机柜台张贴"航班超售通知"，并且要将该"通知"印在机票上，以满足乘客的知情权。被拒载的旅客将会得到单程票价一倍或双倍的赔偿。

乘客一旦购买了机票，就和航空公司形成了航空运输合同关系。航空公司有义务按合同，也就是机票上的约定去履行。如果机票存在超售情况，航空公司却没有事先告知乘客，航空公司就已经违约了，有合同欺诈嫌疑。当然，要是航空公司事先告知了，乘客仍愿意购买的，则没有违约。消费者可以直接向航空公司协商索赔，可以向航空公司的上级机关投诉，也可以去法院起诉。

二、航班超售的原因、合理性及其意义

（一）造成航班座位虚耗的原因

1. 旅客已购票但未乘机（NoShow）

旅客因为各种各样的情况未在停止值机时间（航班截载时间）之前完成值机或者未在关闭登机口之前到达登机口。

2. 机票销售期与退票期的错峰

旅客往往根据自己的出行计划提前预订机票，航空公司的机票销售窗口一般也在航班起飞前的几个月甚至半年就对外出售。但退票的高峰期往往集中在航班起飞之前。所以，临近航班起飞的退票基本很难再被销售。1978年，美国全国年超售人数10万多。1986年，德国汉莎因为使用超售手段而多运载了63万旅客。

为了减少因为航班座位虚耗造成的损失，每家航空公司都会对特定航班进行机票超售。对航空公司而言，航班超售也是个技术活，并不是所有航班超售都一定对航空公司有利。机票卖得少，航空公司会亏钱；机票超卖得太多，航空公司也会亏钱（因为要对被拒载的旅客进行赔偿）。每家航空公司都有机票超售管理，例如，一天只有一班的、改签后

等太久甚至需要过夜的、不能改签到其他航空公司航班的航班都保守超售甚至不超售。

对乘客而言，机票超售也并非都是坏事。一些旅客对准点到达目的地有强烈的需求，而另一些旅客则更关心机票的价格。航班超售则给了那些对价格更为敏感的旅客一次"价格补偿"机会。

因此，从总体上来看，机票超售导致航班的上座率更高，摊薄了飞行成本，最终也会导致机票整体价格的下降。航班超售在某种程度上是为了在旅客获取已购买服务的权利与航空公司更有效率地运营之间取得平衡。

也就是说，座位超售给公众旅行者所带来的好处也是不容低估的。它增加了可用座位的数量，提高了座位利用率，使更多的旅客有机会乘坐首选的航班，更少的旅客被拒绝预订某一航班的座位，并且由于航空公司座位更有效地利用，使得旅客整体的旅行成本减少。因此，航班超售被世界上很多航空公司普遍采用，成为一种国际惯例。越大的航空公司超售范围越广，收益就越大。据相关调查表明，美国的前13名航空公司在2001年平均每天拒载3 052人，这13家航空公司的乘客总数是597 284 588人，换算一下相当于每一万名乘客，就有19人被拒载，99.44%的旅客主动提出愿意改乘下班航班，所以，只有0.56%的人真正被动拒载。也就是说，航空公司采取超售措施是具有一定可行性的，主要问题在于如何减少被动拒载旅客人数，挖掘潜在的愿意主动放弃、改乘或者推迟旅行的乘客，以及发生被动拒载时的补偿标准。

（二）航班超售的合理性

一般来说，航空公司超卖是因为有乘客买了机票却未登机。鉴于总是有部分乘客无法搭上飞机，航空公司因此会设定一定的机票超卖率。但一个航班超卖多少机票合适？这涉及经济学上的博弈论，有赖于出行大数据的积累以及复杂的数学模型。

超卖的最大好处在于提高上座率，增加公共资源的利用效率。同一架飞机燃烧同样的燃油、产生同样的污染、利用同样的公共空域，如果超卖能达到运送更多乘客的效果，显然符合公共利益。

在过去几十年里，航空公司这套复杂的计算系统在不断完善。其实，对普通旅客来说，超卖也符合其个人利益。首先，超卖是因为有人误机，而乘客误机后机票并不作废，航空公司会为其改签；其次，超卖导致上座率更高，因此摊薄了飞行成本，导致航空客票价格下降。和以前相比，如今的飞机越来越拥挤，但好处是飞行成本也大幅降低。

第三节　航空公司处理机票超售的方式

一旦发生航班超售，航空公司在行使登机优先权安排之前应当询问是否有旅客愿意成为"自愿者"（"自愿者"是指积极响应承运人的号召，与承运人达成条件，准备放弃其座位以获得利益的旅客）。如果没有足够多的"自愿者"站出来，不能使已定座的其他旅客登机，航空公司可以违背旅客的意愿对其拒载。这些被拒载的旅客就是"非自愿被强行拒载者"("非自愿被强行拒载者"是指不愿接受承运人开出的补偿条件而被强制放弃其座位的旅客,即使旅客最后接受了承运人的被拒登机补偿)。航空公司根据"登机优先权"挑选"非自愿被强行拒载者"。

一、"非自愿被强行拒载者"的权利

"非自愿被强行拒载者"虽然没能和航空公司就放弃座位达成协议,但其权利也受法律保护。

一般来说,"非自愿被强行拒载者"享有以下权利。

1. 获得赔偿/补偿的权利

美国航空公司根据更换交通工具或者机票改签后到达旅客目的地需要的时间来对旅客进行补偿;欧盟航空公司则根据航程对旅客进行补偿。美国《联邦法规》规定,如果航空公司为旅客更换交通工具或者改签机票,并使其在超过预定到达时间的一小时内到达目的地,将不提供赔偿。如果乘客比预定晚1～2小时到达(国际航班为比预定晚1～4个小时),航空公司必须向乘客支付单程票价的两倍金额,最高可达675美元。如果乘客比预定晚2小时以上到达(国际航班为比预定晚4个小时以上),航空公司必须向乘客支付单程票价的4倍金额,最高可达1 350美元。

《欧共体关于航班拒载、取消或延误时对旅客赔偿和帮助的一般规定》如下:

① 航程在1 500千米及1 500千米以内的所有航班为250欧元;

② 航程超过1 500千米的所有在欧盟境内的航班,以及航程在1 500千米和3 500千米之间的所有其他航班为400欧元;

③ 除上述①和②之外的所有航班为600欧元。

2. 退票或变更旅程的权利

① 航空公司以购买时的价格退还机票款,或尚未使用部分的全部费用,如果已使用的部分相对于旅客的最初旅行计划没有任何意义的话,还应退还已使用部分的机票款。

② 变更旅程,以类似的运输条件,以最早的时间运送旅客到达最终目的地。

③ 变更旅程,以类似的运输条件在随后的日期运送旅客到达最终目的地,条件是在旅客方便的情况下,并且座位允许。

3. 获得关怀的权利

① 向旅客提供与等待的时间相适应的免费餐食和饮料。

② 遇到必须停留一到多个晚上,向旅客提供免费的住宿。

③ 机场和住宿地(旅馆或其他地方)的运输。

④ 应免费给旅客提供两次电话、电报或传真,或 e-mail。

4. 免费升舱或者补差降舱的权利

如果航空公司给旅客升舱,不能要求旅客支付任何额外的费用;如果航空公司降低了旅客的舱位等级，航空公司应按比例退还相应的差价。

但是，并不是所有被拒绝登机的旅客都能获得赔偿。美国法律规定以下四类"非自愿"被拒登机旅客无法获得赔偿：

① 旅客不能完全满足其与承运人之间承运协议规定的条件（包括机票的相关税款是否足额缴纳、值机时限等）；

② 由于操作或者安全的原因需要更换更小的飞机导致座位不足，旅客被拒绝登机；或者容量小于等于60座的飞机，由于操作或者安全的原因需要对飞机的载重/平衡进行限制，导致座位不足，旅客被拒绝登机；

③ 已经为旅客提供住宿或者未收取额外费用为其调舱（如果是降低舱位等级还需要退还差价）；

④ 在没有额外费用的情况下搭乘航空公司另外安排的航班或者其他交通工具，在旅客原计划到达目的地或者中转站时间的一小时内安排旅客到达目的地或者中转站。

二、登机优先权

航空公司在面对航班超售的情况时，都会按照自己预先设定的"登机优先权"标准对"非自愿"的旅客拒载。这些标准虽然不尽相同，基本上也大同小异。"登机优先权"的标准既可以是到达登机口的时间顺序，也可以按旅客接受赔偿数额的高低进行排序。但绝对不能含有歧视性标准（比如男女之间、种族之间等）。对于行动不便的人（老、弱、病、残、孕旅客）和任何陪伴他们的人以及带婴儿或者儿童的家庭，在同等条件下，航空公司有优先安排他们登机的义务。航空公司不可以拆散无行为能力人或者限制行为能力人和他们的监护人。

第四节　航班超售的法律责任及我国航班超售的法律完善

一、航班超售的法律责任

从旅客买票开始，旅客和航空公司就形成了客运运输合同的权利义务关系。航空公司有义务按照约定为旅客提供服务，而旅客也有义务及时履行合同，但是超售对旅客而言，就意味着合同存在不能履行的可能性。这样就存在着以下三种情况。

① 航班超售但并没有实际超售，结果航空公司对旅客按照约定实际履行了合同。这样也就不存在冲突的可能性。但是，当航班预期超售时，应告知旅客所购买的机票是属于超售范围的，保障旅客的知情权，尊重旅客的选择权。国内航空公司由于担心旅客不愿购买超售机票，往往没有履行其告知义务，隐瞒超售事实，反而激化了冲突。国外许多航空公司在自己的超售规则中规定对购买超售机票的旅客提供一些优惠措施，例如，赠送小礼品，双倍累积里程数等，这种明式的购买方式，不但没有发生无人购买超售机票的现象，

反而，很多人乐意购买。

②航班最后实际超售，但航空公司通过合适的方式和合理的赔偿让旅客自愿弃乘，这是民法中当事人自治原则的体现，也是法律所允许的。旅客自愿弃乘，承运人自然就不承担责任，因此，发生实际超售寻找自愿弃乘者是减少纠纷的最有效方法。

美国运输部（DOT）于1978年颁布了有关超售和拒绝登机的规则，在该超售规则中对于寻找自愿弃乘者的程序是这样规定的。要求航空公司在实施非自愿拒绝登机遴选程序前，必须先在值机区域或登机区域寻找愿意为了得到航空公司提供的补偿，而放弃座位的自愿者，补偿条件可以谈判，这使得航空公司可以最低的代价实现自愿拒载登机。当航空公司找不到足够的自愿者时，非自愿拒载登机就发生了。超售规则要求航空公司必须向非自愿者提供书面声明，说明该公司遴选非自愿者的程序和方法，告知非自愿者所享有的权利。通常如果在值机阶段就能确认航班超售，航空公司按照值机先后顺序确定谁将被拒绝登机；如果超售是在登机阶段确认，则按照登机顺序确定非自愿者。当然，残疾人、无人陪伴儿童和老弱旅客通常不会被选择拒绝登机。

欧盟对于寻找自愿者也有相关的规定。欧共体于2004年通过的第261/2004号条例，规定了在航班拒载时对旅客的赔偿。该条例适用于从位于成员国境内的机场出发的旅客，以及从一个位于第三国的机场出发前往成员国境内的机场的旅客，除非旅客在第三国获利或得到了补偿并给予了帮助。条例要求承运人通过寻找自愿放弃他们座位以获得利益的自愿者的办法，以代替强行拒载旅客的办法，来减少被强行拒载的旅客的数量，并且给那些最终被拒载的旅客予以充分的赔偿。自愿者与强行拒载的旅客都可以选择退票，或继续他们的旅行。

③航班实际超售并且有旅客不愿弃乘，则航空公司没有如约履行合同，违反了合同的约定，必须承担违约责任。首先应允许旅客退票或者安排旅客改乘，另外，承运人还应赔偿损失，包括通信费用、合理的住宿、餐饮、交通费用等损失或者承运人应免费提供这些服务。在这种情况下，不论旅客是否有损失，承运人都应向旅客做出赔偿。因为承运人这种拒绝登机行为是一种严重的违约行为，且其可获得利益，因此必须施以惩罚。

二、我国航班超售的法律完善

尽管航班超售被普遍认为是一种国际惯例，但这个国际惯例似乎在我国运用时被有所篡改。在国外，旅客在购买机票时都会被告知是否售出的是超售机票，由旅客来选择是否购买，而在我国此项旅客的知情权就被人为地"省略"掉了。而航空公司的解释则是如果标明是超售机票就没有人会购买。这与我国民航旅客运输市场还不完善有很大的关系。成熟的市场会提供各方面到位的配套服务，航班的密度比较大，发生超售后转签较为方便，加之航空公司对超售的宣传，法规的制约，消费者对此的认知度较高，甚至有些旅客还自愿购买超售机票来获得航空公司的优惠待遇。我国的旅客乘坐飞机通常都是有急事或者是为了缩短旅行时间，乘客一般都会准时登机，这样如果超售后就会导致拒载，而市场还尚未发展到大量航班的地步，这样有急事的旅客就无法很快地转签，难免就会产生纠纷。

（一）完善相关法律法规

制定有关超售的行业法律规范。超售作为一种经营策略，从欧美航空公司借鉴而来，在我国是近几年才得到普遍应用的，相比欧美国家的上述完整而详细的规定，超售在我国法律领域还是一片空白，我国《民用航空法》《旅客、行李国内运输规则》等法律规范中对超售没有任何规定。虽然我国几家主要航空公司已在超售问题上制定了初步的《航班超售处理规定》，有一定的推广意义，但由于没有操作流程的要求，也没有统一的补偿标准，这些各航空公司自行制定的规范在内容上相对简陋，且不易操作，有时甚至不合理。

而且这些也仅仅属于航空公司的内部规定，不具有公开性和强制性。许多旅客都不了解这些规则以及赔偿办法。因此为了更好地保护旅客的权益，保证航空公司的正常运行，应尽快在现有的相关法律、法规中增加有关航空超售的处理办法和赔偿标准的规定，鼓励航空公司制定自己的针对自愿者的优惠措施，以减少航空公司与旅客之间的纠纷。

（二）更改客票的内容，增加超售的规定

由于超售是近几年才在我国得到普及的，很多旅客不了解超售的做法，特别是现今乘坐飞机已由"贵族化走向平民化"，不常坐飞机的旅客可能对此更是有所误解，以为航空公司是欺诈。因此，为保证旅客知情权和选择权的实现，应对客票的内容进行补充，增加超售的规定，让旅客首先知晓超售是一种合理行为。航空公司制定出自己的详细超售条款后，也应在客票上有所体现，同时还应以适当的方式让旅客知晓，例如，在售票处、公司网站、机场值机台、登机口等处加以明示。这样使消费者明确超售的实质以及处理办法，使旅客接受超售，进而合理地选择超售机票。

（三）优化超售的处理流程

航空公司的超售是有必要的，但是如何较准确地预测航班 NoShow 率，再根据 NoShow 率确定超售人数，使超售人数与 NoShow 人数的差别最小，这是航空公司关键任务所在，同时如何做好没能成行的超售旅客的后续工作也是一个重要的任务，航空公司应该对其进行规范化管理。每个航班都会有不着急的旅客，就看航空公司能不能解决好实超后的处理。因此在超售流程上应提前征集自愿者，减少强行拒载的发生。不能再采用现在的"先来的先办、后来的升仓、晚来的不办"的模式，积极主动地找到自愿者来减少纠纷。对于自愿者，如果实际没有发生超售，可以给他们较好的位置或者纪念品作为补偿，如果发生超售，这些自愿者就会主动放弃座位，减少纠纷，当然还要给自愿者很好的补偿或优惠措施。

（四）优化超售的赔偿办法

现在很多航空公司对于超售的赔偿数额比较低，有的甚至只负责签转其他航班，这样的赔偿标准与现在的消费水平是不相称的。同时若对所有的航班都采用一个赔偿标准，对航空公司与旅客来说也是不公平的。加之我国航空市场运力不强以及航班密集度不高，所以建议采取以里程数确定为主，延误时间确定为辅，两者结合来确定赔偿的数额。

第五节 航班超售对旅客和航空公司的影响分析

一、航班超售对旅客的影响分析

旅客能从航空公司超售上获得的益处体现在发生航班形式超售，而不发生实质超售时。在这种情况下，需要乘机的旅客不会因为航班座位数已订满被拒绝订票，可以在自身特定的需求时间开始行程。一旦实质超售发生，旅客非但无法从航空公司超售上获得益处，反而会面临一系列的损害。从法律上看，这些损害来源于对旅客知情权、选择权的侵害，近年来航空公司与旅客间因超售而起的纠纷正是由此而来。

（一）国内现行超售方式对旅客存在知情权的侵犯

知情权是指消费者有权知悉真相并对此进行询问，经营者则必须披露相关信息。在知情权、选择权、索赔权等民航运输业消费者的权利中，知情权是最基本的一项。机票超售对航空公司而言是一种内部风险管理的手段，它在为航空公司节约成本、提高收益的同时，使旅客面临不能登机的风险。在实际操作中，航空公司一般不会在第一时间将可能不能按时运输的事实告知旅客，并做好解释说明等工作，也因此很少提前采取相应的补救措施，对旅客的权益损害进行赔偿。

据统计，目前我国参与运营的航空公司中，只有海航、深航、川航、山东航空、春秋航空等5家公司发布超售服务条款，包括国航、南航、东航在内的多数航空公司并未在网站上向旅客公开超售处理细则。这种行为是一种航空公司与旅客双方地位的不平等，航空公司拥有一般旅客没有的信息资源，有违民事活动的公平原则。

（二）国内现行超售方式对旅客存在选择权、求偿权的侵犯

超售对旅客这两项权益的侵犯是建立在知情权侵犯的基础上的。根据我国《消费者权益保护法》的规定，消费者享有自主选择权，即自主选择商品或服务的权利。上面提到，我国现行的超售方式一般都侵犯了旅客的知情权，而旅客在知情的情况下才真正有权利自主决定购不购买这件商品，接不接受航空公司给出的赔偿服务。通常情况下，旅客若知道所选航班存在超售情况，会倾向于选择其他相似航班。反向的，我国的航空公司为避免机

票的形式超售影响机票销售量，会尽量避免告知超售行为，这就形成了一种死循环。另一方面，目前我国航空公司即使在购票合同中提到超售的补偿措施，也常常语焉不详，经常将其承担的运输成本转移到旅客方面，通过排除旅客权利来减轻自己所要承担的责任。例如，南方航空的《非自愿弃乘赔偿及免责书》中就提到，若补偿金额的十位数低于5，则被舍掉，高于5的则进入百位，且一旦接受补偿金，就必须放弃所有对南方航空法律上的要求与权利。这种行为是一种航空公司与旅客权利与义务上的不对等，也有违民事活动的公平原则。

（三）超售行为对旅客是一种有条件的违约行为

旅客购票的同时，就相当于与航空公司签订了运输合同。超售作为航空公司履行这份合同的一部分，就必须作为附加条件列入合同，得到消费者确认，才可视为合理。但是，由于航空运输这项特殊的服务业高度依赖天气、仪器、技术，常常发生起飞时间、到达时间、飞行路线，甚至地点等因素的变更，这些并不影响运输合同的生效，因此航空公司的超售行为本身并不构成合同法上的先期违约。然而，如果在实质超售发生后，航空公司没有采取相应措施妥善安置滞留旅客，只是简单粗暴地拒绝滞留旅客登机，并未安排旅客改签其他航班，甚至没有采取任何对应措施让旅客继续顺利出行，则可以算作履行迟延或拒绝履行，是一种合同上的违约。

二、超售对航空公司的隐性影响分析

尽管机票超售的产生有其合理性，并且具有较为可信的回报率，但它毕竟是一种有冒险倾向的商业行为，与高回报相符合的是它的高风险。实质超售会导致旅客无法按期抵达目的地，导致了服务失误，具有一定的违约性质，因此航空公司必须为此承担责任。航空公司在付出显性的赔偿金之外，还面临着一些隐性的影响，最直接的是航空公司的名誉损失。在市场经济条件下，买卖双方越来越认识到诚信的重要性，市场经济已然成为一种信用经济，任何企业要想在市场竞争中长期稳定地生存下来，就必须树立自己的企业形象，打下良好的企业声誉。当航空公司应实际超售导致旅客在出行时间上发生期望外的变化，甚至导致无法成行时，就会引起旅客的不满。如果这种不满累积到了一定限度，旅客就可能选择其他航空公司同质航班，并有可能向他人宣传公司的负面消息，造成航空公司顾客流失。此外，有研究表明，争取一名新顾客的成本是保留一名老顾客的5倍以上，因为有品牌忠诚度的老顾客一般对价格不敏感，且选择该航空公司航班出行的可能性更大。因此，航空公司必须认真细致地做好超售及其相关服务工作，尽量避免实际超售带来的损失。

【参考资料12-2】

国内航空公司如何处理航班超售

2013年8月25日中午，北京首都国际机场，两名国航地服人员正为被超售的旅客办理补偿手续，如图12-4所示。

图12-4　北京首都国际机场售票处

针对航班超售问题，国航曾发布了一份《航班超售公告》，详细介绍了出现航班超售时，国航的标准处理程序。目前，旅客可在国航官网首页"信息和服务"一栏的"旅行准备"子栏目下查询到全文。通过这份公告，我们可以一窥国内航空公司是如何处理航班超售的。

公告说，为了满足广大旅客的出行需求，减少因部分旅客临时取消出行计划而造成的航班座位虚耗，国航可能在部分容易出现座位虚耗的航班上进行适当的超售，以保证更多的旅客能够搭乘理想的航班。

公告称，国航会合理地控制航班超售比例，因此，已定妥航班座位的旅客最终未能成行的情况极少发生。

公告表示，如果因航班超售而造成部分旅客未能成行时，国航会在机场首先征询自愿搭乘晚一些航班或者自愿取消行程的旅客。在没有足够自愿者的情况下，优先登机原则如下：

（1）执行国家紧急公务的旅客；

（2）经国航同意并事先做出安排的、有特殊服务需求的老、弱、病、残、孕旅客以及无成人陪伴儿童；

（3）头等舱和公务舱旅客；

（4）国航白金卡、金卡会员及其他星空金卡会员；

（5）已经定妥联程航班座位且退少不补；

（6）国航银卡会员及其他星空银卡会员；

（7）证明有特殊困难急于成行的旅客（如签证即将到期）。

公告指出,国航将为未能成行的旅客提供后续服务保障:
(1)优先安排最早可利用的航班保障旅客尽快成行;
(2)或按非自愿退票处理,不收取退票费;
(3)或按非自愿变更航程处理,票款多退少不补;
(4)如所安排的后续航班为次日航班时,将免费为旅客提供膳宿。

公告还指出,除为旅客提供上述服务保障外,国航将根据旅客所持客票价格水平、航线距离以及改签后续航班等待时间,同时给予一定形式的补偿:

(一)补偿条件

符合下列所有条件时,自愿者和被拒绝登机的旅客可得到超售补偿:

1. 已经定妥航班座位的旅客(含持里程兑换奖励免票的旅客),不包括持各类奖励及航空公司职员免折票的旅客。

2. 旅客在截止办理乘机登记手续时间前,到达指定登记柜台办理乘机登记手续;

3. 不属于依据《中国国际航空股份有限公司旅客、行李国际运输总条件》和《中国国际航空股份有限公司旅客、行李国内运输总条件》被国航拒绝运输的旅客。

(二)补偿方式

1. 国航超售补偿采用运输信用证、里程、现金三种补偿方式。

2. 对于持里程兑换奖励客票的自愿者或被拒绝登机的旅客,超售补偿和降低舱位等级补偿应采用里程补偿方式。

(三)补偿币种

使用国航支付补偿金或填开运输信用证补偿地所在国家或地区的货币进行补偿。

如果航班发生超售,我们将在机场相关区域内通过告知书或广播等形式发布航班超售信息。

我国其他主要航空公司的补偿。

如何补偿?航班出现超售的情况时,航空公司首先会询问有没有乘客自愿搭乘后续航班或者自愿取消行程,并为其提供经济补偿和后续服务。如果没有自愿者,那么航空公司会根据乘机的先后顺序拒绝部分旅客登机,也同样会为这些旅客提供经济补偿和改签、退票等后续服务。中国的国航、南航、东航基本是按此原则处理。

海南航空、山东航空:超售免费退票并补偿票面价格的30%,如果补偿金低于200元,则补偿200元,改签后续航班超过4小时,提供免费住宿。

深圳航空:优先安排乘坐后续航班,票款差额多退少补,后续航班超过4小时以内,深航将给予旅客所持票面价格30%的补偿;在4小时以上8小时以内,补偿持票面价格的60%;8小时以上给予票面价格100%的补偿。另外在补偿金额低于200元时,深航将按照200元的标准做出补偿。

春秋航空:超售提供300元补偿,提供免费退票和改签,改签后续航班超过4小时,提供免费住宿。

【参考资料12-3】
对于美联航强制赶客事件的一些想法

美联航暴力赶客事件引起热议，很多天都占据着各大新闻平台头条，经过互联网上舆论的发酵，这个事件已经不是简简单单的航空服务事件，而是上升到种族歧视的层面了。图12-5所示为美联航CEO接受采访。

图12-5　美联航CEO接受采访

美联航是世界第三大航空公司，拥有九十年历史，七百多架飞机，是美国最早从事商业运营的航空公司。航班超售在民航业界也是非常普遍的一种市场销售手段，是符合航空市场规律的，也是合规合法的，国内航空公司航班超售也很常见，对于超售的控制，在值机时就会很好地把控住，航班一旦满员，值机就会提示并且无法再办理乘机手续，不可能存在超售旅客还能上飞机的现象。而加机组更是再常见不过的事情，国内航空公司正常流程要不就是提前安排，提前锁定加机组座位，要不就是加机组候补，不可能发生加机组侵占正常旅客座位的现象，毕竟，航空公司也是以挣钱盈利为目的的。

从目前获取的信息，所谓的超售只是美联航的一个借口，用于掩饰其日常管理混乱而随口胡说的理由。就整个事件的前后过程而言，无论是从航班超员处置程序上还是从新闻危机处理上，美联航都无法称得上专业，也丝毫担当不起世界第三大航空公司的名号。美国作为世界民航业最发达的国家，很多民航业的规章、制度、管理方式都是从这里起源、发展的。

就拿这个事件来说，即便真是航班超售，解决的措施也有很多，例如，高额现金补偿、免费升舱等，付诸暴力是最差最幼稚的方法，然而，暴力却发生了。

图12-6 美联航CEO在美国众议院交通委员会举行的听证会上坚持为超售辩护

因此,就事件而言我们应该注意以下几个方面。

一是成本如何分摊,如何避免歧视性安排。有受益者就有受损者。所有消费者都希望自己是超卖的受益者(更便宜的票价),而非受损者(耽误出行)。因此,要求航空公司对超卖有所补偿。

美国法律规定,旅客因机票超卖而无法登机应获得赔偿:如航空公司提供备选航班,最高赔偿额为675美元;如未提供备选航班,最高赔偿额为1 350美元。

由于赔偿上限过低,这一规定长期以来备受批评,也导致航空公司在决定谁能登机、谁不能登机时"看人下菜碟"。例如,航空公司显然不会阻止头等舱乘客登机,因为他们的机票价格很可能高于法定最高赔偿额。

二是的确存在经济歧视:付钱更多、更忠实的乘客因超卖而无法登机的概率会更低。这一机制倾向于让穷人和不常坐飞机的人来承担超卖成本。问题更在于:乘客不是因超卖无法登机,而是登机之后被暴力拖拽下飞机。这已不是简单的超卖补偿问题,而是航空公司为何如此妄为。

三是行业垄断如何转移利益。在暴力拖拽事件引发社交媒体怒潮后,美联航仅发表简短冷淡的声明,美联航股价也未受到明显影响。垄断,是美国航空公司敢于漠视消费者利益的根本原因。过去十几年里,美国航空业进行了大规模重组。这些兼并重组导致航空业缺乏有效竞争,形成近乎垄断的格局。

目前,美联航、达美航空、美国航空和西南航空4家最大航空公司控制了约八成美国国内航空市场。在市场被少数企业瓜分的同时,美国民航企业利润已接近历史新高。在航空服务饱受诟病的同时,美国却成为全球最挣钱的航空市场。

近乎垄断的航空市场导致航空公司丧失改善服务的动力,甚至出现了退化趋势:机票越来越贵,座位越来越小,服务越来越差。超卖客票是提升公共利益的一项机制,但在日趋垄断的美国航空市场,却似乎沦为企业提升利润的工具。这起事件折射出的美国航空业垄断问题或许更值得全球航空市场反思。

 分析思考题

1. 简述民航航班超售的含义和性质。
2. 简述民航航班超售的发展历程。
3. 我国民航航班超售规定中存在的主要问题有哪些?

第十三章

航空器对地（水）面第三人损害赔偿法律制度

学习目的

1. 掌握航空器对地（水）面第三人损害的界定；
2. 掌握航空器对地（水）面第三人损害赔偿规范。

 学习内容

1. 相关法律法规和规范性文件；
2. 案例的导入分析。

第一节　案例导入

【案例 13-1】

大韩航空 6316 号班机 "4·15" 空难

大韩航空 6316 号班机（KAL 6316）是由上海虹桥国际机场飞往金浦国际机场的定期货运航班。1999 年 4 月 15 日下午 4 时 04 分，一架 MD-11 F 在执行该航班时失速坠毁于虹桥机场西南的莘庄镇并且爆炸起火，3 名机组人员全部遇难，也造成地面 5 人不幸罹难，42 人受伤。

1999 年 4 月 15 日下午，KAL 6316 号班机装载着 86 吨货物由上海虹桥机场起飞，所载货物主要是计划出口韩国的棉织品、集成电路板和五金工具。起飞后，副机长联系上海离场，获得爬升至 1 500 米的指令。当货机爬升至 1 372 米时，副机长错误地提示机长航管所要求高度应为 1 500 米，机长认为飞机需下降 914 米，贸然推动操纵杆以尽快下降。但这使得飞机失速，最终坠毁于虹桥机场西南的莘庄莘西南路一处建筑工地并起火，机上 3 名韩籍机组人员全部遇难，地面 5 人死亡（包括 2 名小学生及 3 名务工人员），4 人重伤，36 人轻伤，附近工棚全毁，11 幢建筑、32 间店铺、317 户居民房屋受损，飞机残骸及机载货物碎片散落在方圆数百米之内。由于飞机坠毁时猛烈撞击地面，上海市地震局亦于 1999 年 4 月 15 日下午 4 时 04 分 35.2 秒记录到一次 1.6 级地震。

该事件曾被初步判断为炸弹爆炸所造成，但在调查中被否认。1999 年 4 月 27 日的初步调查显示，飞机上并未载有危险货物，也没有人为破坏或空中爆炸的迹象。舱音记录器（CVR）严重损坏，但芯片完好；飞行数据记录器因撞击损毁。2001 年 6 月 5 日，韩国建设交通部称机组人员对飞机高度的认识错误造成了飞机的坠毁。根据飞行数据记录仪恢复的事故经过是：起飞离港过程中按照航管要求，在向 1 500 米高度爬升途中，副驾驶发现仪表读数是 1 372 米，忘了单位换算的事，于是向机长指出，飞行高度"有问题"。机长处置时飞机开始以 35 度角向下俯冲。座舱语音告警系统发出紧急近地警告，提醒机长注意地形，并直接命令他拉起来。但机长仍坚决推杆俯冲，直至撞击地面前最后时刻，机长开始大喊：拉！拉！但已经无法挽回。

此次空难也称"4·15空难",共计引发927件赔偿纠纷案件,最终在上海全部审理完毕。这也是发生在我国的首例涉外航空器对地面第三人的损害赔偿纠纷。

2000~2001年,在"4·15空难"中受损的数百户居民陆续向上海市第一中级人民法院(以下简称上海市一中院)提起诉讼,要求被告大韩航空公司公开赔礼道歉,并赔偿人身伤害和房屋损失费、精神赔偿费以及误工费、搬迁费等。上海市一中院经精心准备,先后受理类似赔偿及相关案件927件。

面对这起国际影响大、审理难度高的重大群体性纠纷,上海法院在审理中充分运用代表人诉讼制度,将同一律师事务所代理的案件作为共同诉讼进行审理。在大韩航空系列案中,逾97%的案件为房屋赔偿类纠纷,涉及原告人数众多,争议的法律关系性质相同,诉讼标的亦属同类,是典型适用代表人诉讼制度的案件。"4·15"事件发生后,即有一些律师事务所介入该案,同一家律师事务所代理几十位乃至上百位灾民进行诉讼的情况十分普遍。鉴于此,上海法院分别将同一家律师事务所代理的案件作为一批共同诉讼来处理,由该共同诉讼涉及的原告推举诉讼代表人参加诉讼。在庭审中,上海法院没有采用逐案审理的方法,而是采取相关案件集中开庭,提高代表人诉讼的可操作性,较好地实现了诉讼经济的目的。

【案例13-2】

中国东方航空5210号班机空难

中国东方航空5210号班机(CES5210,MU5210)于2004年11月21日从中国内蒙古包头机场飞往上海虹桥机场。起飞不久后失事坠毁于包头市的南海公园内,并引发爆炸起火,导致机上53名乘客全部罹难并造成地面2人死亡。此次空难又称"11·21"空难、包头空难或"11·21"包头空难。

该班航机于当地时间早上8时20分起飞,比预定时间提早15分钟,但起飞不到1分钟后于离机场2 000米外的包头市南海公园失控坠毁。

该飞机为CRJ-200LR,是2002年10月购入的飞机,已飞行5 232小时。截至2003年10月底,中国大陆地区航空公司拥有CRJ系列飞机19架。

据报道,该次客机机长等机组人员"有多年工作经验"。

机长:王品。

副机长:杨光、易沁炜。

机舱服务员:黄崇燕、史美棉。

保安人员:姜朝宏。

乘客:53名乘客中有52名中国人,1名印尼人,其中不少为上海地区周边居民。其中一人已知为上海复旦复华科技股份有限公司总经理陈苏阳。

按原定的航线计划,该航班的飞行周期为首日19时05分从上海起飞,21时30分到达包头,次日8时30分从包头起飞返沪。2004年11月21日事故发生当日,有消息指乘客之一的上海复华科技公司总经理陈苏阳因要赶回上海参加当天的会议,曾要求当地机场的东航工作人员提早起飞,在未有得到允许后亲自致电东航上海总公司的高层人士,该人士致电机场后,飞机于8时21分起飞。事后记者会上,东航发言人并未对此事做出肯定或否定。复华公司对此细节则予以否认。

飞机起飞后，有目击者称飞行高度特别低且一侧倾斜，仅在空中盘旋一分钟后就坠入包头市南海公园，坠落后发生爆炸。事发前，机长的最后遗言是急促的三句："怎么回事？怎么回事？怎么办？"机身撞到了公园的播音楼，爆炸后的飞机主体部分大多坠入公园湖中。现场散落各种尸体残骸，几乎没有完整的尸体。救援者发现其中两具尸体至死保持拥抱状态。

事发后，离机场最近的包头市消防四中队在4分钟内赶到现场。内蒙古民航机场集团公司的事故调查组于上午9点30分到达现场，武警也前往现场参与救援。据资料显示，包头市陆续出动480名公安、130名消防官兵、13辆消防车、250名武警官兵和70名医务人员、12辆救护车、26名潜水员参与救援，南海公园60多名职工也组织了40艘大小船只加入。到当天傍晚时分，搜寻到了54名遇难者的尸体。11月22日下午，飞机的主体残骸已清理完毕，打捞人员用鱼网打捞沉入湖里的死者遗物。

应对灾难发生，东航云南公司成立应急处置小组，于事发当日中午乘专机赶往包头。民航总局、安监局带领事故调查组于下午抵达。

另一方面，交通部派遣当年参加过"5·7"空难救捞工作的技术员及潜水员于11月22日共20人到达现场，参与打捞黑匣子工作。至24日，第一个黑匣子被成功打捞。打捞工作于24日晚结束。

机上包括乘客和机组成员的53人，以及事发现场的两名地面人员罹难。地面两人中其中一人为南海公园的临时工，另一人为在公园晨练的老太太。

空难发生后，民航总局要求全国的CRJ-200型飞机停飞进行全面检查，尽管这些飞机并未查出安全问题，但复飞后上座率大幅度下降。遇难副驾驶员易沁炜的母亲称，空难发生55分钟后，有人通过柜员机从易沁炜的工资卡上取钱，几天内共取走22 700元人民币。由于易沁炜的身份证也没有找到，对方可能是通过身份证推断出密码，然而无法确定工资卡被人拿走是在飞机起飞前还是空难发生后。

2005年5月26日，民航总局局长杨元元公布意外原因是人为错误：飞行员并未执行除冰程序和起飞前检查，机翼结冰使飞机性能恶化，机身及操控面积聚的冰雪令飞机升力大减，导致飞机起飞后迅即坠毁。根据国家安监总局调查，认定包头空难事故系责任事故，东航总经理罗朝庚、董事长李丰华等12名责任人分别受到党纪、政纪处分。

事发8年后的2012年，事故调查报告仍没有正式公布。2012年10月9日召开的空难索赔案件审判案中，原告律师要求公布包头空难原因经过的详细调查报告，并在全国性报纸、电视台和网站等媒体上向遇难者家属道歉。

事后，陈苏阳的妻子向北京市第二中级人民法院提起行政诉讼，控告中国民航总局行政不作为，要求修改法律提高国内航空运输承运人的赔偿限额。事后，东方航空公司根据1993年中国国务院颁布的《国内航空运输旅客身体损害赔偿暂行规定》提出每人21.1万元人民币的赔偿标准，但大部分遇难者家属对赔偿金额及航空公司的认错态度感到不满。

2005年10月，32名遇难者家属在美国加利福尼亚州洛杉矶郡高级法院提出诉讼，将东方航空公司、飞机制造商加拿大庞巴迪公司及飞机发动机制造商美国通用电气公司三家公司列为被告。

在法庭调解下，三家被告公司同意赔偿遇难者家属总额1 175万美元。2007年1月6日，30位罹难者家属以及他们的律师在北京签订文件，32位罹难者的家属平均所获赔偿大概是400万元人民币。但东方航空公司之后突然拒绝履行协议，并向美国方面法院提出解散该案的请求。2007年7月5日，洛杉矶高等法院发出《诉讼程序中止令》，将案件交由中国法庭审理。

在2007年至2008年期间，郝俊波三次向北京市第二中级人民法院申请立案均失败。直到2009年8月10日，北京市第二中级人民法院才正式受理此案并出具受理案件通知书，但到了2011年10月25日，法院才组织证据交换见面会。在此期间，被告的诉求不断增加，除了赔偿金额的增大外，还包括建立纪念碑、公开道歉等要求。2012年10月10日，该案正式开庭，庭上的争议内容之一为原来的21.1万元是不是最终赔偿。索赔金额上升至1.32亿，被告东航的代表律师甚至否认曾在美国签订过和解协议，当场被原告律师驳回。

飞机在失事后，除可能造成机上人员、飞机本身及机上财产损失外，还有可能造成地（水）面第三人的损害。第三人损害后果，可能是人的生命或健康，还可能有地（水）面的财产损失。第三人损害是否赔偿？如何赔偿？怎么规范地处理此类事件，就是亟待解决的课题。

第二节 航空器对地（水）面第三人损害的界定

一、地（水）面第三人

基于合同相对性，合同相对当事人之外的人称之为"第三人"。在航空运输中，航空承运人与旅客或者托运人以及收货人是一种航空运输合同关系。航空运输合同当事人之外的都是第三人。具体而言，一是地面（包括水面）第三人中的"地（水）"二字排除了"空中"第三人；二是地面（包括水面）第三人不包括与经营人或与民用航空器使用人订有合同，受合同约束的人。这里的民用航空器使用权人是指除经营人以外的有权使用航空器的人；三是地面（包括水面）第三人不包括与经营人或与民用航空器使用权人订有劳动合同，受劳动合同约束的人，如航空器经营人的工作人员。

航空器在运转中对第三人造成了损害，航空器经营人应当承担责任。航空器对第三人损害责任主要涉及：①航空器对地面（包括水面）第三人造成损害的责任；②航空器碰撞造成损害的责任。地面第三人损害责任是属于侵权范畴，责任的确定和范围同承运人对旅客和其他有合同关系的人之间的问题有所不同。

二、致第三人损害责任性质

致第三人损害责任是一种侵权之债而不是合同之债。因为航空活动中的第三人与航空运营者之间并不存在任何法律上的关系，但航空活动中的第三人因为航空事故的侵权而享有了赔偿请求权。既然第三人损害责任是一种侵权责任,责任人就应当承担相应的民事责任。在民用航空活动中,对地(水)面第三人造成损害是一种特殊的侵权行为,适用的是一种无过错责任制。在这种责任制下,无论行为人是否存在过错,都必须承担赔偿责任。

无过错责任原则,是指行为人主观上没有过错而又造成他人损害时,依法律规定由与造成损害原因有关的人承担民事责任的归责原则。适用这一原则,主要不是根据行为人的主观过错,而是基于损害事实的客观存在,根据行为人的活动及所管理的人或物的危险性质与所造成损害后果的因果关系,由法律规定的特别责任。

无过错责任是与过错责任相对应的术语,是为弥补过错责任的不足而设立的制度,它在性质上已不具有一般法律责任的含义,因为一般法律责任都以过错为基础,从而体现法律责任对不法行为的制裁和教育的作用。因此,无过错责任实际上是对侵权责任的教育制裁等职能的否定,因而不具备侵权责任原有的含义,其宗旨在于对不幸损害的合理分配,亦即特别强调分配的正义性。由此可见,无过错责任的法律特征有以下几点。

第一,无过错责任适用于损害后果的发生为不可归责于双方当事人所导致的场合。在无过错责任中,任何一方当事人在主观上并不存在故意或者过失,这是适用该责任的前提,如果是可归责于任何一方当事人的事由就属于过错责任原则。

第二,无过错责任是与过错责任相并列的责任形式,但并不意味着是对等的关系。从法制发展进程看,该责任又可称为过错责任的补充,是否承担责任由法律特别规定。在大陆法系国家,由于肯定了过错责任是违约和侵权的一般和基本责任形式,所以为了防止无过错责任和过错责任发生不必要的重叠,有的国家通过民事基本法确定了这种无过错责任原则,有的则通过判例加以规定,至于法律规定于何种场合下发生无过错责任,则取决于法律基于实现社会公平和正义所作出的明确表述。

第三,无过错责任的宗旨在于合理补偿损失。过错责任发生的根据是违反合同的当事人具有主观过错或侵权人具有主观过错,因此要求有过错的当事人承担责任,其可以同时实现惩罚和补偿功能。在无过错责任的情况下,由于当事人并无过错,惩罚功能也就失去了目标,其只能发挥一定的补偿功能。

第四,无过错责任限制了一般免责事由的适用。在过错责任情况下,当事人可以提出法定免责事由,免除其对损害后果的责任,如不可抗力为过错责任的一般免责事由,但在无过错责任情况下,包括不可抗力在内的法定免责事由的适用都受到了限制。

第五,因果关系是决定无过错责任的要件。在过错责任的前提下,行为人是否承担民事责任,最终取决于他有无过错,而在无责任情况下,行为人是否承担责任并不取决于他有无过错,而取决于他的行为和物件与损害后果之间是否有因果关系。

三、强制保险的运用

无过失责任制度通常是与保险制度联系在一起的。保险制度的基本功能在于转移、分散危险造成的损失。在各项保险制度中,责任保险制度为无过失责任制度的实现提供了现实基础。通过责任保险制度,加害人只需向保险公司支付廉价的保险费,当损害发生后且加害人承担损害赔偿责任时,该加害人即将损害转嫁给保险公司,而保险公司则将损害转嫁给千万户投保人,从而达到了所谓损害赔偿的社会化。所以,无过失责任的实行也刺激了责任保险业的发展。另一方面,责任保险制度的建立,为无过失责任提供了赔偿的基础。无过失责任与现代保险制度相互作用,导致了西方学者所说的危险与损害承担的"社会化"问题。按照传统的侵权法规则,"什么地方发生损害,就归什么地方负责",现在则开始出现了"损害由社会来承担"的倾向,在可以适用无过失责任的情况下,法官和陪审员"只要知道哪一方面有投保的事实,就会相应地影响到他们的判决",而不考虑行为人和受害人的过失问题。

1929年华沙大会上首次提出了针对飞机所有人或经营人对地面的人员以及对旅客、货物和邮件造成损害的责任问题,在国际上采用某种形式的强制保险的问题。1933年关于航空器对地面第三人造成损害的罗马公约和1952年关于外国航空器对地面第三人造成损害的罗马公约包含了某些强制保险要求。关于该问题的这两个仅有的国际条约,仅仅涉及航空器、航空器的人员或下落物体对地面人员和财产造成损害的问题。在任何国际条约内都还没有关于对发生在承运人航空器上的旅客、行李、货物和邮件造成伤害或损害,而管辖承运人责任的强制保险要求。但是,各国航空主管当局往往要求在该国注册的航空承运人提供足够的保险,作为颁发运输执照的条件之一。此外,在某些国家的机场当局要求提供足够的保险证明作为向航空承运人颁发经营许可的条件之一。

1938年的布鲁塞尔保险议定书补充了1933年的《罗马公约》,此议定书于1938年订于布鲁塞尔。1933年的《罗马公约》为对面第三者造成损害的航空器规定了强制性的第三者法律责任保险。布鲁塞尔议定书的目的是防止承保人设法逃避在保险合同中规定的责任。

根据布鲁塞尔议定书的规定,承保人能据以对抗根据1933年《罗马公约》提出索赔的3种例外情况:① 损害是在保险合同失效之后发生的;② 损害是该保险范围界限以外的地域发生的,除非在该地界外飞行是由于不可抗力或有理由的偏航或驾驶上的过失;③ 损失是由于国际武装冲突或民间骚乱所致。

承保人不能以担保失效或废除担保为借口。布鲁塞尔议定书迄今只有两份批准书,所以一般人以为这些议定书没有实际意义。如果1933年的罗马公约的缔约国不是1938年布鲁塞尔议定书的缔约国,承保人的责任将按照适用于该保险合同的法律来决定。布鲁塞尔议定书只是对1933年的《罗马公约》的保险条款作了补充。因此,它只是罗马公约的一个组成部分。

而1978年的蒙特利尔议定书则补充了1952年的《罗马公约》。蒙特利尔议定书删改了《罗马公约》第十五条第一、二款的大部分内容,换为新的第一款,要求航空器的经营人对于他应承担的损害责任的赔偿,通过一项保险或一项其他担保予以保证,如经飞经国要求,经营人应提供上述担保的证明。《蒙特利尔议定书》在其后一款中增加了以下规定:如果航空器飞经缔约国认为保险人或者提供担保的其他人对财务上无能力清偿公约规定的债务,该国可以随时要求航空器登记国,经营人所属国家或提供担保的任何缔约国进行磋商。

第三节 《罗马公约》中的规定

1929年通过的《华沙公约》，只就国际航空运输问题统一了某些规则，而未解决飞行中的航空器对地面或者水面上第三人造成损害的责任问题。因此，从1927年6月始，国际航空法律专家技术委员会着手研究对第三人的责任问题。到1930年5月，才就对第三人责任赔偿限额达成了协议。1933年5月，在罗马举行第三届国际航空司法会议，通过了《统一航空器对地（水）面上第三人造成损害的某些规则公约》，即1933年《罗马公约》（以下简称《公约》），为了明确并限制航空器经营人的保险人的责任，又签订了1938年《布鲁塞尔议定书》，作为1933年《罗马公约》的补充。由于许多国家认为1933年《罗马公约》及其1938年议定书已落后于航空业的发展形势，因而不批准该公约。1948年5月，开始了公约的修改工作。1952年10月7日终于通过了新的《罗马公约》，并于1958年2月4日起生效。

1952年《罗马公约》的目的，在于力争在最大可能范围内，将世界各国适用航空器对地面或者水面第三人造成损害的责任规则统一起来，一方面能确保受害人及时地得到公正的赔偿，另一方面是合理地限制此种损害而引起的责任范围，使之不至于阻碍国际民用航空运输的发展。但是，事与愿违，由于参加公约的国家不多，因而上述目的未能完全达到，矛盾的焦点在于对责任赔偿限额水平存在着严重分歧，一种主张认为，对第三人责任不应该实行"有限责任制"，而应该按照实际损失予以充分赔偿。因为在地面或者水面上的第三人与航空毫无关系，只是由于发生航空事故，才祸从天降，横遭损害，难道还能限制赔偿责任吗？另一种主张认为，应该实行"有限责任制"，若不限制对第三人责任的范围，尤其对人的损害，是难以用金钱估价所遭受的"实际损失"的，加上世界各国社会制度不同、经济水平不一，就更难确定一个统一的标准，当发生一次灾难性的航空事故时，航空企业就必然在经济上受到沉重的打击，小的航空企业甚至可以因为这样的一次事故而宣告破产。实行航空保险虽可分散这种危险，但不限制责任范围，势必增加保险费而增加航空企业的生产成本，这是需要妥善处理的问题。

为了挽救1952年《罗马公约》，在国际民用航空组织的主持下，于1978年在蒙特利尔召开航空法会议（又称外交会议）修订《罗马公约》，制定了1978年《蒙特利尔议定书》，主要是提高了责任限额。例如，对人员死亡的每人赔偿限额由4万美元提高到15万美元。以下我们对这个公约的重点内容作一说明和评论。1952年《罗马公约》分为六章共39条，主要有下列四个方面的内容：①责任原则；②责任范围；③责任的担保；④诉讼程序规则。

一、适用范围

（一）责任主体

公约的第一条第一款规定，"凡在地（水）面上遭受损害的人，只要证明损害是飞行中的航空器或该航空器上落下的人或物品所造成的，就可以获得公约规定的赔偿。"但是，外国航空器对地（水）面第三方造成损害的责任，由谁来承担？《罗马公约》对此采取或使用了"经营人"的概念，因为这类责任不限于航空运输中发生的情况，使用"承运人"显然是不适当的。问题在于要对经营人下个明确定义，却是困难重重的。这是因为包租（干租或湿租）与互换飞机引起的，同时经营人中除航空公司外，还有各种个人所有飞机、氢气球等所谓"通用航空"这类复杂情况。因此，要想为"经营人"下一个能满足各种复杂情况的定义，是不可能的。

《罗马公约》用了第二、三、四条来表述"为本公约目的"，经营人指哪些人。依第二条第二款：

为本公约目的，"经营人"一词指造成损害时正使用航空器的人；但是凡给予航空器使用权的人仍保持对该航空器航行直接或间接控制，则应将该人当作经营人。

当他个人使用航空器，或者当他的受雇人或代理人在雇用过程中使用航空器而不论是否在其职权范围以内，则应将该人当作正在使用航空器。

第三条则规定，应将航空器登记的所有人推定为经营人并由此承担责任，除非在决定其责任的诉讼中他证明某个其他人是经营人并在法定程序许可范围内采取适当措施使该其他人成为诉讼当事人。

第三、四条规定了在特殊情况下应负连带责任的问题。依第三条，凡在造成损害时为经营人的人，其对航空器的专属使用权从有权使用时起不超过14天者，则给予他使用权的人应与经营人一起负连带责任。而依第四条，凡有人未经有权控制该航空器航行的人的同意，而使用航空器，则后者应与非法使用人一道负连带责任，除非他证明他为防止该非法使用已做了应有的照料。

（二）损害形式

《公约》规定只对"飞行中的航空器"的直接损害予以赔偿。第一条规定了该《公约》仅适用于"飞行中航空器或从航空器掉下来的任何人或物体造成的"直接损害。"凡不属该事件直接后果引起，或者损害仅因该航空器飞经其空气空间这一事实所引起，而该飞经符合现行交通规章者"，不属公约范围。《公约》仅适用于"在一缔约国登记的航空器在另一缔约国境内造成的损害"（第二十三条）。鉴于因包租与互换飞机而发生的经营人并非航空器登记国国民或法人等情况，1978年《蒙特利尔议定书》做出的补充说，应将"经营人国"理解为，"任何非登记国的经营人，其主要营业地或者如无这种主要营业地则其经常居住地在该国境内的任何缔约国"。至于因飞机噪音与声震引起的对地（水）面第三方的损害问题，1976年国际民航组织在起草修订议定书时，曾讨论过将之纳入《罗马公约》的问题，但没有取得一致意见。不少人认为：将损害局限于与航空器直接接触所造成的损害，似乎不大公平。

《公约》第一条第二款专门给"飞行中"的航空器下了一个定义："为本公约目的，航空器从未起飞而发动时起，到降落滑跑完毕时止，被认为是在飞行中。对于轻于空气的航空器，例如氢气球，'在飞行中'一词指从与地（水）面脱离接触时起，到再接触地

（水）面时止的期间。"这是国际航空法中第一次对"飞行中"下的定义，后来为 1963 年《东京公约》所仿效。

（三）公约的除外情况

除根据 1944 年《芝加哥公约》的原则，《罗马公约》不适用于军事、海关与警察航空器造成的损害（第二十六条）外，还将几种特殊情况排除在公约或 1978 年议定书之外。

第二十五条规定了，凡地（水）面损害赔偿责任归受害人与经营人之间的，或受害人与当损害发生时有权使用该航空器的人之间的合同来调整者；或者适用这类人之间雇用合同的工伤事故补偿法律者，公约均不适用。

1978 年《蒙特利尔议定书》在第十四条中则明文规定"本公约不适用于核损害"。这是因为国际上已正式缔结有几个关于核损害民事责任的公约的缘故。

此外，公约虽未明文规定，但对飞机在空中相撞时，公约只适用于其对地（水）面的损害；而对空中造成的飞机及机上人员伤亡或货物的损害，不在公约的适用范围。

根据 1952 年《罗马公约》的规定，发生下列情况，则无权获得赔偿：
① 所受损害并非造成损害的事故的直接后果；
② 损害仅是航空器遵守现行的交通规则在空中通过造成的；
③ 损害是由于军事、海关和警察的航空器造成；
④ 对空中航行中航空器及其机上人员或物品造成损害；
⑤ 造成损害的航空器并不在另一缔约国登记。

二、责任体制

《罗马公约》采取的责任制与《华沙公约》不同，它不是过失责任而是完全责任，即不考虑错误的主观和客观因素（或者说推定过错），损害只要是由于飞行中的航空器或该航空器上落下的人或物造成的，经营人就需承担赔偿责任。但是，所受损害并非造成损害事故的直接后果，或者所受损害仅是航空器遵照现行的空中交通规则在空中通过造成的，受害人无权要求赔偿。这点在公约第一条第一款表述得十分明确。

在地（水）面上蒙受损害的任何人，只需证明该损害是由飞行中航空器或者从航空器上掉下来任何人或物体造成的，就有权获得本公约规定的赔偿。

各国国内法对此似乎是一致的，因为对于那类从事一项活动，其本身会给他人带来危险时，尤其这种危险对于无辜的第三方来说，无法完全避免其发生时，从事这项活动的人或单位理应承担责任。从法理上说，从这项活动中受益最大的人，应该承担完全责任是合理的。在公约制定、修订过程中，对此几乎没有什么争议。

（一）行为人与损害之间的因果关系

从以上引用的第一条第一款中"只需证明该损害是由飞行中的航空器或者从航空器上掉下来的任何人或物体造成的"这一表述，不难识别其中暗示的航空器或者其上掉下来的东西,与受害人受到损害或伤害之间的因果关系。这是原告在行使要求赔偿权时必须证明的。

(二)免责条款

尽管在原则上是完全责任制,但公约仍规定了两个免责条款。

在第五条中,"依本公约规定要承担责任的人,凡损害是由于武装冲突或内乱的直接结果,或者由于公共当局的行为剥夺了该人使用该航空器的权利,他将不承担责任。"这一条表述了两种不同情况,一是战争或武装冲突,二是政府的行为剥夺了他的飞机使用权,都属于不可抗力的范围。因此,《罗马公约》的完全责任制并不彻底,或许叫它"严格责任"制更为贴切。

在第六条中还对受害人过失问题作了规定,但它没有像华沙公约第二十一条那样把减免责任的规则转致给各国国内法,因此表述得比较具体一些。

① 不然就要依本公约规定承担责任的任何人,凡他证明该损害完全是由受害人或其受雇人或代理人的过失或其他非法行为或不行为造成者,他不承担责任。凡责任者证明:该损害是由受害人或其受雇人或代理人的过失或其他非法行为或不行为造成者,应将赔偿减免至该过失或不法行为或不行为造成损害的程度。但是,遇有受雇人或代理人过失或其他不法行为或不行为的情况,凡受害人证明:他的受雇人或代理人是在授权范围之外行事者,就不发生这类减免责任的问题。

② 凡一人提起要求给予因另一个人的伤亡引起的损害赔偿诉讼时,则对该另一个人或其受雇人或代理人的过失或其他不法行为或不行为,上款规定同样有效。

此外,对第三者在飞机上放置炸弹或爆炸物引起飞机坠毁对地(水)面造成损害的情况,虽属于经营人无能为力的不可抗力,罗马公约未列为免责范围。

总之,1952年《罗马公约》对索赔要求规定了全部和部分免责条款。

① 如果损害是武装冲突或内乱的直接结果,或按公约的规定,航空器由政府当局征用,则按照本公约规定,应当负责任的人将不对该项损害承担责任;

② 损害是完全或部分由于受害人及其受雇人的过失造成的,则公约规定应负责任的人可以免除或部分免除责任;

③ 如某人为他人死亡或遭受伤害提起诉讼时,该人或其受雇人的过失也可以使经营人免除或部分免除责任。

(三)责任限制

和华沙体制一样,为了保障民用航空事业的生存与发展,《公约》规定了责任限额。国际上尤其是美国极力反对,但据认为这一制度对保护第三世界国家的经营人仍是十分必要的。但是,如果受害人证明损害是由于经营人或其受雇人故意造成损害的作为或不作为所造成,则经营人的责任将无限制;此外,未经有使用权的人同意而非法取得并使用航空器的人,应负的责任将无限制。

飞机对地(水)面造成损害,包含着一种巨大灾难的可能性,例如,一架现代巨型飞机坠入大城市的闹市区时，所造成的人员伤害与房屋等财产损失，可能是一个天文数字。如果不限制责任，对于经营人来说是难以想象的。因此，《罗马公约》除了专门规定了"责任担保"制度外，还坚持了责任限制原则。

由于美国与一部分经济发达的西方国家一直嫌1952年《罗马公约》的责任限额太低，并当作不愿批准该公约的理由，从1976年起国际民航组织在制定修订议定书过程中，对此作了广泛的调查研究。最后制定的1978年《蒙特利尔修订议定书》，分别将1952年的限额提高了4～9倍。

1. 《罗马公约》确立了责任限额的指导原则

① 为了避免对地面第三人损害责任的保险额不至于成为国际民用航空的重大障碍，不规定过高的限额。

② 除了灾难性事故外，规定责任限额能够对地面第三人的损害进行赔偿。

《罗马公约》第十一条分别按飞机"重量"，即"指适航证准于起飞的飞机最高重量，不包括起飞耗掉的燃料"，和按人员生命伤亡两种标准规定了赔偿最高限额。

2. 按飞机"重量"确立责任限额

航空器的赔偿限额依据航空器的不同的重量区间，给予50万法郎到1.05亿以上法郎的赔偿，所谓的"重量"是指航空器适航证上认可的航空器最大起飞重量，如用充气气体助升，则不包括助升气体的作用。公约所指的法郎，系指含有900‰成色的65.5毫克的货币单位。此法郎可折合为各国货币，取其整数，比率按赔偿日或判决日黄金价格折合。同《华沙公约》规定的现阶段国际上通行的做法一样，125金法郎相当于1美元。具体规定如下：

（1）飞机重量为2 000千克或以下者。罗马公约规定是1 000千克以下限额是50万普安卡雷法郎（该法郎的定义与《华沙公约》相同），再超过者每超过1千克加400法郎，到6 000千克止。1978年议定书将此限额提高了9倍，即450万"货币单位"（相当于普安卡雷法郎），或30万特别提款权；

（2）飞机重量为2 000千克至6 000 千克者。1978年议定书将原《罗马公约》限额提高了6倍，即将250万普安卡雷法郎提高到1 500万货币单位或100万特别提款权；

（3）飞机重量为6 000千克至3万千克者。将原限额提高了5倍，即从750万普安卡雷法郎提高到7 350万货币单位，或250万特别提款权；

（4）飞机重量超过3万千克以上者，例如，常见的波音747大型客机，重量为35万公斤。将原限额提高了8.5倍，即2 340万特别提款权，约合3 000万美元。

3. 人身伤害赔偿限额和财产索赔

《罗马公约》第十一条第二款中对人身伤亡的责任限额做出了规定：涉及死亡或人身伤害的责任，每人死亡或受伤的赔偿额不超过500万金法郎（约为4万美元）。1978年议定书提高到187.5万"货币单位"或12.5万特别提款权。如果与修订《华沙公约》的第3号《蒙特利尔附加议定书》相比，相差无几。

《公约》第十三条第一款还含有对遇有两个以上责任者承担赔偿时，其赔偿合计额不得超过公约限额的规则。一旦出现实际损害额超出公约限额时，第十四条设计了如下规则：如果发生的损害仅仅是财产损害，而受到财产损害的又不止一家，并且已经确定的各项索赔要求总额超过航空器的赔偿限额，这些索赔限额可简单地按各自数额比例相应地减少。

公约第十三条第二款：如果赔偿既涉及人身伤害又涉及财产损害，并且已经确定的各项索赔要求总额超过航空器的赔偿限额，则航空器的赔偿限额应当先分为两半。一半优先满足关于人身死亡和伤害的赔偿要求，然后将剩下的一半根据财产损害赔偿要求及人身死亡或伤害赔偿未清偿了结的部分按比例分摊。

为了加速办理索赔事宜，第十九条规定："凡索赔人未用起诉来强制实现索赔，或者凡自造成损害事故发生之日起6个月内未向经营人提出索赔通知者，则该索赔人仍有权从在该期限内全部付清所有索赔后经营人仍有的赔偿责任金额中获得赔偿。"

（四）不限制责任的情况

《公约》第十二条规定如下。

① 凡受害人证明：该损害是由经营人、其受雇人或代理人有意造成损害的故意行为或不行为引起的，经营人的责任不受限制；但对于受雇人或代理人的此类行为或不行为，还需证明是在其受雇期间并在授权范围之内行事。

② 凡属一个人未经有使用权的人的同意非法得到并使用一架航空器者，其责任没有限制。

三、责任担保

鉴于航空器尤其是大型飞机对地（水）面造成的损坏，有时是大规模的灾难，经营人在履行其赔偿责任时有无充足的财务偿付能力，就成为一个突出问题。引入适当的保险或其他财务担保机制，似乎是势在必行的，这也正是《罗马公约》本身的显著特征。1933年《罗马公约》制定后五年，1938年又在布鲁塞尔专门拟定了一个附加保险议定书。限于第二次世界大战迫在眉睫的条件，该议定书一直没有生效。1952年在重新议定罗马公约时，又对公约中经营人的财务担保制度进行热烈讨论，做出了有益的探索与尝试。撇开罗马公约其他条款的价值不说，仅就其中引入财务担保法律规则这一点上说，就是一项十分宝贵的经验。

公约从第十五条至十八条对责任担保问题做了相当周全可行的规定。

（一）对索赔保险的标准

第十五条规定："任何缔约国得要求：在另一缔约国登记的航空器经营人对其在该国境内蒙受损害而导致本公约第一条赔偿权的责任，进行保险，其数额达到第十一条适用限额"，公约留待缔约国选择是否要求外国航空器进行此类保险。公约认为，向依照航空器登记国或保险人住所国或主营业地法律设立有清偿能力的保险人（公司）办理的保险是

充分的,而且下列任何一种担保代替保险被认为是充分的:

① 航空器登记国的保管存款机构或获准银行缴存现金;

② 航空器登记国认可并审核了清偿能力的银行提供担保;此项担保应当被优先用于公约规定的赔偿金。航空器登记国提供担保并承允对涉及该担保的诉讼将不援引司法管辖权。但是,缔约国可以拒绝承认该保险人(公司)有清偿能力,如果该保险人(公司)未能及时清偿终审判决给付的赔偿金。飞越国还可以要求航空器具备保险证明书,主管机关的证明或签注,证明保险人具有清偿能力,但是如果保险到期,主管机关(缔约国)应当及时通知其他缔约国。公约也要求各类担保应当通知国际民用航空组织理事会秘书长,并由该秘书长通知各缔约国。凡飞经国有正当理由怀疑保险人或有关担保银行的偿付能力时,该国得另行要求其偿付能力的证明。如对此有争议,可交付仲裁。

(二)担保人的权利

公约第十六条规定了担保人的抗辩权和追索权及其限制条件。

依其第一款,提供担保的保险人或其他担保的人,除可引用经营人的抗辩理由伪造品抗辩理由外,还可引用以下两条理由进行抗辩:

① 损害发生在保险或者担保终止有效后,然而保险或担保在飞行中期满的,该项保险或者担保在飞行计划中所载下一次降落前继续有效,但是不得超过24小时;如果保险或担保提前取消或者更换经营人,保险或担保将继续,一直到向签发地的国家有关当局发出担保已经终止的通知后的15天内,或者相关的证明或签注被登记有关当局依法取消为止;

② 损害发生在保险或者担保所指定的地区范围之外,除非飞行超出该范围是由于不可抗力、援助他人所必需,或者驾驶、航行或者领航上的差错造成的。

(三)受害人的直接诉讼

仅在下列情形下,受害人可以直接对保险人或者担保人提起诉讼,但是受害人也可以根据有关保险合同或者担保合同的法律规定提起直接诉讼的权利:

① 根据公约第十六条第二款抗辩权第一、二项的规定,保险或担保继续有效;

② 经营人破产。

除了公约第十六条第二款抗辩权规定情况之外,保险人或担保人对受害人依照上述规定提起的直接诉讼不得以保险或担保的无效,或者追溯力终止为由进行抗辩。但是,此项规定不妨碍保险人或担保人是否向他人追偿的权利。在实践中,直接诉讼很少出现,因为根据各国的法律,对保险、航空运作均有严格的规定和要求。

(四)担保额的优先使用

第十七条对除保险外的各种担保规则作了相应规定。

对于根据上述第十五条第四款提供的担保,应专门并优先作为支付依本公约提出的索赔(第一款)。担保额应达到公约的责任限额,凡担保经营人有几架航空器时,其担保额不低于两架航空器的责任限额的总和（第二款）。

依第十八条："保险人应付给经营人的保险金额应免于被经营人的债权人的扣押或强制执行，直到满足本公约规定的第三方索赔。"

《罗马公约》上述经营人责任担保体制的一个重大缺陷是未能实行强制保险的原则，这是因为有不少国家在这方面未作强制保险的立法。

四、诉讼程序规则

（一）管辖法院

1952年《罗马公约》确定一项新的重要原则是单一管辖制，即诉讼只能向损害发生地的缔约国法院进行，但是该原则也具有灵活性，例如，一个或几个原告与一个或几个被告一致同意，则诉讼也可以在另一缔约国提起或者提交仲裁，前提是不妨碍在损害发生地提起诉讼的权利。具体而言：

第二十条第一款规定：损害发生地国法院是依罗马公约规定起诉的唯一法院。之所以只指定损害发生地国法院，是多种考虑并权衡利弊做出的选择。在制定1978年蒙特利尔议定书过程中，有些国家代表曾提出：应将经营人主要营业地国或住所地国作为第二种有管辖权的法院。但绝大多数国家代表不赞成这一建议，因为这不仅会引起挑选法院或者产生判决冲突，而且也与公约关于判决执行的规则不相协调。

还有，第二十条第一款并没有把管辖法院定死，它留有一定的余地，即"经由一个或多个索赔人和一个或多个被告之间的协议，得在任何其他缔约国的法院起诉；但任何此种诉讼不得以任何方式损害在损害发生地国起诉的权利。当事双方也可协议在任何缔约国将争议诉诸仲裁"。

（二）诉讼时效

如果受害人未能在损害发生之日起6个月内，对经营人提起索赔诉讼，或者将索赔通知送交经营人，则索赔人只能在上述期限内已提出的全部索赔的要求得到充分清偿以后，从经营人剩余的赔偿金余额中获得赔偿。

地面第三者损害赔偿诉讼时效期间为2年，自损害发生之日起计算；但是，在任何情况下，时效期限不得超过损害发生之日起3年。

公约这项规定要比《华沙公约》明确直接得多。

（三）判决的执行

鉴于损害发生地国，通常都不是经营人财产所在的主要营业地或住所地国，因此由损害发生地法院做出的判决如何执行，确切地说，如何由经营人财产所在地国法院强制执行的问题，就成为罗马公约诉讼程序上的一个焦点。因为在国际私法中外国法院判决的执行问题，是一个争执很多很大的领域。

第二十条第四至十二款,对判决执行问题规定了详细的程序性规则。

第四款为判决执行设计的总原则是:凡由符合公约规定有审判权的法院宣布了最终判决,包括缺席判决在内,而依该法院的诉讼法得以发布执行令的,可在下列缔约国或其地区、州、省依其法定手续申请该判决的强制执行:

① 判决中债务人居住地或主要营业地的缔约国;

② 如果在该国以及判决宣布地国的可供偿付的资产不足判决需要,则可在任何判决债务人有资产的其他缔约国。

但判决执行的申请,从宣布终审判决之日起,必须在 5 年内提出(第十二款)。1978 年议定书,将此减为 2 年。

在申请执行的诉讼中不再讨论案件本身的是非问题(第六款)。

对判决执行的申请,受理法院对遇有下列情况,得拒绝发布执行令(第五款):

① 缺席做出的判决,而被告没有足够的时间获知诉讼进程并据此采取行动;

② 没有给被告以公正与充分的机会来保护自己的权益;

③ 该判决是关于诉因的,即在相同当事人之间构成一个判决或仲裁裁决的理由的,而依请求执行国的法律,需承认其为最终或结论性的;

④ 判决是根据当事任何一方的欺诈行为做出的;

⑤ 并未给予申请执行判决的人以执行判决的权利。

如果该判决违反被要求执行国的公共秩序,该法院亦可拒绝执行(第七款)。

拒绝执行的理由或情况还有:

① 在损害发生地国法院对全部案件做出判决以前,非该国法院做出的任何判决;

② 凡债务人证明,该判决裁定的赔偿总额可能超出公约规定的适用责任限额(第九款)。这是第一次各国力图将判决执行纳入多边体制。尝试在该公约适用范围这个有限领域内统一国际私法中关于外国判决执行的规则,这无疑提供了一种比较新颖的执行判决的模式。

五、对《罗马公约》的评论

与1929年《华沙公约》和1944年《芝加哥公约》被国际社会广泛而普遍接受相比而言,1952年《罗马公约》及其1978年蒙特利尔议定书(至今尚未生效)无疑是并不令人满意的。究其原因,主要是许多国家在立法中不同意地(水)面第三方采取限制责任的原则。当然,还有一个各国不愿意成为该公约的缔约国的原因是,该公约处理的是一种极少发生的事件,而又无不可克服的法律冲突和管辖冲突,在这个领域实行统一法律很难进行。但是,《罗马公约》本身在法律上的合理性,20 世纪到 90 年代,才从一个事件中获得令人信服的证实。这就是 1992 年 10 月 4 日发生在荷兰阿姆斯特丹市郊的一架以色列 ELAL 航空公司波音 747 货机撞入国家工厂车间而坠毁。当场炸、烧死40 余人,伤20 余人,财产损害难以数计。这本是一个相当典型的适用《罗马公约》的案件,却因荷兰与以色列均非《罗马公约》缔约国,而只能适用荷兰法。荷兰民法对此并没有规定,因此只能按民法一般原则,适用过失责任,即受害人(或其家属)必须证明ELAL航空公司人员有过失,才能获得赔偿。因此,从各方面来说都应该给予《罗马公约》以积极的评价,尤其是关于责任担保和判决执行的条款。

此外,随着航空业的飞速发展和飞机航班航次的增加,空中碰撞的危险和概率也在增大。空中碰撞不仅会造成巨大的空中损害,还会带来对地面第三人的损害,因此,对空中碰撞造成的极其严重的灾难性后果进行法律规定是十分必要的。1952年《罗马公约》第七条对空中碰撞问题做了如下规定:"当两架或两架以上航空器在飞行中相撞或相扰,并发生了第一条所指应予赔偿的损害,或者两架或两架以上航空器共同造成这种损害时,则每一架有关的航空器都应被认为造成了这种损害,而每一架航空器的经营人都应在本公约规定的条件及责任限制范围内承担责任。"该公约第三条第二款又规定:"当第七条规定适用时,受害人可以获得对有关的每一架航空器适用的赔偿限额的总数,但每一个经营人负责赔偿的数额,除按照第十二条规定无限额外,应不超过适用它的航空器的限额。"《罗马公约》的上述规定,能较好地保护地面第三人的利益,但并没有解决航空器空中碰撞的法律问题。因此,一旦发生了空中碰撞,国际公约没有规定的,就只能适用空中碰撞事故发生地国的国内法规定。

第四节 我国的有关规定

《民用航空法》第十二章规定了对地(水)面第三人损害的赔偿责任。该规定在确立了无过失责任原则的前提下,借鉴了1952年《罗马公约》的立法经验,形成了现有的调整航空器经营人与地面第三人之间关系的法律规范。

一、责任制度

首先,我国航空法确立了无过失责任制度。第一百五十七条规定,因飞行中的民用航空器或者从飞行中的民用航空器上落下的人或者物,造成地面(包括水面,下同)上的人身伤亡或者财产损害的,受害人有权获得赔偿;但是,所受损害并非造成损害的事故的直接后果,或者所受损害仅是民用航空器依照国家有关的空中交通规则在空中通过造成的,受害人无权要求赔偿。前款所称飞行中,是指自民用航空器为实际起飞而使用动力时起至着陆冲程终了时止;就轻于空气的民用航空器而言,飞行中是指自其离开地面时起至其重新着地时止。从以上规定可以得出下面事宜。

1. 损害赔偿的归责

我国《民用航空法》第一百五十七条第一款规定:"因飞行中的民用航空器或者从飞行中的民用航空器上落下的人或者物,造成地面(包括水面,下同)上的人身伤亡或者财产损害的,受害人有权获得赔偿;但是,所受损害并非造成损害的事故的直接后果,或者所受损害仅是民用航空器依照国家有关的空中交通规则在空中通过造成的,受害人无权要求赔偿。"我国《民用航空法》第一百六十一条同时规定:"依照本规定应当承担责任的人证明损害是完全由于受害人或者其受雇人、代理人的过错造成的,免除其赔偿责任;应当承担责任的人证明损害是部分由于受害人或者其受雇人、代理人的过错造成时,受害人证明其受雇人、代理人的行为超出其所授权的范围的,不免除或者不减轻应当承担责任的人的赔偿责任。"据此,一般认为,我国民用航空器对地面第三人侵权行为适用原则是无过失责任原则,即只要是飞行中的民用航空器或者从飞行中的民用航空器上落下的人或者物,造成地面上的人身伤亡或者财产损害是客观事实,受害人即有权获得赔偿。但是,这种客观责任不是绝对责任。

2. 地面第三人侵权行为的构成要件

(1) 损害事实的客观存在

损害他人的身体健康或财产的客观存在是构成侵权损害民事责任的前提。如果某种行为并没有造成损害,或某种行为只有发生损害的可能性,损害并没有成为客观存在的事实,就谈不上侵权,更谈不上侵权损害的民事责任。但以下损失根据规定受害人无权要求赔偿:

① 目击坠落而产生的精神损害;

② 依照国家有关的空中交通规则在空中通过造成的损害,如空中噪声、声震引发的损害;

③ 国家航空器所致损害;

④ 不在地(水)面的航空器及其所载人员财物损害,以及虽在地面的但与经营人有合同(包括劳动合同)约束的人员财产损失不属于第三人损失;

⑤ 给地面造成的其他损害。

(2) 损害行为

飞行中的航空器对地面第三人造成损害主要有两种情形:一种是飞行中的航空器或者从飞行中的航空器上落下的人或物对地(水)面造成的损害;另一种是航空器碰撞地(水)面所造成的损害。也就是说损害行为有两种,一种是单一侵权行为,另一种是共同侵权行为。

所谓单一侵权行为是指飞行中的民用航空器及其所载人员、财物的坠落行为。共同侵权行为指两个以上民用航空器空中相撞或相扰的行为。"相撞"行为指两个以上民用航空器在空中擦刮或撞毁的行为;"相扰"行为指两个以上民用航空器在空中过分接近,干扰彼此正常飞行的行为,俗称危险接近。共同侵权的责任由各有关民用航空器经营人共同承担。

(3) 侵权行为和损害事实之间存在着因果关系

侵权行为和损害事实之间存在着因果关系构成侵权损害民事责任的又一重要条件。所谓因果关系,是指自然界和社会中,客观现象之间所存在的一种内在的必然联系。如果某一损害事实是由于某一侵权行为引起的,某一侵权行为是某一损害事实发生的原因,则可以认定某侵权行为与某一损害事实之间存在因果关系。其强调所受伤害与民用航空器及其所载人员、财物的坠落具有直接的接触关系，否则不负责任。

3. 赔偿范围

只赔偿直接损害，不赔偿间接损害。即所受损害并非造成损害事故的直接后果，受害人无权要求赔偿。所受损害仅是民用航空器依照有关的空中交通规则在空中通过造成的，如航空器噪声或声震造成的损害，受害人无权要求赔偿。

4. 免责事由

按照我国《民用航空法》第一百六十条和第一百六十一条规定，有关当事人符合法定条件的，可以不承担责任，或者免除或减轻赔偿责任：① 损害是武装冲突或者骚乱的直接后果；② 责任人对民用航空器的使用权业经国家机关依法剥夺的；③ 责任人证明损害是完全由于受害人或者其受雇人、代理人的过错造成的，免除其赔偿责任；应当承担责任的人证明损害是部分由于受害人或者其受雇人、代理人的过错造成的，相应减轻其赔偿责任。但是，损害是由于受害人的受雇人、代理人的过错造成时，受害人证明其受雇人、代理人的行为超出其所授权的范围的，不免除或者不减轻应当承当责任的人的赔偿责任。

二、责任主体

经营人是对地（水）面第三人的主要赔偿责任主体，我国《民用航空法》和1952年《罗马公约》的规定基本相同。我国《民用航空法》第一百五十八条规定："本法第一百五十七条规定的赔偿责任，由民用航空器的经营人承担。"

民用航空器经营人是指：① 损害发生时使用民用航空器的人；② 本人将民用航空器的使用权已经直接或者间接地授予他人，但保留对该民用航空器的航行控制权，本人仍被视为经营人；③ 经营人的受雇人、代理人在受雇、代理过程中使用民用航空器，无论是否在其受雇、代理范围内行事，均视为经营人使用民用航空器；④ 民用航空器登记的所有人应当视为经营人，并承担经营人的责任；除非在判定其责任的诉讼中，所有人证明经营人是他人，并在法律程序许可范围内采取适当措施使该人成为诉讼当事人之一。

对于经营人进行法律界定，目的在于确定责任人，根据我国法律规定，下列情况经营人与他人共同承担的责任。

① 非法使用民用航空器对地面第三人造成损害，有航行控制权的人与该非法使用人承担连带责任，除非有航行控制权的人证明本人已经适当注意防止此种非法使用。这里所称非法使用民用航空器，是指未经对民用航空器有航行控制权的人的同意而使用航空器。

② 两个以上的民用航空器在飞行中相撞或者相扰，对地面第三人造成损害，或者两个以上民用航空器共同对地面第三人造成损害，各有关民用航空器均应当被认为已经造成此种损害，各有关民用航空器的经营人均应当承担责任。

上述应当承担责任的人以及他们的受雇人、代理人，对于飞行中的民用航空器或者从飞行中的民用航空器上落下的人或物对地面第三人造成损害，只在本法规定的范围内承担赔偿责任,除非故意造成此种损害,不在规定范围之外承担责任。

三、保险与担保

我国《民用航空法》第一百六十六条至第一百七十条规定了第三人责任之中必须涉及的保险和担保、保险人的抗辩权等。具体如下:

① 航空器投保地面第三人责任险是一种强制性要求。民用航空器经营人应当投保地面第三人责任险或者取得相应的责任担保。

② 保险人和担保人享有下列抗辩权:

A. 享有与经营人相同的抗辩权。

B. 享有对伪造证件进行抗辩的权利。

C. 损害发生在保险或者担保终止有效后。如果保险或担保有效期在飞行中终止,则将有效期自动延长至在飞行计划中所载下一次降落时为止,但延长以24小时为限。

D. 损害发生在保险或者担保所指定的地区范围外,但飞行超过规定范围是由于不可抗力、援助他人所必需,或者驾驶、航行或者领航上的差错造成的,不受此限。

上述延长有效期或扩大范围使保险或担保有效的规定,只有对受害人有利时适用。即是说,除非在上述情况下发生损害赔偿应使保险人或担保人承担责任外,不得解释为在任何情况下都可以延长有效期或者扩大保险或担保的地域范围。

③ 关于受害人直接对保险人或者担保人提起诉讼的问题,法律规定:

A. 在下列情形,受害人可以直接对保险人或担保人提起诉讼:

a. 在上述延长有效期或者扩大保险或担保范围使保险或者担保继续有效的;

b. 民用航空器经营人破产的。

B. 受害人可以根据有关保险合同或者担保合同的法律规定提起直接诉讼。

C. 在受害人提起直接诉讼的情况下,除保险人或担保人拥有上述抗辩权外,"不得以保险或者担保的无效或者追溯力终止为由进行抗辩"。

④ 对地面第三人造成损害是一种侵权行为,因此保险或担保而提供的款项,应当优先支付有关地面第三人责任的赔偿,并且在第三人的赔偿请求满足之前,不受经营人的债权人的扣留和处理,可以说侵权责任大于合同责任。因此,经营人投保的地面第三人责任险或取得的相应责任担保,应被专门指定优先支付对地面第三人造成损害的责任赔偿;保险人支付给经营人的款项,在被造成损害的第三人的赔偿请求未满足前,不受经营人的债权人的扣留和处理。

四、诉讼规则

(一)索赔期限与诉讼时效

我国《民用航空法》规定,地面第三人损害赔偿的诉讼时效期为2年,自损害发生之日起计算；但是，在任何情况下，时效期间不得超过自损害发生之日起3年。上述关于对地面第三人损害赔偿责任的规定不适用下列损害：

① 对飞行中的民用航空器或者对该航空器上的人或者物造成的损害；

② 为受害人同经营人或者同发生损害时对民用航空器有使用权的人订立的合同所约束，或者为适用两方之间的劳动合同的法律有关职工赔偿的规定所约束的损害；

③ 核损害。

（二）对外国判决的承认与执行

外国法院判决的承认和执行是指一国法院依一定的法律程序承认外国法院已经确定的判决，使之在本国境内发生效力，予以强制执行。一般地说，一国法院的判决是本国统治阶级意志的体现，原则上只能在本国境内有效。但是，随着国际交往特别是国际贸易的不断发展，经常会发生本国法院的判决需要在外国执行的问题；同时，各国出于对外交往的考虑，有时也需要承认或协助执行外国法院的判决，由此便产生了承认和执行外国法院判决的制度。这一制度的实质，是一国统治阶级的意志在另一国得到实现的问题，因此在承认与执行外国法院判决时，各国都持十分慎重的态度。

我国《民事诉讼法》第二百六十七条和第二百六十八条是专门规定外国法院判决到我国境内的承认与执行问题的。第二百六十七条规定："外国法院做出的发生法律效力的判决、裁定，需要中华人民共和国人民法院承认和执行的，可以由当事人向中华人民共和国有管辖权的中级人民法院申请承认和执行，也可以由外国法院依照该国与中华人民共和国缔结或者参加的国际条约的规定，或者按照互惠原则，请求人民法院承认和执行。"第二百六十八条规定："人民法院对申请或者请求承认和执行的外国法院做出的发生法律效力的判决、裁定，依照中华人民共和国缔结或者参加的国际条约，或者按照互惠原则进行审查后，认为不违反中华人民共和国法律的基本原则或者国家主权、安全、社会公共利益的，裁定承认其效力，需要执行的，发出执行令，依照本法的有关规定执行。违反中华人民共和国法律的基本原则或者国家主权、安全、社会公共利益的，不予承认和执行，另外，《最高人民法院关于适用〈中华人民共和国民事诉讼法〉若干问题的意见》第三百一十八条和第三百一十九条进一步具体明确规定：当事人向中华人民共和国有管辖权的中级人民法院申请承认和执行外国法院做出的发生法律效力的判决、裁定的，如果该法院所在国与中华人民共和国没有缔结或者共同参加国际条约，也没有互惠关系的，当事人可以向人民法院起诉，由有管辖权的人民法院做出判决，予以执行。与我国没有司法协助协议又无互惠关系的国家的法院，未通过外交途径，直接请求我国法院司法协助的，我国法院应予退回，并说明理由。

从以上规定可以看出，我国承认和执行外国判决的条件是：

① 申请承认和执行的外国法院的判决、裁定必须已经发生法律效力；

② 做出判决的法院所在国同我国缔结或者共同参加国际条约，或者存在互惠关系；

③ 申请承认和执行的外国判决不得违背我国法律的基本原则，不损害我国国家主权、安全和社会公共利益；

④ 申请人提出执行的请求。

此外，根据司法解释，当事人直接向人民法院提出请求而该判决国与我国没有条约或互惠关系的，当事人可以向法院起诉，由法院做出判决，予以执行。

五、境内赔偿数额

如何确定外国民用航空器在我国境内造成地面第三人的损害的法律适用，《民用航空法》第一百八十九条规定："民用航空器对地面第三人的损害赔偿，适用侵权行为地法律。民用航空器在公海上空对水面第三人的损害赔偿适用受理案件所在地法律。"但是对地面第三人损害的赔偿限额，我国民用航空法对此没有做出明确规定。我们只得将地面赔偿计算方法方面问题引用我国的民法通则的规定。对于财产损害，根据我国《民法通则》的规定，损坏国家、集体的财产或者他人财产的，应当恢复原状或者折价赔偿。受害人因此遭受其他重大损失的，侵害人应当赔偿损失（第一百一十七条第二、三款）。对于人身伤害，《民法通则》则规定"侵害公民身体造成伤害的，应当赔偿医疗费、因误工减少的收入、残废者生活的补助费等费用；造成死亡的，并应当支付丧葬费和死者生前扶养的人的必要生活费等费用。"根据上述民法通则的规定，外国民用航空器在我国境内对地面第三人造成损害的责任显然是没有限额的，但是应当注意的是，1986年制定《民法通则》时，我国普遍的生活水平偏低，即使按照1952年的4万美元限额赔偿也要比其他种类的损害赔偿按无限额责任赔偿要高。如果简单地依据上述规定来赔偿，对我国公民来说显然是不公平的。对外国民用航空器在我国境内对地面第三人造成损害赔偿数额，应当根据《民法通则》第八章第一百四十二条的原则规定来处理。中华人民共和国缔结或者参加的国际条约同本法有不同规定的，适用国际条约的规定；但是，中华人民共和国声明保留的除外。中华人民共和国法律和中华人民共和国缔结或者参加的国际公约没有规定的，可以适用国际惯例。我国并没有批准1952年的《罗马公约》和1978年的《蒙特利尔议定书》，但是，应当将其他的条款作为惯例使用。

我国《民用航空法》涉及地面第三人损害责任的规定基本上来自1952年的《罗马公约》的规定，但是，其中也体现出了一些不够完善和不同的地方。

① 1952年的《罗马公约》明确指出是外国航空器造成的损害，强调涉外因素。我国《民用航空法》规定了对地面第三人损害责任的原则和赔偿责任人，但没有区分国内航空器和外国航空器。

② 《罗马公约》规定，如果受害人未能在损害发生之日起6个月内，对经营人提起索赔诉讼，或者将索赔通知送交经营人，则索赔人只能在上述期限内已提出的全部索赔的要求得到充分清偿以后，从经营人剩余的赔偿金余额中获得赔偿。我国的民用航空法并没有这类规定，如果适用《中华人民共和国民用航空法》处理，很显然会造成对事故处理的久拖不决。

③ 我国《民用航空法》对地面第三人损害的法律适用也没有规定责任限额，在实际操作中有很大的问题。同样是责任问题，我国民用航空法将航空运输分为国内航空运输和

第十三章 航空器对地（水）面第三人损害赔偿法律制度

国际航空运输，原则规定国内航空运输承运人的赔偿责任限额由国务院民用航空主管部门制定，报国务院批准后公布执行；而对国际航空运输却规定了 16 600 计算单位的赔偿限额，约为2万美元。这种区分造成国内和国际航空运输的赔偿责任限额有很大的差别。

 分析思考题

1. 航空器对地（水）面第三人损害赔偿的归责原则包含哪些内容？
2. 对比分析：国外航空器在我国境内和我国航空器在外国造成的地（水）面第三人损害应适用的法律及赔偿归责原则。

第十四章

机组人员流动与招聘法律问题

学习目的

1. 掌握航空人员的分类及职责；
2. 了解航空人员的资格管理。

 **学习内容**

1. 有关航空人员管理的法律法规及规范性文件；
2. 相关案例的引入与比较分析。

第一节 案例导入

【案例14-1】

飞行员辞职被索赔500万 打赢官司仍无处可飞

2016年1月30日，中国东方航空股份有限公司（以下简称东航）副驾驶飞行员张辉拿到了二审判决，法院判决张辉支付98万元即可解除劳动关系。但在张辉办理转档案和执照时，东航却要求按照公司标准，张辉需要支付180万元。

2012年就提出辞职的东航飞行员副驾驶张辉，历经仲裁、一审、二审，在拿到二审的终审判决后，却面临"没有地方可去"的难题。2009年12月30日，张辉从航校毕业后进入东方航空公司工作，期间获得飞行员副驾驶资格；2012年4月14日，他提出辞职。随后东航提出了仲裁请求，并在双方调解不成后诉诸法院；期间，法院一审判决，张辉支付东航补偿费98万元，但东航不服一审判决再度上诉，要求改判张辉支付违约金275万元及飞行经历费248.27万元。二审法院维持一审原判，对于东航高达500多万元的违约金及飞行经历费未予支持。但"胜诉"并没有让张辉感到兴奋，因为法院判决的只是98万元解除劳动关系，如果他想继续从事飞行员职业，他需要转档案和执照，但是按东航的标准，张辉要为此付180万元。根据张辉提供的东航2012年出台的内部文件《中国东方航空股份有限公司飞行人员流动管理办法（暂行）》，东航对补偿费的标准是以公司所提供的各项培训产生的费用为核定依据，其具体标准是：副驾驶150万～210万元；机长240万～260万元；教员260万～280万元。

"东航已经和22家航空公司签订了'闭门协议'，就是说这22家公司如果想从东航要飞行员，除了补偿费，还要另外支付500万元。"张辉表示，有能力为他支付180万元"转会费"的航空公司已经签署了闭门协议，不可能再多支付500万元，而没有签协议、不需要多支付500万元的公司却没有招人计划，"导致我现在没处可去。"张辉所说的"闭门协议"曾在2015年5月的媒体报道中出现过，当时东航与15家地方及民营航空公司签订了一份通告，"接收流动飞行员的航空公司除了向流出飞行员的航空公司正常支付赔偿外，还需按照协议额外一次性支付人民币500万元。"

飞行员离职难曾一度成为航空领域的热点新闻：2008年，东航云南分公司18个航班集体返航；2013年，国内多家航空公司飞行员通过网络集体向民航局发出公开信，呼吁废止与现行法律冲突、限制飞行员离职的行业规则，依法制定新的、合理的飞行员费用返还指导意见。张辉表示，在东航流动文件出台前，东航包括他在内共有19人提出辞职，流动文件规定，递交辞职报告的，须收回辞职报告；进入仲裁或诉讼程序的，须与公司协商一致后向仲裁委或法院申请撤销仲裁或诉讼，再回公司提交流动申请。但是流动文件限定"每年外部流动比例控制在分公司、子公司、上海飞行部等各飞行单位上一年的各自单位在册飞行人员总数的1%以下"，且规定对提出流动的飞行员，按工龄、飞行时间等折合成分数进行排序来决定。

张辉表示，按1%的比例算每年只有10~13人，且对于分数排序的规定只适合老机长，作为副驾驶的他在分数上不占优势。"流动政策出台后，我已经开始法律诉讼程序了，那时候申请流动对我遥遥无期。"为此，他坚持走了打官司这条路，但不曾想官司打赢后却面临无处可去的难题。张辉向公司提出，自己辞职在公司流动政策出台前，可以不适用公司和其他公司签署的"闭门协议"，即其下家不需要再额外为其支付500万元，但这个诉求未得到解决，"东航也不打算解决。"对于张辉的说法，东航工作人员未直接回应，仅表示，飞行员是特殊的工作人员，公司要花相当长的时间来培训，每年都有大量投入，并且飞行员流动对飞行安全很重要，公司对飞行员流动有规定，也会按法院的判决执行。

【案例14-2】
全国首例飞行员辞职零赔付案终审宣判

2008年8月末，全国首例飞行员辞职"零赔付"案终审定音。北京市第二中级人民法院（以下简称北京市二中院）判决飞行员郭岳炳与新华航空解除劳动合同，且无须赔偿违约金。由于飞行员与航空公司因辞职而引发的劳资纠纷不断，且飞行员被航空公司索赔金额惊人，因此，飞行员"零赔付"案件成为业内关注焦点。

一、飞行员：提出辞职被公司索赔700多万

郭岳炳于2002年5月加入新华航空，2003年9月正式开始飞行工作。但随后，他发现公司存在超时安排飞行任务、拖欠劳动报酬、克扣飞行安全奖等行为，于是2008年1月他向公司提出辞职。但新华航空没有为其办理手续，无奈之下他申请劳动仲裁。其间，新华航空提起反诉，要求郭岳炳向公司赔偿违约金和赔偿费共计700多万元。

法院一审判决，双方劳动合同解除，航空公司为郭岳炳补齐工资等7 800余元，郭岳炳无须支付违约金。双方不服，上诉至北京市二中院。

北京市二中院认为，郭岳炳提前30日以书面形式通知新华航空，履行了解除劳动合同的程序，符合规定。对于新华航空提出的诉讼请求，法院认为，双方签订的劳动合同有关郭岳炳给付公司违约金的约定与劳动合同法规定相悖。而新华航空上诉要求郭岳炳支付的空职成本及管理费，是根据公司的利润和管理情况自行测算出来的，没有证据，不予支持。

二、郭岳炳律师:"零赔付"鼓舞在辞职路上挣扎的飞行员

对于"零赔付"的判决结果,郭岳炳的代理律师张起淮表示:"飞行员辞职,近年来沸沸扬扬,其中最吸引眼球的争论焦点可谓航空公司向飞行员索要的'天价'赔偿金,目前最高索赔额已高达1 257万元。正是天文数字一样的赔偿金使得诸多天之骄子对于辞职望而却步。但此次判决一改之前不成文的惯例,以飞行员'零赔付'而告终。这次看似偶然的国内首例飞行员'零赔付'案件,可以说在一定程度上鼓舞了那些在辞职路上依然挣扎的飞行员,更为重要的是该判决体现出法治的进步和以人为本的精神,也对以后此类案件的解决具有重要的指导意义和积极的影响。"

张起淮表示,"零赔付"判决体现了"以事实为依据,以法律为准绳"的法治精神,严格做到了依法判决,为之前那些漫天要价、索要巨额培训费的航空公司敲响了警钟,使得航空公司认识到,索赔必须有事实依据,否则就有承担"零赔付"的风险;且航空公司也需要清醒地认识到,巨额培训费用的索赔,不应该再成为束缚飞行员翅膀的枷锁。因为任何索赔,必须有事实依据,并能够得到法律支持,不能把巨额培训费的索赔当成一张王牌,以此来阻碍飞行员的合理流动。

三、航空公司:"天价"赔偿和"零赔付"都极端

一位航空公司负责人认为:"从短期看,'零赔付'的判决可能刺激部分飞行员选择跳槽。不过,不管是以往的'天价'赔偿还是现在的'零赔付'都应看作是在特殊时期出现的极端个案。最主要的是,通过这些个案可以促使行业制定出更为合理的飞行员转会机制,保障飞行员和航空公司双方的合法权益。"

春秋航空新闻发言人张磊表示:"在2004年到2008年年初,国内出现了一批新的航空公司,而国内航空运力也从700多架飞机猛增到1 200多架,这就导致了航空公司对于飞行员的迫切需求,民营航空从国有航空公司挖人的情况屡屡发生。而不可否认的是,航空公司培养一名飞行员确实需要花费高昂的成本,在这种情况下,飞行员如果想跳槽,被原公司高额索赔也就不足为怪了。"

2008年,全球航空业在金融危机影响下损失惨重,国内大多数航空公司都削减了运力,停飞了部分航线,对于飞行员的需求变得不那么急切。这也从一个侧面促使了"零赔付"的诞生。

【案例14-3】
航空资源管制之惑 拷问东航9机长集体辞职事件

2005年11月17日,东航江苏分公司飞行部领导的案头上,赫然出现了一封联名辞职信——东航9名机长集体递交了辞呈。

这是继2004年海航14名飞行员投奔奥凯航空后,民航业第二次大规模的飞行员集体辞职事件。

我国的飞行员流动管理体制,遭到了前所未有的严峻拷问。

一、公司化薪酬 VS 市场化环境

东航一位辞职机长表示,他们辞职的原因是由于工资、安全飞行等问题无法得到保障。

与飞行员的说法相悖,东航江苏分公司则公开发表媒体声明,称:"近期公司有少数飞行人员因待遇等个人原因,采取了严重违反劳动纪律的做法,公司按规定进行批评和处理后,其中极少数人员转而以辞职相要挟。"

在2005年8月份,东航江苏分公司的某些飞行员曾以集体签名的形式要求与公司领导"对话"。飞行部某领导向记者透露,这些飞行员是想在工资、家属工作安排等问题上与公司展开"谈判",后因谈判效果甚微,飞行员先后两次"罢飞"。2005年11月16日,公司对这些"罢飞"的飞行员做出"暂停飞行"的处分。11月17日,9名被处分的机长联名递交了辞呈。

辞职事件真正的导火索是什么?东航某不愿透露姓名的人士一针见血地告诉记者,市场化环境与公司化薪酬的矛盾,是飞行员辞职的直接原因。

在飞行员稀缺的情况下,各大航空公司都想方设法留住自己的核心资源。但是比起深圳航空、海南航空等公司,老牌国企航空公司的飞行员工资则显得略逊一筹。

在民航市场日趋开放下,作为稀缺资源的飞行员的薪酬水平始终无法与市场接轨,这是我国老牌航空公司飞行员频繁跳槽的直接原因。也从一个侧面反映了航空业市场化机制的缺乏。

二、飞行员流动体制初见端倪

随着我国民营航空公司的成立,以及各大航空公司购买飞机数量的增加,飞行员愈发成为炙手可热的"核心资源"。有数据表明,中国民航未来20年的飞行员需求将达到4万人,单纯依靠航空院校的毕业飞行员显然远远不能满足市场需求。各大航空公司都在争夺飞行员资源。正是这种供给不平衡,导致了飞行员的身价一路飙升。

2004年,海南航空下属的新华航空有14名飞行人员投奔奥凯。据说海南航空在此次辞职事件后痛定思痛,将地勤、机务、飞行等相关人员的工资集体上涨。飞行员为了高薪而频繁跳槽势必会影响到民航运输的飞行安全。于是2004年10月27日,中国民航总局紧急下发了《关于规范飞行人员流动管理保证飞行安全的通知》;2005年5月,民航总局又联合劳动部等四部委下发了《关于规范飞行人员流动管理保证民航飞行队伍稳定的意见》(以下简称《意见》),《意见》规定了跳槽者需向原单位支付70万~210万元人民币的赔偿,并需要征得"新东家"与"老东家"的同意。我国飞行员流动的管理体制也初见端倪。

三、制度凸显三方困局

民航总局关于飞行员流动管理的规定,可谓是有人欢喜有人愁。

我国航空公司的飞行员主要来源于两方面:部队转业和航校培养。一般航空公司会在应届毕业学生中进行招生,采取"委托培养"的方式将选中的飞行员送到航空院校进行培训,培训所需的费用都由航空公司支付。以中国民航飞行学院为例,每名飞行员需要缴纳的培训费用高达63.3万元。

飞行员从航校毕业后还要在公司进行大量的专业培训，若想成为一名合格的机长，必须经历"第二副驾驶—第一副驾驶—正驾驶—机长"等层层训练和考核。"我们培养一名机长需要花费300万元人民币和十年的心血。"东航飞行部的领导说道。

由于航空公司为培养飞行员花费不菲，委培毕业的飞行员与航空公司签订的都是"终身服务契约"。在总局出台的《意见》中，显然在很大程度上倾向了原航空公司，无论是得到赔偿金还是决定是否放人，他们拥有很大的自主权。这对于后起之秀的民营航空来说，无异于一场梦魇。无论是鹰联首航的推迟，还是奥凯引进飞机的延迟，归根结底，问题都出在了"飞行员短缺"身上。

"我们是稀缺资源，可是这种资源到底属于谁？国家、航空公司还是我们个人？在工作岗位的去留上我们是否有自主权？"一位经验丰富的机长表示困惑。虽然国家支持飞行员的正常流动，但是对于一些想跳槽的飞行员来说，所面临的难题除了一笔高昂的赔偿金，还有如何取得"老东家"的首肯。一方面是老牌公司"留不住人"，一方面是民营航空"进不来人"，再加上飞行员"想跳而不敢跳"的态度，我国飞行员的流动制度遭受拷问，使三方陷入困局。

四、产经视点，航空资源管制之惑

"没有更好，只有最好。"这句广告词成为民航飞行员跳槽的注脚。随着民营企业杀入民航市场，飞行员的职业生涯忽然多出了若干选择，一场人才的争夺保卫战由此拉开了序幕。

但是在飞行员流动的管理方面，同若干次民航市场改革一样，民航总局再次选择了保守路线。

2005年年初，民航总局将飞行员的地区性飞行执照统一换发成全国通用执照，打破了飞行员流动的地域限制。这个动作被普遍解读为"鼓励飞行员流动"、推动航空业市场化的信号。然而，新成立的民营航空在人员筹备上率先触动了老牌航空公司的敏感神经，出现了双方对簿公堂的事件。于是民航总局会同四部委下发文件限制飞行员流动。

显然，政策的天平倾向老牌航空公司，民营航空鹰联和奥凯的老总就多次表示，飞行员短缺已经影响了公司的正常发展。

飞行员流动政策的一张一弛，体现了民航总局对航空市场开放的拿捏与慎重。总局更多地采取了"堵"的方式——以行政手段压制人员流动。事实上，要想从根本上解决人员紧俏问题，迫切要做的是拓宽飞行员的供给市场，多渠道培养飞行员。

"东航事件"只是航空业市场化机制缺乏的侧影。在其他的民航资源把持上，民航总局在开放的道路上走得顾虑重重。无论是航油市场的垄断、飞机买卖的"别样使命"还是人才流动的限制，我国的民航市场都秉承了"行政手段为主、市场手段为辅"的原则，在开放与保守之间摇摆不定。

近年来，航空市场的开放大门徐徐开启，但目前的关键问题是，新主体进入市场后却无法享受公正的竞争环境。航空业市场化环境建设仍然任重道远。

我国《劳动法》《劳动合同法》均已实施并规范企业与劳动者之间的劳动关系，但在航空公司层面，除了自身实力外，加之有原民航总局在政策上对国有航空公司的倾斜，飞行员群体与公司的关系显得较为微妙，貌似已成法外之地，且从中可以看出，航空公司处于明显的强势地位。这种状况是否正常，如果需要改变，应如何改变？

从前面的案例大致可以看出，法院在审理相关案件时，适用的规范与掌握的尺度并不一致。还可以看到作为国有企业的航空公司利用业内影响力，改变了司法判决的实际执行效果。如何理顺这些关系，既保护航空公司从业人员的合法权益，又保障航空公司的合法权益，国家民用航空局（原民航总局）在政策上的正确方向引领重要且必要，但不能带偏，顺应法治社会的发展，是值得探讨的课题。

第二节　航空人员的界定

一、航空人员的定义

航空人员是指领有执照，从事直接与空中航行有关工作的专业人员。国际上并没有航空人员的统一定义，各国对航空人员的定义也有所不同。

《民用航空法》中采用列举的方法，从工作环境和工作职责上，将航空人员划分为空勤人员和地面人员两大类。并不是所有从事民用航空活动的人员都是航空人员。其中，空勤人员是指在飞行中的民用航空器上执行任务的人员，包括驾驶员、领航员、飞行机械员、飞行通信员和乘务员；地面人员是指在地面从事民用航空器维修人员、负责空中交通管制的人员以及飞行签派人员和航空电台通信人员。《中国民用航空飞行规则》对空勤人员的含义作了解释，规定空勤人员是指在飞行中的航空器上执行任务的人员。还将航空摄影员和安全保卫员列为空勤人员。2004年，空中警察全面上岗执勤。空中警察依法行使防范和制止劫机、炸机，防范和制止非法干扰安全飞行的行为，保护乘客生命财产安全，具有警察和机组成员的双重身份。

随着我国民航事业的飞速发展，外籍航空人员也加入到我国的航空人员队伍中来了，对此，我国法规也对雇佣的外籍飞行人员的条件做了特别的规定。

二、航空人员的地位与作用

航空人员是实施空中航行最活跃也是主观性最强的因素，处于十分关键的地位。任何空中航行，都缺少不了驾驶员和其他空、地勤人员，对于有效而安全的运行来说，他们的能力、技巧和训练仍然是必要的保证。由于当今航空器运行的种类很多，也很复杂，因此就必须防止由于人为或一个系统组成部分的失效而导致整个系统崩溃的可能性。

正因为如此，在空中航行活动中，各类航空人员都是不可缺少的，都应当符合规定的条件，各司其职，各负其责，团结协作，紧密配合，切实保障飞行安全。为此，对于航空人员的资格及其管理，都必须建立一整套的、严密的规章制度，在法律上予以保障，使之遵照执行。航空人员在民用航空活动中起着十分重要的作用。按照相关规定，每种航空人员都在其职责范围内有着特定的权利和责任，并以此保证民用航空活动安全有序地运行。因此，航空人员的业务素质、技术水平、身体精神状况等对民用航空活动的安全至关重要，甚至在某种程度上影响、决定着民用航空的发展水平。

三、航空人员的法律责任

法律责任是指行为人由于违法行为或者由于法律规定而承受的某种不利和法律后果，具有国家强制性的特点。航空人员的法律责任主要包括行政责任、民事责任与刑事责任。

（一）行政责任

作为一种履行职务行为，民航工作人员在工作中违反相关管理制度，要接受民航部门的行政处分，从而承担相应的行政责任。

（二）民事责任

众所周知，航空公司由于航班延误或飞行事故应当向乘客承担民事责任，而民航人员在履行职务过程中，由于自身过错造成乘客人身财物损失的，乘客同样可以要求其承担自身的民事责任。

（三）刑事责任

航空人员违反规章制度，致使发生重大飞行事故，造成严重后果的，就构成飞行重大安全事故罪，依法应当承担相应的刑事责任。此外，根据具体情况，民航人员还应承担其他刑事责任。

第三节　航空人员的管理制度

一、航空人员的准入管理制度

由于航空人员是直接从事民用航空活动的专业人员，他们的专业素质和身体状况直接关系到民用航空活动的正常有序进行。因此，法律对航空人员规定了严格的限制性条件。

各国法律及国际公约都对航空人员的资格条件作了相应的规定。《国际民用航空公约》对航空人员的执照和合格证书在以下几个方面作了规定。

（一）颁发合格证书和执照的必要性

从事国际航行的机组人员必须取得航空器登记国核发的合格证书和执照，以便国际航空活动的顺利进行。

（二）合格证书和执照不符合国际标准的情况

缔约国给本国人员依本国法颁发了合格证书和执照，如果持有执照的人员不完全符合国际标准所规定的条件，应在执照上签注或附加说明。

（三）对其他缔约国颁发的合格证书和执照的承认

航空器的登记国颁发的合格证书和执照，其他缔约国应承认有效，条件是证书和执照的审核要求要高于相关最低国际标准；缔约国对其他缔约国发给本国国民的合格证书和执照可以不予承认。

《民用航空法》第四十条规定："航空人员应当接受专门的训练，经考核合格，取得国务院民用航空主管部门颁发的执照，方可担任其执照载明的工作。"

二、航空人员执照的管理

（一）执照及种类

实行执照制度是对航空人员加强技术管理，促进人员素质不断提高的一项重大措施。为统一国际标准，使各国在本国的立法中有所参照，国际民用航空组织在《国际民用航空公约·附件1》中对人员执照问题做了较为详细的规定。

首先，规定了充任飞行组成员的授权问题，即"除非持有符合本附件规格并与其职务相适应的有效执照，任何人不得充任航空器飞行组成员。该执照应由航空器登记国签发或由任何其他缔约国签发并由航空器登记国认可有效。"

其次，规定了认可执照的方法，即"当一缔约国认可另一缔约国签发的执照以代替自己另发执照时，必须通过在前者执照上作适当批准确定其有效，接受该执照作为相当于自己签发的执照。这种批准的有效期，不得超过该执照的有效期限。"

另外，《附件1》中还就体检合格、执照的有效性、体检合格条件以及批准的训练等方面作了具体规定。

航空人员的业务执照种类繁多，根据工作性质的不同需要具备不同的专业执照。以我国《民用航空法》的规定为例。机务维修类的执照分为三类：民用航空器维修人员执照、民用航空器部件修理人员执照及民用航空器维修管理人员资格证书。而维修人员执照又包括两部分内容，即基础部分和机型部分。维修人员执照申请人，经考试合格获得维修人员执照基础部分。申请维修人员执照机型部分的申请人应当首先取得维修人员执照基础部分。维修人员执照基础部分包括航空机械和航空电子两个专业。空中交通管制人员的执照可分为机场塔台管制员执照、进近管制员执照、区域管制员执照、进近（监视）雷达管制员执照、进近（精密）雷达管制员执照、区域（监视）雷达管制员执照、空中交通服务报告室管制员执照、地区管理局调度室管制员执照、总局调度室管制员执照。飞行人员执照又可分为驾驶员、飞行领航员、飞行无线电通讯员、飞行机械员（工程师）执照。飞机驾驶员执照又可分为私用驾驶员执照（包括飞机驾驶员执照、旋翼机驾驶员执照、滑翔机驾驶员执照、轻于空气的航空器驾驶员执照）、商用驾驶员执照（包括飞机驾驶员执照、旋翼机驾驶员执照、滑翔机驾驶员执照、轻于空气的航空器驾驶员执照）及航线运输驾驶员执照（包括飞机驾驶员执照、旋翼机驾驶员执照）。乘务人员执照分为 A、B、C 三类：A 类执照适用于执行国际航线（含地区航线）、国内航线飞行任务；B 类执照适用于执行国内航线（不含地区航线）飞行任务；C 类执照为实习生执照、临时执照，适用于执行国内航线（不含地区航线）飞行任务。

（二）执照的取得

1. 航空人员资格条件

航空人员执照的颁发建立在一定标准基础之上，只有合乎或者超过标准才能取得相关执照。各类航空人员由于专业特点条件要求不完全一致，但总体来说都要考虑以下几个方面。

（1）道德要求

良好的道德品质、优良的职业作风、严谨的工作态度是保障民用航空活动安全进行的重要条件，因此，在航空人员的执照取得条件中，都强调航空人员要具有"良好的道德品质"，"热爱民航事业，具有良好品行"。

（2）年龄要求

在航空活动中，有些专业岗位要求工作人员心理成熟，能够很好地应对复杂的技术问题，所以有年龄下限规定，如驾驶员有要求年满 16 周岁的规定；而有些岗位年龄太大也不利于开展工作，所以有年龄上限规定，如空中交通指挥员年龄不超过 35 周岁的规定。

（3）语言要求

语言是航空人员相互交流的工具，航空人员的语言应用能力是非常重要的，汉语的听、说、读、写要达到一定标准，如果是国际航班工作人员，还会用到英语或其他语言。

（4）学历要求

航空活动是高风险活动，专业性较强，专业分工较细，需要有相应的专业知识作保障。因此，从事航空活动的航空人员必须具备相应的学历水平。如驾驶员要高中以上学历，乘务员、机务要大专以上学历，气象观测要本科以上文化程度。

（5）其他要求

2. 通过考核

颁发执照前，除了必须符合各相关执照的具体资格要求以外，还必须对申请人进行考核，考核分为理论考试和技术考核两项内容。考核工作执照根据民航主管当局的有关规定，由中国民用航空主管当局授权的单位和技术检查人员进行。执照申请人各科理论考试（按百分制）成绩在 80 分以上，技术考核（按优、良、中、差）各科成绩在"良"以上，方可发给执照。

3. 取得体格检查合格证书

民用航空业作为一种特殊行业，其部分工种、岗位对身体条件有着特殊的要求。为了保证民用航空人员的身体状况符合行驶相关执照权利和飞行安全的要求，航空人员除应具备相应的业务执照外，还应通过体格检查，经检查合格并取得体检合格证书，才能担任其工作。身体条件合格是取得其执照的必要条件之一。

按照我国民用航空法律法规的相关规定，民用航空主管部门的航空卫生职能部门，负责制定有关的管理文件和程序，对航空人员的体检合格证的申请、审核、颁发和体检鉴定实施监督管理，并对航空人员作定期或不定期的检查和考核。任何人未持有并随身携带依照本规则取得的有效体检合格证，不得行使各类执照所赋予的权利。

航空人员的体检合格证共分为四个等级，分别为：Ⅰ级体检合格证、Ⅱ级体检合格证、Ⅲ级体检合格证［包括Ⅲa、Ⅲb级体检合格证，以及Ⅳ级体检合格证（包括Ⅳa、Ⅳb级体检合格证）］。

体检合格证有效期期满日期的计算方法，应当自合格的体检鉴定结论做出之日的下一个日历月的第一日起至本条规定的相应期限的最后一个日历月的最后一日止。

三、工作时限的管理

随着我国航空运输业的不断发展，客观上造成了社会需求与民航承受能力不相适应的矛盾。一方面，各公司在经营组织管理工作上还存在缺口，飞机引进得快，人员培训跟不上，人机比失调，生产任务加到少数成熟人员的头上来完成，超时飞行潜藏着不安全因素。另一方面，一些航空公司对空勤人员的业余时间的行为方式，很少或全无管理，而业余时间的社会生活方式和业余活动直接影响着空勤组人员执行飞行任务时的身体及精神状态。因此，疲乏在执勤机组人员中是经常发生的，在其他各类航空人员中也确实存在，但并未出现危险。

为了确保飞行安全，防止飞行人员疲劳，保护飞行人员的身体健康，《中华人民共和国民用航空法》第七十七条第一款规定："民用航空器机组人员的飞行时间、执勤时间不得超过国务院民用航空主管部门规定的时限。"据此，民航局先后发布了相关规定，对各类航空人员的值勤时间、飞行时间、休息时间做出了明确的规定，有些甚至是限制性的规定。对于这些规定，航空承运人及有关人员都必须严格遵守，否则，将受到惩罚。

《公共航空运输承运人运行合格审定规则》（以下简称《规则》）P 分部就飞行时间、值勤时间以及休息时间的概念下了明确的定义。

（一）飞行时间

飞行时间指机组成员在飞机飞行期间和值勤时间，包括在座飞行时间（飞行经历时间）和不在座飞行时间。

（二）值勤时间

值勤时间是指机组成员在接受合格证持有人安排的飞行任务后，从报到时刻开始，到解除任务为止的连续时间。

（三）休息时间

休息时间是指机组成员到达休息地点起，到为执行下一个任务离开休息地点为止的连续时间。

另外，《规则》针对各类型航空人员的飞行时间、值勤时间以及休息时间作了不同的限制。

四、航空人员的日常行为规范

《中华人民共和国民用航空法》第四十一条、第四十二条对航空人员的日常行为进行了规范，具体概括如下：

空勤人员在执行飞行任务时，应当随身携带执照和体格检查合格证书，并接受国务院民用航空主管部门的查验。

航空人员应当接受国务院民用航空主管部门定期或者不定期的检查和考核；经检查考核合格的，方可继续担任其执照载明的工作。

空勤人员还应当参加定期的紧急程序训练。

空勤人员间断飞行的时间超过国务院民用航空主管部门规定时限的，应当经过检查和考核；乘务员以外的空勤人员还应当经过带飞。经检查、考核、带飞合格的，方可继续担任其执照载明的工作。

五、航空人员的退出制度

航空人员在取得资格后因种种原因未能继续符合规定的要求和达到规定的标准，其航空人员的资格即告丧失。航空人员资格的丧失可以有几种情况，即执照的收留、收回以及自然中断和注销。《颁发空中交通管制员、航线调度执照规则·附件七》《执照的收留、收回以及自然中断的注销》包括以下几个方面。

（一）执照的收留

执照持有人有下列情况之一者，应收留其执照，收留期最长不超过一年。

1. 执照考核部门组织的执照考核或年终例行考试不及格者；
2. 在行为上和技术上违反航空法规，造成飞行事故者；
3. 经授权的卫生部门检查，身体条件不符合规定标准，在其医治期间者。

（二）执照的收回

持照人有下列情况之一者应收回其执照：
1. 连续三次考核（补考在内）不合格者；
2. 卫生部门鉴定持照人身体不能恢复至规定标准者；

3. 在行为上和技术上违反航空法规造成飞行事故负有直接责任。

（三）执照的自然中断

持照人经所在单位领导批准离职超过半年以上，应视为执照自然中断。所在单位检查人员应在其执照备注页上注明自然中断的原因和时间，并签名。

持照人执照自然中断后，如要求恢复工作，所在单位检查人员必须对持照人进行检查考核，签署可否恢复执照的意见，报地区执照考核部门负责人审批。如不能恢复执照，应由地区执照考核部门负责人签字，上报民航局执照主管部门审批。

（四）执照的注销

持照人调离航行工作岗位改行从事其他工作，或持照人超过规定年龄应注销其执照，注销后的执照可留给本人保存。

第四节 机长的法律地位与职责

一、机组与机长

（一）机组

机组是指由航空器经营人委派在飞行期间的航空器内担任职务的人员组成。民用航空器机组由机长和其他空勤人员组成，机组通常又分成飞行组和乘务组。飞行组，指由持有执照、担任的主要职务是操纵飞行期间的航空器的机组成员组成。"除非持有该航空器登记国或者任何其他缔约国签订的、由该航空器登记国认可的符合本附件的规格并与其事务相适应的有效执照，任何人不得充任航空器飞行组成员。"（《国际民用航空公约》附件一第1.2.1条）乘务组，是指由飞行组成员以外，在机舱工作的其他机组成员组成，担任操纵航空器以外的辅助职务。

（二）机长

机长即航空器机组的负责人。机长应当由具有独立驾驶该型号民用航空器的技术和经验的驾驶员担任。在执行飞行任务期间，机长负责领导机组的一切活动，保证其航空器遵守关于航空器飞行和运转的现行规则和规章，并对航空器及其所载人员和财产的安全负责，由于机长的责任重大，必须赋予机长相应的权力。

机长具有高度权威，使航空器内全体人员服从机长命令，听从机长指挥，维持航空器内严明纪律和正常秩序，以保障机长履行职责，果断采取一切必要的合理措施，正确处理意外事故和突发事件，全面地完成所肩负的任务。在我国，机组的组成和人员数额，应当符合国务院民用航空主管部门的规定。机组缺员的民用航空器，不得起飞。

二、机长的法律地位

所谓机长的法律地位，是指机长应具备的法定资格以及法律赋予他的权利和义务。机长是航空器机组的领导者、负责人，由具有独立驾驶该型号民用航空器的技术和经验的正驾驶员担任。在执行飞行任务期间，机长负责领导机组的一切活动，保证人员和财产的安全。

我国的"空中警察"既是机组成员又是国家公务员，代表公权并拥有执法权。在公共危机发生的时候，一般说来，私权服从公权。一个是机长，一个是"空中警察"，最后谁说了算？答案是机长说了算，因为机长虽然不是公务员，但在飞行中拥有法律赋予的最高管理权限，空中警察只能在机长的领导下行使其职权。

三、机长的法律责任

在航空器的运作过程中，如果因机长的过错造成损害，可能面临当事人依据有关国际国内法律规定对承运人提出索赔或直接起诉。如果机长的过错造成旅客的伤亡，机长可能面临刑事或民事处罚。机长应当承担何种责任应当根据实际事实和每一特定的案件来确定。

值得注意的是，各国法律对包括机长在内的航空人员的职责和责任都有严格的规定，如我国《民用航空法》规定，航空人员玩忽职守，或者违反规章制度，导致发生重大飞行事故，造成严重后果的，应追究刑事责任。我国刑法也有相关规定。又比如，机长应当在明确知晓民用航空器所载的其他人员已经全部离开遇险的航空器之后，才能离开航空器。这是因为，对民用航空器所载人员的安全负责是机长的责任所在。

四、机长的职责权限

机长的职责在于负责民用航空器的操作，领导机组的一切活动，保护民用航空器及其所载人员和财产的安全，保证飞行任务的顺利完成。机长的职责及权利和义务是法律所赋予的，明确并正确履行法律所赋予机长的权利和义务是一名合格机长的基本要求。

机长的职责权限主要表现为以下几个方面。

（一）检查和拒绝起飞的职责和权力

航空器执行飞行任务前，机长应对航空器实施必要的检查，如果发现有不利于飞行安全的因素，如航空器故障，机场、气象等条件不符有关规定，不得飞行机长有拒绝起飞的权力。

（二）紧急情况下的处置权

航空器的飞行过程中，如果遇到破坏民用航空器的行为，危及航空器飞行安全的行为，扰乱民用航空器内秩序的行为，以及遇到其他特殊情况时，为了保证飞行安全，机长有权采取必要的适当措施，或对航空器做出处置。具体包括：

① 发生紧急情况时，机长应采取必要的安全措施。

② 在紧急情况下，机长可以命令旅客听从指挥，以确保安全。

③ 如有可能，在发生紧急情况时机长应及时通知乘务员。

④ 航空器遇险时，有权采取一切必要措施，指挥机组人员和航空器上其他人员采取抢救措施或组织旅客安全撤离，机组人员未经机长允许不得撤离航空器，机长应当最后离开航空器。

⑤ 其他特殊情况，如航空器在执行飞行任务中发生航班不正常的情况，或其他的突发事件，机长有权根据现场情况做出适当处置。

总之，发生任何特殊或紧急情况，机长都应根据所发生情况的性质、飞行条件和可供进行处置的时间来决定。在任何情况下，机长和机组成员应当主动配合，密切协作，沉着果断地进行处置，千方百计保证旅客的人身及财产安全。

（三）机组人员的人事管理权

机长是航空器机组的领导者和负责人，机组人员的活动由机长负责领导。因此，当机长发现机组人员不适宜执行飞行任务时，有权对机组人员提出调整或其他合理安排。

（四）通知的职责和权力

航空器在发生紧急情况时，机长应同空中交通管制中心、搜寻和援救中心及飞行签派员保持密切联系，并充分考虑由以上部门和人员提供的意见和建议。在紧急情况下，允许机组为了安全而违背有关的规章，包括最低天气标准的使用，应尽早通知有关机构或飞行签派员。航空器发生事故，机长应以最快的方法将事故通知民航主管部门。

（五）险情报告和合理援助的职责和权力

航空器在飞行过程中发现其他航空器或船舶遇险的，机长应及时向空中交通管制单位报告险情，并对遇险航空器或船舶给予及时合理的援助。

五、机长的任职资格

《中华人民共和国民用航空法》规定："机长应当由具有独立驾驶该型号民用航空器的技术和经验的驾驶员担任。"

《中国民用航空飞行规则》规定，"如果机组中有两名以上正驾驶员，必须指定一名机长，并且在飞行任务书中注明"，"飞行中，机长因故不能履行职务的，由仅次于机长职务的驾驶员代理机长；在下一个经停地起飞前，民用航空器所有人或者承租人应当指派新机长接任"。

第五节 空中乘务员

空中乘务员,在民航飞机上确保乘客旅途中的安全和舒适,包括但不限于为乘客供应飞机餐等餐饮;指导乘客使用机上安全设备以及在紧急情况下组织乘客逃离飞机等。因为近年来恐怖活动和劫机活动的威胁,维护客舱内的安全也成为现在空中乘务员越来越重要的职责。

一、岗位职责

空中乘务员的职责主要在维护飞行安全,其次才是照料乘客,但是因为大众较常看见他们服务的一面,便会视他们为服务生,而这样的形象也一直在航空公司的广告中出现。

除了处理偶发的机上紧急事件外,空中乘务员基本上是在为乘客提供各种机内服务,如飞机餐和饮料的准备和供应、机上娱乐系统的管理、免税商品的贩售以及协助旅客在机舱内能舒适搭乘等。因为空中乘务员是接触乘客的第一线人员,所以他们的一举一动都代表着航空公司,形象非常重要。

由于空中乘务员有机会在工作时到其他国家,加上其工作性质,以及高于一般行业的薪资,因此成为不少年轻人趋之若鹜的职业。每逢航空公司公开招聘空中服务员,都会引来不少人排队应征。实际上,空中乘务员的工作对体力需求很大,需要久站,加上时常需要适应时差,有时候会造成女性空中乘务员月经周期紊乱,还需要长时间暴露在高剂量的天然辐射当中。

二、入职前训练

空中乘务员在入职前需先接受航空公司提供的训练,合格后才可正式上任。训练包括服务、仪态、化妆、飞机安全、急救甚至接生常识等,以确保在意外时懂得应变。空中乘务员主要在航空公司所在的枢纽机场或是总部接受训练,训练课程长达六周至六个月,视不同公司而定。

其中,飞行安全训练通常包括:紧急疏散措施、逃生梯和救生筏的使用、机内灭火筒、各种环境的生存适应(丛林、海、沙漠、冰原)以及种种的急救措施。

三、语言要求

除了母语之外,空中乘务员还要会说其他语言以服务来自不同国家的旅客,目前较常使用的语言有英语、中文、粤语、日语、法语、德语、西班牙语、葡萄牙语和意大利语。另外航空公司招收不同国籍的空中服务员,也跟他们的母语或外语能力有关,并依照服务航线的不同配置不同国籍或语言能力的空中乘务员。如日本亚细亚航空,由于主要服务往来日本及中国台湾的航线，该公司也会招聘来自中国台湾的空中乘务员，并要求具有一定的日语水平。新加坡航空也广泛在海外地区招聘不同国籍的空服员，以强化机上旅客服务和国际竞争力。部分西方航空公司，如联合航空、芬兰航空或荷兰皇家航空，为打进华人市场，亦招聘了华裔空中乘务员。

四、制服

制服是一种作为职业识别的专用服装，初期空勤制服是根据耐用度、实用性等设计的，也有礼服之类的。或许由于早期民航多带有空军背景的延伸，空勤制服都具有浓厚空军军装的特征，都是灰暗色，如头帽、外套、裙装多是直线剪裁，同时附有铜扣及袖口军衔缝条。许多设计分有冬装及夏装两种，以颜色和布料材质做区分。

五、体检标准

根据民航总局第101号令《中国民用航空人员医学标准和体检合格证管理规则》（CCAR-67FS）67.17条〔体检合格证的适用范围〕："空中乘务员在履行职责时必须持有Ⅳa级体检合格证。"

第六节　航空安全员

航空安全员，又称飞行安全员，指在民用航空器中执行空中安全保卫任务的空勤人员。航空安全员不同于飞行警察（空警），是航空公司职工，而空警是警察，是公务员。

航空安全员的职责是保卫机上人员与飞机的安全，处置机上非法干扰及扰乱性事件。部分兼职安全员还要承担客舱服务工作。航空安全员必须在机长的领导下进行工作。

1973年，国务院、中央军委决定在国际航班上派遣安全员，组建了航空安全员队伍，执行安全保卫任务；1982年，国务院批准在国际和国内主要干线航班增配安全员；1983年，中央根据当时国内治安形势的发展变化和保证空防安全的需要，决定将机上安全员工作改由武警承担；1987年，国务院再次批准民航组建航空安全员队伍。为了保障民用航空器及其所载人员和财产的安全，加强航空安全员队伍建设，1997年12月31日，中国民用航空总局制定《航空安全员管理规定》并公布实施。

航空安全员的任务是维护飞行中的民用航空器内的秩序，防范和制止劫机、炸机和其他对民用航空器的非法干扰行为，保护民用航空器及其所载财产的安全。

一、航空安全员职责

（一）在旅客登机前和离机后对客舱进行检查，防止无关人员、不明物品留在客舱内；

（二）制止与执行航班任务无关的人员进入驾驶舱；

（三）在飞行中，对受到威胁的航空器进行搜查，妥善处置发现的爆炸物、燃烧物和其他可疑物品；

（四）处置劫机、炸机及其他非法干扰事件；

（五）制止扰乱航空器内秩序的行为；

（六）协助有关部门做好被押解人犯、被遣返人员在飞行中的监管工作；

（七）协助警卫部门做好警卫对象和重要旅客乘坐民航班机、专机的安全保卫工作；

（八）执行上级交给的其他安全保卫任务。

二、航空安全员的权力

航空安全员在执行职务时，可以行使下列权力：

（一）在必要情况下，查验旅客的客票、登机牌、身份证件；

（二）劫机、炸机等紧急事件发生时，对不法行为人采取必要措施；

（三）对扰乱航空器内秩序不听劝阻的人员，采取管束措施，航空器降落后移交民航公安机关处理；

为制止危害航空安全的行为，必要时航空安全员可请求旅客予以协助。

三、体检标准

根据民航总局第 101 号令《中国民用航空人员医学标准和体检合格证管理规则》（CCAR-67FS）67.17 条〔体检合格证的适用范围〕："航空安全员执照申请人在申请执照时或执照持有人在行使执照权利时，必须持有IVb级体检合格证。"

【资料链接14-1】

旅客跟南航"玩得起"？

2011年6月9日，中国南方航空公司（以下简称南航）的一起拒载事件引起舆论广泛关注。当事人汪子琦称，当时她和两名同伴登机后临时更换座位，其后与机组人员发生争执，机长后以"飞行安全"为由报警，甚至在她同意道歉的情况下仍拒绝其返机。几天之后，本已逐渐消停的"拒载"事件，又因南航另一位机长曾鸣在微博上就此事称"跟央企玩，你玩不起，就一屁传媒人还想挑战全民航"而再次引发舆论关注……

飞机乘客与机组人员发生争执，最终被拒载，到底是该维护乘客权益，还是保障飞行安全，舆论各有说法。许多人表现出对机长维护飞行安全的理解，笔者最初也认为，如果汪子琦等人真的没有使用不文明言语，真的没有大声喧哗，没有胡搅蛮缠，机长理论上应该也不会轻易采取拒载措施。但看过南航另一位机长的雷人微博"跟央企玩，你玩不起，就一屁传媒人还想挑战全民航"后，这种霸气十足的话语让我不敢乐观，这类机长真的不会滥用职权吗？

之前汪子琦说，机组人员不准他们换座位，理由是要留给经济舱全价票乘客的，可当他们提出愿意承担舱位升级的成本时，乘务人员又称升舱是地面上的事情，飞机上办理不了。服务存在缺陷，乘客当然不会理解，多说几句也就在所难免。当然，南航回应说这只是汪子琦等人的一面之词，但具体情形到底如何，南航方面至今没有一个完整的说法。其实，发生在众目睽睽下的如此简单的纠纷，要还原真相是十分容易的。南航此时应该做的，是客观公正地回应舆论质疑，而不是对机长一味袒护。南航党工委既然坦言"我们不在现场，并不了解情况"，又凭什么说"可以肯定的是，机长也不容易，不是因为旅客行为影响到了飞行安全，影响到了航班后期运作的话，机长一般也不会随意报警的？"

乘客被赶下飞机，已经是灰头土脸了，就算完全是他们的错，南航也没必要将其置之死地而后快。没承想南航的机组人员却在微博上大肆围攻汪子琦，另一名机长更是爆出粗口。管理层动不动就扬言有法律支撑，乘客不满意可投诉，员工也如此"盛气凌人"，南航到底还有没有服务于民的理念？央企又怎么啦？难道央企不是全民的资产？"跟央企玩不起"，水能载舟亦可覆舟，养尊处优的央企南航你又跟全民玩得起？

（资料来源：旅客跟南航"玩得起"？[EB/OL].[2011-06-15].http://zqb.cyol.com/html/2011-06/15/nw.D110000zgqnb_20110615_5-02.htm）

【资料链接14-2】
民航飞行人员辞职涉及的违约赔偿责任之探讨

广西柳州市广正大律师事务所 杨鹏五律师

笔者近日接受国内某航空公司飞行人员的委托，代理其与原航空公司劳动合同纠纷案。此时，各媒体关注的东航机长跳槽案进入了二审审理阶段。飞行人员作为特殊群体，其集体跳槽引起社会各界的关注。在案件审理中，飞行人员辞职涉及的违约赔偿费用的计算问题成为案件审理的焦点。

案情简介：飞行员甲作为当年应届高中毕业生，参加国内某航空集团公司的选飞招考，经体检及各方面测试合格，进入国内某大学的飞行学院学习。经过两年学院学习后，该航空集团公司选送其到设在国外的飞行训练基地学习飞行。两年后，飞行员甲学成，与该航空集团公司的下属航空公司（子公司）签订了《劳动合同书》，该合同为无固定期限合同。合同签订后，飞行员甲一直从事飞机副驾驶职务，至今已有 m 年。2006年，飞行员甲提前一个月向航空公司提出辞职，航空公司拒绝。一个月期满后，航空公司未为其办理解除劳动合同手续。飞行员甲遂提请劳动仲裁，要求确认劳动合同关系解除，并要求航空公司转移相关的飞行技术资料及身体健康资料。航空子公司不同意解除劳动关系，并提出近千万元的违约赔偿请求（含招接收费用、定期复训费用、作为副驾驶带飞培训费用）。劳动仲裁委员会经审理，根据《劳动法》及中国民用航空总局的部门规章规定做出裁决：1. 劳资双方的劳动合同关系解除；2. 飞行员甲向航空公司支付赔偿费用100多万元；3. 航空公司为飞行员甲办理解除劳动合同、转移工资人事档案、养老保险手续。劳资双方均不服上述仲裁裁决，已向当地基层法院起诉。

飞行员甲辞职涉及的违约赔偿费用计算问题是案件争议焦点。本文试就司法实践中涉及的三种基本计算方式浅谈笔者的看法。

一、第一种计算法

航空公司提出把招接收费用、定期复训费、作为副驾驶被带飞的培训费用三项相加，本案中即是这种情况，违约赔偿额按照这种算法达到上千万元。这种计算方法把飞行人员作为副驾驶被带飞期间视为培训期间，所产生的费用视为培训费用而要求飞行人员进行赔偿。

笔者认为，带飞培训费的观点缺乏法律依据支持，所谓带飞不属于培训活动。

"培训"成立应符合基本的要件：具有培训目的；培训方应提供必要的培训设施；为达到培训目的而支出特定费用。本案中：1.飞行员甲履行副驾驶职务的目的是保证飞机正常运行及飞行安全，正常履行职务后获取劳动报酬，可见该飞行活动不具有培训目的；2.《中国民用航空飞行人员训练管理规定》（以下简称《训练规定》）第二十九条规定，航线训练不载客。当航线飞行载客时，飞机是为运载旅客而使用，不能视为为航线训练而使用，同时《训练规定》第二十八条列举了飞行员训练的种类，并未提到"带飞训练"这一种类；3.不论带飞存在与否，飞行的运营成本仍应支付，该项支出并非是培训支出的特定费用。

航空公司所计算的带飞期间均为航班飞行期间，飞行员甲不仅正常领取劳动报酬（飞行小时费），且同时为航空公司创造了巨大的经济效益。此外，飞行员甲从未与航空公司签订任何形式的协议确认带飞期间为带飞培训，航空公司也从未否认飞行员甲作为副驾驶进行航班飞行期间获取的是劳动报酬。

因此，不能将载客飞行期间视为培训期间，更不能以此计算所谓的带飞培训费。

二、第二种计算方法

根据飞行人员的实际服务年限，以初始培训费70万元作为基数，每服务一年按20%的赔偿额递增，计算服务年限以十年为限，赔偿额最高不超过210万元。

笔者认为，此种计算方法首先在主体上存在着不适用。《最高人民法院关于转发中国民用航空总局等〈关于规范飞行人员流动管理保证民航飞行队伍稳定的意见〉的通知》（以下简称《最高法转发意见》）第一条规定："……航空运输企业招用飞行人员，应当遵守有关法律法规，面向社会，公开招收。对招用其他航空运输企业在职飞行人员的，应当与飞行人员和其所在单位进行协商，达成一致后，方可办理有关手续，并根据现行航空运输企业招收录用培训飞行人员的实际费用情况，参照70万~210万元的标准向原单位支付费用……"可见，从支付费用的主体来看，该条款的规定只适用于招用飞行人员的航空运输企业，对于飞行人员个人则完全不适用。

其次，按照《最高法转发意见》前言部分的说明，"参照《意见》确定的处理原则及培训费用计算标准"，《最高法》采用"参照""培训费用计算标准"的用语。即便可以采用推理，"培训费用计算标准"与"培训费用计算方式"在法律上的含义也是完全不一样的。也就是说，法院在审理此类案件时，可以考虑培训费用赔偿的上限和下限，但对于培训费用以何种方式计算，则没有明确予以规定。因此，笔者认为，此种计算方式不应适用于飞行员个人。

三、第三种计算方法

以飞行人员享受的培训费用总额等额递减飞行人员实际服务的年限应支付的培训费用,差额部分即为飞行人员提前解除劳动合同应支付的违约费用。笔者赞成第三种计算方法。

(一)按服务年限等额扣减培训费用的依据

1. 该种计算方式符合民法理论的权利义务对等原则。虽然劳动合同中的劳资双方不属于完全民法意义上的平等民事主体,劳动合同也不属于《合同法》调整的范畴。但是,从经济学的角度考虑,劳动者接受企业提供的培训,履行劳动义务,获取劳动报酬,企业所支付的是其为创造利润而进行生产运营的成本,获取劳动报酬与获取利润在一定程度上是相互对应的。也就是说,劳动者在尽到劳动义务的同时享有获得劳动报酬的权利,企业在向劳动者支付劳动报酬的同时有获取利润的权利。因而劳动合同本质存在着双务性,双方的权利义务是对等的。

2. 我国的现行法律从未否认劳动者培训方面相应的权利和义务。体现在:① 我国《劳动法》第八章专门规定了职业培训,明确规定劳动者享有接受职业培训的权利。劳动者在接受职业培训后其素质和工作能力得到提高,能够更有效地为企业创造经济价值。② 如果劳动者在与企业约定的服务期限内解除劳动合同,将使企业所支付的培训费用遁于无形,因此,劳动者要为其违约行为承担赔偿责任。劳动部《关于贯彻执行〈中华人民共和国劳动法〉若干问题的意见》(劳部发〔1995〕309号)第三十三条规定:"劳动者违反劳动法规定或劳动合同的约定解除劳动合同(如擅自离职),给用人单位造成经济损失的,应当根据劳动法第一○二条和劳动部《违反〈劳动法〉有关劳动合同规定的赔偿办法》(劳部发〔1995〕223号)的规定,承担赔偿责任。"在该条文中,没有明确赔偿责任的幅度。《最高法转发意见》第一条第二款则规定:"飞行人员个人提出解除劳动合同,劳动合同中约定了违约责任的,飞行人员应当按照约定承担相应责任。"这里规定的赔偿责任只是"相应"的,并不是"全部"的赔偿责任。笔者认为,具有司法解释权的最高人民法院转发五部委文件,说明我国立法承认培训费用承担的相应性。也就是说,劳动者(含飞行员)单方违约解除劳动合同,并不赔偿全部的培训费用。

3. 关于解除劳动合同涉及的培训费用按服务年限等额扣减的处理原则,我国立法已经有相关规定。

《劳动部办公厅关于试用期内解除劳动合同处理依据问题的复函》(劳办发〔1995〕264号)第三条规定,"用人单位出资(指有支付货币凭证的情况)对职工进行各类技术培训,职工提出与单位解除劳动关系的……如果试用期满,在合同期内,则用人单位可以要求劳动者支付该项培训费用,具体支付方法是:约定服务期的,按服务期等分出资金额,以职工已履行的服务期限递减支付;没约定服务期的,按劳动合同期等分出资金额,以职工已履行的合同期限递减支付;没有约定合同期的,按5年服务期等分出资金额,以职工已履行的服务期限递减支付……如果是由用人单位出资招用的职工,职工在合同期内(包括试用期)解除与用人单位的劳动合同,则该用人单位可按照《违反〈劳动法〉有关劳动合同规定的赔偿办法》(劳部发〔1995〕223号)第四条第(一)项规定向职工索赔。"

可见,劳动部规章确立了培训费承担按服务年限等额扣减的处理原则,在我国对培训费的立法尚未足够完善的前提下,应采用上述处理原则。

(二)在职培训费和入职前培训费应区别对待

劳动部的上述规章同时提出了"技术培训"及"出资招用"的概念,笔者认为,在本案中应分别理解为在职培训(如飞行员的定期复训费用)和入职前培训(如飞行员的招收录用费用或初始培训费),在确定培训费的承担时应根据具体情况具体分析。

1. 入职前培训

入职前培训是航空公司为使其未来员工具备基本工作技能而进行的人力资源投资,该投资的回报期是双方劳动合同的有效期间,在该期间,飞行员为公司服务,创造价值,对该投资进行持续等价的补偿。合同期届满,飞行员的补偿义务自动消失,双方因该投资引起的权利义务关系终止。很明显,公司能够要求飞行员对该人力资源投资进行补偿的额度逐年递减。因此,对入职前培训费的承担适用按服务年限等额递减的处理原则。

笔者认为,本案飞行员的初始培训费赔偿应适用"没约定服务期的,按劳动合同期等分出资金额,以职工已履行的合同期限递减支付"的情形。本案中,飞行员甲与航空公司签订无固定期限合同,按照《劳动和社会保障部关于确立劳动关系有关事项的通知》(劳社部发〔2005〕12号)第三条规定理解,无固定期限属劳动合同期限的一种,是指从劳动者签订劳动合同之日至其达到法定退休年龄的期间,区别于"服务期"。"服务期"是指特定的期限,如用人单位与劳动者签订了专项的技术培训合同,合同中约定的劳动者从事该项技术职务的期间。服务期可以小于或等于劳动合同期,劳动合同期内可有多个服务期。本案中,飞行员甲从事飞机副驾驶职务,如果没有特别约定或身体条件允许,飞行员甲将一直从事飞机副驾驶职务到法定退休年龄。因此,本案中的"服务期"应当与"劳动合同期"相等。飞行员甲因违约造成的初始培训费赔偿应当按其劳动合同期等分航空公司已实际出资金额,并按其已履行劳动合同的期限等额递减支付来承担。

2. 在职培训

最高人民法院曾经在《关于审理劳动争议案件适用法律若干问题的解释(续一)》征求意见稿第十九条规定:"劳动者与用人单位就业务培训等提高劳动者技能的事项、服务期限以及违约责任有约定的,从其约定。双方当事人没有约定违约责任,劳动者在服务期限届满前解除劳动合同,用人单位请求劳动者按比例承担退赔未履行服务期应分摊的培训费用责任的,人民法院应予支持。前款所称培训费用,不包括劳动者维持从事特种职业所需例行训练、检验所需的费用。"

笔者认为,《最高法》的征求意见稿将"劳动者维持从事特种职业所需例行训练"费用排除在"应分摊的培训费用"之外是有所考虑的。

以本案为例,飞行员定期复训发生在劳动合同履行期间,是航空公司为了不断提高飞行员的飞行技能而对飞行员进行的系列职业技能培训。复训费是另一种人力资源投资,该投资的特点之一:投资的支付是多个时点完成的,每个时点是每次复训结束的时间,因而对每个时点的投资都存在一个特定的补偿起算点。例如,飞行员甲在1999年10月25日结束了某次复训,依照上述意见稿的看法,那么从1999年10月25日起,在劳动合同正常履行的情况下,飞行员甲进入该笔复训投资的补偿期,并且在两次复训的间隔期里飞行员已经完全履行了清偿义务。

《最高人民法院关于审理劳动争议案件适用法律若干问题的解释(二)》于2006年10月1日起施行,然而该司法解释并未采用征求意见稿中第十九条的规定,因此笔者建议参考本文对入职前培训费的处理来确定因定期复训费赔偿引起的违约费用。

首先应予以确立的是,复训费和入职前培训费同属人力资源投资,另外还必须考虑复训费支付的特点。复训费支付的特点决定:① 在计算时不能简单将数个时点的复训费予以加总,必须对不同时点的支付分别计算违约费用,然后进行加总;② 应考虑对复训费的完全补偿期的确定。

举例来说,飞行员甲在就职期间共接受了两次复训,第一次发生在时间 T1,第二次发生在T2,该飞行员于T3单方解约,依据前述原则分别计算如下:

T1 部分的违约费用=T1 时点支付的复训费−T1 时点支付的复训费

÷对该投资的完全补偿期×T1 后履行合同的时间;

T2 部分的违约费用=T2 时点支付的复训费−T2 时点支付的复训费

÷对该投资的完全补偿期×T2 后履行合同的时间;

因复训费赔偿引起的违约费用总额=T1 部分的违约费用+T2 部分的违约费用。

接下来考虑如何确定复训投资的完全补偿期。这里应注意到当事人双方对该期间的确定存在着截然不同的看法(解约方希望该期间越短越好,另一方希望该期间越长越好),并且在这里也不存在公认的行业标准,因此,笔者建议在立法时,对该期间的确定交付当事人协商。

结束语:我国立法上对飞行人员单方解约违约赔偿责任的规定尚未完善,而劳动合同关系是民事法律关系的一种特殊形态,本文秉承民法的基本原则——权利义务对等,尝试提出以上解决飞行员违约费用的计算方案,疏漏之处请法律界同仁不吝赐教。

(资料来源:http://news.carnoc.com/list/76/76578.html)

 分析思考题

1. 航空人员的法律责任有哪些?
2. 简述航空人员的地位和作用?
3. 机长、空中乘务员、航空安全员的主要职责有哪些?

第十五章

民航"黑名单"法律问题

学习目的

1. 掌握民航"黑名单"的含义和法律性质；
2. 了解国内、国外有关民航"黑名单"的主要法律规定；
3. 了解针对有关民航"黑名单"法律规定的主要争议；
4. 了解我国有关民航"黑名单"法律制度完善。

 学习内容

1. 相关的国际、国内法律法规和规范性文件；
2. 国际、国内有关法律规定的比较分析；
3. 国际、国内航空公司有关民航"黑名单"比较分析；
4. 对本章相关案例的分析总结。

2017年6月1日上午，武汉天河国际机场发生武汉某高校女博士机场打人事件，如图15-1所示。据悉，该女乘客于6月1日上午准备出国参加重要会议，却因迟到导致误机，当即情绪失控，大闹武汉天河国际机场值机柜台，掌掴一名机场工作人员，被机场警方依法行政拘留10日。

图15-1 武汉某高校女博士机场打人视频截图

据有关方面报道，除了机场公安对打人者做出行政拘留10日的处罚外，当天航班法航方面还将这位打人女士列入"黑名单"，有媒体将此解读为，该旅客在全球范围内将无法再坐法航航班。不过，从武汉天河机场地面服务公司（以下简称地服）方面传出的信息来看，事实并非如此，最起码事情不会这么简单。目前法航方面的反馈是，此人可能将被法航在中国大陆的9条航线拒绝承运，法国总部在对机场视频等材料判断分析后，才会决定对该人仅为中国大陆拒载还是全球拒载。而且欧洲的航空公司一般不会永久拒载，会根据个人征信记录等情况到下一评估周期重新确认。对此，网友们纷纷表示，"黑名单"是个好制度。

从现在事情进展情况来看，打人者被当天航班法航"拉黑"可能还不算完，更严重的是，这位女士还有可能被中国民航"拉黑"。也就是说，如果当事方机场地服向中国民航局申请将这名旅客列入中国民航黑名单旅客，可能还会有进一步的处罚。那么，被民航拉黑会有怎样的后果呢？

第一节 案例导入

【案例 15-1】
中国民航"黑名单"第一案——范后军诉厦航侵犯其人格权案

2008年,厦门航空公司(以下简称厦航)因为将旅客纳入黑名单被告上了法庭,一时间中国民航黑名单第一案吸引了所有人的眼球。2012年,春秋航空公司将因航班延误而闹事的旅客列入了"暂无能力服务的旅客名单",再一次将航空旅客黑名单问题推到了航空业的风口浪尖上,如图15-2所示。

图 15-2 范后军举行记者招待会

曾为厦门航空公司员工的范后军,2003年因与公司发生矛盾,有过激言论被列入该公司黑名单。此后他屡次乘坐厦航班机均遭拒载,厦航称此举是为保证飞行安全。2009年1月,范后军以厦航侵犯其人格权为由起诉,后北京市朝阳区法院一审判决范后军败诉。范后军不服上诉,2010年5月12日,二审开庭。

39岁的安徽青年范后军如今被媒体称为"中国航空黑名单第一人"。2003年因为与东家厦门航空公司的劳务纠纷,最终导致了范后军一系列"不断向下"的人生:因被视为有潜在威胁的人,他被剥夺了乘坐厦航飞机的权利,与此同时他失去了工作,进而失去了家庭,最终收获的是一个"范拉登"的绰号。

案件披露后,多数民意站在了他这边,多位知名民法学者也态度鲜明地认为厦航侵权。范后军甚至入围2009年十大正义人物,但这些"正义"没有帮到他。

范后军出生于安徽合肥肥西县农村。1993年,他作为侦察兵从福建某部队退伍,进入厦航担任航空安全员,每月3 000多元的工资。优秀员工、职工代表,范后军在厦航一帆风顺。10年之后,范后军在福州买了4套房,提前过上有车有房的富足生活。

2003年,民航总局准备将部分安全员转为空警,空警则意味着开始拥有国家公务员身份,这给每个安全员带来憧憬。然而,范后军和另外两名同事未能被录用。范后军认为有人顶替了他,厦航一直未对转制是否有黑幕做出解释。范后军转制不成反应非常激烈,公司停掉了他的飞行。

对这个农民出身、说话慢、性子倔的退伍军人来说,他很难想象他的数十次找领导评理的行为给厦航造成的负面影响。"他闯总局局长的办公室,哪一任领导上来他都去闯人家办公室。"厦航一名中层干部谈起"往事",仍不无愤怒。

厦航在法庭上称,拒载决定做出之前,他们曾向民航总局、福建省公安厅、福州市公安局请示,然而这3个部门都没有给予正面回应,福建警方仅要求厦航加强航空安全。

【案例15-2】

春秋航空"黑名单"事件

2012年4月30日,由于春秋航班延误,有旅客行使了索赔权。6月28日该旅客再次预订春秋航空机票时,却发现其被列入春秋航空的"暂无能力服务旅客名单"而遭拒,此为轰动一时的春秋航空"黑名单"事件。

事情的详细情况是,2012年4月中旬,哈尔滨市民刘女士购买了4月30日春秋航空上海浦东至哈尔滨的机票,航班号为9C8511,预计17:05起飞,19:45到达。当日15时许,她来到浦东机场办理手续并等待登机,广播通知航班晚点,春秋航空便给每位乘客发了蛋糕和瓶装水。当时乘客没有什么异议,但在随后的等待中,除了被要求更换到另一个登机口等待外,春秋航空工作人员不断给出"一会儿到""不知飞机到哪儿"等答复。其中,一名女工作人员竟以上海方言粗口对待乘客。由于始终没有得到令人满意的解释,乘客要求航空公司进行道歉赔偿。直至次日凌晨4点,乘客才拿着200元的赔偿款飞回哈尔滨市。

6月28日,刘女士再次预订春秋航空机票时,发现其被列入春秋航空的"暂无能力服务旅客名单"。

7月16日,春秋航空方面承认"暂无能力服务旅客名单"确实存在,并称该"黑名单"从2007年就开始推行。春秋航空方面认为乘客如果对航空公司的服务有意见,可以选择事后向公司或向民航管理部门投诉,而不是当场采取霸机、占机等极端方式。"将旅客纳入'黑名单',对航空公司来说,操作非常慎重。而且也不是所有占机、霸机的旅客都被纳入黑名单,只有极个别号召者才被纳入。"不过,旅客如发现其被列入了"黑名单",可以通过与该公司质量服务部门进行沟通的方式来解决。

7月20日19点至20点,春秋航空董事长通过新浪微访谈的形式对旅客黑名单一事进行详尽回应。声明"我们从未说过'黑名单',我们只是对维权过度的旅客确实无能为力。提出'暂无能力服务旅客名单',这是我们不得已的无奈之举,我们将无奈地继续执行。"7月19日春秋航空官方微博正式回应,称建"黑名单"一事属无奈之举。

春秋航空"黑名单"事件亦引起了民航局的关注。在国务院新闻办举行的发布会上,中国民用航空局局长李家祥对此事进行了回应,他表示,"实质上国际上一些航空公司也有类似黑名单的做法，这是航空公司跟旅客的关系问题。作为中国民用航空局，我们还是要引导，航空公司作为一个服务的主体、经营的主体，功夫要下在自己服务质量的提高上，旅客满意度的提高上，提高到自己能在市场中、在服务方面首屈一指。当然，我们也希望我们的乘客依法、合规、恰当地维护自己的权益。"

该事件在法律上引起的争议较大，主要有以下三种观点。

第一种观点认为，春秋航空擅自拒载旅客的行为违反《合同法》第二百八十九条的规定："从事公共运输的承运人不得拒绝旅客、托运人通常合理的运输要求。"

第二种观点认为，春秋航空是一家价格低廉的民营航空公司，在中国航空界的地位和市场占有份额非常小，根本构成不了垄断之势，而《合同法》第二百八十九条的规定主要针对具有垄断地位的承运人不得拒绝旅客、托运人通常合理的运输要求。所以该条不适用于春秋航空公司。

第三种观点认为，企业随意制定"黑名单"，有侵犯消费者权利之嫌，企业无权单方面制定"黑名单"。

近年来，我国某些航空公司制定了旅客"黑名单"，禁止扰乱航空运输秩序的旅客登机，这在实践中引起了广泛的争论。例如，航空公司是否有权设立"黑名单"，进入"黑名单"的标准是什么，被错误列入"黑名单"的旅客如何获得救济？目前我国的航空法律法规对此尚没有做出回应。

在中国，航空旅客"黑名单"从最初的由航空公司自己建立到由中国航空运输协会（以下简称中航协）做出试行规定，这在实践中引起了巨大的争议，航空公司是否有权自己设立"黑名单"，主要代表航空公司利益的中航协设立"黑名单"是否合适。

被错误列入"黑名单"的旅客如何获得救济？航空公司认为设立"黑名单"，有助于维护航空安全；而旅客则认为"黑名单"不仅侵犯了自己的人格尊严和自由出行权，而且航空公司作为公共承运人也违背了强制缔约的义务。

"黑名单"并非凭空产生，对于严重威胁航空安全的行为应严格制止，但是现实生活中，我们更需要明确三件事：一是把乘客列入'黑名单'的法律依据是什么；二是由谁（什么机构）来认定谁进入'黑名单'；三是'拉黑'应走怎样的程序。现在"黑名单"的法律依据不明，认定者和执行者都是企业，这显然是有问题的。

第二节　航空旅客"黑名单"法律制度

一、"黑名单"的由来、含义

（一）"黑名单"的由来

"黑名单"一词来源于世界著名的英国的牛津和剑桥等大学。在中世纪，这些学校规定对于犯有不端行为的学生,将其姓名、行为列案记录在"黑皮书"上,谁的名字上了"黑皮书",即使不是终生臭名昭著,也会使人在相当时间内名誉扫地。学生们对学校的这一规定十分害怕,常常小心谨慎,严防越轨行为的发生。这个方法被当时一位英国商人借用,以惩戒那些时常赊账不还、不守合同、不讲信用的顾客。

英国商人把这类顾客的名字开列在"黑皮书"上,后来又将一些破产者和即将破产者的名字也排在"黑皮书"上。事情传开后,在社会上引起了轰动。先是商人们争相仿效,继而各行各业都兴起了"黑皮书",不少工厂老板把参加工会的人的名字列在"不予雇佣"栏下。于是,"黑名单"便在工厂主和商店老板之间秘密地传来传去。

(二)航空"黑名单"的含义

航空旅客"黑名单"最早出现在20世纪80年代的美国,那时候的"黑名单"主要用于防范恐怖分子,"黑名单"上旅客的名字也很少,但是在美国"9·11"事件后,"黑名单"上旅客名字的数量呈现出井喷式地增长。随着20世纪末21世纪初,航空旅客不轨行为越演越烈,各大航空公司也纷纷在运输总条件中规定了拒载事项,形成了自己的"黑名单"。因此,在航空旅客运输的实践中存在着两种不同类型的"黑名单",一个是由政府制定,用来防范潜在的恐怖分子,另一个由航空公司制定,用来规制不轨旅客。

因为航空安全关系重大,"9·11"事件后,欧美一些国家的航空公司对有"闹事前科"的人实施"禁飞"。但在制定"黑名单"的时候都有严格的标准,一般涉及恐怖活动、恐怖组织、危害航空安全或给其他乘客安全造成威胁的人,才会被列入"黑名单",而"黑名单"的制定要经过安全与司法部门的核准才能最终确定,并设有专门的审监、申诉的机构。

目前,我国的法律对此还没有明文规定。一般来讲,航空"黑名单"是指政府有关管理部门和航空公司针对旅客罢机和存在其他恶劣行为严重影响航空公司航班正常飞行所发生的事件,而采取的对个别极端旅客拒载的"黑名单"措施。

文明与不文明的乘机行为涉及法律、道德、民俗等多个层面,范围非常大,而且可能不同的人有不同看法。全社会包括有关管理部门对不文明乘机行为的认识和管理也有一个不断提高的过程。因此,需要我们对其进一步规范和加强管理及调整细化,才能使航空"黑名单"更具可靠性和可操控性。

规范航空"黑名单"的法律制度,关键在于用法律来强化航空"黑名单"的约束性和可信性。现在我国有关航空"黑名单"制度只是航空公司的内部规定和民航局部门规章中的零星规定以及中国航空运输协会的规定。因此,我们今后应该适时修订有关法律,或者通过国家有关机构进一步进行司法解释,或者颁布相关法律实施细则。

二、我国航空"黑名单"的主要规范性文件

2016年2月1日起,中航协发布的《民航旅客不文明行为记录管理办法(试行)》开始生效,民航旅客的不文明行为将被记录在案,这是我国现行的有关航空"黑名单"的规范性文件。与此同时,国内五大航空公司在2016年2月1日联合发布《关于共同营造文明

乘机大环境的联合声明》，表示将合力对不文明旅客采取限制措施。

中航协发布的《民航旅客不文明行为记录管理办法（试行）》（以下简称《办法》）是为了维护航空运输秩序，保障航空运输安全，提高服务质量，维护广大民航旅客的利益。该办法的主要规定如下。

（一）民航旅客不文明行为的含义和类型

根据《办法》，民航旅客不文明行为是指因扰乱航空运输秩序且已危及航空安全，造成严重不良社会影响，或依据相关法律、法规、民航规章应予以处罚的行为。

该《办法》第四条规定：

民航旅客有下列行为的，应被列入民航旅客不文明行为记录：

1. 堵塞、强占、冲击值机柜台、安检通道及登机口（通道）的；
2. 违反规定进入机坪、跑道和滑行道的；
3. 强行登（占）、拦截航空器的；
4. 对民航工作人员实施人身攻击或威胁实施此类攻击的；
5. 强行冲击驾驶舱、擅自打开应急舱门的；
6. 故意损坏机场、航空器内设施设备的；
7. 妨碍民航工作人员履行职责或者煽动旅客妨碍民航工作人员履行职责的；
8. 违反客舱安全规定，拒不执行机组人员指令的；
9. 在机场、航空器内打架斗殴、寻衅滋事的；
10. 编造、故意传播虚假恐怖信息的；
11. 其他扰乱航空运输秩序、已造成严重社会不良影响或依据相关法律、法规、民航规章应予以处罚的行为。

（二）民航旅客不文明行为记录建立和管理机构

《办法》第三条规定："中航协负责建立和管理民航旅客不文明行为记录。中国民航信息集团公司等单位负责提供技术保障。"

图 15-3 中国航空运输协会标识

【参考资料15-1】

中国航空运输协会简介

中国航空运输协会（简称中航协，英文译名 CHINA AIR TRANSPORT ASSOCIATION,

缩写CATA）成立于2005年9月9日，是依据我国有关法律规定，经中华人民共和国民政部核准登记注册，以民用航空公司为主体，由企、事业法人和社团法人自愿参加组成的行业性的、不以盈利为目的的全国性社团法人。截止2017年2月，协会会员4 476家，本级会员86家，分支机构会员4 390家。行业主管部门为中国民用航空局。2009年和2015年连续被民政部评为全国5A级社团组织。

中国航协设理事长、副理事长、秘书长、理事长助理等领导职务，理事长为法人代表。协会下设综合人事部、财务部、研究部、市场部、培训部、交流部6个部门；分支机构有航空安全工作委员会、通用航空分会、航空运输销售代理分会、航空食品分会、航空油料分会、飞行乘务员委员会、法律委员会、收入会计工作委员会、海峡两岸航空运输交流委员会、航空物流发展基金管理委员会和科技教育文化委员会。在华北、华东、中南、西南、西北、东北和新疆分别设有代表处。

中国航空运输协会总体工作思路为：坚持以中国特色社会主义理论体系为指导，深入学习贯彻习近平总书记系列重要讲话精神和对民航工作的指示，认真落实民航局"12334"总体思路，紧密围绕行业发展和会员需要开展工作，促进科学发展、促进持续安全，维护会员权益、维护市场秩序，强化科技教育、强化合作交流，充分发挥引导协调、支持保证和桥梁纽带作用，努力建设研究型、协同型、服务型社会组织，为实现建成民航强国目标贡献力量。

中国民用航空局原局长李家祥和中国航空集团公司原总经理孔栋先后担任第一届理事会理事长，中国东方航空集团公司总经理刘绍勇任第二届理事会理事长。全国政协委员、中国民用航空局原副局长李军现任第三届理事会理事长。

（三）民航旅客不文明行为记录管理办法和期限

《办法》第五条规定："民航旅客不文明行为记录实施动态管理，记录期限自信息核实之日起计算。"记录期限按不文明行为的情节分两种：第一种是已造成严重社会不良影响但未受到行政处罚的，旅客不文明行为记录期限为一年；第二种是受到行政处罚的，旅客不文明行为记录期限为二年。另外，因扰乱航空运输秩序而被国家旅游局等其他政府部门列入相应记录的，记录期限依照相关部门规定执行。

该办法第六条规定了民航旅客不文明行为的信息来源和更新公布程序。中航协每月从民航局获取不文明行为旅客信息。中航协每月更新民航旅客不文明行为记录，并告知航空公司、中航信和旅客本人。

（四）旅客异议申诉程序

《办法》第七条规定："旅客对列入不文明行为记录有异议的，可向中航协提交异议申诉，并提供有关证明材料。中航协自收到旅客异议申诉之日起15个工作日内向申请人做出答复。异议处理期间，民航旅客不文明行为记录的管理不受影响。"

（五）《办法》实施情况分析

1.《办法》实施后第一批上榜者发布情况介绍

《办法》自2016年2月1日实施后有了第一批上榜者。中航协发布了首批民航旅客不文明行为记录，有3名旅客被列入记录，记录期限分别为1年和2年。

据了解，首批被记入"黑名单"的3名旅客，均在搭乘民航班机出行时发生了不文明行为，并受到了公安机关的处理。

其中，旅客乔某在飞机下降阶段违规使用平板电脑，且不听从机组人员多次劝阻，公安机关对其行政罚款200元。

另一名旅客邓某在安检时被查出随身携带的挎包中有牛奶，邓某拒不执行安检规定并将牛奶砸向工作人员和安检X光机，公安机关对其做出了拘留10日的处理。

此外，旅客高某因不满所乘航班延误，将航空公司处理旅客安置问题的工作人员推倒在地，造成现场秩序混乱，公安机关对其行政罚款200元。

从来自于中航协的信息，《办法》自实施以来得到了社会各界的认可，尤其是当年两会期间，代表委员们谈及该办法时都纷纷点赞，认为该办法的出台不仅能规范市场秩序，维护航空运输安全，同时也能起到很好的预防和震慑作用。此次首批旅客不文明行为记录的发布，标志着该项工作真正进入常态化实操阶段。

但是，因为《办法》只是行业协会的规定，还不是法律法规，因此在惩戒上仍有法律短板。对于进入"黑名单"的乘客会有哪些惩戒或限制，目前尚无明确的规定。2016年2月1日，国内五大航空公司联合发布《关于共同营造文明乘机大环境的联合声明》，表示合力对不文明旅客采取限制措施。

所以从现有情况来讲，"黑名单"制度意在发挥震慑作用，但由于缺乏相应处罚措施，约束力不强。目前，实施航空"黑名单"仍有法律方面的短板，航空公司对"黑名单"上榜者只能采取"软抵制"。春秋航空董事长王正华曾表示，一些国家法律法规比较健全，而且执行很严格，一旦在航空器上发生不文明行为或扰乱公共秩序的事件，涉事旅客马上就会被"请"下飞机。但目前国内在这方面的法规还不完善，处理起来比较尴尬。

可见，目前民航"黑名单"制度在逐步建立，现阶段硬约束力还不够。但未来随着相关法律的不断完善，对"黑名单"上不文明乘客的惩戒也将有法可依。

2.《办法》实施的法律难题——民航黑名单还需过"法律关"

旅客在飞机、机场等有不文明行为乃至违法行为令人愤慨，有必要对其实施制裁，以维护公共利益及社会秩序。但是，在现代法治社会条件下，公民法律意识较强，维权意识更强。因此，我们更应认识到，列入"黑名单"属于制裁措施，应取得法律法规授权，或由执法机关行使该项权力，而非由维护行业利益的行业协会或航空公司行使执法职能，否则，极易导致权力滥用，侵犯消费者权利。

考察我国其他行业目前的"黑名单"机制主要有三种：第一种是人民法院依照民事诉

讼法建立的"失信被执行人黑名单"制度,主要限制老赖权利;第二种是金融机构依照国务院出台的《征信业管理条例》将欠债人列入"黑名单";第三种是国家旅游局设立的游客不文明行为记录系统。人民法院系司法机关,自然有权根据法律制裁失信行为,金融机构虽不是执法机关,但取得了行政法规授权,旅游局则是旅游法明确授权的旅游业管理部门,有权对游客、景区、旅行社等加以约束。

相反,中航协则是以民用航空公司为主体的行业协会,主要以会员单位为工作重点,积极、主动、扎实、有效地为会员单位服务。简而言之,该协会为航空公司利益服务,由其执行旅客"黑名单"体系,涉嫌违反回避原则。按照最通俗的常识,纠纷各方均不宜对自己的纠纷做出评判,而应由第三方有权机关进行裁断。由中航协获取并保存不文明行为旅客信息,显然是让其既当运动员,又当裁判员,难以服众。

实行信用管理是现代社会的应有之义,但黑名单又关乎公民的信誉及其他权利,必须谨慎为之。有必要在科学论证、广泛征求意见的基础上出台位阶更高、效力更强的法律文件,对行为种类、执行机关、限制措施、限制期限等关键问题予以规范。如要求只有经过执法机关或司法机关认定存在主要过错的旅客,才能列入"黑名单",而非由航空公司直接判定不文明行为并列入"黑名单"。

3. 中航协第二批至第五批民航旅客不文明行为记录情况分析

首先,民航旅客不文明行为呈现增多趋势,例如,不仅数量上第二批为第一批的4倍,而且不文明行为种类也大为增加。

中国航空运输协会2016年7月5日发布3月(即第二批)民航旅客不文明行为记录,12名旅客因为乘坐飞机时扰乱乘机秩序、不遵守安全乘机规定、损坏机场财物、伤害民航一线员工等行为被列入不文明行为记录,其中8名旅客被记录期限为二年,另外4名旅客被记录期限为一年。

从中航协发布的消息显示,3月民航旅客不文明行为呈现增多趋势,不仅数量上为2月的4倍,不文明行为种类也大为增加,除了有不了解乘机常识、误以为飞机窗户可以开启而拉动应急舱门把柄以观望舱外情况的不文明行为外,更多的是故意违反民航相关法规规定,如在飞机下降过程中自行调换座位,且不听从乘务员劝解;未验证登机牌而强闯登机口;因自身原因漏乘而拿地服工作人员和机场物品泄愤。

其次,民航旅客不文明行为记录人数与危害程度都创造了历史新高。

2016年9月29日,中航协公布第三批民航旅客不文明行为记录,共有13名旅客因为在选择民航出行时的不文明行为而被记录在案。

此次民航旅客不文明行为记录人数与危害程度都创造了历史新高。较上一次发布的3月发生12起民航旅客不文明行为增多1起。值得注意的是,民航旅客不文明行为的危害程度也有所增强,除了编造虚假爆炸信息、拉动安全门手柄这些以往常见的违法行为外,还出现了多起打砸民航服务设备设施、殴打民航一线工作人员的恶劣事件,相关违法旅客均受到了行政拘留的处罚,时间为3~15日不等,其被记录不文明行为期限的时间也都为两年。上榜名单中有一名尚在哺乳期的旅客在搭乘航班因天气原因取消后,情绪激动,将餐食泼洒在登机口工作人员身上。她虽因自身处于哺乳期而未执行7天的行政拘留，但同样被给予记录不文明行为二年。

再次，被记录的不文明旅客有相当多是对民航一线工作人员进行辱骂或殴打的。

2016年10月31日，中航协发布了第四批民航旅客不文明行为记录，14名旅客因为在今年4月29日~5月28日期间发生了乘机不文明行为而被记录在案，相关记录期限均为二年。

和以往发布的民航旅客不文明行为记录名单相比，此次被记录的不文明旅客有相当多是对民航一线工作人员进行辱骂或殴打的。如4月29日乘坐MU2224航班的张某，因自身原因迟到而未能办理值机手续，却殴打工作人员。5月2日乘坐DR6556航班的刘某在安检时被查出在腰部藏匿打火机，在违反民航安全规定的情况下，仍然与安检员发生争执并强抢安检员的工作证。5月8日乘坐MU5358航班出行的钟某因自身原因未赶上航班，先是与工作人员发生争执，进而在综合服务柜台抓伤工作人员。5月10日乘坐9C8595次航班的张某对自己拉杆箱需要办理托运不满，辱骂地服工作人员。5月10日艾某在深圳机场52号登机口更是在民警带离其他人员时妨碍民警执行公务……上述旅客皆因自身的不文明行为受到了行政拘留的处理，并均被记录不文明行为二年。

除此之外，第四批民航旅客不文明行为记录，还包括冲击安检通道，破坏机场设备，编造虚假恐怖信息以及将飞机上的救生衣据为己有的。性质特别严重的是，5月1日，3名搭乘3U8182次航班的旅客在多个环节扰乱航空运输秩序。他们在乘坐航班过程中，与乘务员因服务问题发生争执，在机上用手机摄像"维权"，要求书面道歉未果，落地后仍在廊桥、登机门外纠缠川航代办及乘务员，阻拦乘务员登机执飞下个航班。机场派出所民警到场后，仍拒绝离开现场，阻挠其他旅客登机，造成近百人围观。他们也因此均被行政拘留10日并罚款500元，同时也根据《民航旅客不文明行为记录管理办法（试行）》，对其不文明行为记录二年。

最后，从中航协发布的第五批和第六批民航旅客不文明行为记录分析，情况并没有好转。

2017年1月11日，中航协对外发布了第五批民航旅客不文明行为记录，16名旅客上榜，为该名单发布以来人数最多的一批。记录中首次出现外籍旅客，包括该外籍旅客在内的15名旅客被依法行政拘留，根据《民航旅客不文明行为记录管理办法（试行）》，他们的不文明行为记录期限也均为二年。第五批民航旅客不文明行为记录覆盖的时间范围是从2016年5月29日至2016年6月底。

该批民航不文明行为记录名单主要有以下三个特点。

一是记录人数超过此前发布的四批名单，共有16起民航旅客不文明行为被列入记录。

二是相关旅客的不文明行为性质更显恶劣，10名旅客在乘机过程中对民航工作人员，甚至对警察和安保人员动手。如6月12日搭乘海航HU7041航班的田某、耿某在登机后违反客舱秩序，殴打空警人员，随后在民警要求他们下机接受调查时，二人拒不配合，还对民警采用推搡、挤压、冲撞的方式妨碍正常执法；6月14日乘坐山航SC4732航班的邱某动手殴打吉祥航空售票人员并致其头部受伤……上述旅客均被依法处理，并进入民航旅客不文明行为记录名单。

三是首次有外籍旅客进入不文明行为记录名单。6月26日,该外籍旅客在首都机场3号航站楼购物时,拖拽商店员工,打砸商店设施,后前往E20登机口追逐、撕扯、辱骂机场员工和旅客,并破坏登机口相关设施,严重扰乱航空运输秩序。该外籍旅客后被行政拘留15日。

4. 中航协第六批至第八批民航旅客不文明行为记录情况分析

2017年3月16日,中航协对外发布了第六批民航旅客不文明行为记录,18名旅客因自身行为扰乱航空运输秩序而被记录,再次创下该记录发布以来的人数新高。而除了人数多以外,第六批民航旅客不文明行为记录还呈现出旅客不文明行为扎堆在关键环节以及严重扰乱航空运输行为增多两个特点。在18起旅客不文明行为事件中,发生在飞行中的客舱上的有4起,不文明行为表现为在飞机上殴打他人、私自调换座位且不听劝阻、在飞机上使用手机等;发生在安检环节的有5起,不文明行为表现为扔砸安检行李框、辱骂或拒不配合安检人员检查以及与安检人员发生肢体冲突;与谎称炸弹相关的有5起,包括谎称航班有炸弹、有人要炸机场以及自身行李中有炸弹等。

从严重性上看,该批不文明行为记录出现了以往五批名单上没有的新情况。如旅客梁某在候机期间从隔离区抢夺菜刀,追砍其他旅客后自杀(颈部受伤),严重扰乱航空运输秩序,被刑事拘留处理。旅客韩某在重庆机场踹开登机口隔离门,强行冲闯登机口并冲闯至机位停机坪,严重扰乱航空运输秩序,被行政拘留10日。

中航协此前发布的五批民航旅客不文明行为记录共包括59名旅客,记录人数分别为3人、12人、13人、14人、17人,呈逐次增长态势。

2017年5月10日,中国航协对外发布了第七批、第八批民航旅客不文明行为记录名单,分别有14名和19名旅客因为乘机不文明行为被记录,加上此前发布的六期不文明行为记录名单包括的73名旅客,已经有106名旅客进入该名单。

第七批、第八批民航旅客不文明行为记录名单中有四类不文明行为较为集中。发生在安检通道的不文明行为最多,共有10起。其中既有谎称炸弹、谎称携带管制器具的,也有扔砸充电宝、拒不配合工作人员检查、与其发生口角乃至肢体冲突的。机上使用手机,扰乱客舱安全秩序的不文明行为事件增多,两个月共有7名旅客因为此类行为被列入民航旅客不文明行为记录名单。冲闯控制区、擅自进入机坪等严重违规行为较多。2016年9月14日,王某和李某二人乘坐CA1915次航班,不听从工作人员劝阻,擅自进入机坪,扰乱机坪正常秩序。2016年9月19日,马某、温某、陈某、谢某和陈某等5人乘坐KN5812次航班,冲闯控制区,多次劝说仍执意不离开,严重扰乱航空运输秩序。擅自打开或欲打开飞机安全门事件也有所增多,光8月就有3名旅客的不文明行为与飞机安全门有关。

【参考资料15-2】

第五批民航旅客不文明行为记录

1. 2016年5月29日,朱某乘坐PN6229次航班,朱某在通过安检时与安检员发生争执,在安检区大吵大闹并将安检员推倒在地,扰乱安检通道正常工作秩序。对该名违法旅客做出行政罚款200元处理。根据《民航旅客不文明行为记录管理办法（试行）》，该旅客不文明行为记录期限为一年。

2. 2016年6月3日，张某打电话扬言要炸天津航空的飞机，严重扰乱航空运输秩序。对该名违法旅客做出行政拘留10日处理。根据《民航旅客不文明行为记录管理办法（试行）》，该旅客不文明行为记录期限为二年。

3. 2016年6月4日，李某乘坐GS7852次航班，下机后拒不听从地面工作人员引导，与工作人员发生争执并动手殴打工作人员，扰乱航空运输秩序。对该名违法旅客做出行政拘留3日处理。根据《民航旅客不文明行为记录管理办法（试行）》，该旅客不文明行为记录期限为二年。

4. 2016年6月5日，秦某乘坐HU7872次航班，在深圳机场与工作人员发生争执后，动手羞辱工作人员并对其造成人身伤害，严重扰乱航空运输秩序。对该名违法旅客做出行政拘留3日处理。根据《民航旅客不文明行为记录管理办法（试行）》，该旅客不文明行为记录期限为二年。

5. 2016年6月5日，黄某乘坐SC4950次航班，在飞机下降过程中一直使用手机，空乘人员五次制止后仍不听劝阻，扰乱客舱正常秩序。对该名违法旅客做出行政拘留5日处理。根据《民航旅客不文明行为记录管理办法（试行）》，该旅客不文明行为记录期限为二年。

6. 2016年6月9日，张某乘坐MU2260次航班，办理乘机手续时与工作人员发生肢体冲突，机场公安到达现场后打骂公安民警人员，严重扰乱航空运输秩序。对该名违法旅客做出行政拘留10日处理。根据《民航旅客不文明行为记录管理办法（试行）》，该旅客不文明行为记录期限为二年。

7. 2016年6月12日，田某、耿某乘坐HU7041次航班，田某和耿某登机后，违反客舱秩序，殴打空警人员，随后民警登机要求二人下机接受调查，二人拒不配合，对民警采用推搡、挤压、冲撞的方式妨碍正常执法，严重扰乱航空运输秩序。对两名违法旅客做出刑事拘留并移交检察院处理。根据《民航旅客不文明行为记录管理办法（试行）》，两旅客不文明行为记录期限为二年。

8. 2016年6月14日，陈某乘坐KN5906次航班，航班备降后，陈某强行要求下飞机，并动手打伤乘务员及安全员，严重扰乱航空运输秩序。对该名违法旅客做出行政拘留5日处理。根据《民航旅客不文明行为记录管理办法（试行）》，该旅客不文明行为记录期限为二年。

9. 2016年6月14日，邱某乘坐SC4732次航班，邱某动手殴打吉祥航空售票人员并致其头部受伤，严重扰乱航空运输秩序。对该名违法旅客做出行政拘留10日并罚款500元的处理。根据《民航旅客不文明行为记录管理办法（试行）》，该旅客不文明行为记录期限为二年。

10. 2016年6月15日，陈某在乘坐JD5637次航班时偷盗机上的航空救生衣。对该名违法旅客做出行政拘留5日处理。根据《民航旅客不文明行为记录管理办法（试行）》，该旅客不文明行为记录期限为二年。

11. 2016年6月15日，绳某乘坐HU7065次航班，霸占海航售票柜台并破坏柜台设备，扰乱航空运输秩序。对该名违法旅客做出行政罚款200元的处理。根据《民航旅客不文明行为记录管理办法（试行）》，该旅客不文明行为记录期限为一年。

12. 2016年6月22日，邓某翻越成都机场围栏并霸占川航值机柜台，致使值机柜台近一个小时不能正常办理乘机手续，严重扰乱航空运输秩序。对该名违法旅客做出行政拘留5日处理。根据《民航旅客不文明行为记录管理办法（试行）》，该旅客不文明行为记录期限为二年。

13. 2016年6月23日，任某在电话中多次扬言对首都机场实施爆炸，严重影响了首都机场的正常秩序。对该名违法旅客做出行政拘留5日处理。根据《民航旅客不文明行为记录管理办法（试行）》，该旅客不文明行为记录期限为二年。

14. 2016年6月24日，李某乘坐MU2035次航班，在所乘坐的航班飞机在跑道等待起飞时，大吵大闹，并强烈要求下机，致使该航班重新清舱，延误约3小时，严重扰乱航空运输秩序。对该名违法旅客做出行政拘留5日处理。根据《民航旅客不文明行为记录管理办法（试行）》，该旅客不文明行为记录期限为二年。

15. 2016年6月26日，拉某在首都机场3号航站楼购物时，拖拽商店员工，打砸商店设施，后前往E20登机口追逐、撕扯、辱骂机场员工和旅客，并破坏登机口相关设施，严重扰乱航空运输秩序。对该名违法旅客做出行政拘留15日处理。根据《民航旅客不文明行为记录管理办法（试行）》，该旅客不文明行为记录期限为二年。

三、我国航空旅客"黑名单"法律制度完善建议

（一）明确制定航空旅客"黑名单"的主体

与美国、加拿大等航空大国相比，我国在航空旅客"黑名单"的制定问题上还存在很多空白，其中谁有权制定航空旅客"黑名单"是首先需要解决的问题。从航空旅客运输法律关系来看，航空公司与旅客是平等的民事主体，其是否有权制定"黑名单"？有人认为对公民的权利进行限制或剥夺，只能由国家机关或由法律授权的机构才能行使，因而由航空公司自己或其行业组织制定"黑名单"，存在着违法之嫌。

总结美国、加拿大、欧洲和中国的航空旅客"黑名单"实践，世界各主要国家和地区，针对航空"黑名单"的有关规定，主要在政府和航空公司两个层面上。

在政府层面上，美国官方的航空旅客"黑名单"由恐怖分子安全中心进行管理，加拿大官方的航空旅客"黑名单"由联邦交通署负责，而欧盟直到2015年才通过了建立旅客信息系统的决议，以应对恐怖袭击，官方的航空旅客"黑名单"正在建立中。至于中国，尚没有正式的官方的航空旅客"黑名单"。

在航空公司层面上，美国、加拿大、欧洲乃至中国的航空公司都已经将航空旅客"黑名单"运用到实践中。但是随着航空旅客"黑名单"实践的日益增多，也越来越多地暴露出问题，在理论上引起了巨大的争议。航空旅客"黑名单"是否违反了航空承运人的强制缔约义务？是否侵犯了消费者的自主选择权？是否剥夺了旅客自由出行的权利？

因此，针对我们实践中将政府制定的"黑名单"和航空公司制定的"黑名单"混为一

谈，主要在探讨航空公司设立"黑名单"合法性问题时，与美国和加拿大政府设立的针对恐怖分子的"黑名单"进行比较，从而找出适合我国当前现实情况的解决方案。

现阶段我国在航空旅客"黑名单"制度的构建上还存在着很大的缺失。首先必须明确"黑名单"的设立主体。政府部门可以设立航空旅客"黑名单"，这既是履行我国国际条约义务的需要，也符合我国国内法的相关规定，因此需要修改我国的民航法律法规，明确赋予政府部门制定"黑名单"的权力。至于设立"黑名单"的主体，可以由机场公安制定"黑名单"的进入标准，并且草拟"黑名单"上的人员，然后报民航局审查通过。

美国由交通安全管理局制定黑名单，而加拿大的主管部门是联邦交通署，因此，我们可以以民航局为主，拟出"黑名单"，交公安机关（涉及国家安全的由国家安全机关负责）进行审查确定。必要时，在公安机关或国家安全机关侦查犯罪的过程中，可以自行制定，经审核确定后实现名单信息内部共享。

（二）从航空承运人的强制缔约义务、消费者的自主选择权以及旅客自由出行的权利三个方面明确航空"黑名单"的有关规定的合理性

首先，只有当航空承运人向全社会提供旅客运输服务时，才具有公共承运人的法律地位，应当履行强制缔约义务，但是该义务的履行以旅客提出的运输要求是"通常""合理"的为前提，如果旅客提出的要求超出了航空承运人的服务范围，或者侵犯了其他旅客的合法权益，或者可能威胁航空安全，那么航空承运人可以拒绝旅客的运输要求。

其次，虽然航空旅客可以基于消费者的身份获得法律的特殊保护，但是公共安全应优先于消费者个人权益得到保护，国家对于消费者自主选择权的保障以不威胁到航空安全为前提。被列入航空公司"黑名单"的旅客仍然享有一定的选择权，航空公司作为经营者在合法、合理的限度内也拥有一定的选择消费者的权利。

最后，航空旅客享有乘坐飞机自由出行的权利，自由出行权作为人权的内容之一，应当得到法律的保护。在旅客被错误列入"黑名单"的情况下，其自由出行权受到了侵害。但是在旅客没有被错误列入"黑名单"的情况下，政府制定的"黑名单"没有侵犯自由出行权，因为公民的权利和义务是相对的，并且政府可以出于维护公共安全的需要以法律的形式限制公民的权利。航空公司制定的"黑名单"也没有侵犯自由出行的权利，因为旅客还是可以自由选择其他航空公司的航班出行。

因此，我们不能只局限于讨论航空承运人的强制缔约义务，事实上航空旅客"黑名单"值得研究的问题还有很多，例如，旅客的消费者权益保护、自由出行权等。

（三）明确制定航空旅客"黑名单"的程序

航空旅客"黑名单"在运行过程中存在的争议包括两个方面："黑名单"的制定和"黑名单"的执行。在"黑名单"的制定过程中，"黑名单"的名册不应当公开，因为"黑名单"中的旅客只是具有威胁航空安全的可能性，是政府主管部门和航空公司基于旅客过去的行为所做的一种主观上的判断，并不具有绝对性。而一旦发生了错误，那么无疑侵犯了被错误列入"黑名单"旅客的隐私权和人格尊严，会降低社会对于该旅客的评价。但是

"黑名单"的进入标准应当公开，因为只有这样，旅客才能够知道自己为什么会被"拉黑"，有利于旅客维护自己的权利，在一定程度上也能够起到警示潜在不安分子的作用。

在"黑名单"的执行过程中，如果政府想要限制旅客乘坐飞机自由出行的权利，必须经过正当的法律程序——事先的通知和事后的听证，因为出行的自由属于法律保护的自由的内容之一，这也是正当程序原则的要求。此外，由于航空旅客"黑名单"只是一种主观上的判断，并不一定正确，因此当旅客被错误列入"黑名单"后，应当给予法律上的救济。

（四）必须给予被错误列入"黑名单"旅客救济自己权利的途径

如果旅客被错误列入了航空公司的"黑名单"，那么其可以以航空公司为被告向法院提起民事诉讼或者以航空公司为被申请人申请仲裁，要求解除航空公司对其的禁飞限制。而如果旅客被错误列入了政府主管部门的"黑名单"，由于将旅客列入"黑名单"的行为在我国属于具体行政行为，因此被列入"黑名单"的旅客除了可以获得事先的通知和听证的权利外，还可以以民航局为被申请人或者被告提起行政复议或者行政诉讼。

也就是说，被错误列入"黑名单"的旅客缺乏救济途径，航空旅客"黑名单"可能为旅客贴上"危险人物"的标签，使其承受巨大的精神压力，从而构成对被错误列入"黑名单"旅客人格权的侵害。所以当旅客觉得其被纳入"黑名单"存在错误时，我们应当给予其救济的权利，给予其申诉和抗辩的机会。

（五）必须明确"黑名单"的进入标准和退出条件

旅客被列入"黑名单"的标准不明，符合怎样的标准，旅客才会被拉入"黑名单"，这也是一个十分现实的问题，关系到每一个旅客切实的权利。如果没有一个相对客观的标准，那么旅客的权利如何进行保护。不能仅仅因为旅客为了维护自己的合法权利，与航空公司发生了矛盾，旅客就被拉入了该航空公司的"黑名单"。

明确进入"黑名单"的要求和退出条件，航空旅客"黑名单"的标准必须明确，否则容易导致权力（或权利，在航空公司制定"黑名单"的情形下）被滥用。建议进入条件为曾经有严重违反航空法律规范或犯罪记录并可能危害当前航空运输的人员；曾经有严重扰乱航空运输秩序并存在可能危害当前航空运输的人员；退出条件为悔过和时间经过。还可以结合中国航空不轨旅客霸机、占机、冲击机场隔离区的特殊行为，明确适合我国目前航空安全形势的进入和退出条件。

（六）明确航空"黑名单"人员的知情权

在决定将某旅客列入"黑名单"时，应及时告知该旅客相关情况，保护旅客的知情权；被列入"黑名单"的人员有权向民航局申请查询，了解自己被纳入"黑名单"的原因、期限以及相关的法律依据；当旅客可能实施恐怖活动危害航空安全时，应当被列入政府的"黑名单"。而航空公司"黑名单"的进入标准，可以由其自己规定，但是必须明确规定在运输总条件中。

（七）应该进一步加强航空"黑名单"治理的有关规定，并且加以强化和细化

主要应该从适用范围、行为内容、记录程序、信息保存期限等方面进行细化和调整，做到更规范、更有针对性。例如，应该酝酿将不文明和危险的（飞机上使用手机等通信和电子设备等）行为列入航空"黑名单"，进入名单的旅客将要为自己不文明和危险的行为"埋单"。

抵制各种不文明出行行为已成社会各界共识。从公共场合大声喧哗、乱扔垃圾，再到飞机上争吵、打架闹事，尤其是一到春节、"十一"黄金周等旅游高峰期，这些不文明旅游现象就集中出现。整个社会围绕这些不文明旅游现象正在采取多项措施，一张遏制不文明旅游的大网正开始形成，这表明相关规定开始长出"牙齿"。但是，有关规定的执行力度问题争议不断，一些评价认为其"没有牙齿"，起不到对不文明游客的震慑作用，不少被列入"黑名单"的当事人觉得无关痛痒，对生活、出行的影响不大。同时，我们应该吸收借鉴过去积累的经验，将已有记录统一在一份"名单"中，并完善细则和程序。也就是说，应该把各类不文明行为做一个更加清晰的界定，明确哪种行为会被列入"黑名单"，这实际上还是一个耻辱榜的性质，给大家树立一个不文明行为反面标杆。

（八）监管惩戒应该加强综合治理，尤其是加强消费者教育

航空"黑名单"对提升文明乘机而言是重要举措，但仍面临两大挑战：一是如何真正发挥威慑力；二是要在全行业信息共享、相互支持的基础上加强综合治理。航空"黑名单"仍有法律方面的短板，因此不论是航空公司还是管理机构，对"黑名单"上榜者只能采取"软抵制"。人的行为规范有法律、习俗惯例等多种规制，很大一部分文明范畴不属于法律明文规制。这种规范是社会长期形成的约定，需要以尊重的心态自觉遵守，很难做到全部都约束。

对于法律层面的不文明行为，要通过法律来解决，做到违法必究；对道德和民俗层面的，要加强教育和引导。可以加强家庭教育、学校教育和社会教育，加大宣传力度，特别要通过媒体进行积极引导。乘机的文明水平的提升是个缓慢的、渐进的过程，特别是当航空业规模大、增速快时，有很多人缺乏相关经验和意识，短期内文明乘机不会发生特别大的改变，需要慢慢来。

总之，"不文明"涉及法律、道德和民俗多个层面，不能只从一个方面治理，"黑名单"只能起到一定的震慑作用，遏制不文明行为还需多管齐下、多方出力。

第三节　案例主要问题分析

一、春秋航空是否有强制缔约义务

（一）强制缔约义务的含义、前提条件及其意义

所谓强制缔约，是指个人或企业负有应相对人的请求，与其订立契约的义务。即应相

对人的要约，非有正当理由不得拒绝承诺。强制缔约的出现即是对缔约自由缺陷的弥补。

强制缔约是对契约自由的必要限制。作为近代私法三大原则之一的"契约自由"是市场交易的重要原则，它是指民事主体拥有自由缔约权，有权利选择是否缔约、缔约对象和缔约形式，且不受外界的干扰。合同义务的产生是自由选择的结果，不受外部力量（如政府干预）的控制。这就意味着除非愿意，任何人无义务签订合同。这是契约自由的本质。

但是契约自由的假定有三个前提：完全的市场经济；充分选择的自由；市场主体完全平等。这些假定与现实存在差距，作为社会人的市场主体，由于后天因素不可避免地会有经济上、政治上、文化上的差别，会导致优势地位的产生以及垄断的产生，故市场交易主体法律地位完全平等成为不可能。有缺陷的契约自由，如果被滥用，会导致社会公平正义的扭曲。譬如当契约当事人在经济、谈判等力量方面不对等时，具有优势地位的一方，经常运用其优势，排除不利于自己的法律规定的适用，订出不利于他方的契约，使契约自由成为压迫经济上弱者的工具。严格地坚持契约自由原则已经不可行，必须对那些处于强势地位、从事社会公共服务的市场主体的契约自由权利加以限制，通过形式上的不平等最终达到实质平等，实现公平正义。

所以，为了保护弱者，就需要对契约自由施加若干限制，以维护处于弱势一方当事人的利益。而强制缔约义务就是对契约自由限制的主要方法。它的作用在于矫正过去立法过分强调个人权利而忽视社会利益的偏颇，重视社会整体利益之间的平衡。

（二）我国《合同法》有关强制缔约义务的规定

我国《合同法》注意到契约自由与社会公平之间的冲突，体现了重视弱势群体利益的保护思想，规定了强制缔约义务规则。具体体现在第二百八十九条规定："从事公共运输的承运人不得拒绝旅客、托运人通常、合理的要求。"根据该条规定，公共交通运输人并不享有绝对的契约自由权利，对于合理的要约不得拒绝，负有强制缔约义务，该条当然适用于民用航空运输领域。

通过对《合同法》第二百八十九条的分析，义务主体，即负有强制缔约义务的主体是"从事公共运输的承运人"所应履行的义务，即"不得拒绝旅客、托运人通常、合理的要求"，在没有不合理要求的情况下具有强制缔约义务。

（三）强制缔约义务规定的限制

强制缔约义务豁免的前提是对方的要求不合理，强制缔约的出现在于弥补契约自由的缺陷，最终实现契约正义，其本质是维护弱势群体的合法权益。但是这并不意味着法律会置强制缔约义务人的利益完全不顾，会随意允许弱势一方为所欲为，侵犯其他人的合法权益，危害社会公共利益。

强制缔约的出发点是保护处于弱势一方的利益，在利用强制缔约维护社会正义、实现公正的同时，应该被使用在一定的范围内，以防止强制缔约遭到滥用，即在保障社会公共利益的前提下，对合同自由予以一定程度的限制。根据我国《合同法》第二百八十九条规定，从事公共运输的承运人在旅客、托运人提出不合理的要求的前提下有权拒绝缔约，即为强制缔约义务的豁免。强制缔约义务人履行强制缔约义务的前提条件是要约的合理合法性。航空公司负有强制缔约义务，因此不得随意拒载，但是同出租车司机可以拒载醉酒乘客一样，航空公司并不是任何情况下都得缔约。《合同法》第二百八十九条规定中"通常、合理"这样的字眼表明，并非旅客和托运人一切运输要求承运人都不得拒绝，承运人的强制缔约义务也是有限制的。主要有以下几个方面。

一是我国各航空公司的《旅客、行李运输总条件》中均设置了拒绝运输条款，是强制缔约义务豁免的体现。其拒绝运输的理由大致有如下几点：① 旅客或其携带的行李属于法律法规禁止的（如旅客是危害航空安全的刑事罪犯等）；② 旅客或其行李，可能危及或者影响其他旅客或者机组人员的安全、健康、便利或舒适；③ 旅客醉酒或有其他身体原因，可能对其本人、其他旅客、机组人员或财产造成危险或危害；④ 旅客拒绝接受安全检查；⑤ 旅客没有支付相应的票价、税款或费用等；⑥ 旅客拒绝出示有效身份证件，或者出示的有效身份证件与购买电子客票时使用的不是同一证件；⑦ 客票不是合法获得的，或是已挂失或被盗的，或是伪造的；⑧ 旅客拒不遵守有关航空安全或安保方面的指令等。

从以上规定分析，春秋航空"黑名单"事件中旅客的行为不属于强制缔约豁免的范围。航空公司强制缔约义务的豁免权的前提是旅客的缔约要求不合理不合法。比如旅客携带违禁物品登机、旅客扬言要劫机等危害航空器安全的行为，航空公司完全可以以当事人行为具有危险性为由拒绝缔约。

二是这种危险性的认定必须是现实存在的。不能因为旅客以前有占座、霸机等行为，就认定旅客肯定会再有这种行为而拒绝售其机票，这是典型的侵犯消费者选择权的表现。因为对于负有强制缔约义务的航空公司来说，乘客选择某一交通工具缔约是其自由，但一旦乘客选定特定交通工具后，航空公司就负有必须缔约的义务，除非消费者缔约时有不合理不合法的要求和行为，而不能是航空公司想当然地认为其不合理不合法，否则以此来拒载旅客，对消费者是非常不公平的。那种认为"在保护消费者自由缔约选择权的同时，亦应尊重企业缔约选择权"的观点，完全没有领会我国《合同法》的立法精神：涉及公共服务领域的从事公共运输的承运人，像公共汽车、出租车、飞机等此类涉及公共服务的交通工具，其运营者负有强制缔约义务，这一点早已成为法治社会的惯例。也就是说，对于负有强制缔约义务的运营主体来说，乘客选择某一交通工具缔约是其自由，但一旦乘客选定特定交通工具后，在其合理合法的要求内，运营者就负有必须缔约的义务。

因此消费者正常购买春秋航空公司机票的行为完全是他的缔约自由选择权的体现，春秋航空公司负有强制缔约的义务。另外，有一种观点认为，春秋航空是一家价格低廉的民营航空公司，在中国航空界的地位和市场占有份额非常小，根本构成不了垄断之势，而《合同法》第二百八十九条的规定主要针对具有垄断地位的承运人不得拒绝旅客、托运人通常合理的运输要求。所以该条不适用于春秋航空公司。该观点的理由是：虽然《合同法》第二百八十九条并没有特别说明是针对具有市场垄断地位的从事公共运输的承运人，但从当时的立法背景看，从事公共运输的承运人必然是一个具有市场垄断地位的承运人。相反，如果从事公共运输的承运人不具有市场垄断地位，那么，法律也就没有必要限制其按照自愿与交易相对人缔约的权利。很明显该观点是站不住脚的,而且这样理解将会非常危险。因为首先判断一个企业是否在该行业具有垄断地位本身对消费者来说是很难的;其次,如果该企业不具有垄断地位,也就意味着它可以随意选择缔约对象,无疑会极大损害消费者利益,而且企业对于消费者来说永远是强势地位,消费者永远是弱势群体,正因如此才有必要制定消费者权益保护法。即使春秋航空公司在民航领域不具有垄断地位,相比一个航空公司和一个普通乘客来说,春秋航空公司还是处于强势的。从春秋航空随意将旅客打入其自己制定的拒绝缔约的"黑名单"的做法来看,春秋航空本身就体现着一种"垄断"姿态。如果任由这种风气蔓延,只要消费者维权,航空公司就将其打入"黑名单",拒绝与其缔约,将会造成消费者要么忍气吞声放弃维权,要么无法乘坐交通工具外出的可怕现象,这绝不是一个正常社会所应有的价值观。

所以我国《合同法》在规定从事公共运输的承运人的强制缔约义务时,并没有局限于垄断企业,其原因就是为了充分保护消费者的合法权益。因此春秋航空公司无权拒载具有正当理由购票的旅客。

二、主要观点评述

1. 航空公司作为公共承运人是否需要履行强制缔约义务

关于航空公司作为公共承运人是否需要履行强制缔约义务的问题,目前在我国存在着三种不同的观点。

第一种为否定说的观点,认为航空公司擅自设立黑名单的做法违反了《合同法》第二百八十九条的规定:"从事公共运输的承运人不得拒绝旅客、托运人通常、合理的运输要求。"

第二种为肯定说的观点,认为《合同法》第二百八十九条的规定仅仅适用于处于垄断地位的承运人,但是在中国目前的航空市场下,不存在着垄断性的航空公司,对于春秋等廉价航空公司而言,该条更没有适用的必要,因而航空承运人不负有强制缔约的义务。

第三种为折中说的观点,认为《合同法》第二百八十九条规定的公共承运人的强制缔约义务并不是绝对的,在一定的条件下能够被免除,只有当旅客、托运人的要求是"通常""合理"时,航空承运人才负有强制缔约的义务。

我们认为,从保护作为弱者的消费者的权益来讲,应该坚持第一种观点,才能更加有利于保护消费者;从航空产业的历史传统和航空安全来考虑,应该采用第二种观点,航空公司更容易接受;从平衡各方利益的角度来看,第三种观点更加现实一些。因此,在当前实践中,折中说是主流观点,即航空公司应当履行强制缔约义务,但是其作为公共承运人的强制缔约义务不是绝对的,而是相对的,从《合同法》第二百八十九条的规定来看,强制缔约义务的免除条件是旅客、承运人提出的运输要求是不"通常"、不"合理"的。至于"通常""合理"的标准,《合同法》及相关法律并没有做出明确的界定,一般认为所谓"通常""合理"的运输要求是指该要求既符合法律保护当事人利益的宗旨,符合行业惯例,同时也符合承运人实施请求人所要求行为的能力和条件要求。

2. 航空旅客黑名单是否侵犯了旅客的自主选择权和人格尊严

在现代社会中,我们认为航空旅客经历了从契约到身份的演变,在现代航空法中可以基于消费者的身份获得法律的特殊保护。

关于航空旅客"黑名单"是否侵犯了消费者的选择权和人格尊严的问题,存在着不同的声音。

第一种观点认为虽然我国《消费者权益保护法》规定,消费者享有公平交易权及人格尊严得到尊重的权利,但是当公民的个人利益与航空安全发生冲突时,旅客的自由出行权应当让位于公众的生命健康权,要进行利益的平衡。

第二种观点认为《消费者权益保护法》规定了消费者的选择权和公平交易权,而航空公司随意设立"黑名单"的行为即是对其权利的侵犯,根据我国法律规定,对公民权利进行限制或剥夺,只能由国家机关或由法律授权的机构才能行使。航空公司随意设立"黑名单"本身就是一种违法行为。从法的价值位阶和利益衡量的角度来看,还有鉴于当前社会的复杂性和恐怖主义比较严重的情况,我们认为肯定第一种观点,即当旅客的个人利益与公众的生命健康权发生冲突时,应当优先保护航空安全是比较现实的。

3. 航空旅客"黑名单"的法律适用

关于航空旅客"黑名单"的法律适用问题,存在着国际和国内两个层面。从国际法的角度来看,我国是国际民航组织的成员国,作为《芝加哥公约》附件的《防止对民用航空非法干扰行为的保安手册》第4.2.5款规定:"必须授权经营人拒绝运输被认为对航空器存在潜在威胁的人。登上或进入航空器前拒绝接受筛查的任何人必须被拒绝登机。"因此,作为民航大国,应当遵守国际民航组织制定的最低安保标准。也有人认为《保安手册》只是国际民航组织理事会所通过的一种标准和建议措施,作为对飞行安全的指导意见,不属国际条约,并不能作为制定航空旅客黑名单的法律根据。此外,在民用航空公司拒载"潜在威胁人员"能否成为国际惯例的问题上,通过制定"黑名单"拒载旅客也是我国航空公司通行的做法。其问题在于,如何识别、查明、适用国际商事惯例,并没有做出具体规定,这就使得司法裁判没有具体的标准,造成一定的争议。

从国内法的角度来看,与航空旅客"黑名单"有关的法律主要包括《合同法》和《消费者权益保护法》,《合同法》涉及的是公共承运人强制缔约义务的问题,而《消费者权益保护法》涉及的则是航空旅客黑名单是否侵害消费者的自主选择权以及人格尊严的问题。

【参考资料15-3】
媒体曝光春秋航空制作"暂无能力服务旅客名单"

媒体曝光春秋航空制作"暂无能力服务旅客名单",曾因飞机晚点申请赔偿的乘客均被拉入黑名单。

由于春秋航空的航班延误,哈尔滨的刘女士4月份的时候索赔了200元,但6月28日她再次预订春秋航空机票时,发现其被列入春秋航空的"暂无能力服务旅客名单",也就是俗称的"黑名单"。7月19日,春秋航空回复称,如果旅客不能认同春秋航空的服务条款，那就请旅客乘坐其他航空公司航班。

一、"国字号"航空没有"黑名单"

昨天，扬子晚报记者从东航、国航、南航、深航、山航等航空公司了解到，这些"国"字头的航空公司都没有"黑名单"。"也遇到过旅客罢机等情况，最后要么是请机场保安来将扰乱秩序的乘客带下飞机，要么就是先稳定旅客的情绪。"不少航空公司的负责人都向记者表示，飞机在机场多停留一小时，航空公司所付出的停机费、维护费等，就数以万计，所以因天气原因导致旅客逗留，是谁都不愿意看到的情形。航空公司的工作人员也还是希望旅客能多理解，同时航空公司也会与旅客保持沟通。

二、春秋航空为何要列"黑名单"

针对网上热议的春秋航空"黑名单"，扬子晚报记者联系了春秋航空新闻发言人张武安。张武安称，在4月30日上海浦东—哈尔滨9C8511航班晚点事件中，他们也有苦衷，"拉黑"实属无奈。

他说，部分旅客因索赔得不到满足，拥堵登机口、阻挠工作人员登机广播、辱骂工作人员等。公司要求工作人员必须做到"打不还手，骂不还口"，这是铁的纪律。工作人员不得已向机场公安报告求助。在劝说仍然无效的情况下，最后无奈之下每人赔偿200元后飞机得以起飞。

"每位旅客在登机前，都会签署一份协议。"张武安说，在旅客订票时已书面明确告知旅客实施"航班延误不赔偿"等差异化服务，在得到旅客认可与同意才敢出售机票。如果乘客采取喧哗等"霸机"行动，将被拉入"黑名单"，没法再购买春航机票。

而业内人士指出，一般来说"黑名单"多出在小航空公司和民营公司中，这是他们自己制定的。

三、制作"黑名单"也是省钱办法之一

有业内人士指出，"黑名单"也是省钱办法之一。乘坐过春航飞机的乘客都明白几点：春航票价比其他航空公司低30%左右；舱位一律为经济舱；机上不供给免费餐饮；免费行李重量和体积比其他公司小；飞机上的乘务员推销商品；此外，最突出的一点就是习惯性的飞机延误。

而一旦遇上航班延误，乘客通常得不到任何赔偿。如果乘客采取喧哗等"霸机"行动，将进"黑名单"，没法再购买春航机票。对此，王正华解释，这是廉价航空必须面临的现实，要降低成本，就要剥离一些传统服务，譬如飞机上一顿餐费最多20元，能赚取的利润其实不多，且不一定能使乘客满意，但如果票价低300元似乎更实惠。

另外，春秋航空飞行员都知道，能飞直线就不转弯，能高飞就高飞，在油价节节攀升的今天，一切皆为省钱，"春秋航空一半钱是赚的，一半是省出来的。"

四、往事回顾：春秋航空的低价航空策略

1. 飞机上卖站票：春秋航空一度酝酿卖站票，但最终这个计划被搁浅。

2. 取消饮用水：为响应国家"节能减排"方针，自2010年1月1日起，航班上停止提供免费饮用水。

3. 跪式服务：2005年春秋航空的首架班机飞上蓝天。空姐挎着篮子开始推销商品，

每当旅客要购买时,空姐都会屈膝跪下为旅客服务。

4. 1元机票:2006年,春秋航空推出了上海到济南的1元机票。不过也就是这1元机票,让济南市物价局开出了一张15万元的罚单。

五、民航总局:航班延误赔不赔,春秋自己决定

记者了解到,民航总局并未出台规定限制航空公司出台"黑名单"。

在春秋航空公司提供的中国民用航空总局《关于对春秋航空有限公司旅客服务差异的批复》文件中,记者看到第二点批复确实写道:"鉴于法规和规章尚未对飞机上免费餐食和饮料供应、航班延误补偿做出强制性规定,由你公司依据民航法和总局指导意见自行决定服务差异。"也就是说,有关"航班延误"是否补偿、如何补偿,春秋航空公司确实可以自行决定。同时注意到,民航总局紧随上述文件的批复意见还有:"建议你公司既要考虑企业自身发展的需要,也要重视广大消费者的利益。"

 分析思考题

1. 简述"黑名单"的由来及航空"黑名单"的含义。
2. 我国航空"黑名单"法律制度存在的主要问题有哪些?
3. 航空公司强制缔约义务的含义是什么?
4. 如何明确航空"黑名单"当事人的知情权?

参考文献

[1] 魏亚波. 民用航空法实务 [M]. 北京：国防工业出版社，2014.
[2] 姚琳莉. 民用航空法案例教程 [M]. 北京：科学出版社，2014.
[3] 贺富永. 航空运输法研究 [M]. 北京：科学出版社，2017.
[4] 王剑辉. 民用航空法规 [M]. 重庆：西南交大出版社，2017.
[5] 杨惠. 郝秀辉. 航空法学原理与实例 [M]. 北京：法律出版社，2011.
[6] 董念清. 中国航空法：判例与问题研究 [M]. 北京：法律出版，2007.
[7] 凌岩. 国际空间法问题新论 [M]. 北京：人民法院出版社，2006.
[8] 刘伟民. 航空法教程 [M]. 北京：中国法制出版社，2001.
[9] 石少侠. 公司法教程 [M]. 北京：中国政法大学出版社，2005.
[10] 王铁崖. 国际法 [M]. 北京：法律出版社，1995.
[11] 赵维田. 国际航空法 [M]. 北京：社会科学文献出版社，2000.
[12] 郑斌. 国际航空运输法 [M]. 北京：中国民航出版社，1996.
[13] 张军. 航班超售下旅客权益保护问题探讨 [J]. 内江师范学院学报，2009.
[14] 王学林. 我国民航客票超售问题及对策 [J]. 交通企业管理，2008.
[15] 张同同. 航空旅客黑名单法律规制研究 [D]. 天津：中国民航大学，2017.
[16] 许珂. 航空旅客运输延误法律问题研究 [D]. 辽宁：大连海事大学，2016.
[17] 张可. 机场旅客安检的法律问题探析 [J]. 太原师范学院学报（社会科学版），2016.
[18] 谷丰. 我国航空器融资租赁登记立法问题研究 [D]. 上海：华东政法大学，2015.
[19] 李健. 国际空难中的人身损害赔偿制度 [D]. 济南：山东大学，2017.
[20] 房芳. 1952年罗马公约现代化问题研究 [D]. 北京：中国政法大学，2007.